나의
스승
박윤선
박사

나의 스승 박윤선 박사

발행 2018년 10월 23일

지은이 정성구
발행인 윤상문
디자인 표소영, 박진경
발행처 킹덤북스
등록 제2009-29호(2009년 10월 19일)
주소 경기도 용인시 기흥구 동백동 622-2
문의 전화 031-275-0196 팩스 031-275-0296

ISBN 979-11-5886-151-3 (03230)

Copyright ⓒ 2018 정성구
이 책은 저작권법에 따라 보호받는 저작물이므로 무단전재와 복제를 금지하며, 이 책의 내용의 전부 또는 일부를 이용하려면 반드시 저작권자와 킹덤북스의 서면 동의를 받아야 합니다.

※ 잘못된 책은 구입하신 곳에서 교환하여 드립니다.
※ 책 가격은 표지 뒷면에 있습니다.

 킹덤북스(Kingdom Books)는 문서사역을 통해 하나님의 나라를 확장하고, 한국 교회와 세계 교회를 섬기고자 설립된 출판사입니다.

나의 스승 박윤선 박사

정성구 지음

부록
박윤선 목사님의
육필 편지 모음 등

킹덤북스
Kingdom Books

박윤선 박사와 정성구 박사
(동산교회 출신의 황학만 화백의 유화그림)

My Mentor
Dr. Yune Sun Park

Dr. S. K. Chung

Kingdom Books
2018

목 차

화보- 추억의 사진과 자료 8

서평
01. 가슴으로 읽고 삶으로 이어갈 저서(안인섭 박사) 34
02. 정암 박윤선 박사와 저자는 '경건과 학문'의 균형을 이루었다(최윤배 박사) 39
03. 정성구 박사는 박윤선 박사의 개혁주의 신학의 계승자(박창식 박사) 43
04. 박윤선 목사의 개혁파적 신학과 삶을 드러낸 책(이승구 박사) 48
05. 박윤선 박사의 신학과 삶, 후일을 위한 값진 증언(이상규 박사) 53

머리말 56
독자들에게 드리는 글 61

01. 박윤선 목사님을 꼭 만나세요 73
02. 다니엘아! 다니엘아! 81
03. 아이들에게 찬송가를 가르치라요 87
04. 대구제일교회 목사님 이름은? 92
05. 요한계시록 주석과 부흥회 96
06. 박윤선, 화폐개혁, 주일성수 104
07. 신랑, 신부, 주례자 있으면 됐구먼 109
08. 박윤선 목사님의 성경 주석 118
09. 박 목사님, 책 좀 빌려주세요 126
10. 생명을 건 설교 133
11. 환난을 당한 자 이리오게 139
12. 장애인이라도 학점은 거저 안 된다 149
13. 반틸, 박윤선, 메이스터 153
14. 박윤선 목사님의 단짝 친구들 162
15. 한국칼빈주의연구원과 박윤선 목사 170
16. A. Kuyper의 자료 전시회와 박윤선 목사 184
17. 사모님을 그리워하신 박 목사님 195
18. 설교는 대못을 박는 것과 같다 200
19. 봉투만 보낸 편지 206

20. 청계산 기도원에 꿇어 앉아 212
21. 박윤선 목사님을 세계에 알리기 228
22. 박형룡과 박윤선(1) 233
23. 박형룡과 박윤선(2) 248
24. 박형룡과 박윤선(3) 256
25. 자네 몇 살 먹었나 265
26. 나는 죄인입니다 271
27. 늘 배우려는 박윤선 목사 276
28. 박윤선 교장과 「파숫군」(把守軍) 281
29. 박윤선과 한부선(Bruce F. Hunt) 287
30. 박윤선과 간하배(Harvie M. Conn) 293
31. 또 교회를 개척하다 301
32. 박윤선 목사의 여의도 집회 305
33. 씨름 선수 박윤선 311
34. 박윤선 교장의 졸업 훈사 316
35. 정암(正岩)과 현암(賢岩) 321
36. 박윤선 박사와 칼빈주의 332
37. 박윤선과 기독교 문화 건설 349
38. 박윤선 목사의 찬송 358
39. 그래도 정 목사 밖에 없구먼 364
40. 마지막 기도 370
41. 박윤선과 개혁주의 신학의 동향 375
42. 박윤선 박사와 전국목사장로기도회 380
43. 박윤선 교장과 전국학생신앙운동(SFC) 386
44. 박윤선 교장과 목회백훈(牧會百訓) 394

필을 놓으며… 399

부록

01. 목회적 관점에서 본 박윤선의 설교 402
02. 정암 박윤선 박사 약력 438
03. 정암 박윤선 목사 저서 및 발행 연월일 440
04. 고 정암 박윤선 목사 추모 예배(샌프란시스코) 442
05. 정암 박윤선 목사님의 육필 편지들 446

■ 화보

정암 박윤선 박사

박윤선 목사님께 보고(1987. 10. 19.) 16세기 요한 칼빈 자료 전시회 개관 예배를 앞두고 설명을 드리다.

박윤선 박사가 교회개혁 470주년(1987. 10.19) 16세기 요한 칼빈 자료 전시회에 설교하다.
당시 합동신학교 명예교장

1987. 10. 19. 16세기 요한 칼빈 자료 전시회 박윤선 박사와 필자가 함께 입장하다.

1968. 11. 25. 필자의 결혼 주례를 하시는 박윤선 박사

1972년 가을, 총신 뒷동산에서 박형룡 박사와 박윤선 박사

1969년 총신 졸업식을 마치고(앞줄 박윤선, 박형룡, 명신홍, 뒷줄 안용준, 이상근 교수들)

1972년 총신 본관 앞에서 신사 참배 반대 운동의 기수 안의숙 여사를 맞아(안의숙 여사 뒤 박윤선 박사, 안의숙 오른쪽 명신홍 박사, 왼쪽 이화주 사모, 박형룡 박사)

고 정암 박윤선 목사 발인 예배 순서지

필자의 결혼 주례를 맡으신 박윤선 박사(동산교회에서)

1962년 총신 교수들과 이사들 앞줄: 이상근, 백남조(이사), 박윤선, 박형룡, 노진현(이사장), 명신홍 / 뒷줄: 최의원, 오병세, 차남진, 홍반식, 안용준, 한철하 교수

1962년 총신의 교수들 앞줄: 박손혁, 한상동, 박형룡, 명신홍, 이상근 / 뒷줄: 홍반식, 최의원, 오병세, 한철하, 안용준 교수

1932년 평양신학교 교수 학생 일동 왕길지 박사 송별 모임 후, 가운데 마포삼열 교장, 왼쪽 두 번째 의자 박형룡 박사, 오른쪽 의자 남궁혁 박사 그 위 박윤선 학생

1942년 (봉천)만주신학원 제3회 졸업식 교수와 학생(가운데 박윤선 교수가 보인다.)

1945년 11월 14일 선천 월곡에서. 평북 목사수양대회에서 102명이 모여 신사 참배 했던 평북 6개 노회원들이 회개의 집회를 가졌다. 강사로 박윤선, 고려위, 이기선, 박형룡이 나섰다.

1947년 10월 14일 조선장로교 고려신학교를 개교하다. 앞줄: 한부선, 박형룡, 박윤선, 주남선, 한상동 목사 등이 보인다.

1967년, 전국 교역자 하기 수련회 주강사 박윤선 박사(총신캠퍼스)

1962년 총신 교수와 학생일동(용산 옛 교사에서, 왼쪽 서 있는 네번 째가 필자) 교수 중에 박형룡, 오병세, 최의원, 한철하, 안용준 교수 등이 보인다.

1965년 가을 필자가 박윤선 박사를 모시고 부산행 완행열차 타기 전

미국 LA에서 한상동 목사 추모 예배에 참석하신 박윤선 박사(가운데)

1987. 11. 25. 사당동 필자의 집에 오셔서 [기도일관]을 직접 써주시는 박윤선 박사

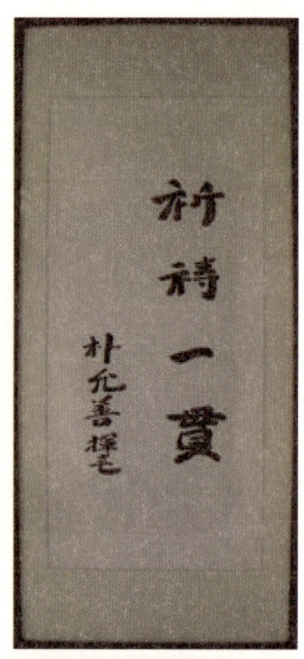
1987. 11. 25. 필자에게 마지막으로 남긴 유언의 말씀 [기도일관 박윤선 揮毫]

1987. 11. 25. 필자의 집을 방문하신 박윤선 박사(왼쪽 앞부터 정모세, 박윤선 박사, 최옥석 사모, 필자, 이화주 사모, 이창숙 선생)

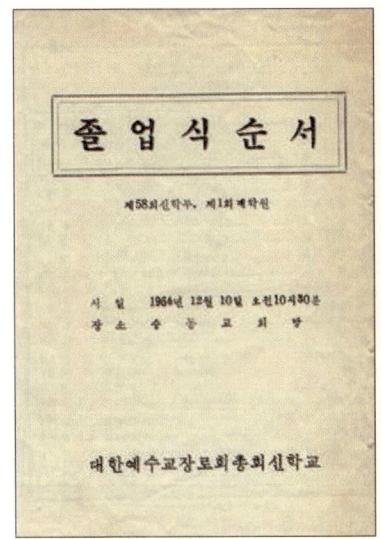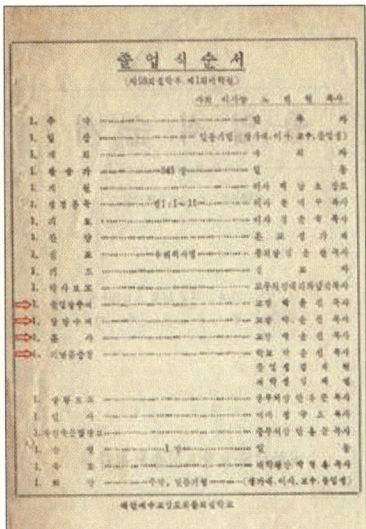

1964년 박윤선 박사가 총신 교장 때의 졸업식 순서

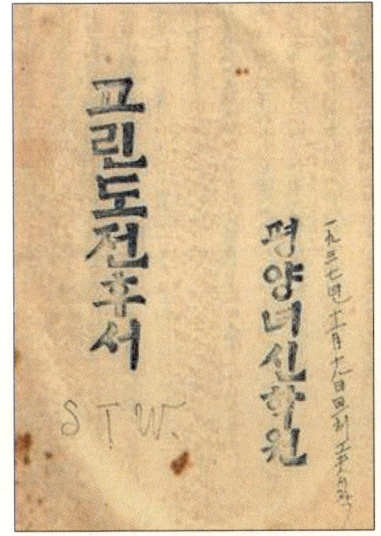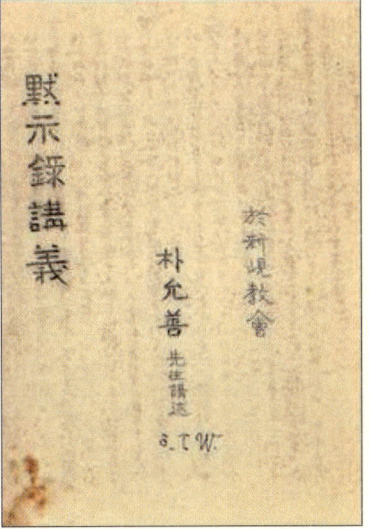

1937년 박윤선 선생의 평양여자신학교 강의안

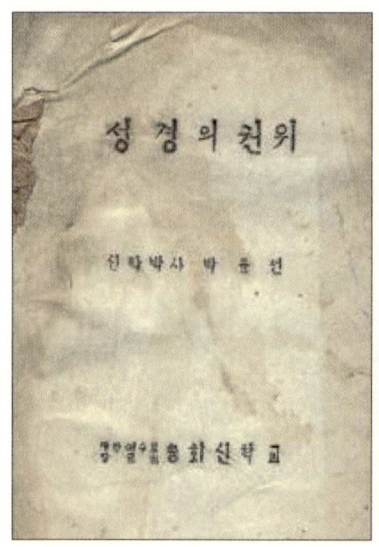
1964년 총신 교수 시절의 교안 '성경의 권위'

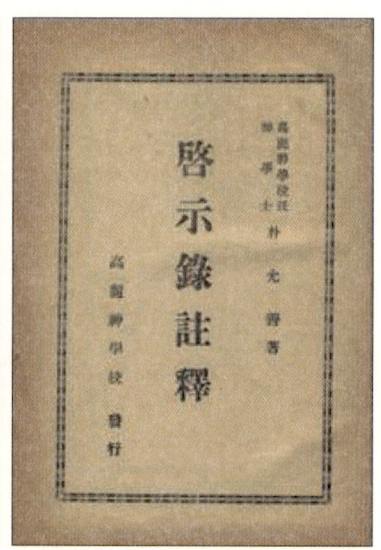
1949년 고려신학교 교장 시절 첫 번째 박윤선 교장의 『요한계시록 주석』

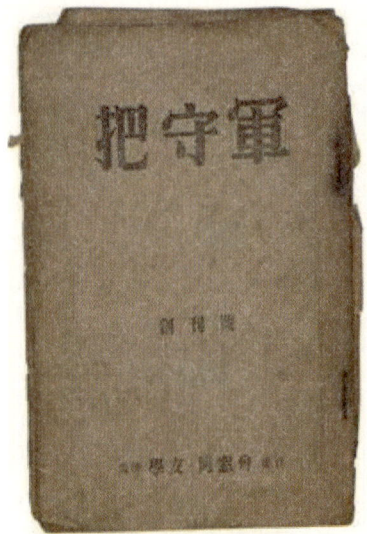
박윤선 박사 고려신학교 교장 시절 창간한 [把守軍]

1933년 「신앙생활」에 기고한 [正岩]의 "신약원어 연구" 당시 평양신학교 2학년 시절, 1934년부터 박윤선으로 본명을 썼다.

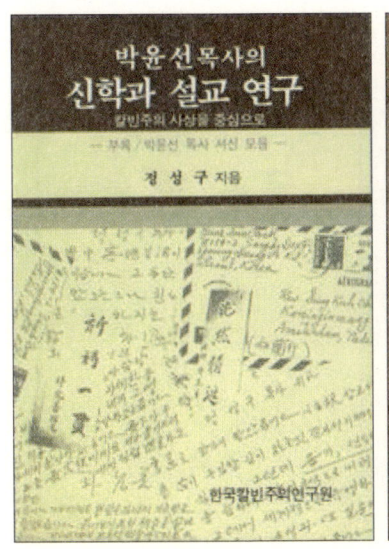

1991년, 그전에 썼던 「神學指南」에 발표했던 글들을 모아 출판했다.

1967년 3월 필자가 박윤선 목사님께 빌린 책으로 『화란어 문법의 연구』를 편역하다.

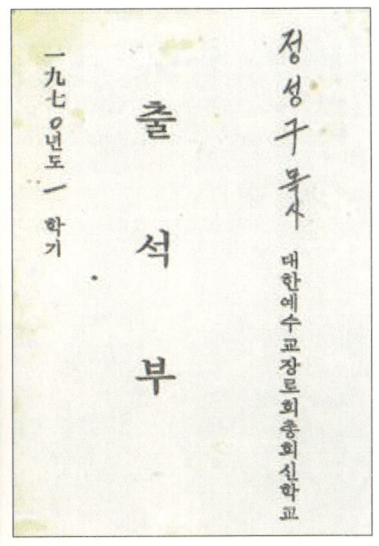

1976년에 기독신보에 일 년간 연재했던 글을 가지고 출판한 책(1977)

1970년 필자가 총신의 전임대우 강사 시절의 출석부

1988년 7월 24일 미국 샌프란시스코에서 총신 및 고신 동문들의 추모예배 순서지

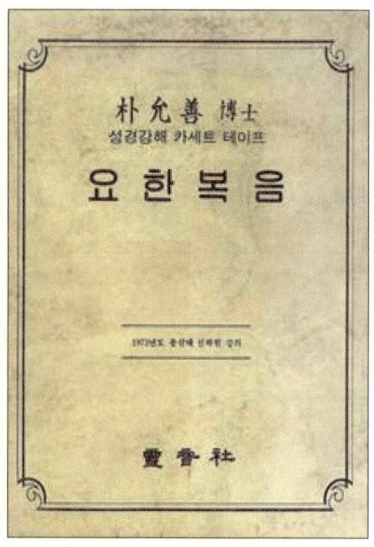

1975년 영음사에서 출판한 박윤선 박사가 총신에서 강의했던 『요한복음』 강해설교를 녹음으로 펴냈다.

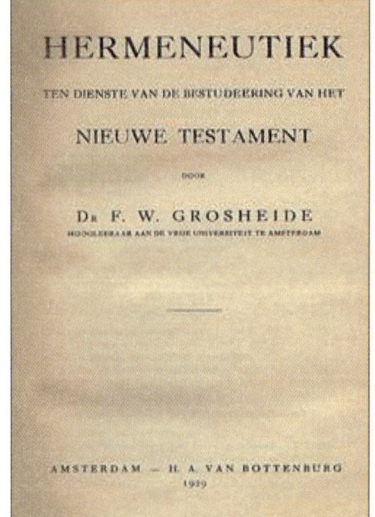

박윤선 박사가 가장 즐겨 사용한 화란 뿌라야대학교 흐로쉬이데 박사의 『신약해석학』

박윤선 박사가 가장 많이 참고 하신 성경주석 소강해(Korte Verklaring) 시리즈, 특히 그레이 다누스 박사의 계시록

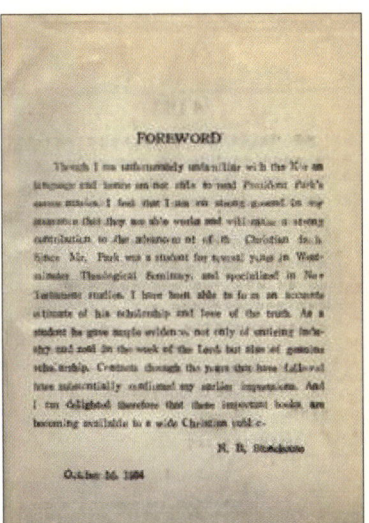
1964. 10. 16. 웨스트민스터신학교 신약 주임 교수 N.B.Stonehause가 쓴 박윤선 박사의 주석 추천서

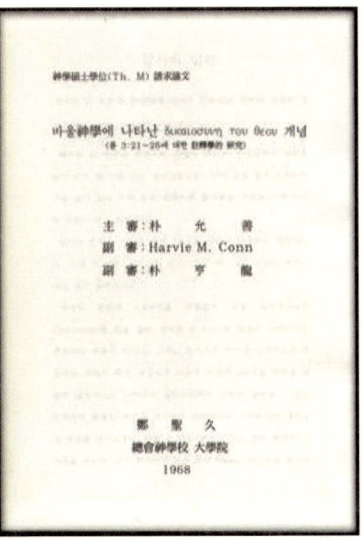
1968년 필자의 신학석사(Th.M.) 학위논문 표지(주심 박윤선)

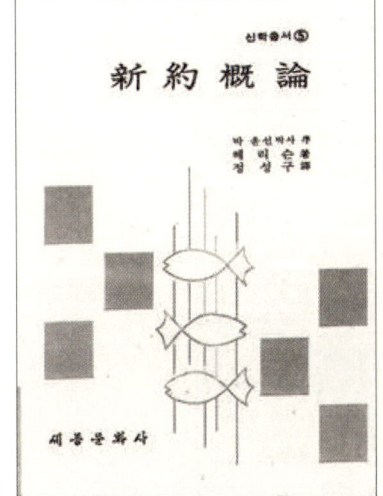
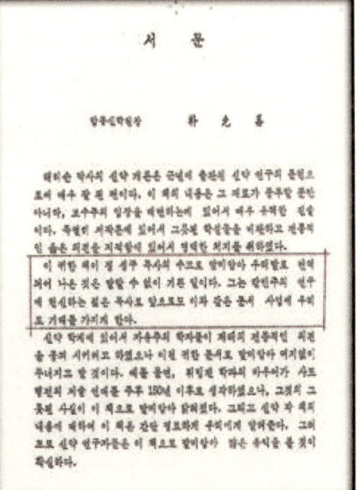
필자가 번역한 헤리슨의 신약개론에 박윤선 박사의 추천서

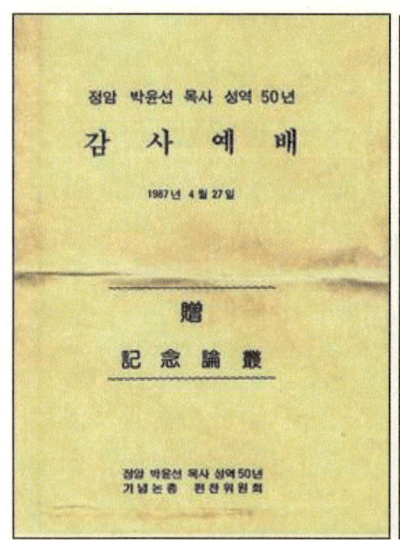
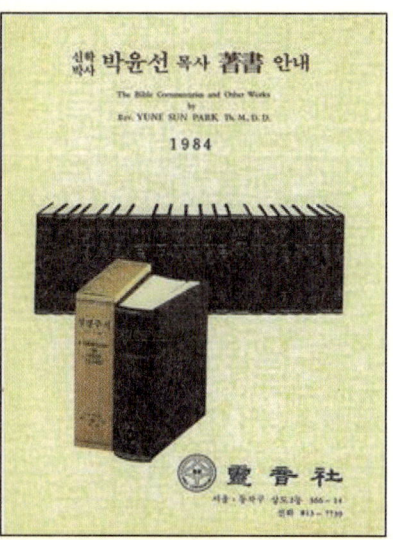

1970년 총신의 영문 브로슈어 중, 총신의 교장 박형룡 박사, 대학원장 박윤선 박사

1953년 박윤선 목사가 공부하던 뿌라야대학교 신학부 건물(암스텔담 황제 거리 162)

1953년 뿌라야대학교 신학부 교수진 R. Schippers 교수가 박윤선 목사의 주임교수

1970년 9월 9일 박윤선 박사님이 필자에게 보낸 서신

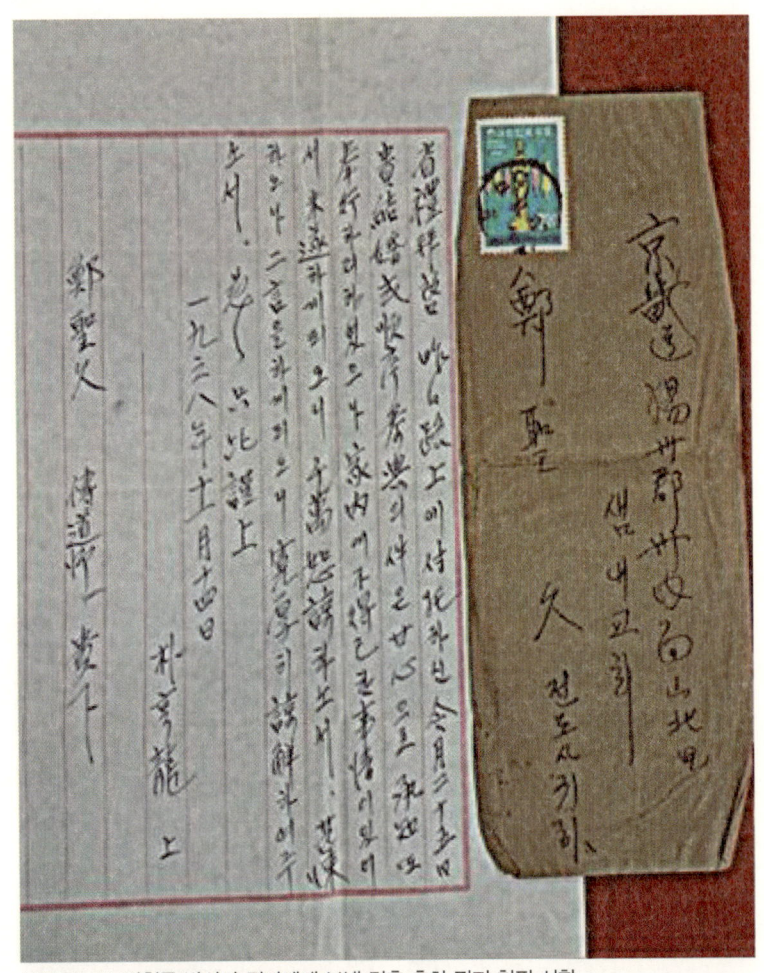

1968. 11. 14. 박형룡 박사가 필자에게 보낸 결혼 축하 편지 친필 서한

화보- 추억의 사진과 자료

1966년 1월 1일 박윤선 목사님이 개척, 설립하신 동산교회 제직일동(가운데 김성환 목사, 왼쪽 두 번째 박윤선 목사의 형 박윤석 집사, 둘째 줄 김수흥 집사, 윗쪽 정성구 전도사

1966년 「동산」지 창간호

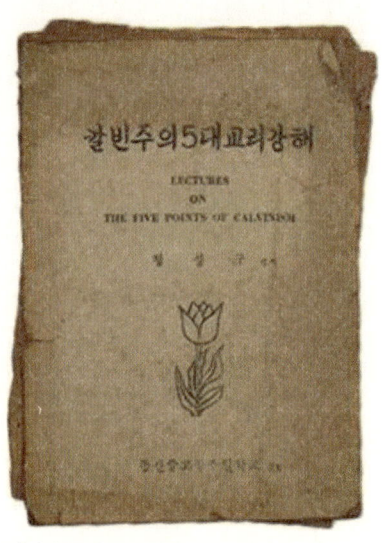

필자가 동산교회 전도사 시절에 『칼빈주의 5대 교리강해』를 출판하다(1965).

4. 29. 정 목사님앞

그 동안도 貴體康寧하심 니께 가정이 주님의 은혜로 평안하시기 바랍니다

罪悚한것은 오래동안 편지 못해서 말 할수 없이 미안합니다 마음은 그렇지만 사정상 편지 하지 못하였읍니다 지난 3월초부터 근 一개월동안 독감으로 앓았고 그후도 기침이 계속하여 師世 님이 먼 길을 떠나시는데도 비행장에 나가오지못했읍니다 용서하시기 바랍니다 앞으로 아무래도 新約공부는 Ridderbos 에게 가서 (Kampen) 해 가지고 시간있으면 미국도 가서 공부를 더하여 가지고 故國 하여 나의 가라치는 신약을 가라치게 되었으면 좋겠읍니다 한가지 부탁은 Ehrenberg 의 著書인 Hiob, der Existentialist, 1952 란 책을 꼭 구하여 속히 air mail 로 보내주시오 J. H. Kroeze 박사(화란에서

1973. 4. 29. 박윤선 박사는 필자를 후계자로 지명했다.

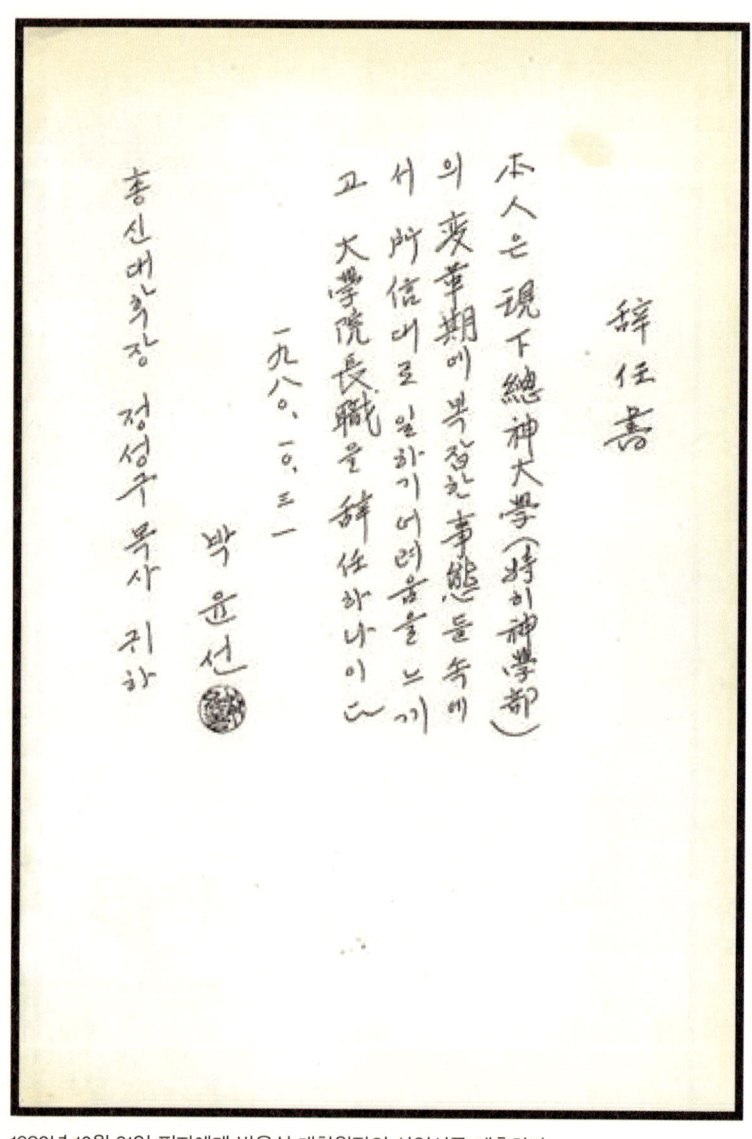

1980년 10월 31일 필자에게 박윤선 대학원장의 사임서를 제출하다.

박윤선 박사와 정성구 박사(동산교회 출신의 황학만 화백의 유화 그림)

서평 01

가슴으로 읽고 삶으로 이어갈 저서

안인섭 박사
(총신대학교 신학대학원 / Refo500 Asia Project Manager /
한국칼빈학회 명예회장 / 아시아신학연맹(ATA) 이사)

한국에 개혁주의라는 신학적 용어가 소개된 것은 박윤선 박사님 덕분이다. 박윤선 박사님은 주경신학자로서 1979년 성경 전권의 주석을 완간하는 놀라운 공헌을 했다. 이런 박윤선 박사님이 세상을 떠나신지 30주년이 되는 시점에 그분의 전기가 출판된다는 것은 뜻 깊은 일이다. 본 서평자는 저자이신 정성구 교수님의 총신대학교 신학대학원 제자다. 따라서 본서를 서평한다는 것은 한편 외람된 일이기도 하다. 그러나 정성구 박사님이 저술한 박윤선 박사님의 전기에 큰 기대를 가지기 때문에 먼저 몇 가지로 본서의 특징적인 성격을 설명하고자 한다.

첫째, 전기적인 책은 그것을 기록한 저자가 누군가에 따라서 그 책의 권위가 가치가 결정된다. 신뢰도의 문제다. 본서의 저자인 정성구 박사는 한국의 칼빈주의 역사의 최고봉으로서 세계적으로도 인정받고 존경받고 있는 칼빈주의 연구자다. 그렇기 때문에 그의 사료들에 대한 분석은 학술적인 높은 신뢰성을 준다. 이미 저자의 여러 저서들을 꼼꼼하게 읽고 분석했던 경험이 있었기에 그렇게 말할 수 있다. 특히 저자인 정성구 박사는 박윤선 박사님과 더불어 박형룡 박사님의 제자로서 1930년대 박형룡 박사의 평양장로회신학교의 강의안을 등 사물로 보관하고 있다. 이를 통해서 박윤선 박사가 박형룡 박사를 통해서 어떤 신학을 배운 후에 미국 웨스터민스터신학교로 유학을 가게 되었는지를 역사적으로 명확하게 설명해 주고 있다. 이것은 박형룡 박사님과 박윤선 박사님을 잇고 있는 개혁주의 신학자인 정성구 박사만이 제시할 수 있는 내용이라고 생각된다. 본 논평자는 2009년 칼빈 탄생 500주년을 맞아 미국 어드만스(Eerdmans) 출판사에서 『칼빈핸드북』(The Calvin Handbook)의 "Calvin in Asia"의 챕터를 저술하도록 의뢰를 받았다. 이때 필자가 한국의 보수주의적 칼빈주의의 계보를 "박형룡, 박윤선, 그리고 정성구"로 제시한 것도 같은 맥락이었다.

둘째, 본서는 박윤선 박사님에 대한 이차 자료들을 수집해서 저술한 것이 아니다. 또한 박윤선 박사님의 저작을 읽고 기록한 정도의 수준도 아니다. 아직까지 저자가 보관하고 있는 박윤선 박사님으로부터 받은 50여 개의 개인 서신이 알려주듯이, 정성구 박사는 박윤선 박사님과 25년을 지근에서 생활하면서 사상을 전수받고 공유한 신학자다. 이 전기는 박윤선 박사님과 저자와의 친밀한 삶의 관계에 근거해서 기록된 것이다. 더군다나 정성구 박사는 자신의 개혁주의적 관점을 가지고 박윤선 박사님의 신학을 평가하면서 서술하고 있다. 이 점이 본서의 장점 가운데 하나라고 할 수 있다. 따라서 본서를 읽다보면 마치 한국 개혁주의의 최고의 신학자인 박윤선 박사님과 정성구 박사가 함께 대화하고 있는 동영상을 보고 있는 것 같다.

셋째, 본서는 1980년 10월 31일 총신에서 합신이 분열되어 나가는 한국 교회사적인 격동기에 총신의 학장으로 있었던 당사자의 저술이다. 이 사건은 아직도 역사적으로 정리되지 못하고 있고, 또 신학적으로 제대로 평가되고 있지도 못하고 있다. 이 중대한 역사적 사건에 대해서 본서는 생생하게 증언을 제시해 주고 있다. 어떤 정치적인 판단이나 편향된 시각을 앞세우는 것이 아니다. 당시의 사실들을 있는 그대로 기록해 주고 있음으로 본서는 한국 교회사의 희미한 퍼즐을 맞출 수 있게 해 주는 역사적인 가치를 지니고 있다. 본서를 읽어 가면서 여러 곳에서 큰 감동을 받았다. 또 새롭게 알게 된 사실도 적지 않았다.

이런 맥락에서 본서의 내용에 나타나는 의미와 장점을 몇 가지로 정리해 본다면 다음과 같다.

첫째, 본서는 역사적인 기록과 해석이라는 측면에서 높은 공헌을 해 주고 있다.

본서는 박윤선 박사의 저서들을 거론하고 분석하는 정도가 아니다. 밖으로는 드러날 수 없는 박윤선 박사의 깊은 내면의 모습을 최측근에서 생활했던 저자가 생생하게 발굴했다는 점이 역사적인 측면에서 매우 중요하다.

본서에는 1961년에 박윤선 박사가 개척했던 동산교회에 1962년부터 출석하면서 시작된 25년간의 동행했던 삶의 경험이 녹아들어가 있다. 한 편의 설교를 위해서 목숨을 걸었던 박윤선 박사에게 감동되어 이단에서 벗어났던 최신덕 교수의 이야기나, 학생에게 동정으로 학점을 주지 않았던 기록 등, 정성구 박사의 저술이 아니면 세상에 알려질 수 없었을 생생한 기록이 가득하다.

둘째, 본서의 저술 양식 자체가 전기 분야에 새롭고 흥미로운 방향을 제시해 주고 있는 점도 인상적이다. 즉 단순히 박윤선 박사의 연대기를 기록하는 것이 아니다. 박윤선 박사의 일생을 따라가면서 서술하되 그 해당 사건과 개념에 대한 저자의 개혁주의적이고 신학적인 해설을 곁들이고 있다. 따라서 독자들은 본서를 통해서 개혁신학에 대한 탁월하고 깊이 있는 이해를 더할 수 있는 장점이 있다는 것이다.

셋째, 본서는 1980년 총신과 합신의 분열의 과정에 대해서 최초로 학계와 교계에 생생하고 소개하고 있는 저술이다. 언젠가는 학문적으로 다루어 져야 하고, 또 풀어가야 할 매듭이라고 할 수 있는 영역을 그 현장에 있었던 신학자의 눈으로 풀어낸 것이다. 이런 면에서 본서는 한국 교회사, 특히 한국 장로교 역사에 대한 일차적인 사료의 역할을 해 주고 있으며 개혁주의적인 해석을 제공해 주고 있다는 큰 장점을 가지고 있다.

사실상 총신 측이나 분리해 나갔던 합신 측이나 모두 역사적 개혁주의를 신봉하는 신실한 학자들이요, 또 형제 신학교임에 틀림없다. 그러나 우리는 모두 타락한 본성을 가진 인간이기 때문에, 그리고 하나님의 교회는 이 세상에서 완전할 수 없고 어거스틴이 말한 것처럼 혼합된 교회(permixta ecclesia)이기 때문에 역사적 교회는 역사적 실수를 할 수 있다. 정성구 박사의 저서에 의해서 밝혀진 사실은 박윤선 박사님 자신이 교회 분열주의자가 아니라 어쩔 수 없는 당시의 역사적 정황이 있었다는 것이다.

넷째, 정성구 박사의 본서를 통해서 독자들은 박윤선 박사님의 신학이 어떻게 국제적으로 소개되어 한국 개혁신학의 첫 열매가 되었는지를 알 수 있게 된다. 정성구 박사의 영문 서적인 『Korean Church and Reformed Faith』가 세계 10여 개 언어로 번역되었다. 이 자체가 한국 개혁신학 국제화의 큰 열매다. 그런데 이 저서 속에 박윤선 박사님의 신학도 소개되면서 박윤선 박사의 사상이 자연스럽게 세계에 알려지게 되었다는 것을 확인하게 된다.

다섯째, 정성구 박사의 본 저서로 인해서 우리는 박윤선 박사가 신학과 삶의 일치를 보여주는 신학자요 설교자임을 알 수 있게 되었다. 정성구 박사는 박윤선 박사가 기도하는 신학자로서 경건과 신학의 통전성을 이룬 분이라는 것을 잘 설명해 주었다. 실제로 그것은 동산교회에서부터 함께 생활했고 지근에서 박 박사의 강의와 설교를 경험했으며 저자가 지금도 보관하고 있는 박윤선 박사의 육성 설교문을 분석하는 작업 등을 통해서도 잘 나타나고 있다. 신학과 삶, 학문과 경건의 일치가 너무나도 중요하다고 느끼고 있는 이 시대의 간절한 바람에 대해서 박윤선 박사의 전기는 더운 여름에 가슴 시원한 냉수와도 같다. 그러므로 본서는 이 시대의 후학들과 기독교인들이 가슴으로 읽어서 삶으로 이어가야 할 귀중한 저서임을 확신하게 된다.

▎서평 02

정암 박윤선 박사와 저자는 '경건과 학문'의 균형을 이루었다

최윤배 박사
(장로회신학대학교 신학대학원 조직신학 교수)

부족한 사람이 평소에 늘 존경하고 사랑하는 정성구(鄭聖久; S. K. Chung) 총장님의 옥저를 서평할 수 있는 기회를 두 번째 갖게 되어, 한 편으로 말할 수 없는 기쁨과 영광이 되는 동시에, 다른 편으로 본 옥저에 흠집을 낼까봐 두려운 마음을 가지고 필을 잡았습니다. 지난 2010년에 출판된 정성구 총장님의 옥저『아브라함 카이퍼의 사상과 삶』에 대해 서평했던 것이 지금도 생생하게 기억납니다. 그 책은 아주 탁월하게 집필된 학문적인 옥저라서 서평하기가 덜 신경이 쓰였지만, 본 옥저는 존경하는 현암(賢岩) 정성구 총장님과 한국 교회로부터 큰 존경을 받으셨던 정암(正岩) 박윤선(朴允善, Yune Sun Park, D.D., 1905.12.11-1988.6.30) 박사님의 개인적인 삶의 대부분들과, 한국 교회사의 자세한 내용들이 담겨진 옥저이기 때문에, 한국 교회사에 문외한인 서평자로서는 서평에 대한 더욱 큰 부담을 안을 수밖에 없습니다.

그럼에도 불구하고, 서평자가 용기를 낼 수 있었던 것은 다른 사람들의 결점들을 항상 잘 포용하시는 정성구 총장님의 넓으신 마음을 익히 알고, 서평자의 졸고 "정암 박윤선의 성령신학"『한국개혁신학』 제25권(2009.4), 34-83을 통해 박윤선 박사님의 성령에 대한 이해를 약 10년 전에 검토하면서 박윤선 박사님의 신학 사상을 한 번 접해 보았기 때문입니다.

첫째, 본 옥저의 특징은 한국 교회와 한국 신학이 배출한 탁월한 두 칼빈주의자들의 투철한 사상과 치열한 삶을 여과 없이 현미경으로 들어다보는 것처럼 정확한 역사 자료를 담고 있는 생생한 신앙 증언 이라는 점을 들 수 있습니다. 이 옥저를 통해 일부 잘못된 역사적(歷史的) 기술들이 바로잡힐 수 있는 계기가 마련되었다고 생각합니다. 정암 박윤선 박사님은 성경전서 66권을 주석하고, 주해한 세계 기독교 역사에서 보기 드문 개혁신학적 주경신학자이며, 현암 정성구 총장님은 57년간 80여 권의 옥저를 출판하시고, "한국칼빈주의연구원"을 통해 칼빈과 개혁신학 관련된 수많은 자료를 수집하고, 보급하는데 범인으로서는 감히 흉내조차 낼 수 없는 온갖 신앙적 열정과 헌신을 받쳤다는 사실입니다.

둘째, 본 옥저의 특징은 두 칼빈주의자들은 "제네바 아카데미"의 모토인 "경건과 학문"(pietas et scientia)을 통해 하나님 나라를 세우고자 한 영적 균형 감각을 가지고 유감없이 실천했다는 점입니다. 한국 장로교회와 세계 개혁교회가 배출한 많은 탁월한 목회자들과 신학자들 이 있지만, 이들 중에 상당수는 경건과 학문 중에 어느 한 쪽에 치우 쳐져 있습니다. 그러나 정암과 현암은 신학교라는 학문의 전당과 교회와 선교라는 실천의 장(場) 사이를 유감없이 드나들면서 양 쪽에서 대성공을 거두고, 양자 사이를 유기적으로 통합하는데, 큰 성공을 한 것으로 사료됩니다. 이 두 칼빈주의자들은 탁월한 신학자인 동시에 목양적인 목회자요, 열정적인 설교자입니다.

셋째, 본 옥저의 특징은 두 칼빈주의자들이 "성령의 신학자"인 동시에 "기도의 신학자"라는 사실을 유감없이 잘 보여 주고 있다는 점입니다. 역사적으로 어떤 장로교회와 개혁교회는 "오직 은혜로", "오직 말씀으로", "오직 그리스도로", "오직 신앙으로", "오직 하나님께만 영광"이라는 사상은 잘 계승·발전시켰지만, 뜨거운 성령의 불을 간직했던 "성령의 신학자"인 칼빈과 "기도의 신학자"인 칼빈의 사상을 잘 이어 받지 못해, 지나치게 논쟁적이고도 무익한 율법주의나 교리주의에 빠져 역동적인 생명력을 잃어버리고, 교회 분열의 아픔과 결과를 경험했습니다. 그러나 이 두 칼빈주의자들의 가슴과 영혼에는 감격과 기쁨의 눈물이 있고, 가슴 아픈 삶의 비참함과 절규가 있는 기도의 삶을 보여주고 있습니다. 그래서 성령께서 역사하는 숨결과, 위로 향하는 기도의 사닥다리를 보고, 듣게 해 주고 있습니다.

넷째, 서평자가 본 옥저를 읽는 동안, 계속적으로 깊게 각인된 큰 인상은 아직도 살아계시거나 이미 하나님의 품에 안긴 한국 교회와 신학교에서의 신앙 선조들과 신앙 선배들의 신앙 유산들을 경홀히 여기는 현 시대 풍조에 대한 정성구 총장님의 권면과 훈계와 심지어 개탄과 고발을 통찰하게 됩니다. 정성구 총장님은 그의 멘토(mentor)셨던 박윤선 박사님을 살아생전에도 지극정성으로 모셨지만, 그 이후에도 그의 신앙 유산과 그의 유족을 충성스럽게 받들고 계시는 것을 확인하게 됩니다.

끝으로, 주님의 이름으로 박윤선 박사님의 서거 30주기를 간절히 추모 드리며, 정성구 총장님의 목사 안수 50주년과 신학대학교 교수 51주년을 진심으로 축하드립니다.

| 서평 03

정성구 박사는 박윤선 박사의
개혁주의 신학의 계승자

박창식 박사
(달서교회 담임 목사, 전 대신대학교 교회사 교수)

존경하는 정성구 박사님께서 『나의 스승 박윤선 박사』에 대한 서평을 청하셨을 때 큰 숙제를 받은 기분이었다. 은사의 학문적 깊이도 가늠할 수 없는데 은사의 스승에 대한 글에 필을 든다는 것이 난감하였다.

하지만 두 가지 고리로 몇 자를 적어 올리게 되었다. 우선 정성구 박사님께서 대신대학교 총장으로 계실 때, 함께 교수로 섬기면서 신학생 때 볼 수 없었던 그분의 진면목을 보았기 때문이다. 그분의 가슴 속에는 늘 개혁신학에 대한 열정이 타오르고 있었는데, 그 모든 것들이 바로 박형룡, 박윤선의 신학 사상에 닿아 있다는 것을 알게 되었다.

또한 여러 해 동안 신학교에서 한국 교회사를 가르치면서 느낀 점으로, 한국 교회는 박형룡, 박윤선을 비껴갈 수 없다는 것이다. 우리 몸에 동맥과 정맥이 흘러 생명으로 약동하듯이, 한국 교회는 박형룡의 정통주의 동맥과 박윤선의 개혁주의 정맥이 씨줄과 날줄이 되어 신학을 주조하였다. 하지만 우리의 현실은 큰 그늘 아래 있으면서도 그것의 존재를 의식하지 못하는 것 같은 우를 범하고 있지 않는가? 금 번 이 책은 이러한 우리에게 새로운 도전과 경종을 울리기에 충분하다고 본다.

본서를 읽으면서 몇 가지 이유로 정성구 박사님이 아니면 쓸 수 없다는 것을 느끼게 되었다. 첫째, 박윤선 박사를 26년간 지근거리에서 모신 제자의 체험 수기이기 때문이다. 정성구 박사님은 박윤선 박사께 7년을 교육 받았고, 동산교회 초창기에 교육전도사로 섬겼으며, 그분의 지도하에 신학석사 학위를 받았다. 뿐만 아니라 박윤선 박사께서 사주신 구두를 신고, 그분의 주례로 결혼식을 올렸으니 그야말로 박윤선의 진정한 제자라 할 것이다.

오랫동안 모신 제자의 육필 수기이니만큼 그동안 알려지지 않은 내용이나 잘못 알려진 것들에 대한 교정만으로도 귀한 사료적 가치가 있다. 일예로 2014년에 박윤선 박사의 딸이 쓴 『목사의 딸』로 인해 한국 교회가 받은 충격은 이만저만이 아니었다. 박윤선 박사를 존경했던 한국 교회는 일시적 패닉 상태에 빠지게 되었다. 하지만 그 누구 하나 나서서 이 문제를 제대로 대처할 자가 없었다. 왜냐하면 가족사에 얽힌 이야기들이 주종을 이루고 있었기 때문이다. 하지만 가족은 아니면서도 가까이에서 모신 제자의 객관적인 체험과 증언은 힘이 있어 그것의 왜곡된 시각을 바로 잡을 수 있게 되었기에 이것만으로도 이 책은 시대적 사명을 다했다고 사료된다.

둘째, 박윤선의 개혁주의 신학의 진정한 계승자이기 때문이다. 정성구 박사님은 일생동안 신학교에서 '칼빈주의'와 '개혁주의 설교학'을 가르치신 분이다. 그의 대표작 『한국교회 설교사』는 구속사적 맥락에서 기술되어 전 세계 10여 개 나라말로 번역 출판이 되었다.

이러한 그의 설교학의 기본 논지는 "설교란 대못을 박는 것과 같다"는 박윤선 박사의 가르침에서 시작한다. "처음 나무에 대못을 박을 때는 가볍게 슬쩍슬쩍 두드리다가 어느 정도 못이 자리 잡고 중간쯤 들어갔다 싶으면, 힘껏 내리쳐서 기어이 못이 완전하게 들어갈 때까지 쳐야 한다'는 것이다. 곧 설교의 서론과 본론에서 말씀을 해설하고 진리를 변증하는 과정을 거치면 다음으로 확신을 위해 온 힘과 마음과 정열을 쏟아 청중들이 하나님의 말씀 곧 진리를 받아들이도록 마지막 정열을 퍼붓는 것이 박윤선 박사의 설교론이다. 이것이 정성구 박사님의 개혁주의 설교학에 고스란히 계승되어 개혁주의 신학의 세계화에 크게 일조하고 있다는 것이다.

셋째, 한국에서 개혁주의 신학의 꽃을 제대로 피우는 거의 유일한 분이기 때문이다. 이것은 정성구 박사님께서 1985년에 설립하여 지난 33년 동안 홀로 이끌어온 '한국칼빈주의연구원'의 역사에 고스란히 드러난다. "부족한 제가 박윤선 박사의 지도 아래 칼빈과 칼빈주의 연구에 34년간을 투자한 결과, 1만 여종에 달하는 수많은 자료를 확보할 수 있었다. 그것을 기반으로 저는 한국칼빈주의연구원을 설립하였으며, 더불어 부설 기관인 '국제칼빈박물관'을 마련하였는데, 현재 수천 명의 학자들과 칼빈 학도들이 다녀갔다."(『은총의 포로』, 2006,

281.)

현재 한국 교계는 신학교의 혼란 뿐만 아니라 개혁주의 신학 자체의 계승 또한 심각한 난맥상을 드러내고 있다. 한국 장로교회 신학의 역사에서 박형룡의 이름을 적은 다음 누구나 박윤선의 이름을 적을 수 있었다. 하지만 지금은 그 다음에 누구의 이름을 적어야 할지 고민이다. 이러한 때에 개혁주의 신학의 맥을 지키며 그것의 세계화를 위해 외롭지만 한결 같은 길을 걸어가는 분이 계시다는 것이 얼마나 다행스러운지 모르겠다.

올해는 박윤선 박사가 소천하신지 30주년이 되는 뜻 깊은 해이다. 정성구 박사님의 소망처럼 한국 교회나 신학계에 박윤선 박사께서 남겨주신 개혁주의 신학과 신앙을 다시 회복하여, 한국 교회가 명실 공히 세계 교회의 모범이 되고 세계 선교의 중심이 되는 은혜의 해가 되었으면 좋겠다. 특히 오로지 성경만을 끌어안고 밤새워 눈물로 기도하시며 깨달은 말씀을 올올이 주석하셨던 말씀과 기도의 사람, 박윤선의 영성이 한국 교회에 회복되어 꺼져가는 부흥의 불길을 살릴 수만 있다면, 이 책은 한국 교회를 향한 하나님의 귀한 선물이 될 것이다.

끝으로, 정성구 박사님에게 감사의 말씀을 꼭 남기고 싶다. 지난 2017년 3월에 늦은 감이 있지만 총회역사관이 개관되었다. 총회로부터 설치의 책임을 맡아 전전긍긍하고 있을 때 정성구 박사님께서 보내주신 사랑과 지도는 평생 잊을 수 없다. 필생의 사명으로 연구하시던 귀한 사료와 유물 150여 점을 조건 없이 교단에 기증해 주심으로 총회역사관이 문을 열 수 있었다. 지금 생각해도 그 넓은 마음과 헌신을 헤아릴 수 없다. 이 또한 하나님의 영광을 위해서라면 모든 것을 내려놓는 개혁주의적 신학의 실천이라 여겨져 이보다 더 큰 가르침이 내게는 없었다. 은사의 스승에 대한 그리움과 존경에는 가히 이를 수 없지만, 제자의 한 사람으로 은사의 건강이 염려되어 마음이 무겁다. 앞으로 더욱 강건하셔서 계속 우리의 지로가 되시기를 간절히 바랄 뿐이다.

서평 04

박윤선 목사의 개혁파적 신학과 삶을 드러낸 책

이승구 박사
(합동신학대학원대학교 조직신학 교수)

여기 총신대학교와 대한예수교장로회 합동 측 주류 안에서 활동하신 정성구 교수님의 박윤선 목사님에 대한 사모의 정에 가득 찬 따뜻한 논의가 우리에게 선물로 주어져 있습니다. 1962년부터 1988년 박윤선 목사님의 소천 시까지 박윤선 목사님의 학문과 경건의 삶을 "가장 가까이서 지켜 본" 분으로 우리에게 이야기하고 있습니다. 박윤선 목사님이 정성구 목사님의 멘토였듯이 우리들 모두가 다 박윤선 목사님의 개혁신학을 제대로 이해하고 잘 따랐으면 하는 바람이 고스란히 담겨 있습니다. 그래서 정암(正岩)과 현암(賢岩)이라는 한 장이 시사하듯이 이 책에서는 박윤선 목사님과 정성구 목사님의 관계가 많이 언급되어 있습니다. 박윤선 목사님 소천 30주년이 되고, 정성구 목사님 목사 임직 50주년이 되는 올 해에 이 책을 내고자 하신 정성구 교수님의 의도가 잘 드러납니다. 박윤선 목사님을 존경하고 박 목사님이 한국 교회 전체의 어른이시며 앞으로도 우리가 따라야 할 개혁신학과 개혁파적인 삶의 표준이라는 것을 잘 드러내신 것에서 이 책은 매우 의미 있는 시도라고 봅니다. 또한 몇 년 전에 박혜란 씨의 책에 나타난 박 목사님에 대한 오해와 억측에 대한 안타까움에서 박 목사님의 영적인 아들의 한 사람으로서 사실을 보다 정확한 말씀을 하기 위해 이 글이 작성되었다는 것을 여러 곳에서 찾아 볼 수 있습니다.

먼저 이 책에서 합동신학원의 탄생 과정과 관련된 이야기와 그 시기의 박윤선 목사님과 정성구 교수님의 관계, 즉 1980년 말부터 1988년까지의 논의에 대해서는 상당히 다른 시각이 있다는 것을 강하게 이야기해야 할 것입니다. 이 시기에 대해서는 관련 당사자들 간에 면밀한 이야기가 감정을 상하지 않게 하는 방식으로 주어질 수 있는 날이 오기를 바랍니다. 과연 그럴 수 있을까가 의심스러우면서도, 그런 논의들이 다 합하여져서 우리 한국 교회의 역사를 바르게 이야기하는 날이 와야 할 것입니다. 관련 당사자들이 있을 때 그런 논의를 같이 할 수 있어야 할텐데, 그런데 그것이 과연 가능한지에 대해서 의문이 듭니다. 먼 훗날에 이 문제를 좀 더 냉정하게 논의할 수 있겠지만, 과연 그때의 논의가 모든 정보를 다 가지고 구체적 사실에 기초한 논의가 될 수 있는 지도 의심스럽습니다. 그러므로 이 책은 이 시기에 대해서 훗날 학자들이 정리를 할 때, 합동 측 중심부에서는 이 사건과 이 시기를 과연 어떤 식으로 보고 있는 지를 잘 드러내는 중요한 기록의 하나가 될 수 있을 것입니다. 그러므로 이와는 다른 방식으로 이 시기와 이 사건들을 보는 시각이 있음을 말하고, 그런 다른 시각에서의 접근과 비교해야 1980년 10월 이후의 역사에 대한 비로소 정확한 인식에 이를 수 있다는 것을 말해야 할 것입니다.

그 나머지 부분에 대한 논의 가운데서 우리가 주목해야 할 것으로 반드시 언급할 것들을 몇 가지 언급하고자 합니다. 이런 면들을 잘 드러내신 것은 이 책을 통해서 정성구 교수님께서 한국 장로교회사를 위해 매우 중요한 기여를 하신 것이라고 생각합니다. 기본적으로 부록에 실린 정성구 교수님께서 박윤선 목사님으로부터 받으신 50통의 편지는 다른 곳에서는 찾아 볼 수 없는 귀한 자료입니다. 또한 1987년에 쓰여진 기도일관(祈禱一貫)이라는 박 목사님의 휘호가 쓰여진 내력도 잘 소개하셨습니다. 후에 합신을 이루신 네 분의 사표와 박윤선 목사님의 사표가 함께 박윤선 목사님에 의해서 당시의 정성구 학장에게 전달되었고, 그 사표를 정 교수님께서 오늘날까지 본인의 책상에 그냥 보관하고 있다는 것도 중요한 정보입니다. 그러면서 정성구 교수님은 이렇게 말씀 하셨습니다: "물론 이사회에서 공식으로 처리했을지라도 그것은 정치적인 것이고 법적 효과는 없는 것이다."

그리고 1961년 겨울 총신으로 신학 공부를 하러 가실 때 정성구 교수님의 모교회인 포항 대흥교회 서복조 집사님께서 "박윤선 목사님을 꼭 만나시라"고 하신 그 일화도 의미심장합니다. 아마 그 말씀 때문에 새문안 교회의 고응진, 김지호, 김익보 장로를 중심으로 한 77인이 1960년 1월 1일에 모이기 시작한 교우들 중 이능전 집사 일행이 (1960년 9월 고려신학교 교장직에서 물러나시어) 부산 금정산 기도원에서 기도하시던 박윤선 목사님을 모시고 올라가 1961년 2월 5일부터 박 목사님께서 말씀을 선포하시던 동산교회에 정성구 교수님이 1962년 2월부터 참여하게 된 동기가 되었을 것으로 추론됩니다. 그리고 그 시기의 박 목사님의 전처의 막내 아드님인 박단열과 정성구 전도사와 박윤선 목사님의 관계에 대한 일화도 의미가 있습니다. 1962년 여름 방학 때에 구룡포 성산교회를 섬기시면서 박윤선 목사님의 『요한계시록 주석』을 기초해서 2주간 부흥회를 한 사건도 한국 교회의 집회가 어떤 식으로 되어야 하는 지를 잘 보여 주는 좋은 일화일 것입니다. 또한 1962년 6월 10일 주일에 이루어진 화폐개혁 때에 동산교회는 주일성수를 위해 화폐 교환을 하지 않기로 하였다는 일화도 매우 귀한 정보를 주는 것입니다. 그리고 문선명이 창시한 통일교의 5명의 여성 참모 중의 하나였던 이화여자대학교 사회학과 교수인 최신덕 교수가 어떻게 전영창 교장의 설득으로 동산교회에 참석하여 오랫동안 비판적으로 설교를 대했다가도 항상 생명을 건 박윤선 목사님의 진리 선포로 결국 동산교회의 집사가 되고 그 자녀들인 주동인 군은 학생회장이 되었다는 일화도 귀합니다.

만주신학교 봄 학기에 박윤선 목사님께서 채플을 인도하시면서 "피난처 있으니"를 찬송하게 한 것을 박 목사님의 웨스트민스터신학교 동기요, 만주신학교 동료 교수였던 기꾸지의 고소로 어려움을 당하신 것을 잘 드러내신 것도 의미 있습니다. 또한 총신과 장신이 나뉠 때에 기존 이사회와는 다른 가짜 문서를 만들어 이사회를 불법으로 교육부에 등록하고, 은행에서 학교 행정비 3천만 환을 불법으로 인출한 안두화(Adams) 선교사와 그를 도우신 분들에 대한 지적도 큰 기여로 여겨집니다.

이런 숨겨진 이야기를 잘 풀어 내주신 정성구 교수님께 감사하면서 "박윤선 박사는 고신이나 총신 또는 합신의 인물이 아니라 우리 모든 장로교의 사상적 지표이자 모델이다."라고 하신 말씀을 우리 모두가 깊이 새겨서 우리 모두 박 목사님의 초지일관 성경을 중심으로 한 개혁신학에 충실한 그의 사상과 삶을 본받아 갔으면 합니다. 박 목사님께서 살아 계신 때나 그가 우리를 떠나간 지 30년이 된 지금이나 박 목사님의 철저한 개혁신학에 충실하지 않은 사람들이 더 많은 것을 보면서 우리 모두는 크게 회개하여 다시 원천에로 돌아가 우리 모두 박 목사님께서 늘 강조하신 대로 성경의 사람들, 성령의 사람들, 기도의 사람들이 되었으면 합니다. 바로 이것이 정성구 목사님께서 이 책을 쓰신 목적이기도 할 것입니다.

■ 서평 05

박윤선 박사의 신학과 삶, 후일을 위한 값진 증언

이상규 박사
(고신대학교 교회사 명예교수)

　박윤선 박사님의 30주기를 기념하여 정성구 박사님이 회상한 『나의 스승 박윤선 박사』를 읽으면서 많은 것을 배우고 생각하게 되었습니다. 저는 이 원고를 받은 후 하루 밤을 새워 정독했습니다. 숙면의 밤을 뒤로하고 잠 못 이루는 하루 밤을 보낸 것은 독자의 마음을 사로잡는 이 책의 마력 때문이었습니다.

　우선 이 책은 재미있고 흥미진진했습니다. 재미있는 일화를 소개하되 기예(伎藝)가 넘치는 진솔한 기술은 흥미를 더해 주었고, 평안한 마음으로 이 책을 읽을 수 있었습니다. 이 책을 읽으면서 독자의 마음을 사로잡는 저자의 필력을 보게 되었고, 저자가 때로 시를 썼다는 점을 이해하게 되었습니다.

　둘째, 이 책을 통해 박윤선 박사의 진면목을 보게 되었습니다. 우리는 그분의 책을 통해 그분의 학문 세계에 대해 어느 정도 이해했지만 그분의 이면의 모습은 잘 알지 못했습니다. 하지만 박윤선 박사와 가장 가까운 거리에서 30여 년간 관찰했던 저자의 눈을 통해 박윤선 박사님의 삶의 여정을 다시 보게 되었습니다. 무엇보다도 그분의 신앙과 삶, 그리고 학문이 상호 별개의 것이 아니라 개혁신학과 실천이라는 신학과 세계관으로 통합된, 말하자면 신앙 고백적 삶을 살았다는 점을 알게 되었습니다.

셋째, 이 책을 통해 박윤선 박사만이 아니라 그의 스승이자 동료였던 박형룡 박사, 그리고 동료였던 명신홍, 간하배 박사, 한부선 선교사, 그리고 고신의 인물들인 한상동, 손명복, 이인재, 황철도 목사 등에 대해서도 알게 되었습니다. 세월이 가면 잊혀지고 우리의 기억은 희미해지지만 믿음으로 살았던 앞서간 이들에 대한 이런 회고는 우리가 본받고 계승해야 할 소중한 유산이라고 생각합니다. 저희 세대는 그나마도 이런 어른들의 자취를 다소나마 알지만 지금 젊은 세대들에게는 잊혀진 인물로 남아 있습니다. 이런 현실에서 이 책은 후일을 위한 값진 증언이 될 것입니다.

넷째, 이 책을 읽으면서 저자의 세심한 기억력에 놀라지 않을 수 없습니다. 50년 전, 60년 전의 일을 소상히 기억하는가 하면 그 일의 전후 사정과 역사적 맥락에 대한 통찰이 감동을 줍니다. 대수롭지 않게 느껴졌을 그때의 일이 후일 소중한 유산이 될 것이라고 보았던 그 통찰 말입니다. 뿐만 아니라 저자는 역사와 역사자료에 대한 깊은 인식을 보여줍니다. 작은 기록이라도 소홀히 대하지 않고 보관하고 관리하여 정확한 기록을 위한 자료로 활용하시고, 그런 후 후학들을 위해 총회 역사관에 기증하시는 그 모습이 감동을 줍니다. 자료는 소중하지만 그것을 독점할 것이 아니라 공유해야 학문의 발전을 가져올 수 있습니다. 그가 거금을 들여 매입하고 소중하게 간직했던 칼빈, 그리고 칼빈주의 자료를 수합하여 칼빈주의연구원과 칼빈박물관을 설립하신 것이 이런 뜻이라고 봅니다.

다섯째, 이 책을 통해 우리 모두의 스승 박윤선 박사와 그 주변의 이야기를 알게 되었고, 그분의 신앙과 학문을 이끌어갔던 개혁주의 신학과 그 실천은 정성구 박사님께 고스란히 전수되었고, 정성구 박사의 가르침은 오늘 우리에게로 계승되고 있다는 생각을 하게 되었습니다. 스승은 제자들의 거울이라는 말이 생각납니다. 정성구 박사를 통해 박윤선 박사를 더 깊이 알게 되었지만 동시에 정성구 박사는 박윤선 박사님이 남기신 학문적 자취를 추수하였고, 그 결실을 오늘 우리에게 유산으로 물려주고 있습니다.

이 책에 포함된 글 거의 전부에서 저자는 자신이 오늘의 이 자리에 서게 된 것은 전적으로 박윤선이라는 이름 석자 때문이라고 겸손하게 자신을 정리하고 있습니다. 박윤선 박사라는 큰 스승을 만난 것이 저자에게 영향을 준 것은 분명하지만 빈손으로 학구의 길을 떠났던 자신의 수고는 뒤로하고 그 모든 것을 스승의 은덕으로 여기는 겸허한 자기 인식은 오늘 우리 독자들에게 큰 감동을 줍니다. 이상과 같은 이 책의 마력(魔力)에 끌려 불면의 밤을 보냈으나 비 온 후 맑은 햇빛을 보듯이 제 마음은 빛나는 아침을 맞고 있습니다.

머리말

이 책 『나의 스승 박윤선 박사』는 1960년대 초에서 1988년까지 박윤선 목사님과 함께 사역했던 내 개인의 경험을 기록한 것이다. 지금은 교회도, 교파도 많아졌고, 수많은 목회자들과 신학생들이 넘치고 있다. 그러나 한국 교회는 오늘에 와서는 바른 신학도 바른 신앙도 별로 관심이 없고, 교회 연합이란 좋은 구실로 종교다원주의와 혼합주의가 점차 힘을 얻고 있다.

한편 많은 교회 지도자들이 교회 성장과 부흥을 지상과제로 삼은 나머지 수단 방법을 가리지 않고, 미국식 번영 신학의 영향을 받아 심리학이나 경영학에 감염된 설교와 목회가 대세이다. 그래서 역사적 정통적 개혁주의 신학과 신앙을 주장하면, 그것은 시대에 뒤떨어진 과거의 역사적 유물쯤으로 아는 사람들이 점점 많아지고 있다.

한국 교회가 지난 130여 년 동안 하나님의 은혜와 축복으로 이만큼 부흥한 것은 사실이지만, 지금에 와서 보니 교회의 부흥을 목적으로 속도만 강조했지 방향은 바로 잡지 못했다. 그래서 교회도 부익부 빈익빈 현상이 일어났고, 제대로 교육받지 못한 수많은 목회자들이 배출되어 사역지가 없어 방황하고 있다. 한국 교회는 대책 없이 수를 헤아릴 수 없는 많은 신학교가 생겨났고, 교파주의를 넘지 못하고 분열에 분열을 계속 거듭하고 있다. 특히 장로교회들 모두가 앞장세우는 구호는 개혁주의니 칼빈주의를 주장하면서, 끝없이 나뉘어지는 것은 신학과 신앙의 문제이기 전에 실제로는 정치적 헤게모니 문제였고, 양심의 문제이자 도덕적 문제이기도 했다. 겉으로 부르짖는 구호는 거창하나 한국 교회는 개혁주의 신학과 신앙을 잘 모를 뿐 아니라, 물량주의와 인본주의가 만연하여 한국 교회의 장래를 가늠 할 수 없게 되었다.

이런 현상에 대해 평생을 신학교육에 몸 담았던 필자로서는 민망하고 부끄럽기 짝이 없다. 그래서 우리 시대의 개혁주의 신학과 신앙의 모델이 되었던 정암 박윤선 박사의 학문과 경건의 삶을 가장 가까이서 지켜본 필자로서, 박윤선 박사의 개혁주의 신학과 신앙, 그리고 경건의 삶을 역사적 기록으로 남겨야 하겠다는 강한 충동 때문에 이 글을 쓰게 되었다. 물론 박윤선 목사님과 함께 했었던 분들이 많이 있고, 합신과 영음사를 중심으로 몇 종류의 박윤선 박사에 대한 유훈과 역사에 대해서 여러 권의 책들이 나왔으니 감사한 일이다. 그럼에도 불구하고 필자는 가장 가까이서 오랫동안 박윤선 박사를 도우며 지켜보아왔기에 이런 글이라도 꼭 써서 후세에 남겨야겠다고 생각했다. 이제 박윤선 박사가 세상 뜨신지 30여 년이 지나자, 박윤선 목사님에 대해서 잘 알지 못하는 목회자들과 신학생들과 평신도들이 그의 신학과 신앙, 삶을 과소평가 하거나 잊어버리는 것이 참으로 안타깝다.

박윤선 박사는 평양신학, 만주봉천신학, 고신, 총신, 합신을 통해서 한국 교회에 심어준 그의 성경 주석, 그의 설교, 그의 기도는 오늘의 한국 교회가 잘 계승되어야 하리라고 본다.

이 책의 내용은 순전히 박윤선 목사님과 필자와의 개인적인 관계에서 있었던 이야기이다. 그러므로 자연히 박윤선 목사님의 삶과 박윤선 목사님을 멘토로 하여 그의 삶을 따라 가려던 필자와 얽힌 뒷이야기를 어쩔 수 없이 많이 하게 되었다. 그것은 필자의 삶을 들어내기 위함이 아니고, 박윤선 목사님을 따르다가 어쩔 수 없이 말하게 된 점을 독자들은 이해해 주시기를 바란다. 필자의 소원이 있다면 한국 개혁교회, 특히 장로교회에서 박형룡, 박윤선 박사의 바른 신학과 신앙, 경건의 전통을 잘 이어가야 한다는 것이다. 그래서 한국 교회는 이처럼 세속적인 인본주의 사상이 창궐한 이때에, 16세기 요한 칼빈, 존 낙스, 청교도 존 오웬, 조나단 에드워즈, 아브라함 카이퍼, 바빙크, 월필드, 스킬더, 메이첸 등의 전통을 잘 이어서 세계 선교의 교두보 역할을 했으면 한다. 어떤 이들은 빠르게 변화하는 현대 세계에서 전통적 개혁주의 신학과 신앙에 대해서 비판도 있을 것이다. 하지만 어두웠던 이 땅에 칼빈과 칼빈주의 신학과 신앙을 우리에게 전수하신 박윤선 박사의 삶을 바로 이해하는 것이 중요하다고 생각한다.

이 책의 부록에는 다음과 같은 내용이 실려 있다.

첫째, 필자가 쓴 박윤선 박사의 생애와 사상, 그리고 설교에 대한 것이 10여 개 언어로 번역되었기에 영어, 일본어, 중국어 등의 첫 페이지를 사진으로 싣는다.

둘째, 박윤선 박사님이 돌아가시고 미국 샌프란시스코에서 고신, 총신 동문들이 모여 그분을 기리며 예배한 정암 박윤선 목사 추모예배 순서가 실려 있다. 또한 박윤선 목사님과 평양신학교 동기 동창이면서 합동 측 총회 총무와 총신에서 헌법과 교회 정치 교수로 있던 김상권 목사님의 추모사가 있다.

셋째, 필자는 평생 박윤선 박사로부터 50여 통의 편지를 받았는데, 이것도 역사 자료로 아주 중요한 것으로 알고 육필 그대로 영인했다. 이 편지는 1970년에서 1980년 사이에 박윤선 목사님이 필자에게 보낸 것 들이다.

금번에 필자가 이 책을 출판하게 된 특별한 의미가 있다.

첫째로, 금년은 정암 박윤선 박사님이 주님의 부르심을 받은 지 정확히 30주년이 되는 해이다. 한국 교회나 신학계에서 박윤선 박사가 남겨준 개혁주의 신학과 신앙이 다시 불일 듯 일어나게 하여, 한국 교회가 명실공히 세계 교회의 모범이 되고 세계 선교에 중심이 되었으면 한다.

둘째로, 금년은 필자가 1968년에 목사가 된지 정확히 50주년이 되는 해이다. 뿐만 아니라 필자는 박윤선 박사의 주례로 가정을 이룬지도 꼭 50년이 되었다. 또한 필자가 총신대학교 및 신학대학원 교단에서 가르치기 시작한 것도 51년이 되었다.

이 뜻 깊은 해에 나의 스승, 나의 멘토 박윤선 박사와 함께 했던 뒷이야기를 역사적 기록으로 남겨 한국 장로교회, 곧 개혁교회가 나아갈 방향을 제시하기 위해서 이 책을 펴내게 되었다. 그리고 필자는 2006년에 이미 賢岩 鄭聖久 博士 회고록, 『은총의 포로』를 집필한 적이 있다. 이 책은 필자와 박윤선 박사와의 얽힌 뒷이야기를 제2의 회고록으로 쓴 것이라고 봐도 좋을 듯하다.

이 글에서 혹시 필자가 잘못 알고 쓴 것이나, 이 글을 읽으시는 가운데 필자와 입장이 다른 분이 있으면 용서해 주시기 바란다. 그리고 존칭을 쓸 때, 박윤선 목사, 박윤선 박사, 박윤선 교장 등 다양하게 기술했지만 이런 표현은 상황에 따라 달리 표현했음을 독자들이 널리 양지해 주시기 바란다. 이 글의 목적은 다만 박윤선 박사의 칼빈주의적 신학과 신앙, 그리고 그의 삶을 옳게 전달하고, 한국 교회의 역사를 바로 잡아 한국 교회 미래의 방향을 제시하려는 필자의 간절한 기도와 소원을 담았을 뿐임을 널리 이해하여 주시기 바란다.

2018. 9. 30.
박윤선 박사 30주기를 맞이하여
정성구

독자들에게 드리는 글

박윤선 목사님은 두말 할 필요 없이 한국 장로교회에서 개혁주의 신학과 신앙의 틀을 놓으신 우리 모두의 스승이십니다. 그는 일생동안 '오직 성경', '오직 은혜', '오직 믿음', '오직 하나님께만 영광', 그리고 '하나님 중심의 개혁주의 신학과 신앙'의 바탕 위에 눈물과 땀과 무릎의 기도로 한국 교회의 신학과 신앙을 지켰습니다. 목사님이 세상을 떠나신 지도 어언 30여 년의 세월이 흘렀지만, 그가 남긴 생생한 말씀과 글들은 아직도 우리의 뇌리와 가슴에 그대로 살아 움직이고 있습니다.

한국의 모든 교회 특히 장로교회의 많은 목회자들은 자칭 타칭 박 목사님의 제자로 자처하고, 박 목사님의 유훈을 받든다고 합니다. 사실 한국 교회는 세계에서 선교가 가장 늦게 시작되었고 그래서 복음이 가장 늦게 들어온 나라인데다, 조선왕조의 멸망, 일제 강점기 36년, 북한 공산당의 불법 남침으로 야기된 6·25 사변 등 그 모진 박해와 어려움을 겪었습니다. 특히 일제의 신사 참배 강요로 한국 교회는 1938년 27회 총회에서 신사 참배를 공식 가결하고, 씻을 수 없는 판단으로 여호와와 바알을 동시에 섬기는 죄를 범하고 실패한 교회였습니다.

그래도 주기철, 이기선, 손양원 목사, 박관준 장로의 순교와, 기타

6-7년간 모진 옥고를 견디며 한상동, 이기선, 이인재, 손명복, 주남선 목사 등 산 순교자로 진리를 지켜온 분들이 계셨다는 것도 크나큰 은혜요 축복이 아닐 수 없습니다. 어두운 시기에 환란과 핍박 중에서도 말로 다 열거할 수 없는 이름 모를 순교자들의 피가 한국 교회와 나라를 지켰습니다. 그 중에서 한국 교회의 칼빈주의 신학과 신앙을 지켜 오신 두 분은 박형룡 박사와 박윤선 박사입니다. 이 두 어른의 신학 사상과 삶이 우리 모든 목사들의 롤 모델이 되었습니다. 그래서 박형룡 박사님과 박윤선 박사님의 생애는 한국 교회가 세계에 내어 놓을 수 있는 대표적 개혁주의 신학자이자 신앙의 모델로 받들고 있습니다.

그런데 몇 해 전에 박윤선 목사님의 딸이 『목사의 딸』이란 책 한 권을 썼습니다. 그 책의 내용은 한국 교계에 커다란 충격을 주었습니다. 그리고 그 책에 대한 평가도 여러 가지 있었습니다. 어떤 이는 목회자의 이면을 들여다 볼 수 있는 데 매우 유익한 책이라든지, 혹자는 박윤선 목사님의 가족의 숨은 비사를 통해서 목회자들의 반면교사로 삼자는 평가도 있었습니다. 그래서 그를 잘 이해한다느니, 또는 아무리 위대한 목사님이라도 인간의 허물과 약점이 그대로 노출 되었다느니, 박윤선 목사는 유교적 세계관의 바탕에 둔 율법주의자로서, 항상 인간의 죄만을 지적함으로 자유와 사랑의 메시지가 없다는 등, 또한 박윤선 목사는 하나님의 말씀인 성경 주석과 하나님의 영광을 위해서 산다는 명분으로 가족을 돌보지 않는 유교적 칼빈주의자라는 등, 참으로 듣기도 읽기도 민망한 한 여인의 트라우마와 한풀이를 책으로 내어 여러 차례 판을 거듭하여 인기몰이를 했습니다.

거기다 출판사의 상업주의적인 기술이 더해져서 마치 천지가 뒤집어지는 듯한 미사여구(美辭麗句)로 한국 교회의 목회자와 목회자 가족을 충동질하는 정도를 넘어, 그동안 박윤선 목사님을 사모하고 사랑하고 존경했던 한국 교회 목회자들을 패닉상태로 몰아가고 그것을 즐기고 있었습니다. 또 박혜란 씨를 동정하고 지지하는 몇몇 교계 지도자를 동원해서 추천이니, 서평을 이끌어 내어 흥행에 크게 성공했습니다. 한편 이 책에 대한 비판을 한 사람도 몇 분 있었습니다. 특히 한때 박윤선 목사님을 가까이 모셨던 고신대학의 신대원장이었던 고(故) 허순길 박사나, 박 목사님의 조카사위인 합동신학교 신약학 객원교수 김수홍 박사 등이 박혜란 씨의 책에 대한 적극적 해명과 정확한 비평에 가담했습니다. 그들은 말하기를 박혜란 씨가 딸이란 이유로 박윤선 목사님에 대한 잘못된 편견으로 매도하고 있다고 썼습니다. 또 그런 비평의 글을 비판하는 말이 인터넷에서 거칠게 욕설에 가까운 댓글들로 올라오고 있었습니다. 어찌됐건 박혜란 씨의 책이 많은 사람에게 상처를 주었을 뿐 아니라, 박윤선 박사에 대해서 잘못된 시각을 갖도록 한 것은 참으로 안타까운 일입니다.

필자는 2015년에 일 년 가까이 병마에 걸려 사경을 헤맸으나, 하나님의 은혜로 다시 건강을 회복했고, 그 후 박혜란 씨의 『목사의 딸』을 구해 단숨에 읽었습니다. 이 책을 다 읽은 후 박혜란 씨가 사춘기 소녀시절에 어머니를 빼앗긴 가슴앓이를 평생 가슴에 묻어두고, 그것이 한이 되고 분노가 되어 복수심을 갖고 일생을 살아온 트라우마가 있었던 것 같다는 느낌을 받았습니다. 어찌 보면 일생동안 마음에 그런 트라우마를 가진 박혜란 씨를 충분히 이해하고 동정을 할 수도 있습니다. 그런데 그 책을 마지막까지 읽으면서 느낀 것은 많은 부분에 있어서 전혀 객관성을 잃고 주관적인 한풀이의 관점에서 세상 떠난 아버지를 다시 글로써 죽이고 있다는 인상을 지울 수 없었습니다. 필자가 보기에는 책의 내용 핵심 가운데 많은 부분은 사실이 아닐 뿐더러 어떤 부분은 기본적으로 아버지에 대해서 잘못 오해한 전혀 자기 주관적 입장에서 기술되었습니다. 그 후 『박윤선을 생각한다』(목사의 딸 유감)란 소책자가 나와서 혜란 씨의 불효막심하고 복수심에 찬 그릇된 생각이 도마 위에 올랐습니다. 하기는 딸이 아버지를 가장 잘 알고 직접 눈으로 보고 체험했기에 아버지의 약점, 허물투성이, 위선을 제대로 보고 그것을 세상에 알려야 겠다는 '사명' 때문에 이 책을 썼다는 데는 더 할 말이 없습니다.

그런데 정말 자녀들이 부모를 잘 알까요? 정말 딸이 아버지의 신학, 신앙, 삶, 속마음을 제대로 온전히 다 알았을까요? 필자는 그렇게 보지 않습니다. 나는 박혜란 씨와 동갑내기로 1960년대 초에 박윤선 목사님이 개척하고 담임으로 있던 서울 동산교회에 전도사로 함께 있었습니다. 그러나 박혜란 씨와 한 번도 말을 섞어 본 일도 없고, 차 한 잔도 같이 마셔 본 일이 없습니다. 나는 당시 총신대학의 학생으로서 찌들게 가난하고 볼품없는 신학생이었고 혜란 씨는 서울대학교 공대 건축학과 학생으로, 말하자면 금수저로서 자유분방하게 공부하고 연애하며 남부럽지 않게 살았습니다. 그러다가 어느 날 그녀가 연애하던 불신자인 보이 프렌드와 결혼을 하겠다고 동산교회로 데리고 왔을 때, 박윤선 목사님은 너무나 당황한 나머지, 낙심하며 일그러진 얼굴로 긴 의자에 털썩 주저앉아 고통스럽고 괴로워하던 모습을 나도 보았고, 조카사위 김수홍 박사(당시는 집사로서, 교육전도사인 나를 도와 교사로 수고했다), 장경두 목사(집사), 부목사였던 고웅보 목사가 다 함께 그 장면을 보았습니다. 그런데도 그의 책에는 아버지가 하도 강권해서 결혼했다고 썼습니다. 하기는 글 자체가 주관적이니 자기 삶을 합리화하거나 우리 모두의 스승을 딸이라는 이유 하나로, 뒤늦게 신학을 했다는 이유 하나로 난도질을 하고 있었습니다. 그런데 그가 공부했다는 신학교는 개혁주의 신학교도 아닐 뿐더러 감리교에서 세웠다가 침례교 계통의 신학교가 된 세칭 복음주의 학교로 알고 있습니다. 나는 박윤선 목사님에 대한 그의 그릇된 생각들을 바로 잡을 필요가 있어 이번에 이 책을 집필하기로 마음을 먹었습니다. 필자는 나름대로 박윤선 목사님 곁에서 가까이 있었던 한 사람으로서, 박윤선 목사님의 신학과 신앙과 삶을 바로 기록하고자 합니다.

독자들에게 나를 조금 소개하고 싶습니다. 나는 본래 불신가정에서 태어났습니다. 하지만 나는 포은 정몽주 선생과 송강 정철 선생의 후손이자, 외조부는 퇴계학파의 선비로 1950년대에 안동의 도산서원 원장을 역임할 정도였으니, 좌로나 우로나 나는 유학자의 가문입니다. 그러나 감사하게도 1950년 6·25 사변 직후에 고신 측 교회가 바로 우리 집과 불과 10m 떨어진 곳에 개척되었기에 초등학교 2학년부터 포항 대흥교회 개척 때부터 신앙생활을 하여 거기서 학습과 세례를 받고, 그 포항 대흥교회에서 주일학교 교사, 학생회장, 찬양대 봉사를 하면서 성장했습니다. 나는 학생시절부터 SFC 운동에 적극 참여하고 한상동, 한명동, 손명복, 황철도, 이인재, 한부선 등 산 순교자들의 설교를 들으며, 주기철, 손양원 목사님, 박관준 장로 등의 신사 참배 거부운동을 하던 어른들의 철저한 순교자적 신앙에 녹아져 있었습니다. 그런 환경에서 자란 나는 목사로서 소명을 받아 고신과 총신이 합동되자 1960년대 초에 총신에 오면서 박윤선 목사님과 함께 서울 서대문구 충정로 동산교회 개척에 합류해서, 교육전도사로(그때는 조사로 불러 주었다.) 일했습니다. 그 후 나는 박 목사님을 가장 가까이서 듣고 보고 심부름을 하고, 말 그대로 박윤선 목사님을 그림자처럼 받들면서 1988년 6월 30일 그의 임종 시까지 26년간 그 자리에 있었습니다.

나는 박 목사님을 영적 아버지로 부르지는 못했습니다. 그러나 나와 함께 영음사에서 박 목사님의 주석 교정과 출판을 책임지고 함께 돕던 이창숙 선생은 내게 보낸 편지에 박 목사님을 늘 아버지라고 호칭했습니다. 나는 비록 박 목사님을 아버지로 부르지는 못했지만, 나는 박 목사님을 내 영적 아버지로 늘 생각을 했습니다.

나는 박 목사님의 성경 주석 교정하는 일을 돕다가, 박 목사님이 사주신 금강구두를 신고, 박 목사님으로부터 결혼 주례를 받았습니다. 그리고 박 목사님은 나의 신학석사 학위 주임교수가 됐고 박형룡 박사가 부심, 간하배 박사(Harvie M. Conn)가 부심으로 하여 "바울신학에 나타난 하나님의 의(義) 개념"(δικαιοσύνη του θεου in Pauline Theology)이란 논문을 쓰고 신학석사(Th.M) 학위를 받았으며, 박 목사님께서 빌려준 콜-호번(Koolhoven)의 화란어 문법책을 우리말로 번역해서 나중에 한국외국어대학교 전임대우 교수(1970)가 되고, 그 전에 1967년부터 총신의 전임대우 교수가 되어 헬라어와 화란어를 가르쳤습니다.

나는 박 목사님의 추천서를 받아 들고, 상도동 자택에서 박 목사님의 환송을 받으며 화란 뿌라야(자유)대학교에 유학을 갔고, 유학 중에 장학금이 끊기어 가장 절망적인 어려운 위기의 순간에 박윤선 목사님이 코넬리우스 반틸(Dr. Corneliuse Van Til) 박사의 제자이고, 내가 또한 박윤선 목사의 제자란 사실을 알게 된 화란의 31조파 자유개혁파교회의 어른인 메이스터(J. Meester) 목사님이, 전액 장학금과 가족 초청을 해 주어서 박사 과정에 공부하게 되었습니다. 나에게 은혜를 베풀어준 메이스터(Jan Meester) 목사님은 웨스트민스터신학교 변증학 교수인 코넬리우스 반틸(Cornelius Van Til) 박사와는 죽마고우였습니다. 나는 유학 시절 또는 한국에 있을 때 박 목사님으로부터 50여 통의 편지를 받았고, 박 목사님의 성경 주석 자료 수집에 온 힘을 다 쏟았습니다.

박 목사님의 편지 중에는 주석을 집필하는 데 중요 자료를 의논도 했지만 나의 학문하는 일에 늘 격려와 위로를 보내시곤 했습니다. 한 번은 편지에 쓰기를 "정 목사가 헬만 리델보스(H. Ridderbos)에게 가서 공부도 하고, 미국도 와서 공부하여 내가 가르치고 있는 과목을 가르쳐 달라"고 하면서 후계자로 지명했습니다. 그러나 나는 신약을 부전공으로 하였고 칼빈주의와 실천신학을 전공했기에 박 목사님의 과목을 이어받지는 못했습니다. 물론 나는 유학을 가기 전부터 리델보스 박사와 서신교환을 했고, 리델보스 박사께서 친히 『바울과 예수』(Paulus en Jezus)란 책을 내게 보내주셨습니다. 그리고 제1장을 번역하여 〈목회자료 3집〉에 게제하기도 하였습니다.

박 목사님이 돌아가시기 1년 전에, 나는 다시 박 목사님 내외분을 우리 집에 모셔서 저녁을 대접했습니다(대부분 일 년에 한 번씩 초청했습니다.). 그런데 1987년 그해 가을 나는 아무래도 노인의 앞일을 알 수 없음을 직감하고 지필묵을 준비하고 "목사님 한 말씀 남겨주세요" 즉 유언을 부탁 했더니, 사당동 우리 집 응접실에 엎드리셔서 "기도일관 (祈禱一貫)"이란 글을 써 주셨습니다. 박 목사님께서 평생 기도로 일관하신 모범을 내게 마지막 유언으로 부탁하신 것입니다. 그 액자는 지금 한국칼빈주의연구원과 칼빈박물관에 고이 보관되어 있습니다.

박 목사님은 1988년 병을 얻어서 석 달 동안 입원해 있으면서 한국 교회를 위해서 병상에서 계속 기도하셨고, 임종 며칠 전에 찾아가 뵈었더니 환자인 박 목사님이 도리어 제 손을 움켜잡고 "하나님 아버지! 우리 정 목사를 축복하시고, 사모와 아이들을 붙드시고 정 목사님이 한국 교회를 위해 큰일을 하게 해달라"고 간절히 기도해 주셨습니다. 사실 세상을 떠나시기 전 해에 박 목사님은 한국칼빈주의연구원 고문 자격으로(당시는 합동신학교 명예원장) 세계 최초로 열렸던 "16세기 종교개혁자 요한 칼빈의 자료전시회"에서 개회설교를 해 주시고 테이프를 끊어 주셨습니다. 1985년에 세워진 한국칼빈주의연구원과 칼빈박물관에는 박윤선 목사님에 관한 자료가 아주 많습니다. 나는 1960년대 초에 박 목사님의 설교를 대학노트에 필기한 것을 간직하고 있고, 그의 육성 녹음 설교도 100여 편 이상 소장하고 있고, 박 목사님의 육필 편지도 모두 보관하고 있습니다.

1980년 10월 31일 합동신학교로 떠나가신 교수님들이 박윤선 목사님을 모시고 나가면서 사표를 내었습니다. 당시 총신대학교 대학원장이셨던 박윤선 목사님에게 제출한 네 분 교수님들의 사표들을 박 목사님이 함께 모아서 당시 총신대 학장인 내 직무실에 와서 함께 사표를 제출했습니다. 나는 너무 당황해서 "박 목사님이 어째서 제게 사표를 제출 하십니까 절대로 안 됩니다."라고 말씀드렸지만 이미 결심이 굳어 있었습니다. 그러나 나는 38년이 지난 지금도 박윤선 박사와 네 분의 교수님들의 사표를 내 책상 옆에 지금도 그대로 간직하고 있습니다. 그때, 만에 하나 학교에 누를 끼치고 교단을 갈라 갔다는 이유로 학장의 이름으로 문교부에 다섯 분의 교수를 공식적으로 보고하고 징계 또는 파면조치를 했다면 어찌 되었을까요?

나는 박윤선 목사님과 그 교수들의 장래를 위해서 또는 합신을 위해서 사표 수리를 하지 않은 채 38년을 제 책상 위에 지금도 그대로 보관하고 있습니다(물론 이사회에서는 공식으로 처리를 했을지라도 그것은 정치적인 것이고 법적 효과는 없는 것이었다.). 학교가 분리된 것이 박 목사님의 뜻이 아닌 것도 나는 잘 알고 있었습니다. 지금부터 20년 전에 노진현 목사님은 내가 세운 한국칼빈주의연구원과 칼빈박물관을 방문하셨고, 필자 또한 노진현 목사님 댁에 가서 그간의 된 일을 자세히 보고 드렸더니 노진현 목사님이 깜짝 놀라셨습니다. 노진현 목사님의 말씀이 "나는 그런 줄 몰랐다."라고 탄식했습니다. 나는 노진현 목사님이 합신의 이사장으로 문교부의 등록이 필요하다고 요청하기에 총신의 이사장 경력과 교장 서리 경력을 두말없이 결제해 드렸습니다. 커뮤니케이션 이론에는 정보를 받는 사람은 정보를 주는 사람에게 매인다는 말이 있듯이, 노진현 목사의 판단은 그럴 수밖에 없었습니다.

박혜란 씨는 박윤선 목사님의 육신의 딸입니다. 그러나 나는 박윤선 목사님을 가장 가까이 모신 영적 아들입니다. 박윤선 목사의 육신의 딸인 혜란 씨가 박윤선 목사를 아버지로 가장 잘 아는 듯 하지만 사실은 가장 잘 모를 수도 있습니다. 나도 자녀들이 둘 있습니다. 아들, 딸 모두가 한국의 명문대(서울대학교, 이화여자대학교) 출신이고, 미국의 최고 명문대(프린스턴대학교)에서 Ph.D 학위를 받고 한국에서 교수로 일하고 있습니다. 사위도 며느리도 모두 미국의 명문대 출신입니다. 그리고 아이들이 모두 효자이고 순종하고 그런대로 신앙생활을 잘하고 있습니다.

그러나 내 생각에는 내 자녀들이 아비의 사상과 삶, 신앙과 세계관을 십분의 일도 모를 것입니다. 그들은 자기 분야에는 최고의 학문을 할지라도 아비의 마음에는 늘 못 미치고 나를 잘 이해하지 못합니다. 그와 같이 박혜란 씨가 우리의 스승인 박윤선 목사를 비난하고 그분의 약점을 까밝히고, 부끄러운 글을 온 천지에 퍼트린 것은 참으로 안타까운 일이 아닐 수 없습니다. 그래서 나는 더 늦기 전에 한국 교회 앞에 박혜란 씨의 편향된 생각을 수정하고 나의 영적 아버지인 박윤선 목사님에 대해서 올바른 지식을 후대에 신학자들과 목회자들에게 기록으로 남기고 싶어서 펜을 들었습니다.

나는 평생을 박윤선 목사님에게 배운 대로 칼빈과 칼빈주의 사상을 전파하는 전도자로, 지난 56년간 80여 권의 크고 작은 책을 쓰고 한국과 오대양 육대주 전 세계에 말씀을 외치고 살았습니다. 특히 제가 1985년에 출판한 『한국 교회 설교사』란 책에 '박윤선 박사의 신학과 설교' 부분이 있는데, 이 책은 영어, 일어, 중국어, 대만어, 러시아, 루마니아, 체코어, 헝가리어, 포르투갈어, 벵골어 등 10여 개 나라말로 번역되어 전 세계에 박윤선 박사의 신학과 설교를 알려 왔습니다.

나는 지금도 개혁주의 신학과 신앙의 역사적 계보를 잇기 위해 구약 시대, 신약 시대, 교부 시대, 종교개혁 시대, 종교개혁 이후 시대, 한국 교회사료, 성경사료 등 약 1만종을 소장하고 연구하면서 한국칼빈주의연구원과 칼빈박물관을 운영하고 지키기를 33년째 하고 있습니다. 이 한국칼빈주의연구원은 1964년 내가 일찍이 박윤선 목사님이 개척 시무하던 동산교회에서 『칼빈주의 5대 교리 강해』란 소책자로부터 시작했으니 벌써 반세기가 넘었습니다.

그래서 이번에 나는 이 글을 통해서 '평신'과 '만신', '고신'과 '총신', '합신'에 박 목사님이 사역했던 그 사상과 삶, 그리고 박 목사님과 필자 사이에 26년간의 삶의 실제와 박 목사님과의 뒷이야기를 사실 그대로 객관적으로 기술함으로써 한국 교회사에 역사적 사료로 남길 뿐 아니라, 오고 오는 세대에 박윤선 목사님의 개혁주의 신학과 신앙을 널리 알려 한국 교회를 바로 세우기 위해서 이 책을 집필했습니다.

1987년 6월 30일 박윤선 박사가 주님의 부르심을 받자, 7월 1일 CBS에서는 정규방송을 멈추고 합신의 김명혁 교수와 필자를 불러 박윤선 박사 추모대담 프로를 가졌습니다. 김명혁 교수는 주로 질문하면서 대화를 이끌어갔고, 필자는 박윤선 박사와의 26년간의 얽힌 뒷이야기, 그의 사상과 삶, 설교 등을 소상하게 해설하는 순서를 가졌습니다. 30년 전 그 프로그램이 박윤선 박사의 자료로 중요하다고 생각해서 CBS에 부탁해서 그 녹음테이프를 받았고, 아직도 필자의 컴퓨터에 그대로 재생되고 있습니다.

 _ 01

박윤선 목사님을
꼭 만나세요

1961년 그해 겨울이었다. 나는 총신대학으로 신학공부를 위해 떠나기로 했다. 그 당시 대한예수교장로회 총회는 에큐메니컬 운동에 가담하느냐 반대하느냐의 문제로 교회가 어수선했고, 교회마다 의견 충돌 또는 재산권 문제로 서로 싸워서 총회가 나누어지는 엄청난 소용돌이가 있었다. 또 그로 말미암아 장로교회의 고통은 말로 다 할 수 없었다. 통합 측 교회가 에큐메니컬 측으로 떠나자, 이른바 보수적 승동 측 교회는 신조와 정치와 신앙이 같은 고신 측과 합동하게 되었다. 그때 고신 측과 총신 측의 합동의 견인차는 역시 박윤선 목사였다.

그래서 우리 교단을 세칭 합동 측이라고 부르게 되었다. 그런데 내가 서울로 신학 공부를 떠난다는 소식을 안 것은, 우리 포항 대흥교회 서복조 집사였다. 서복조 집사는 당시 서울 무학여고 출신으로 고려고등성경학교를 졸업한 분이었다. 그는 낮 예배 전 성경 공부 시간에 워낙 성경을 잘 가르치고 성경 진리를 확신 있게 증거하고 있기에, 당시 포항 대흥교회 담임인 박병호 목사님이 설교하기가 무척 어려울 정도였고, 교인들의 인기가 서복조 집사에게 쏠렸다. 서복조 집사가 어느 날 나를 불렀다.

서복조 집사는 나에게 "서울로 신학공부를 간다면서"라고 운을 뗀 뒤, 그 카리스마가 넘치는 눈빛으로 나를 쏘아 보았다. 고신 측 입장에서 본다면 이른바 총회파 또는 총신 측은 진리 운동에 있어서 미덥지 못하다고 생각했던 모양이다. 서복조 집사는 내게 말하기를 "정 선생! 서울에 가면 도착하자마자 즉시 박윤선 목사님을 꼭 만나세요. 정 선생이 박윤선 목사님을 만나서 그 문하생이 된다면 정 선생의 일생에 놀라운 일이 일어날 것입니다."라고 조언해 주었다. 서복조 집사는 당시 장로교회들의 배후를 훤히 꿰뚫어 보면서 한국 교회의 유일한 대안은 박윤선 목사님의 신학과 신앙의 바탕 위에 바로 서야 총신이나 고신의 문제들이 해결되리라는 견해였다. 1960년 9월부터 박윤선 목사님은 인간적으로 말로 다할 수 없는 고통과 고난의 시간이었다. 박윤선 목사님은 주일날 택시를 타고 선교사 환송 예배에 설교했다는 이유 하나로 교단에서 치리 당했다. 이를 두고 고신 측 총회 정치권에서는 절대로 박윤선 목사를 치리한 것이 아니고 어쩔 수 없이 교단의 정체성과 건덕을 위해서 교장 사임을 받은 것이라고 극구 변명했지만, 박윤선 박사는 해임되었고 고려신학교 교장 자리에서 물러났다. 박윤선 목사님은 정치나 행정에 어둡고 단순하고 어린아이처럼 순진한 분인데, 정치적으로 당했다. 나도 합동 측에서 학장, 총장, 총장 대행 등을 다섯 차례나 하면서 총회의 정치 세력 틈에 끼어서 많은 어려움을 당해본 경험이 있다.

또 나는 교수들 간의 시기, 질투, 알력뿐만 아니라 교단 정치권 압력과 비판으로 심한 고통을 당해 보기도 했다. 사실 박윤선 목사님은 통칭 박 교장으로 통했으나, 교권자들, 율법주의자들에 의해서 말로 다할 수 없는 고통을 당하셨다. 그즈음 에큐메니컬 운동을 거부하고 바른 신학과 신앙을 지키려던 새문안 교회의 고응진, 김지호, 김익보 장로를 중심한 보수주의 신앙그룹 77명이 나와서, 부산 금정산에 주님의 뜻을 기다리며 뜨겁게 기도하시던 박윤선 목사님을 모시고 와서 1961년 1월 1일에 동산교회를 개척하게 되었다.

나는 그보다 1년 늦은 1962년 2월에 동산교회 예배를 참석하고 박윤선 목사님을 만나게 되었다. 나는 늘 일생을 살면서 인간은 누구를 만나며 누구를 신학과 신앙과 학문의 멘토로 모시는 건가 하는 것이 중요하다고 생각한다. 나는 박윤선 목사님과 첫 만남에서부터 박 목사님의 임종까지 26년 동안을 한결같이 모시고 받들고 크고 작은 심부름, 아주 조그마한 신상 문제까지 도움을 받으며 살았다. 그래서인가, 박 목사님을 따라서 역사적 칼빈주의 신학자로 농익어 갔고, 진리를 위해 생명을 걸고 말씀 증거에 불꽃처럼 타오르게 되었다. 나는 평생을 참으로 미련하고 부족하지만, 박 목사님의 뒤를 따르려고 어쭙잖게 흉내를 냈었다.

나는 원래 병약해서 네 살 때까지 서지도 못하고, 걷지도 못했다. 영양실조에 걸려 건강이 크게 문제가 되었다. 그래서 나는 사람 구실을 못 할 뻔 했고, 가정적으로 최극빈 가정으로 찌들게 가난하여, 초등학교도 다닐 수 없었다. 하지만 하나님의 은혜로 공부를 곧잘 했다. 그래서 초등학교 4학년 때부터 경상북도에서 주는 도지사 장학금을 받게 되어 계속 공부를 할 수 있었다. 물론 중학교를 갈 수 없었다. 입학금과 등록금이 해결이 안 되었는데, 포항 동지 중학교 입학시험에서 하나님의 은혜로 수석 합격의 영광을 얻어 3년 동안 입학금 및 등록금 면제 장학금으로 중학교를 졸업했다. 그 후 대구 계성고등학교에 우수하게 합격했으나(당시 4:1의 경쟁) 돈이 없어 포기하고, 다시 동지상업고등학교를 들어가서 원치 않는 주산과 부기를 공부하는데 죽을 맛이었다.

그런데 초, 중, 고를 다니는 동안 좀 특이하게 여러 가지 달란트가 많았다. 첫째로, 그림을 잘 그려 미술 전람회에서 여섯 번의 특선을 했고, 몸은 왜소하고 약했지만 음성 하나만은 중후하고 낭낭해서 정확한 발음으로 낭독회에 늘 대표자로 나갔다. 그래서 초등학교 졸업식 송사, 답사, 중학교 졸업식에서 송사, 답사, 고등학교 졸업식에도 송사, 답사를 한 번도 빠지지 않고 했다. 그 때문이었을까 지금도 나는 수천 명 교인들 앞에서 설교를 정확히 전달할 수 있었다. 뿐만 아니라 글 쓰는 일에 소질이 다소 있었다. 중학교 때는 문예지 「지원(志園)」의 편집장을 맡을 정도였고, 총신 재학시절에는 교지 「로고스」의 편집장이었고, 교수 시절에는 「신학지남(神學指南)」의 편집장과 주필이 되었다. 그리고 나는 신학지남 편집장 시절 「신학지남(神學指南)」 초판에서 1970년대까지 영인본을 만들었다.

나는 운동이나 다른 재능은 별로지만 미술, 음악, 낭독, 연설, 웅변, 글쓰기 등 감성과 영성이 남달랐기에 고 2때부터 시골교회에 하기아동성경학교를 겸한 부흥회를 인도했다. 또 그 시기에 경북 청하 고현교회에 초청을 받아 집회를 인도하는 중, 모기준 영수(후일 장로)가 크게 회개 하는 일도 있었다.

우리 포항 대흥교회 집사님들은 중·고등부 시절에도 나를 늘 '애기 목사'라고 불러 주었다. 거기다가 SFC 운동을 하면서 한상동, 한부선, 황철도, 이인재, 손명복, 목사 등 출옥 성도들의 심금을 울리는 감동적 설교를 듣고 중생의 체험을 하고, 소명을 받아 목사가 되기로 헌신했다. 이런 때에 총신에서 신학을 공부하기로 했고, 박윤선 목사님을 만났던 것은 내 생애에 크나큰 축복이었다. 그때까지만 해도 박윤선 목사는 오직 일주일에 세 번씩 사력을 다해서 진리를 폭포수처럼 쏟아내고 성경 주석을 쓰고 있었지만 총신에서 가르치지는 않았다. 동산교회 안에서는 자연스럽게 '개혁신학교'란 강의가 있기는 해도, 으레 박 교장이 가는 데는 신학교가 만들어지게 마련이었다. 나는 일주일 내내 총신에서 공부하는 것보다 오히려 주일 오전과 밤, 수요일 밤 세 번의 박윤선 목사님의 설교 듣는 것이 총신대의 공부보다 훨씬 제대로 된 교육과 훈련, 그리고 개혁주의 신학에 눈을 뜨게 된 계기가 되어 더 좋았다.

박윤선 목사님과의 첫 만남에서 나는 그의 설교에 녹아지다 보니, 당시 20대 초반의 박윤선 목사님의 설교를 들으면 마치 박 목사님이 이사야나 예레미야가 다시 되돌아 온 듯 한 착각을 일으킬 정도였다. 그때 박 목사님은 이사야서를 주석하시면서, 요한복음 주석을 증보하는 가운데 방금 깨달은 가장 따끈따끈한 진리의 말씀을 쏟아 내었다. 그리고 그것은 내 가슴에 정통으로 꽂혔다. 당시의 동산교회 성도들은 일반 성도들이 아니라 모두가 신학생인 듯이 박 목사님의 설교를 노트에 필기했다. 나도 예외는 아니어서 그때 박 목사님의 설교를 강대상 아래서 필기한 것을 지금도 가지고 있다. "서울에 가면 반드시 박윤선 목사님을 꼭 만나고 그의 문하생이 되세요."라고 하던 고신 측 포항 대흥교회 서복조 집사님의 조언이 내 일생을 바꾸어 놓았다. 그리고 나를 박윤선 목사님께로 인도해 주었던 서복조 집사님께 늘 감사한다.

1961년 여름. 포항 대흥교회에서 경동지방 S.F.C.

1961년 진주교회(당시 고신 측)에서 전국 SFC동기 수양회에 참석. 앞줄에 석원태 전국 위원장, 한명동, 한부선, 권성문, 김성환 목사가 보인다.

 _ 02

다니엘아!
다니엘아!

　나는 박윤선 목사님과 함께 동산교회를 개척하면서 교육전도사가 되었다. 당시는 교회 규모도 작고, 일꾼이 부족해서 유년주일학교 전도사 겸 중고등부 전도사로 무거운 짐을 졌다. 신출내기 신학생인 내게는 참으로 버거운 일이었다. 거기다 중고등부 예배 시에 잠시 메시지를 증거하고는, 남자 중학생 1·2반을 위한 공과 공부를 가르치는 것도 겸했다. 그런데 그 반에는 가장 장난이 심하고 산만한 아이가 있었다. 바로 박단열, 즉 박 다니엘이었다. 그는 공과 공부를 경청하지도 않았을 뿐더러, 다른 아이들을 방해해서 도저히 성경 공부의 진도가 나갈 수 없었다. 교회는 조그마한 예배실 외에는 두어 평짜리 사무실이 전부였다. 그래서 중고등부 예배가 끝나면 곧바로 장년 예배를 시작해야 하는 빠듯한 시간이었다. 그러니 다니엘과 같은 개구쟁이 산만한 아이를 앞에 앉혀 놓고 성경 공부를 가르치는 것은 여간 어려운 일이 아니었다.

　이 아이 박단열 즉 박 다니엘이 바로 박윤선 목사님의 아들이었다.

말하자면 전 사모님으로부터 낳은 막내였다. 다니엘은 제대로 훈련을 받은 일도 없었다. 두 번째, 이화주 사모님에게 자녀가 셋 있었으니 성은, 성진, 성애 등이 모두 어렸고, 다니엘은 친어머니의 사랑을 받은 일이 거의 없었을 것이다. 이화주 사모도 다니엘을 위해 최선을 다했지만 아무래도 한계가 있었다. 박 다니엘의 누나였던 박혜란 씨의 글을 읽어보면 박 목사님은 전처의 자식들에게 무관심했고 사랑을 하지 않았다고 한다. 하지만 박윤선 목사님은 그의 아들 박 다니엘을 너무나 사랑했다. 내가 성경을 가르치고 있는 동안 매번, 다니엘의 두 팔을 뒤에서 부둥켜안고 말씀을 잘 듣도록 노력했다.

잠시 후에 박 목사님은 장년 설교를 해야 함에도 불구하고, 아들에 대한 애틋한 사랑으로 다니엘을 감싸 안고 말씀을 듣도록 했다. 솔직히 나는 그것이 매우 부담스러웠다. 내가 아이들에게 성경을 가르칠 때 바로 둘째 줄에 박윤선 목사님이 아들과 함께 공과공부를 듣고 있었기 때문이다. 신학지식도, 성경지식도 짧았던 나로서는 박윤선 목사님 앞에서 뭐라고 했는지 잘 모르겠다. 그때를 생각하면 지금도 얼굴이 달아오를 지경이다.

나는 보았고, 들었고, 그리고 체험했다. 박윤선 목사님은 전처의 막내아들에 대한 애틋한 부정을 보았다. 흔히 알려진 대로 박윤선 목사는 권위주의적이고 율법주의적이어서 가족을 돌보지 않는 무심한 목사라는 이미지가 떠도는 것은 참으로 안타까운 일이다. 옛날 아버지는 모두가 그러하듯이 아내나 자녀들에게 사랑한다느니 좋아한다느니 말은 못하지만, 속 깊은 정으로 자녀를 사랑하고 아끼는 것은 전 세대 아비들의 삶의 방식이었다. 그러니 후처의 자식은 사랑하고 전처의 자식은 내팽개쳤다는 것은 한 면만 보는 오해였다. 물론 박혜란 씨가 열세 살에 어머니를 불의의 교통사고로 잃어버리고 재혼한 아버지를 볼 때마다 느끼는 감정은 충분히 이해한다 해도, 전처의 자식은 내팽개치고 후처의 자식만 귀히 여긴다는 판단은 그의 편향된 생각일 뿐이었다. 박윤선 목사님은 자녀를 사랑하지 않은 것이 아니고, 그보다 성경 주석 쓰는 일과 기도에 더욱 힘쓴 것 뿐이다.

1963년 겨울로 기억된다. 그때 부산 부전교회에서 전국 SFC 동기 수양회가 열렸다. 나는 이미 고등학생 때, SFC 동기 수련회를 통해서 많은 은혜와 소명을 받은 것을 잘 알기에, 박 목사님께 상신해서 많은 학생들이 그 수양회에 참여해야 된다고 했다. 그래서 중학생, 고등학생, 대학생, 합해서 13명 정도를 인솔하고 경부선 완행열차를 타고 부산으로 갔다. 아마도 서울에서 부산까지 열 서너 시간 이상 걸린 것으로 기억된다. 그 시간은 오늘날 비행기를 타고 미국 뉴욕 가는 것보다 더 걸린 셈이다. 벌써 55년의 세월이 지났지만 나는 그때 함께 갔던 학생들의 이름을 아직도 기억한다. 박 목사님의 아들 박 다니엘을 비롯해서 고응진 장로님의 아들 고원창, 장지환 장로님의 자녀들인 장세인, 장영덕, 대학에 다니는 쌍둥이 자매 장은영, 장은진, 그리고 진교원, 진교필, 조창환, 차상용 등 13인이 경부선 완행열차를 타고 서울에서 부산까지 가고 있었다.

그런데 박윤선 목사님의 아들 박 다니엘은 거의 매 정거장마다 홈에 내려 친구들과 장난을 쳤다. 내가 아무리 말려도 꾸짖어도 소용이 없었다. 대전과 대구 사이를 통과하는 중에 금테 두른 차장이 우리 곁에 와서 여기 인솔자가 누군가라고 다그쳤다. 그래서 내가 인솔자라고 했더니, 당신들의 아이들 때문에 경부선 열차가 15분이나 연착되고 있는데, 어찌 할건가라고 책임을 물었다. 나는 아무 댓구도 못하고, 앞으로 아이들을 잘 단속하겠다고 백배 사죄하고 넘어갔다. 그것도 박 다니엘 때문이었다. 박 다니엘은 못 말리는 장난꾸러기였다.

부산 부전교회에 도착해서 SFC 전국 동기수양회 저녁 집회에 은혜를 받고 이튿날 낮 성경 공부가 있었는데, 갑자기 박 다니엘이 실종되고 없어졌다. 옛날의 교회는 의자가 없었고, 교회별 그룹으로 교회당 마룻바닥에 앉아 낮 공부를 했는데, 다니엘이 갑자기 사라진 것이었다. 나는 겁이 덜컥 나서 가슴이 쿵쾅거리고 어쩔 줄 몰랐다. 만에 하나 다니엘이 실종된다면 큰일이었다. 그래서 나는 낮 공부 시간에 다니엘을 찾으러 교회 주변을 헤맸다. 지금은 교회당을 다른 곳으로 신축하여 이전했지만 옛날 부전교회당은 시장 한가운데 세워진 예배당이었다. 어디서 다니엘을 찾을 것인가 아무런 방법이 없었다.

그런데 한참 여기저기를 정신없이 헤매다가 시장통 어느 만화가게에 들어가니 거기에 다니엘이 만화책에 푹 빠져 있었다. 그 옛날에는 TV가 없었고, 초·중·고생들의 유일한 놀 거리가 만화가게에 가서 만화를 보는 것이었다. 다니엘이 낮 공부시간에 빠져 나가 만화가게로 가버린 것이다. 하마터면 큰 사건, 큰 시험이 될 뻔 했으나 감사하게도 다니엘을 발견했다. 그래서 다니엘을 찾아 동산교회 학생들 자리에 앉혀 놓았는데, 갑자기 강의하는 목사님께 다니엘이 질문을 하나 했다. 즉 "언약 신앙에 대한 우리의 입장이 무엇입니까?"라고 했다. 그 강사 목사는 화들짝 놀라 쩔쩔 매고 당황하며 얼굴이 붉어지며 적당히 얼버무렸다.

다니엘은 아버지로부터 '언약 신앙에 대한 말을 들었구나'라고 생각했다. 동기수련회를 마치고 서울로 오기 전에 부전교회 백남조 장로님이 나를 불러, 박윤선 목사님이 섬기는 교회 학생들이 왔음을 반가워하고 내게 아이들을 위해서 점심 값을 건네주었다. 백남조 장로님은 박윤선 목사님의 신학과 신앙을 존경하는 어른이었다. 그 일은 백남조 장로님과 나 사이에 첫 만남이었고 나중에 총신의 이사장과 학장으로 평생 아름다운 관계를 가졌다. 후일 다니엘이 미국에 이민 가서 신앙생활을 끝까지 잘 하였으나 어느 날 교통사고로 갑자기 세상을 떠났다는 안타까운 소식을 들었다. 1960년대 동산교회에 오신 한부선(Bluce F. Hunt) 목사님은 항상 "다니엘, 다니엘" 하고 부르셨던 것을 기억한다. 박윤선 목사님이 아들 다니엘을 사랑하신 그 부정을 직접 보고 느낀 것은 나의 추억이다. 다니엘아! 다니엘아!

1963년 부산 부전교회에서 열린 21회 SFC 전국 동기 수양회에 동산교회 중, 고, 대학생들을 인솔해서 참가하다(앞줄 왼쪽 두번째가 박윤선 목사님의 아들 박 다니엘군).

 _ 03

아이들에게 찬송가를 가르치라요

흔히들 박윤선 목사 하면, 성경 주석이나 하고, 그 옛날 개혁주의 신학과 신앙만을 소리 높여 외치는 보수주의자 쯤으로 아는 사람도 적지 않다. 그래서 기독교 교육이나 목회의 실제는 무심한 분으로 알고 오해하기도 한다. 오직 한 가지만 알고 다른 것은 거들떠보지 않는 목사님으로 아는 자들도 있다.

그러나 박윤선 목사님은 한국 교회의 미래를 생각하고 다음 세대를 늘 걱정했던 분이었다. 내가 동산교회 교육전도사로 유년주일학교와 중고등부를 담당하고 있을 때였다. 하루는 나를 불러서 박 목사님께 갔더니 다음과 같이 말씀했다. "정조사! 유년부 아이들에게 장년 찬송가를 부지런히 가라치라요"라고 했다. 그때나 지금이나 주일학교에서는 어린이의 정서와 말에 알맞은 '어린이 찬송가'를 가르치고 부르고 있다. 그때 박윤선 목사님의 생각은 이랬다. 흔히들 교회 음악가나 어린이 지도자들은 어린이 찬송가를 잘 가르쳐주고 장년이 되면 장년들이 부르는 찬송가를 부르면 된다고 한 것이다. 그런데 실제로 어린이들은 장년들이 부르는 찬송가를 어렸을 때부터 부르지 않으면, 그들이 커서 찬송가도 부를 줄도 모르고 찬송을 통해서 은혜를 받을 수 없게 된다는 것이다.

요즘은 스크린 자막을 통해서 찬송가 가사가 뜨기도 하지만, 옛날에는 찬송가 궤도라 하여 창호지 전지에 가사를 써 놓고 읽으면서 찬송을 합창하던 시대였다. 그리고 이제는 세월이 많이 변해서 어린이나 중고등부 학생들이나 장년들 모두가 복음송에 취해서 찬송을 다 잊어 버렸다. 그래서 가스펠송에 익숙한 요즘 청년들은 찬송가를 부를 줄 모른다.

사실 복음송은 예배 찬송이 아니다. 그럼에도 불구하고 복음송, 즉 가스펠송이 예배를 점령하고 모든 성도들의 생활 가운데 깊이 파고 들었다. 한국 교회의 위기와 퇴조 중에는 그것도 한 요인이 된다. 가스펠송이 나쁘다는 것은 아니다. 그것은 전도용이고 개인적 신앙 고백이 될지 모르지만 하나님께 영광을 돌리고 하나님 앞에 죄인이 구속 받은 은혜와 감격의 예배 찬송은 아니다. 나는 유럽 특히 네덜란드에서 공부했는데 그들은 몇 가지 찬송 외에는 모두 시편 찬송을 부르고 있다. 시편 찬송은 일찍이 교회의 개혁자 요한 칼빈(John Calvin)이 당시 마로(Marot)라는 사람을 시켜서 시편 찬송을 만들었다. 이 시편 찬송은 모든 개혁교회의 예배 시에 불려졌다. 한국은 지난 수십 년 동안 미국의 번영 신학의 영향으로 가스펠송이 많이 보급되고 애창되어졌다. 그런데 어린이 찬송도, 가스펠송도 1, 2년이 못되어 또 다시 새로운 가사와 새로운 곡이 나오므로 이전에 나왔던 것은 다 잊어버리고 만다.

박윤선 목사님이 내게 말씀하신 것은, 어린아이 시절부터 찬송을 부지런히 가르치면 장년이 되어서도, 그 찬송이 입에 익어서 계속 부를 수 있을 것이고, 장년이 되어 혹시 신앙을 잃어버리거나 낙심할 때 찬송을 기억하고 부름으로 새로운 은혜를 받을 수 있다는 논지였다. 성경은 어린이 성경이 따로 있는 것도 아니지만, 바울이 디모데에게 말하기를 "또 네가 어려서부터 성경을 알았나니 성경은 능히 너로 하여금 그리스도 예수 안에 있는 믿음으로 말미암아 구원에 이르는 지혜가 있게 하느니라"(딤후 3:15)고 하신 말씀처럼, 구약 시대에 어린이 토라가 있었다는 말을 들어본 적이 없고, 2000년 기독교 역사에 최근 몇 십 년 동안 어린이 교육을 위해 어린이 성경을 발행한 일은 있다. 그런데 우리는 자녀들에게 어려서부터 성경과 찬송을 부지런히 가르쳐야 한다는 것이다. 성경은 어려서부터 가르치고, 찬송도 어려서부터 많이 부르게 해야 교회를 바로 세우고, 신앙의 전통을 이어간다는 것이다.

세월이 반세기, 56년을 지난 지금 생각해도 박윤선 목사님의 생각은 탁견이다. 박 목사님은 음악을 잘 모르시고 기독교 교육을 잘 모르시는 것 같지만, 박윤선 목사님의 개혁교회를 세우기 위한 그의 판단은 가장 적절한 것이었다. 만에 하나 우리 한국 교회가 어린이들에게 최소한 100곡 이상의 찬송가를 실제로 잘 가르치고 암송하여 부르게 한다면 한국 교회의 전통은 확실히 전달 될 줄 믿는다. 유년주일학교와 중고등부 학생들에게 찬송가 100곡을 가르치는 운동을 해야 한국 교회가 다음 세대를 보장할 수 있을 것이다. "정 조사! 아이들에게 장년 찬송가를 많이 가르치라요"라는 박윤선 목사님의 이 말씀은 반세기가 훨씬 지났지만 아직도 내 귀에 쟁쟁하다.

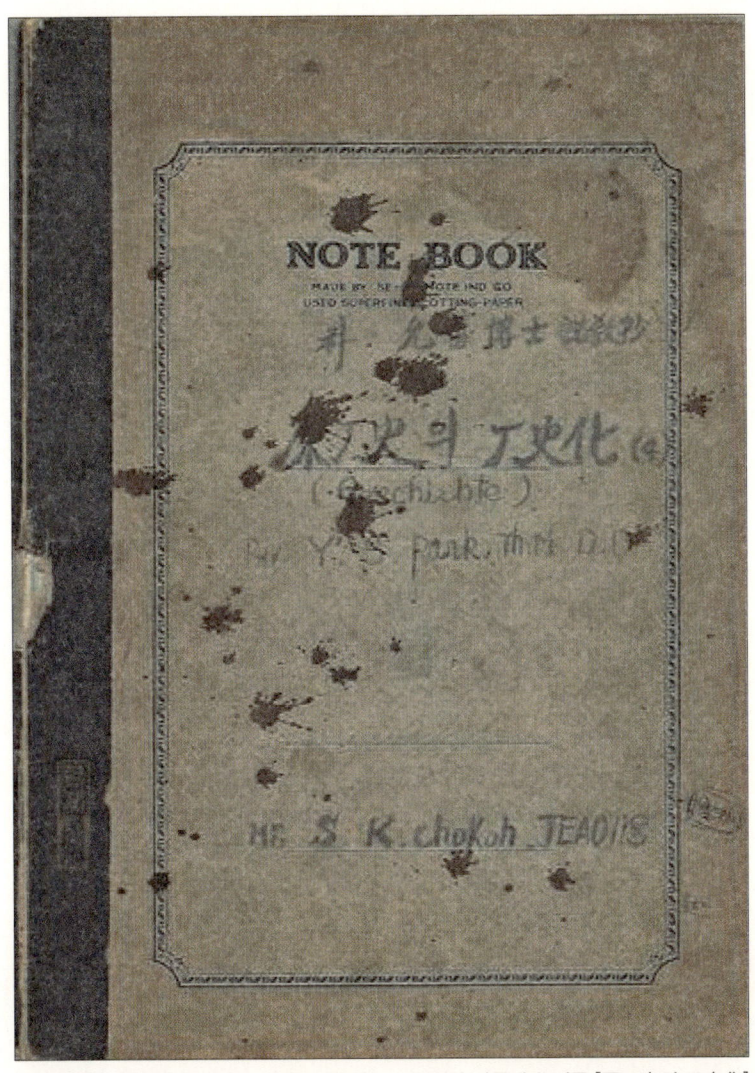

1962년 필자가 박윤선 목사의 설교를 필기한 노트. 필자 나름대로 이를 [原丁史의 丁史化]라고 했다.

 _ 04

대구제일교회 목사님 이름은?

박윤선 목사님의 건망증은 알아줘야 한다. 1960년대 초에 동산교회를 목회 하실 때 부목사님이셨던 고응보 목사님, 그리고 이미 연로했던 우경신 여전도사님 등이 박 목사님을 잘 보필했다. 성도들도 사실은 초신자들이 아니라 새문안교회에서 바른 진리를 지키고 순수한 장로교회의 신앙의 정통성을 지키려던 분들이 동산교회를 세웠음으로 나름대로 박 목사님을 잘 섬겼다.

박윤선 목사님이 동산교회의 담임 목사이긴 해도 실제로는 설교 목사와 다름없고 모든 목회 행정, 심방 등은 고응진 장로님의 동생이었던 고응보 목사님이 책임을 지고 있었다(후일 시카고 갈보리교회 담임 목사). 박윤선 목사님은 오직 성경 주석 쓰는 일과 일주일에 세 번 설교하는 사역만을 전담하였다. 그래서 박윤선 목사님은 세상 돌아가는 것도 잘 모를 뿐 아니라, 무엇이던지 잘 잊어버리는 분이었다.

박 목사님은 우산을 드려도 다시 가져오는 일도 없고, 호주머니에 돈이 있는지 없는지도 모르셨다. 박 목사님은 중절모자를 앞뒤가 없이 자유롭게 쓰고 다녔다. 모든 것은 옆에서 누가 챙겨주지 않으면 무슨 물건이던지 잊어버리고 간수할 줄 모른다. 박윤선 목사님은 예배 시작 전에 언제나 앞줄 왼쪽 장의자에 앉아서 기도로 준비하셨다. 그런데 강단에 오르기 전에 꼭 나를 불러서 시계를 풀어주면서 시간을 맞춰 달라고 내밀었다. 그 시절에는 시계도 각각 맞지 않았다. 박 목사님은 항상 정시에 예배하고 싶었다. 나는 앞자리에서 박 목사님의 시계 맞추는 그 일을 했었다. 그런데 어느 날 낮 예배를 마치고 나오시면서 말씀하시기를 "정조사! 잠깐 나를 봅세다." 하여 사무실에 따라 들어갔더니 대뜸 "혹시 대구제일교회 목사님의 성함을 아는가?"라고 물었다. 나는 그 자리에서 바로 "이상근 목사님 아닙니까?"라고 대답했다. 그랬더니 "아참 그렇지"라고 웃었다.

그런데 알고 보니 사연이 이랬다. 박윤선 목사님과 사돈관계이며 오랫동안 고려신학교에서 같이 동료 교수로 있었던 이상근 목사님의 이름을 깜빡 잊어버린 것이었다. 이상근 목사님은 일본 고배개혁파신학교와 웨스트민스터신학교에서 공부하고, 고려신학교에서 조직신학을 가르치신 교수였다. 이상근 교수는 후일 총신에서도 박형룡 박사와 함께 조직신학 교수로 일했고 총신의 윤번제 교장을 지냈다. 하지만 박윤선 목사님은 그렇게 가까이 지낸 사돈이자 평생 친구의 이름을 깜박 잊어버린 것이다. 박윤선 목사님이 한 가지 확실히 아는 것은 대구제일교회 목사님과 이름이 동일하다는 것만 기억하고 있었다. 그래서 나에게 대구제일교회 목사님 성함을 아는 가라고 물어본 것이었다. 이쯤 되면 박윤선 목사님의 건망증은 중증이라고 할 수 있다.

박윤선 목사님은 하나님의 말씀을 묵상하고 주석하는 일 외에는 아무것도 기억하지 않는 듯했다. 그러니 박윤선 목사님에 대해서 무심하다느니, 자기 가족도 돌보지 않았다는 딸의 말에 공감이 가기도 한다. 박 목사님은 길을 가다가 구두끈이 풀어지면, 가방을 옆에 두고 구두끈을 다시 메고 그냥 가버리는 정도였다. 한 번은 이런 일이 있었다. 사실 북아현동 자택에서 용산에 있는 총신의 임시교사까지 오는 것은 한 번에 오는 차가 없었다. 당시에는 버스도 없고 수송 수단이라야 미군 스리쿼터를 불하 받아 드럼통을 두들겨서 덮어씌운 일명 딸딸이 합승차가 전부였다. 서울에는 택시도 없고 전차만 있던 시절이었다.

박 목사님은 오랫동안 사력을 다해 이사야 주석을 완성한 원고를 가방에 넣고, 합승 버스를 타고 성경을 묵상하며 오다가 이사야서 주석 원고가 든 가방을 통째로 그대로 두신 체 총신의 용산 건물 앞에서 내려 버렸다. 문제는 지독한 건망증이었다. 그러니 정성을 다해 만드신 이사야 주석 원고 뭉치를 잃어버렸음으로 얼마나 애틋했을까는 짐작하고도 남는다. 다행히 합승 버스 회사에서 분실물을 습득해서 가방을 열어보니 성경책과 원고 뭉치가 있는지라, 잘 살펴보니 성경책 갈피에 박윤선 목사님의 서대문구 북아현동 주소가 있는 편지 봉투를 발견했다. 그래서 이사야서 주석 원고를 극적으로 다시 돌려받은 것은 일화로 남아 있다. 당시 나는 도원동 기숙사에 있으면서 30~40분을 걸어서 용산에 있는 총신에 걸어 다닐 때였다. 박윤선 목사님의 건망증은 병이 아니라, 오직 성경, 오직 믿음, 오직 은혜에 전심전력하여 다른 것을 모두 잊어버린 데 있었다.

고신 교수와 총신 교수(교장)를 지냈던 이상근 박사와 함께(LA에서)

 _ 05

요한계시록 주석과 부흥회

    1962년 6월 말, 나는 한 학기 동안 서울 동산교회에서 박 목사님을 섬기면서 총신에서 공부했다. 나는 여름방학을 맞아 부모님이 계시는 고향으로 내려가게 되었다. 지금이야 교통이 좋아서 포항까지 가는 데 서너 시간이면 족하지만 그 옛날에는 하룻길이었다. 나는 고향교회를 방문하고 부모님을 만나기 위해서 포항으로 내려갔다. 그 당시는 총신과 고신이 합동하였기에 같은 교단이 되었다. 내 모교회는 고신 측 대흥교회였지만 합동이 되었다. 또 그 지역 합동 측 경동노회 지도자는 포항성남교회 오근목 목사님이었다.

    오근목 목사님은 평양신학교 출신으로 당시는 총신의 재단이사회 감사로도 있었지만, 그는 목사인 동시에 한의사였다. 당시 경동노회는 통째로 에큐메니컬 노선, 즉 통합 측으로 넘어가고, 불과 목사 5명, 장로 5명을 겨우 얻어 합동 측 경동노회를 구성하였고, 내가 대흥교회 학생회장으로 있을 때 총신측과 고신 측 합동 감사 예배를 주관하면서 오근목 목사로 설교하게 한 경험이 있다. 그래서 나는 경동 노회 목사 후보생 1호가 되었다(그러나 1963년부터 현재까지 줄곧 경기노회 소속이다.). 나는 노회장이신 오근목 목사님께 인사를 갔더니, 마침 잘 왔다고 하시면서 구룡포 성산교회에 교역자가 비었으니, 두 달 동안 교회를 맡아서 수고하라고 하시면서 즉각 임시전도사로 나를 파송했다. 지금은 포항과 구룡포는 합하여 한 도시가 되었지만 옛날에는 포항에서 한 시간 정도 떨어진 읍으로서 과메기로 유명한 어항이었다.

구룡포 성산교회는 목사 또는 강도사가 시무하던 고신 측 교회였다. 교회당 건물은 그 옛날 일본 사람들이 쓰던 그물 창고를 개량한 교회당이었다. 교인들은 장년만 약 50여 명 되었고, 그 절반이 제직이었으며, 남여 전도회와 청년회 학생회와 유년주일학교 등이 있는 교회였다. 그런데 사실은 나는 나이도 어렸지만 단독 목회를 해본 일도 없으려니와, 일주일에 주일 낮, 밤, 그리고 수요일 밤, 새벽기도 등을 맡아서 설교하기란 내게는 참으로 힘들고 벅찬 일이었다. 나는 그때까지만 해도 성경도 제대로 한번 읽은 적도 없고 신학을 체계적으로 배운 바도 없었다. 하여간 첫 열심으로 강단에 서서 힘 있고 뜨겁게 박윤선 목사님께 배운 대로 설교했다. 그런데 첫 번째 주일 설교를 마친 후 제직들이 내게 몰려와서 다음과 같이 제안을 했다. "전도사님! 오신 김에 한 주간 부흥회를 인도해 주십시오"라고 했다. 그때 나는 성도들이 얼마나 말씀에 갈급했는지를 잘 알 수 있었다.

무식하면 용감하다는 말이 있듯이 나는 선뜻 그리하자고 대답은 했으나, 아무 대안도 대책도 없었다. 뿐만 아니라 설교를 배운 일도 없고 참고할 만한 책은 아무것도 없었다. 나는 전도사로서 초보인데다, 신학도 성경도 잘 몰랐으며, 기성교회에서 한 주간 부흥회를 인도

한 적은 한 번도 없었다.

그런데 구룡포 성산교회에서, 내게 하루 세 끼 식사를 담당하던 김마태 영수님 댁에 갔더니, 이게 웬일인가 박윤선 목사님의 『요한계시록 주석』이 한 권 있었다. 박윤선 목사님의 첫 번째 책 '계시록 주석'은 1949년에 고려신학교에서 출판된 비매품이고, 1954년에 성문사에서 비로소 개정판으로 판매된 작품이었다. 나는 즉시 박윤선 목사님의 『요한계시록 주석』을 빌려 가지고, 대학노트에 정리하면서, 요약하여 내 나름대로 연속 강해설교를 만들어 새벽, 낮 공부, 밤 부흥회를 인도했다. 어디서 그런 용기와 열정이 있었는지 모르지만 박 목사님께 배운 대로 힘 있게 새벽, 낮, 밤 금요일 저녁까지 요한계시록 강해설교로 집회를 계속 인도했다. 하지만 사실 당시 나는 설교가 뭔지, 강해설교가 뭔지 알지도 못했다. 다만 박윤선 목사님의 요한계시록 주석을 차례로 읽고 깨닫는 대로 은혜 받은 대로 목이 터져라고 뜨겁게 전했을 뿐이었다. 설교할 때 목회 경험이 전혀 없었기에 무슨 예화나 간증이란 것도 전혀 없었다.

그런데 이게 웬일인가! 금요일 마지막 부흥집회를 끝마치자, 제직들이 모두 내게 몰려와서 "전도사님! 요한계시록 중심의 부흥회가 너무 좋으니, 부흥회를 한 주간 더 연장합시다."라고 제안했다. 나는 겁도 없이 또 그렇게 하자고 했다. 한 주 동안 박윤선 목사님의 요한계시록 주석을 정리, 요약, 분석하면서 새벽, 낮 공부, 밤 집회 하루 세 번을 금요일까지 계속했다. 내가 부흥집회를 한다는 입소문이 나자 둘째 주간 집회부터는 5km 떨어진 구룡포 장길리교회 성도들도 합류

했다(장길리교회는 지금 합동 측 경동노회 소속이다.).

　20대 초반 동산교회에서 박윤선 목사님을 모시고 설교를 듣고 신학을 한 학기 밖에 공부하지 못한 내가 무슨 배짱으로 한 교회에서 두 주간의 연속 부흥회를 인도했는지 내 자신도 믿기지 않았다. 요즈음은 부흥회라야 저녁만 3, 4일 정도 하지만, 그때는 새벽, 낮, 밤 세 번을 주일부터 금요일 밤까지 하는 시대였다. 지금 돌이켜보아도 어떻게 그것을 감당했는지 스스로도 놀라지 않을 수 없다.

　한 교회에서 연속 두 주간 심령부흥회를 인도한 것은 내 생애에 있어서 그것이 처음이자 마지막이었다. 비록 두 달 정도의 임시 전도사로 시무하고 구룡포 성산교회를 마지막 작별할 때, 성도들이 눈물로 배웅하던 것이 지금도 눈에 선하다. 그로부터 정확히 50년이 지난 후 2002년 나는 그 교회에 다시 초청을 받아 부흥회를 인도하였다. 지금은 고신 측 교회로서 언덕 위에 새로이 교회당을 아름답게 짓고 '구룡포 제일교회'라고 교회 명칭을 바꾸었다.

　다시 동산교회로 돌아와서 박윤선 목사님에게 『요한계시록 주석』을 잘 읽고 정리 소화하면서, 그것을 설교화 해서 두 주간의 부흥회를 인도했다는 보고를 드렸다. 그러자 박윤선 목사님은 만면에 미소를 띠시며 그 '요한계시록 주석'을 요약, 정리, 개요한 대학 노트를 달라고 하셨다. 그래서 요한계시록 주석을 정리 한 대학노트를 박윤선 목사님께 드렸다.

　박윤선 목사님은 1934년 웨스트민스터신학교로 유학가시면서 배

안에서 요한계시록 1장에서 3장까지 암송하고, 유학하시면서 요한계시록을 통째로 다 암송하시고, 계속 아침저녁으로 외우셨다. 그래서 1940년 만주의 계노순 집사 댁에서 요한계시록 주석 원고를 완성하시고, 1949년 고려신학교 교장으로 계실 때 박윤선 목사님은 성경 주석 첫 번 작품으로 요한계시록을 내셨다. 나는 박윤선 목사님이 그토록 사랑하고 정성 드린 요한계시록 주석을 꼼꼼히 읽고 정리하면서 두 주간의 연속 부흥회를 인도한 것은 내 생애에 잊지 못할 박윤선 목사님과의 연결고리이자 아름다운 영적 추억이다.

박윤선 박사는 어째서 요한계시록을 그토록 사랑하시고, 그것을 통째로 암기했을까? 그리고 신구약 66권 중에 『요한계시록 주석』을 첫 번째 작품으로 집필했을까? 주석가 요한 칼빈도 어렵다고 손을 들어버린 요한계시록을 어찌 그토록 사랑했을까? 나는 박 박사님께 그 이유를 여쭈어보지는 못했다. 그러나 그 당시 일본 제국주의자는 신사 참배를 강요하면서 한국 교회를 박해하는 중 구약을 가지고 설교하거나 요한계시록을 가지고 설교하는 것을 금했다. 구약 특히 출애굽기나 선지서 등과 신약 요한계시록을 본문으로 설교할 때 자연히 민족의식 고취와 일제에 항거하고 독립 운동을 은연중에 설교하게 된다는 것을 알았기 때문일 것이다. 그래서 일제는 '일본기독교조선교단'을 만들어 주로 목사가 복음서에서만 설교하도록 했다. 박윤선 목사는 요한계시록을 암송하고 주석하면서 일본 제국주의는 멸망할 것이고 궁극적으로 주 예수 그리스도만 승리한다는 사실을 목청껏 외치고 싶었을 것이다. 오른 손에 일곱별을 잡으시고, 일곱 금촛대 사이에 거니시는 주 예수 그리스도를 희망의 메시지로 한국 교회에 선포하고 싶었을 것이다.

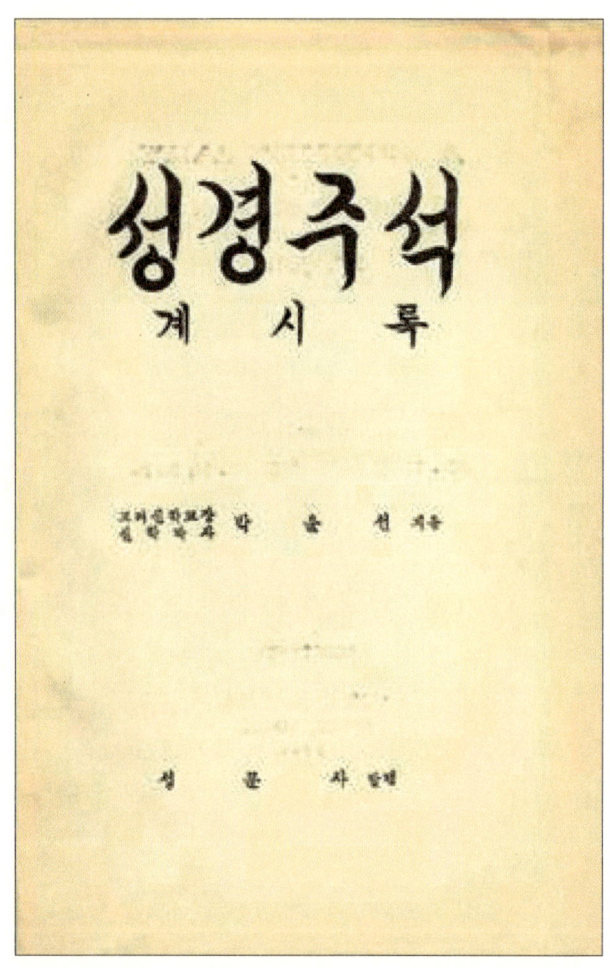

1962년 7월 필자가 박윤선 박사의 『성경 주석 요한계시록』을 요약, 정리, 분석해서 2주일 동안 구룡포 성산교회(고신 측)에서 부흥회를 인도했다.

2012년 구룡포 성산(제일)교회에 50년 만에 다시 부흥회를 인도한 필자

 _ 06

박윤선, 화폐개혁, 주일성수

앞에서도 말했지만, 동산교회는 1961년 1월 1일 에큐메니컬 운동에 반대한 통합 측 새문안교회 성도들이 세운 교회이다. 박윤선 교장은 당시 주일날 택시를 타고 정통장로교 스푸너(Spooner) 선교사 환송예배에 설교했다는 죄명으로 고신에서 퇴출되었다. 박윤선 교장은 교회정치권에 적극 해명을 했지만 소용없었다. 1960년 9월 고려신학교 교장직에서 물러나와 외롭게 부산 금정산 기도원에서 기도하시던 박윤선 목사님을 서울로 모셔 와서 개척한 교회가 바로 서울 동산교회이다. 새문안 교회 고응진 장로, 김지호 장로, 김익보 장로 등이 중심이 되고, 우경신 여전도사와 이능전 권사(당시 집사), 송승옥, 김계석 권사(당시 집사) 등이 주축이 되었다.

박윤선 목사님은 교회 정치를 잘 모르시고, 오직 하나님의 말씀인 성경을 주석하고 가르치며 설교만 하시던 순수한 학자셨다. 그런데 박 목사님은 정치적 희생양이 되어, 외롭고 쓸쓸히 주님의 뜻을 기다리며 부산 금정산 기도원에서 울부짖어 기도하고 있을 때, 이능전 집사 일행이 금정산에 기도하시고 계시는 박윤선 목사님을 찾아갔다. 이 집사 일행은 새문안교회에서 나와서 진리를 보수하려는 성도들이 하나님의 말씀을 갈망하고 있음을 이야기하고 박 목사님이 오셔서 교회를 세우시고, 말씀을 증거해 달라고 부탁했다. 그랬더니 박윤선 목사님은 말씀하시기를 여러분은 말씀 듣기를 원하고, 나는 말씀을 증거 하기 원하니 그렇게 하겠다고 즉석에서 허락했다. 아마 고신의 교장으로 많이 시달리기도 했고, 부산의 정치권에서 자유롭고 싶었을 것이다.

물론 동산교회의 개척예배 설교는 명신홍 목사님이 담당하였다. 사실 명신홍 목사님은 대구 서문교회를 담임하시던 목회자요 오늘의 총신대를 에큐메니컬 운동에서 막아내고, 오늘의 총회와 총신대를 살려낸 은인이었다. 그리고 그는 대장암으로 인조 항문을 단체, 미국에 가서 기독교 개혁파 교회(CRC) 교단과 친구들에게 호소하여 1년 7개월간 초인적인 노력을 하여 거액의 모금을 해서 총신대학 본관을 완성하였다. 그러나 총회와 신학교 이사회는 역사의식이 전혀 없어서인지 종합관을 짓는다는 명분으로 아름답고 튼튼하게 지은 역사적 총신 본관을 포크레인으로 부셔 버린 우를 범했다. 그리고 명신홍 박사는 겨우 1년 동안 이른바 윤번제 교장을 지내시고 그 후 병을 얻어 세상을 떠났다. 나는 너무 가슴이 아파 1997년에 『명신홍 박사 전기, 신학교육과 목회』를 출판해 드렸다. 명신홍 박사의 위대한 공적을 문집으로나마 남기고 싶었기 때문이다.

하여간 1961년 1월 1일에 개척된 동산교회는 이듬해인 1962년 성도가 두 배로 부흥되어 장년 출석 150명 이상이 넘었을 때였다. 당시 민주당의 장면 정권이 혼돈에 빠지게 되자, 날마다 밤마다 각종 데모로 정국이 크게 요동쳤다. 그때 박정희 장군이 5·16 군사 혁명을 일으켜 정국은 새로운 국면을 맞게 되었다. 그런데 군사 정권이 들어서자마자 여러 가지 혁명 조치를 내는 중에 6월 10일 주일날, 속전속결로 비밀리에 화폐개혁을 발표하였다.

이런 비상시국에 한국 교회는 큰 시련을 맞게 된다. 화폐개혁은 10환:1원이었다. 군사정권이 하고자 하는 것은 타인 명의로 비밀리에 예금한 것을 찾아내고, 지하경제를 노출시켜 새로이 국가경제 질서를 바로 잡겠다는 의도였다. 그런데 이 모든 불똥이 교회로 튀었다. 교회도 모든 예금을 주일에 화폐 교환을 하지 않으면 은행예금은 날아가고, 현금은 휴지조각이 될 판이었다.

바로 6월 10일 주일 오후에 박윤선 목사님은 장로들과 집사들을 모으고 동산교회는 주일성수를 위해서 화폐 교환을 하지 않기로 결의했다. 물론 나는 그 예배, 그 시간에 있었으므로 이 사건을 소상히 알고 있었다. 박윤선 목사님은 주일성수를 위해서, 혁명정부에서 단행한 주일날 화폐개혁을 반대하고 본인의 가정 예금도 포기할 뿐 아니라, 교회의 모든 공적 예금을 포기하기로 한 결정은 한국 교회사에 기록되어야 한다고 본다. 선교사에게 주일날 환송예배를 인도했다는 죄명으로 정치적으로 고려파에서 희생양이 되고 치리 되었는데, 박윤선 목사님을 치리한 당시 고신 측 교회들은 과연 주일날, 화폐개혁을 한 그날 어떤 태도를 취했는지 나는 알고 싶다.

흔히 박윤선 목사님은 꼴통보수요, 성경 주석이나 평생 쓰시고 대사회 문제에 대해서 눈을 감은 목사님으로 생각하는 사람들이 많이 있다. 그래서 박윤선 목사님을 율법주의자니, 유교적 칼빈주의자라고 하고 평가하는 사람도 있다. 그러나 그 절박한 순간에 정부의 그릇된 판단에 저항하고, 교회의 순결성을 지키고, 교회의 거룩성을 지켜 나가려는 박윤선 목사님의 행적은 한국 교회 역사에 반드시 기록되어야 하고 후세에 귀감이 되어야 할 것이다. 나는 당시 박윤선 목사님을 모시고 그 현장에 있었던 사람으로서 이런 사실을 꼭 기록으로 남겨야 된다는 사명감을 가지고 이 글을 쓰고 있다.

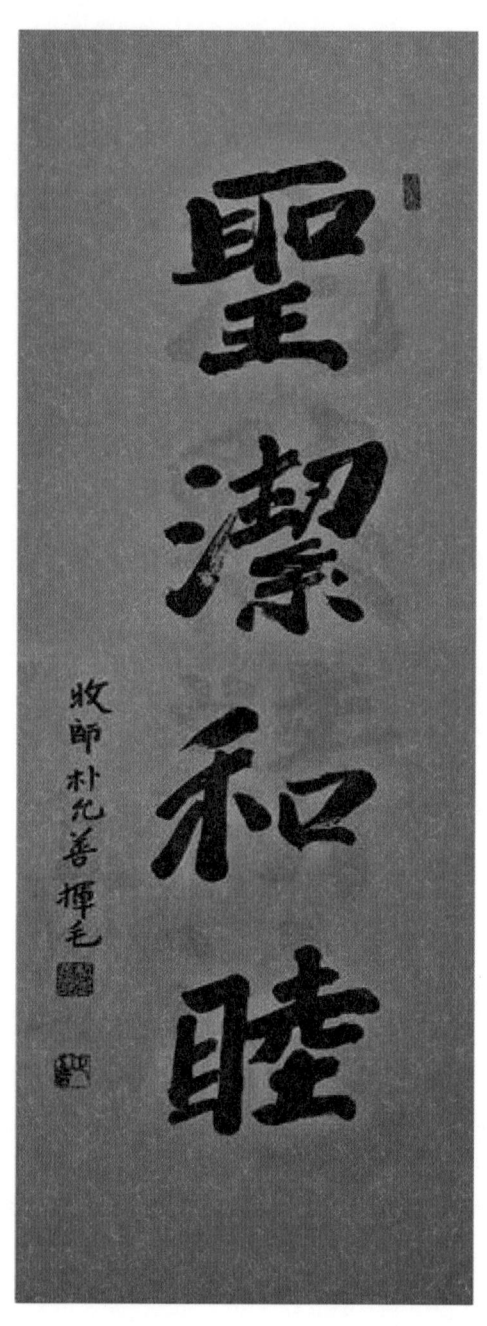

 _ 07

신랑, 신부, 주례자 있으면 됐구먼

1968년 가을은 내 개인적으로 인생에 큰 일이 세 개나 있었다. 첫째는 목사 안수를 받는 일이고, 둘째는 총신대학교 대학원 5회 졸업으로 신학석사(Th.M) 학위를 받는 일이고, 또 다른 하나는 결혼식을 하는 일이었다. 내 인생에 가장 중요한 일들이므로 그 어느 하나도 소홀히 할 수 없었다. 모든 것을 제대로 준비하고 신중히 결정해야 할 일이었다. 당시 나는 1966년부터 경기도 양주군 주내면 산북리에 위치한 농촌 개척교회 즉 샘내교회를 담임하고 있을 때였다.

물론 이 교회도 동산교회 여전도회가 개척한 교회인데, 그때 내가 받는 사례금은 매월 5,000원이었고, 쌀 한 말이 전부였다. 처음 개척 때는 바닥에 가마니를 깔고 경유 램프를 달고 예배를 드렸다. 당시 50호 밖에 살지 않는 농촌 마을에서의 교회 개척이란 참으로 힘든 것이었다. 더구나 본래 이 개척교회는 어느 여전도사가 시작했지만 불미한 사건으로 전도가 거의 불가능한 형편에서 내가 재개척하기로 하고 부임했다. 나는 일평생 주의 일에 모든 것을 바치기로 했으므로, 농촌 개척교회가 가장 중요하다고 생각하고 자원했었다.

나는 1967년부터 총신대학에서 헬라어와 화란어를 가르치는 전임 대우 교수로 왕복 5시간 이상 걸리는 거리를 일주일에 두 번 강의하면서도 교회개척에 힘썼다. 그 결과 교회가 점점 부흥되기 시작했다. 또한 총신에서 강의하면서도 신학석사(Th.M) 과정을 공부했다. 당시 신약신학을 전공했음으로 박윤선 박사를 주임교수로, 부심을 박형룡 박사, 또 다른 부심을 간하배 박사(Harvie M. Conn)에게 지도를 받으면서 "바울신학에 나타난 하나님의 義 개념"(δικαιοσύνη του θεου in Paulin Theology)란 제목으로 논문을 쓰고 있었다.

　그래서 서울 사당동 총신대와 경기도 양주군 주내면 신북리까지 먼 길을 내왕하면서도 논문자료를 늘 한 보따리씩 가지고 다녔고, 밤낮 없이 석사 학위 논문에 매달리고 있었다. 거기다가 12월 5일은 경기노회에서 목사 안수 받는 것으로 결정 나 있었고, 노회 장소도 역시 동산교회였다. 그때 목사 안수 동기로는 기독교 교육의 권위자인 임승원 목사, 후일 개혁 측 총회장을 지냈던 윤낙중 목사 등이 함께 목사 안수를 받았다.

　당시 내가 목사 안수 받을 때, 산 순교자이신 이인재 목사님이 설교하셨다. 이 목사님은 일본의 신사 참배 강요를 반대하고 한상동, 손명복, 주남선 목사님들과 뜻을 같이 하여 일제에 항거하다가 6년의 옥고를 치르고 해방이 되자 출옥했었다. 그날 목사님은 예레미야 15:16의 말씀, 즉 "만군의 하나님 여호와시여 나는 주의 이름으로 일컬음을 받는 자라 내가 주의 말씀을 얻어 먹었사오니 주의 말씀은 내게 기쁨과 내 마음의 즐거움이오나"란 말씀을 읽고 목사가 걸어가야 할 삶을 설교해 주셨다. 이인재 목사님의 설교 말씀은 나의 일생동안 좌표가 되었다. 즉 주님의 이름 때문에 목사가 되었으니, 주의 말씀을 받고 내 마음속에 기쁨과 즐거움이 될 때 사명을 감당할 수 있다는 뜻이었다.

그런데 나는 결혼도 해야 했다. 그즈음 도원동 기숙사 4호실 룸메이트인 김재영 전도사가 나에게 중매를 했다. 40대 중반인 김재영 전도사는 독립운동가의 아들로 중·고등학교를 중국에서 공부했고, 육군 정보장교 출신이었다. 그는 육군 대위로 휴전 회담 때는 중국어 통역 장교였다. 그는 우리말과 중국어를 유창하게 잘했기에, 당시 김종필 씨와 함께 육군 정보장교로 근무했고 신학, 철학, 역사, 정치, 문학에 박식했다. 또한 그는 이른바 6·25 때 중공군의 개입을 '인해전술'이란 말을 처음 만든 장본인이었다.

김재영 씨는 도원동 기숙사 4호실 동기이지만 독립운동가의 후손답게, 정보장교 출신답게 박학다식했다. 어느 날 그는 내게 말하기를 "김지미를 빰칠 정도의 미모를 가진 처녀가 있는 데 만나보라"고 중매했다. 김지미는 반세기전 한국의 최고의 미인이며 인기 배우였다.

나는 총신에 강의를 마치고 개척교회가 있는 샘내로 가는 길목인 도봉산 어느 찻집에서 맞선을 보았다. 선을 본 처녀는 농촌 개척교회 교역자인 나에게 너무나 과분했지만 그의 미모에 첫 눈에 반했다.

그래서 그 처녀를 만나 솔직하게 말하기를 "나는 참으로 가난하고 볼품없고, 거기다가 농촌 개척을 하는 목사입니다. 그러나 꿈 하나는 대단해서 나는 머지않아 화란 암스테르담 뿌라야(자유)대학에 유학을 가게 될 것이고, 하나님의 나라와 한국 교회를 위해 크게 일할 결심을 하고 있습니다. 그러나 지금 내 형편은 가진 것이라고는 아무것도 없고, 가난한 농촌 개척교회 목사입니다. 당신이 직접 내가 어떻게 사는지 농촌 개척교회를 직접 와서 보고 결정하라"고 했다. 그런데 나는 그때까지 화란 암스테르담 뿌라야(자유)대학에 입학 허가를 받은 일도 없고, 문교부에 유학 시험을 친일도 없었다. 다만 내 비전과 꿈이 그러하다는 것이었다.

하나님의 섭리가 있었기에 그 처녀는 며칠 후에 참으로 가난하고, 허름하고, 조그마한 농촌 개척교회를 방문했다. 교회라야 천정도 없는 20평 남짓한 시멘트 바닥에 가마니를 깔고 예배 하는 중이고, 사택이라고는 낡고 오래된 방 한 칸 부엌 한 칸 뿐인 낡고 초라한 한쪽으로 기울어진 초가집이었다. 그것을 자세히 본 지금의 내 아내는 한번 해 보겠다고 결심했다. 지금의 아내는 무엇 때문에 또는 무엇을 보고 그런 결심을 했는지 알 수 없었다. 아내의 용기는 대단했다. 하나님의 은혜와 축복이다. 볼품없고 가난한 농촌 개척교회 목사에게 선뜻 결혼하겠다고 한 아내가 평생 참으로 고맙고 고마웠다(금년은 가정을 이룬지 50년, 금혼식을 하려고 한다.).

그 후 나는 그 처녀에게 말하기를 해를 넘길 수 없고, 지금은 석사 논문을 쓰느라고 바빠서 교제할 시간도 없으니, 몇 주일 후 월요일에 결혼식을 하자고 제안했다. 그러니 나는 지금의 아내와 결혼 전에 데

이트를 해본 일도 없고, 찻집에 간 일도 없고 쇼핑이나 영화관에 구경 간 일도 없었다. 생각해 보면 세상에 나처럼 무모하고 정신 나간 사람도 없을 것 같다. 참으로 대책 없는 사람이었다. 농촌 개척교회 목회자인데다, 찌들게 가난한 가정이며 아무런 준비도 없고 결혼 비용이라곤 아무것도 없는 빈털터리였다. 하지만 나는 그때나 지금이나 한번 결심하면 무엇이나 속전속결로 처리하는 기질을 갖고 있다.

맞선이 있은 후 곧바로 박윤선 목사님을 찾아가서, 전후 설명을 드리고 결혼 주례를 부탁드렸다. 그랬더니 박 목사님의 말씀이 "신랑, 신부, 주례자 있으면 됐구먼" 하였다. 박 목사님은 참으로 단순한 어른이고, 나도 단순해서 결혼식을 토요일에 하면 민폐를 끼치는 것이니 싫고, 월요일은 그래도 친구 몇 사람은 참여할 수 있으니 좋다고 생각했다. 박윤선 박사는 이창숙 선생을 통해 나에게 금강구두를 선물로 사주셨고, 나는 박윤선 목사님이 사주신 구두를 신고 1968년 11월 25일 동산교회당 새 건물에 첫 번째로 박윤선 목사님의 주례를 받고 결혼식을 올렸다. 나의 결혼식 날 축의금은 거의 없었고, 신혼 여행비가 없어서 당시 충현교회 부목사이던 임승원 목사에게 신혼 여행비를 빌려서 유성으로 갔다. 나의 돈키호테 같은 태도를 그냥 백퍼센트 믿어 주고, 찌들게 가난한 농촌 개척교회 목사에게 시집와 준 아내를 생각하면 일생동안 고맙게 생각한다. 나는 지금도 제자들에게 내 경험을 들려주면서 결혼은 가장 가난하고 어려울 때 하라고 권고한다.

나는 가장 가난하고 힘들게 가정을 이루었지만, 그때 가졌던 비전을 실행에 옮겨 박윤선 박사님의 추천서를 받아 가지고 박윤선 목사님이 못다 이룬 꿈을 이루기 위해 화란 암스테르담 쁘라야(자유)대학으로 유학을 갔고, 하나님의 기적적인 도움과 은혜로 온 가족이 화란으로 이주했다. 감사하게 아들 하나 딸 하나 낳고 모두 한국의 명문대를 나오고 미국의 명문대에서 박사 학위(Ph. D)를 받아 지금은 모두 교수로 일하고 있으니, 당시는 무모하고 벼락치기로 한 결혼이었지만 성공한 것이다. 박윤선 목사님의 단순한 생각, 나의 단순하고 무모하고 돈키호테식 도전이 있었기에 가능한 일이었다. 열흘 간격으로 인생의 가장 큰 일 세 가지 즉 목사 안수, 신학석사 학위 취득, 결혼식을 차례로 격파해 나갔다. 지금 생각해도 아찔한 생각이 들지만 나는 인생의 출발 선상에서 또 가는 도중에 하나님과, 그리고 박윤선 목사님과 함께 한 삶이었기에 너무 감사한다. 그리고 그것은 바로 하나님의 은혜였고, 하나님의 축복이었다.

결혼식 며칠을 앞두고 박형룡 박사께서 나에게 친필로 축하의 편지를 써 주셨는데, 그날 박 박사님 가정에 행사가 있어서 축도 순서를 할 수 없어 죄송하다는 내용이었다. 박형룡 박사의 그 결혼 축하편지를 50년간 잘 보관하고 있다. 결혼식을 마치고 한 주간 후에 총신에 갔더니 박형룡 박사는 나에게 "열매가 주룽주룽 하외다. 이제는 가르쳐도 되갔읍네다."라고 하였다.

1966년 동산교회에서 개척한 샘내교회를 담임하고서(지금은 샘물교회로 개칭)

1968. 11. 25. 필자의 결혼 주례를 하시는 박윤선 박사(동산교회에서)

1968. 11. 15. 필자가 동산교회에서 목사안수를 받다. 가운데 흰머리, 산 순교자 이인재 목사, 우측에서 이환수, 박찬목, 김중근 목사가 보인다.

07 신랑, 신부, 주례자 있으면 됐구먼

 _ 08

박윤선 목사님 성경 주석

1988년 7월 2일 합동신학교 교정에서, 고 박윤선 목사님의 장례식이 열렸다. 그때 노진현 목사님은 장례식 설교 도중에 "루터가 성경 번역의 왕이라면, 칼빈은 성경 주석의 왕이라고 한다. 오늘 우리 앞에 가신 박윤선 목사님은 또한 성경 주석의 왕이라고 할 만큼 신구약 66권을 온전히 주석하여 우리에게 주고 가셨다."고 했다. 박윤선 목사님은 총회 표준주석 편찬위원을 하시며 고린도후서 주석을 펴낸 이후, 1949년 요한계시록을 시작으로 1979년까지 30년 동안 신구약 성경 66권을 모두 주석하시고 1979년 10월 9일 총신대학교 대강당에서 '주석 완간 출판 기념 감사예배'를 가졌다. 그때도 나는 박윤선 목사님의 주석완간 예배에 참여하였다. 그때 방지일 목사님은 축사하면서 박윤선 목사님의 주석 쓰신 일에 대한 추억을 들려주었다.

박윤선 목사님의 성경 주석은 교파를 막론하고 거의 모든 한국 교회 목회자들이 애독하였다. 과연 2000년 기독교 역사 가운데 성경 주석을 혼자서 완간한 학자는 누가 있을까? 신약과 구약, 그리고 단권으로 주석한 학자들은 많이 있지만 혼자서 일생동안 거의 40년 가까이 성경 주석에 사활을 걸고 집필하신 분은 별로 없는 듯하다. 심지어 요한 칼빈마저도 성경을 다 주석한 후 요한계시록 3장까지 주석하고 그 다음은 모르겠다고 손을 놓았다.

나는 1960년대 초부터 1979년 박윤선 목사님의 주석 완간 기념예배까지 약 20여 년 가까이 박윤선 박사님의 주석 교정을 했었다. 물론 나 외에도 여러 분들이 주석 교정 작업에 참여하였다. 특히 비서였던 영음사의 이창숙 선생은 그의 삶 전부를 다 바쳐서 박 목사님의 주석 교정, 편찬 발행에 헌신하였다. 이창숙 선생은 내가 동산교회 전도사 시절에 중고등부 교사로 함께 사역했다. 심지어 박윤선 목사님은 주석을 쓰기 위해서 L.A에 머무실 때에도 사모님보다 주석 교정과 편집을 위해서 이창숙 선생을 먼저 미국으로 데려 갈 정도였다. 그 때 많은 사람들이 이창숙 선생은 박윤선 목사님을 위해서 세상에 태어난 사람이라고 했다. 그 시기에 나는 화란 암스테르담 뿌라야(자유) 대학에서 유학하면서 박윤선 목사님의 주석을 위한 각종의 논문 복사와 참고서 구입에 몰두했다.

그 당시 박윤선 목사님과 나는 편지를 여러 차례 주고받았다. 박 목사님은 자료 구입비를 보내 주셨는데 100불, 200불이 없어서 지인들의 후원을 받았다. 더구나 당시는 한국인이 외환을 취급 할 수 없어서 하도례 선교사(Theodore Hard)나 신내리 선교사(Alvin Sneller)를 통해 간접적으로 나와 송금 관계가 이루어졌다. 참으로 1970년대 초 가난한 나라, 가난한 학자의 삶이었다. 또한 박윤선 목사님의 서재는 참으로 빈약했다. 박 목사님은 책이라야 서재의 한 쪽 벽에 책장 하나 정도 밖에 없었다. 그래서 고신에 계실 때는 고신대 도서관에서 늘 책을 빌려 보셨고, 총신에 계실 때는 총신 도서관에서 책을 빌려 가셨다. 그런데 당시만 해도 총신 도서관에도 박윤선 목사님의 주석에 참고할 만한 것이 많이 없었다. 특히 화란어로 된 참고 주석은 거의 없었다. 그래서 장서가인 명신홍 박사의 책을 늘 빌려 보셨다. 그때 나는 명신홍 박사님과 박윤선 박사님의 집을 오고 가면서 책을 빌리고, 반납하고를 반복했다.

본래 명신홍 박사는 평양신학교, 일본 동경대학, 동경 일본신학교, 뉴욕 비블리칼신학교, 미국 칼빈신학교, 웨스트민스터신학교, 콜롬비아대학 출신으로 최고의 학벌을 갖고 있었다. 그는 국제적으로 발이 넓은 국제맨인데다 대구 서문교회의 담임목사, 총신의 교수이자, 대한예수교장로회 총회장을 지낸 설교가요, 장서가였고, 화란 뿌라야(자유)대학에 유학을 하려고 했었다. 1948년 세계 교회협의회 참석차 암스테르담에 갔을 때, 당대의 화란 칼빈주의 주석가들인 흐로쉬이데(Grosheide), 크레다누스(Gredanus), 헬만 리델보스(H. Ridderbos) 등이 편집하고 저술한 성경 주석들과 소강해 전집(Korte Verklaring)을 사오셨다. 박윤선 박사님의 주석 집필에는 명신홍 박사의 그 책들이 크게 유용되었음을 나는 잘 알고 있다. 이 시리즈의 저자들은 모두가 칼빈주의자였음은 말할 것도 없다. 또한 박윤선 목사님은 한국에서 도저히 구해 볼 수 없는 참고서는 직접 모교인 웨스트민스터신학교의 도서관에 편지해서 비행기로 빌려오고 비행기로 반납하면서 주석을 집필하는 일에 매진했다.

박윤선 박사의 주석의 원리는 "성경은 성경으로 해석한다는 개혁주의 원리를 그대로 믿는다. 성경은 자증자(自證者)니 만큼, 그것과 같은 수준의 권위에 붙일 만한 기록은 없는 것이다."고 했다(신학지남, 35권 제1집, 1968. 3). 그리고 박윤선 박사는 통합 측의 이상근(李相根) 박사의 주석을 높이 평가하고 한국 교계에 많은 유익을 준다고 했다. 뿐만 아니라, 성결교회의 김응조(金應祚) 목사의 성서강해도 한국 교회에 일조를 한다고 칭찬했다.

박윤선 목사님의 주석에 대해서 '너무 단조롭다느니, 간결하게 처리했다느니'라고 평하는 사람도 있다. 이상근 박사의 주석은 여러 학자들의 의견을 골고루 해석했는데, 박윤선 박사의 주석은 단도직입적으로 잘못된 해석을 비판하고 곧 바로 칼빈주의적 해석으로 들어갔다고 한다. 더구나 박윤선 목사님의 딸 혜란 씨도 아버지는 성경원어에 충실하지 않고 주로 한글 성경을 가지고 주해했다고 평가했다. 그러나 오랫동안 박윤선 목사님의 설교를 듣고, 그의 주석을 읽고 교정하면서, 설교하고 활용해 본 나로서는 입장이 다르다. 박윤선 박사의 주석은 장황한 논리를 전개하는 번쇄한 스콜라스틱한 이론 전개가 목적이 아니고, 언제나 강단을 지키는 목회자들이 주석을 읽고 명쾌하게 개혁주의적인 성경 해석의 뜻을 깨달아, 하나님의 영광을 위해서 순수하게 하나님의 말씀을 증거 하는데 도움을 주고자 했다.

왜냐하면 박윤선 박사 자신은 단순한 학자가 아니라 하나님의 말씀, 곧 복음 증거자였기 때문이다. 이 세상에는 많은 성경 주석들이 있다. 그러나 그 모든 주석이 다 유익한 것은 아니다. 가령 렌스키(Lenski) 같은 학자는 헬라어 한 단어 풀이와 해석에도 3, 4페이지를 할애 할 때도 있다. 그러나 그것은 학문적으로 깊고 가치가 있기는 하겠지만 설교자에게 큰 유익을 주지 못한다. 또 어떤 주석가는 신학자 체가 자유주의적인데, 잘못되고 오염된 성경 본문(Text)을 사용한 학자도 있다. 많은 사람들이 히브리어와 헬라어의 동사 분석이나 글자풀이를 잘하면 좋은 주석이고 학문적인 줄 안다. 그러나 주석가나 설교가나 모두 결국은 어떤 신학적 입장 또는 어떤 본문을 가지고 사용하는가가 관건이 된다.

사실 박윤선 박사는 철저한 칼빈주의 신학자이자 성경원어의 전문가이다. 박윤선 박사님의 평양신학교 졸업장에는 '히브리어', '헬라어'를 동시에 이수한 졸업장이 있다. 평양신학교를 졸업했다고 모두 이런 졸업장을 받는 것은 아니다. 어떤 이는 '헬라어' 이수자로, 어떤 이는 '히브리어' 이수자로 분류되고 대부분은 이런 표시가 없다. 당시 히브리어와 헬라어를 동시에 전공하여 이수한 분은 박윤선 박사가 거의 유일하다. 말하자면 박윤선 박사는 성경 해석의 자격 요건을 처음부터 잘 갖추었다는 것이다. 그리고 1934년 미국 필라델피아 웨스트민스터신학교에 석사(Th.M) 과정을 하면서 당대의 최고의 칼빈주의 신약학자이자 헬라어의 대가인 메이첸(G. S. Machen) 박사 아래서 공부했고, 당대에 자유주의 신학을 비판하고 칼빈주의 신학을 변증했던 코넬리우스 반틸(Cornelius Van Til) 박사 아래서 공부하였다.

박윤선 박사는 몇 년 후에 다시 웨스트민스터신학교로 가서 2년 가까이 변증학과 성경 고대어를 공부했다. 즉 아람어와 아카디아어 등이다. 박윤선 박사가 성경을 주석할 때 자신의 학문적 지식을 마음껏 펼치면서 자신을 드러낼 수도 있었지만 그러하지 않았다. 이는 칼빈의 성경 주석과도 견주어 생각할 수 있다. 칼빈은 당대의 최고의 히브리어, 헬라어, 라틴어 학자였고, 교부들의 원전을 모두 통달했지만 자신의 지식을 들어내기보다, 하나님의 말씀을 간결하게 해석해서 목사들에게 유익을 주려고 했다. 박윤선 목사님이 주석을 쓰실 때, 필자가 곁에서 본대로 들은 대로 말하면 그는 늘 울부짖어 기도하고 하나님께 지혜를 구하고, 성경에서 복음의 진리를 깨우치고 칼빈주의적 사상 즉 하나님 중심 사상을 바로 알도록 한 평생 그 주석을 쓰는데 사력을 다했다.

어린아이처럼 순진하고 오직 위에서 주시는 성령의 지혜로 성경을 해석하려는 박윤선 목사님을 혜란 씨는 신비주의자라고 했다. 그러나 박윤선 목사님은 일생동안 불건전한 신비주의를 비판했다. 그것이 그의 성경 주석 전편에 흐르는 사상이다. 특히 박윤선 목사님이 목회하실 때 동산교회 여전도회에서 설교 겸 긴 강연을 통해서 화란의 대칼빈주의 변증학자인 스킬더(Klass Schilder) 박사가 말한 '신비주의 비판'을 개요하면서 크게 외치며 강연하셨다. 그 내용은 1965년 「동산」지 1집에 전문이 게제 되어 있다. 박윤선 목사님은 신비주의자가 아니라 칼빈주의적 경건주의자였다.

여기서 한 가지 첨언하고 싶은 것은 박윤선 박사님의 주석 출판비를 위해서 이재만 목사의 수고를 기억해야 할 듯하다. 이재만 목사는 박윤선 박사가 만주 봉천신학교에서 교수할 때부터 박윤선 박사의 주석 출판을 위해서 모금 활동을 시작해서 오랫동안 수고를 아끼지 않왔다.

 이재만 목사의 협력과 모금 운동이 없었더라면 박윤선 박사의 주석 출판이 어려웠을 것이다. 필자가 박윤선 목사님을 모시고 있을 때 이재만 목사를 여러 번 보았고, 박윤선 박사가 그를 칭찬하는 것을 들었다. 그러나 이재만 목사는 한때 다른 집단에 갔다가 다시 돌아오기도 했다.

박윤선 박사의 주석 출판을 위해 세운 영음사

 _ 09

박 목사님, 책 좀 빌려 주세요

1962년 어느 가을로 기억된다. 박윤선 목사님의 성경 주석 교정을 하고 있었다. 그런데 박윤선 목사님의 성경 주석을 살펴보니 참고 문헌에 주로 화란 칼빈주의 신학자들의 저서가 많다는 것을 알았다. 예컨대 헬만 도예배르트(Herman Dooyewerd), 지.시.벨카워(G.C. Berkouwer), 아브라함 카이퍼(A. Kuyper), 헬만 바빙크(H. Bavinck), 헬만 리델보스(H. N. Ridderbos), 니코 리델보스(Nic. H. Ridderbos), 그리고 특히 흐로쇠이데(Grosheide), 흐레다누스(Grejdanus), 스킬더(K. Schilder) 등이 참고서 목록에 기록되었을 뿐 아니라, 주석 중에 칼빈주의적 해석을 결정적으로 단정을 할 때는 이들 학자들의 글을 길게 인용하고, 원문 화란어를 그대로 괄호 안에 모두 썼다. 어학에 천재였던 박윤선 박사는 화란 뿌라야(자유)대학교에 유학하기 전부터 화란어를 읽고 해석할 수 있었다. 그래서 박윤선 박사의 주석 서문에는 반드시 "칼빈주의 해석을 일률적으로 채용했다."는 것을 밝히고 있다.

나는 그 당시 이미 마음속에 깨닫는 것이 하나 있었다. 박윤선 목사님의 신학과 신앙을 이어 받으려면 먼저 박윤선 목사님이 참고하여 사용하시는 책을 읽을 수 있어야 하고, 그렇게 하려면 화란어를 먼저 공부해야 한다고 확신했다. 어느 날 나는 북아현동 자택으로 박 목사님을 찾아뵙고, "목사님, 화란어를 배우고 싶습니다. 혹시 자습으로 화란어를 깨우칠 수 있는 책이 있으면 빌려 주십시오."라고 했다. 그랬더니 박 목사님은 두 말 없이 200페이지 정도 되는 콜호번 (Koolhoven)이 쓴 영어로 된 화란어 문법 자습서를 빌려주셨다. 지금부터 56년 전에는 한국에 복사기란 것이 없었다. 그래서 총신 도원동 기숙사에서 그 책을 대학노트에 옮겨 쓰면서 공부를 했다. 나는 개혁주의 신학과 신앙을 따르기 위해서 일차적으로 화란어를 연구하는 것이 첫 걸음이라고 생각했다. 그러나 실제로 어느 누가 지도할 사람도 없고, 화란어를 가르쳐 줄 분도 없었다. 그래서 무모하게 추운 겨울에 총신의 도원동 기숙사에서 그 책을 대학노트에 옮겨 쓰면서 이해할 수 있는데 까지 번역했다.

그때 나는 화란어 문법을 아는 것도 중요하지만 화란어 성경을 갖는다면, 우리말과 영어, 그리고 화란어를 대조해서 읽으면 크게 도움이 될 것이라는 생각이 문득 떠올랐다. 그래서 돈키호테 식으로 청계천 고서점을 이 잡듯이 뒤지면서 혹시 화란어 성경이 있는지 알아보았으나 허탕을 쳤다.

당시 한국에 화란어 성경이 있을 리가 만무했다. 하지만 포기하지 않고 끝까지 서울에 중고 원서를 파는 책가게가 있을만한 곳을 찾아 미친듯이 헤맸다. 그런데 어느 날 지금의 서울중앙우체국 옆 골목에 중고 원서를 파는 조그마한 가게에 들려 주인에게 화란어 성경이 있느냐고 물어 보았다. 그런데 이게 웬일인가, 누가 쓰던 것인지 모르지만 화란어 현대역 신구약 성경이 있었다. 그 책을 구하고 난 후 나의 기쁨은 이루 말로 형언키 어려웠다. 그 후 나는 항상 책가방에 우리말 성경, 영어 킹제임스역, 화란어 성경을 갖고 다니면서 채플 시간에도 세 개의 번역판을 비교하면서 보았다. 그때 총신의 가교사인 이른바 용산의 노란색 3층짜리 건물은 열악하기 그지없어 강당이 따로 없었다. 교수님들이 복도에서 설교를 하면 교실에서 음성은 들었지만 설교자의 얼굴은 볼 수가 없었다.

나는 시간을 아껴서 한 귀로 설교를 들으며 세 가지 번역을 비교하면서 화란어 한 단어라도 기억하려 했다. 그런데 지금도 생생하게 잊을 수 없는 것은, 내 뒷줄에 있는 김희만이라는 친구가 나를 비웃으면서 다음과 같이 말했다. "저 자식은 영어도 못하면서 화란어 한다고 껍죽거린다."고 욕을 하면서 모멸감을 주었다(그로부터 얼마 후 김희만은 알 수 없는 병에 걸려 죽었다.). 그 친구의 말대로 나는 영어도 잘 못하면서 화란어 한다고 껍죽거린 것이 맞다. 친구들의 질시에도 불구하고 나는 내 갈 길을 가고 있었다. 그런 동안 화란에서 한국외국어대학교에 교환학생으로 왔던 폴 헤네먼(Paul Heneman)이란 친구를 만나서 박윤선 목사님의 자택으로 데려가서 대화도 나누게 했다. 또 당시에 화란 개혁교회 의료선교사인 뮬더(D. Mulder) 박사를 만났다. 그리고 당시 화란 영사관에 직접 찾아가서 한 두 마디 발음도 물어 보곤 했다. 뮬더 의사는 나중에 알고 보니 화란 쁘라야(자유)대학교의 신약신학 교수인 헬만 뮬더(Herman Mulder) 박사의 아들이었다.

1967년 2월은 내가 경기도 양주군 주내면 산북리 샘내교회(지금은 샘물교회로 교회명이 바뀌었다.)를 담임하고 있을 때였다. 어렵게 화란어를 공부한 나는 드디어 『화란어 문법의 연구』라는 책을 백합서원에서 출판하게 된다. 그 책이 출판됨으로 인해 드디어 총신에서 가르치기 시작했다. 그로부터 2년 후에 1969년 어느 날 임시 숙소인 도봉동에 있는 처갓집에, 웬 검은 세단을 몰고 온 어느 신사분이 나를 찾아 왔다. 그분은 바로 한국외국어대학교 교무과장 신익하 씨였다.

나를 찾아온 목적은 한국외국어대학교에 화란어과를 설립해야 하는 데, 원어민 교수는 확보했지만, 한국에서 화란어를 문법적으로 정리한 학자를 수소문하는 중에 화란 영사관으로부터 총신대학교에 강사로 일하는 정성구 씨를 만나보라하기에 어렵사리 나를 찾아왔다는 것이다. 그래서 한국외국어대학에 화란어과 창설교수로 나를 초빙한다고 했다. 그러면서 첫해는 전임대우 교수 자리를 주겠다고 했다.

사실 나는 박윤선 목사님에게 빌린 영어로 된 화란어 문법책을 우리말로 번역 편집한 것뿐이고 화란에 가본 일도 없고, 화란어를 구사할 줄도 몰랐다. 그런데 졸지에 한국외국어대학교에 화란어과 전임대우 교수로 초청을 받아 출강하게 되었다. 박윤선 박사의 신학과 신앙을 따르는 첩경이 화란어란 사실을 알고 시작한 것이 한국외국어대학교와 총신에 강의할 수 있는 기회가 된 것이다. 그해가 1970년 봄이었다.

나는 다윗이 어울리지 않는 갑옷을 입어보고 벗어 던진 것처럼 한국외국어대학교는 내가 있을 곳도 아닐 뿐더러 유학도 가 본 일이 없는 주제에 가당치 않은 자리였다. 얼마 후 나는 문교부 주관 화란 정식 유학 1호로 시험을 보고 유학을 떠났다. 그 후 한국외국어대 화란어과는 차영배 박사와 손봉호 박사가 자리를 이어갔다. 박윤선 박사의 신학과 신앙의 배경을 제대로 알기 위한 화란어 도전은 박윤선 목사님과의 아름다운 추억이었다. 박 목사님께로부터 빌린 콜호번의 작품 『화란어 문법연구』가 이런 결과를 가져왔다.

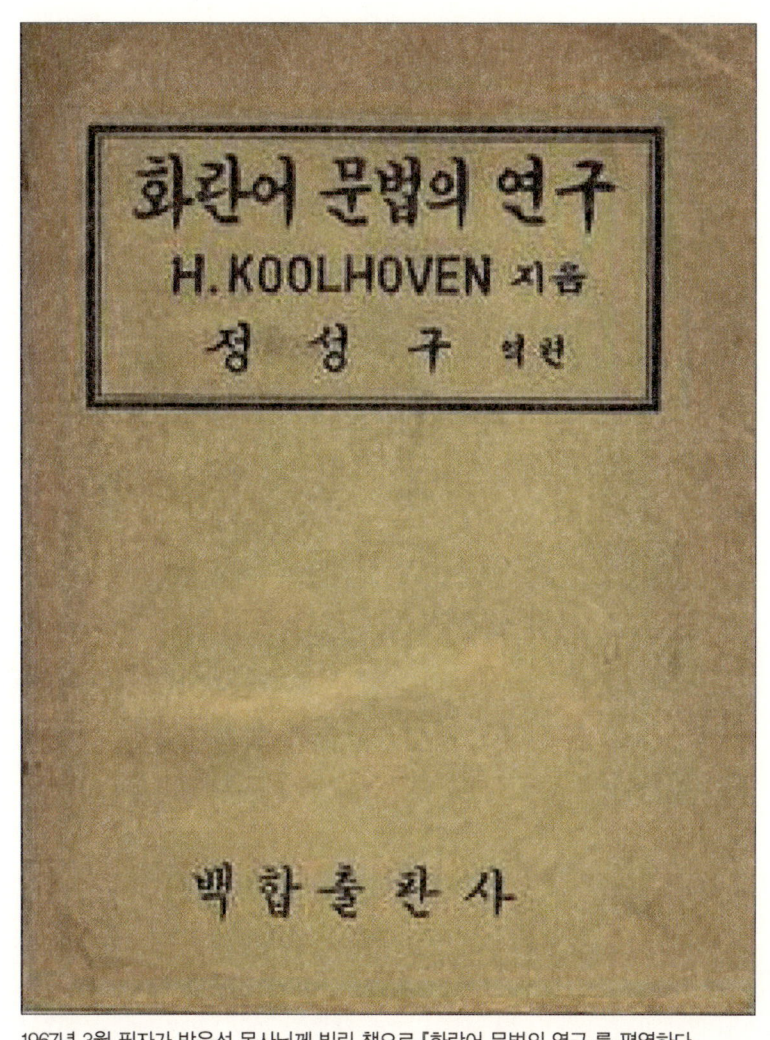

1967년 3월 필자가 박윤선 목사님께 빌린 책으로 『화란어 문법의 연구』를 편역하다.

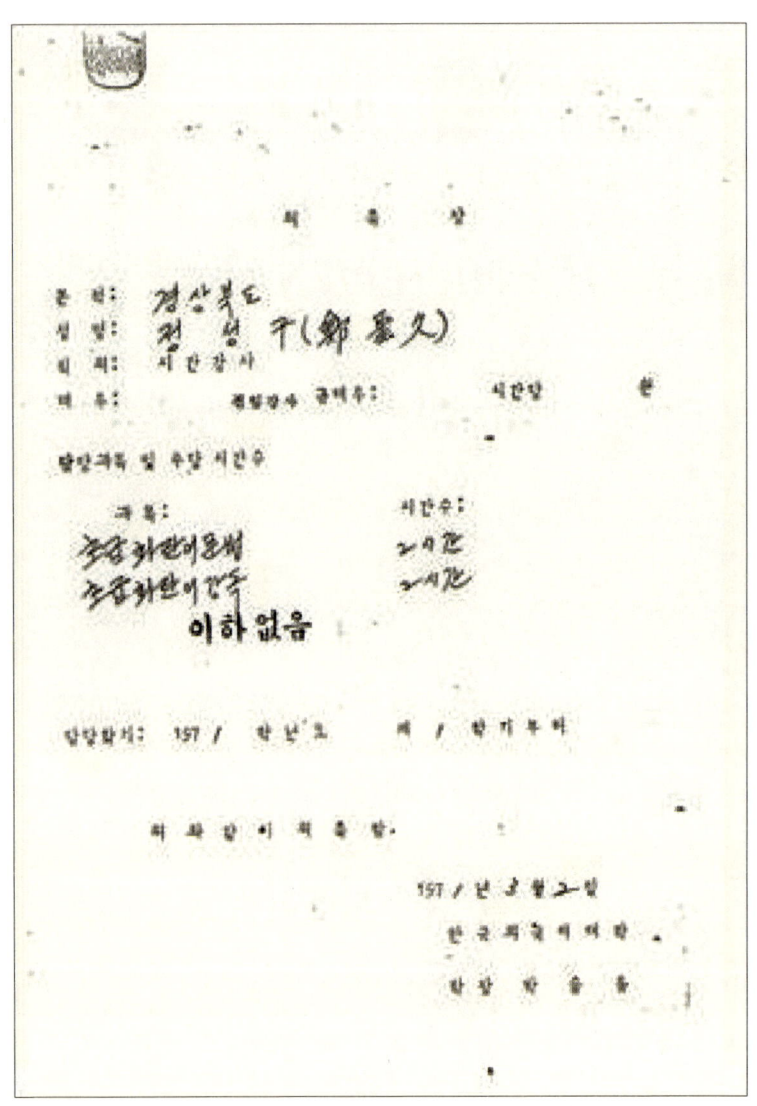

한국외국어대학교 화란어과를 창설하고 전임강사급 대우 교수로 부임

 _ 10

생명을 건 설교

　박윤선 목사님이 동산교회를 개척하고, 매주 귀한 진리의 말씀을 설교한다는 소문이 서울 장안에 퍼져 나갔다. 어느 주일날 미모의 40대 전후의 인텔리 여성 한 분이 찾아 왔다. 그녀의 이름은 최신덕이었다. 최신덕 씨는 이화여자대학교 사회학 교수로 일찍이 미국의 명문 시카고대학교(Chicago University)를 졸업한 분이다. 그런데 이 분은 문선명을 둘러싸고 있는 5명의 여성 참모 중 한 분이었다. 말하자면 이단 문선명 사상에 푹 빠져 있던 여성이었다. 그녀는 영어가 유창하고 미인에다 전형적인 사회과학을 하는 지성인이었다.

　그런데 최신덕 교수가 어찌하여 박윤선 목사님의 설교를 듣기 위해서 동산교회에 찾아 왔는지 좀 더 설명을 해야 할 듯하다. 최신덕 교수가 어떤 모임을 통해 당시 거창 고등학교 교장인 전영창 선생을 만나게 된다. 전영창 교장은 철두철미한 칼빈주의자로 미국의 웨스트민스터신학교를 거쳐 웨스턴신학교(Western Theological Seminary)를 졸업하고, 컨콜디아신학교에서 신학석사(Th. M) 학위를 받은 분이지만, 자신은 목사가 되느니보다, 고등학교를 세워서 젊은이들의 가슴에 철저한 개혁주의 신앙을 가르치며 세상을 변화시키겠다는 비전을 가졌다. 그는 미국의 유명한 수정교회 로버트 슐러(Robert Schuller) 목사와 동기 동창이자 친구였다. 전영창 교장은 가슴이 뜨거운 데다 영어가 유창했다. 그래서 그는 다 쓰러져 가는 거창고등학교를 인수해서 크게 부흥 발전시키는 한편, 철두철미한 하나님 중심의 세계관을 가진 인재양성을 하여 비록 시골이지만 명문 고등학교가 되었다. 당시 거창고등학교 출신은 서울대학교 합격률이 가장 높았고, 교사들도 모두 최고 수준이었다. 전영창 교장은 일생동안 와이셔츠와 넥타이를 매는 일도 없고, 평생 허름한 밤색 골덴 제건복을 입고 학교 텃밭에 거름을 지고 나르면서, 거창고등학교 채플 때마다 불같은 열정의 설교로 학생들에게 큰 감화 감동을 주었다. 나는 고등학생 시절 전국 SFC대회 때나 총신대에서 그의 불꽃같은 설교를 듣고 큰 감동과 은혜를 받았다. 그 후 1973년 전영창 교장은 내가 화란 유학 중에 예고 없이 암스테르담 뿌라야대학교 도서관을 찾아왔다. 전영창 교장은 내 숙소에 와서 일박을 했고, 나는 암스테르담 관광을 도와 드렸다.

한 번은 전영창 교장이 서울에 왔는데 우연한 기회에 최신덕 교수와 만남을 가졌다. 전영창 교장은 최신덕 교수가 이단 문선명 집단의 핵심 참모인 것을 알고, 최 교수에게 성경적으로 전도했다. 최신덕 교수도 문선명의 참모 교수였으므로 한 발자국도 물러서지 않았다. 학문이면 학문, 논리면 논리, 영어면 영어, 두 사람은 팽팽하게 맞서면서 결코 양보가 없었다. 그렇지만 전영창 교장은 최신덕 교수를 기어이 굴복하도록 했고, 이단 문선명 집단에 나오라고 벼락같이 고함치며 압도했다. 결국 전영창 교장은 최신덕 교수에게 말하기를 "당신이 바른 신앙을 갖기 원한다면, 서울 서대문구 충정로에 있는 동산교회를 찾아 가서 박윤선 목사님의 설교를 들으라"고 권면했다. 그 후 최신덕 교수는 앞서 말한 대로 동산교회를 찾아와서 박윤선 목사님의 설교를 듣기 시작했다.

그러나 최신덕 교수는 문선명 집단에서 훈련을 받았을 뿐 아니라 사회과학, 곧 사회학의 논리를 갖고 있는지라, 박윤선 목사님의 설교에 은혜를 받거나 전혀 감동을 받을 수가 없었다. 그는 박윤선 목사님의 설교는 말할 것도 없고, 모든 신앙적인 용어 자체를 객관화시켰다. 예컨대 '믿음'이 아니고 '믿음이란 것', '사랑'이 아니고 '사랑이란 개념', '예수 그리스도'가 아니고 '예수란 분', '하나님'은 '하나님이라 불리는 그분'이라고 말하면서 항상 박 목사님의 설교를 판단하고 논리적, 이성적으로 분석 비판하고 받아들이지 않았다.

그도 그럴 것이 문선명의 최 측근 참모로서 오랜 세월 그와 함께 하고 문선명 교리에 푹 젖어 있었기 때문에 동산교회에 출석은 했지만 신앙이 전혀 없었다. 몇 달이 지난 후에 최신덕 교수는 동산교회 문을 나서면서 이렇게 말했다. "박윤선 목사님께서 하시는 설교를 듣고 있지만, 아직은 개혁주의 신앙에 대해서 이해하기 어렵고 받아들여지지 않지만, 만약 박 목사님의 말씀이 진리가 아니라면 저토록 설교 때마다 생명을 걸 수 있을까"라고 고백했다. 그 후 최신덕 교수는 서서히 신앙이 깊어지고 드디어 동산교회 집사가 되었다. 그리고 아들과 딸도 중고등부에 나왔다. 아들 이름은 주동린 군으로 고등부 학생회장이 되었고 딸은 주순희로 전도사인 나와 함께 일하게 되었다.

박윤선 목사님의 생명을 건 진리 선포가 최신덕 교수를 이단에서 탈출케 하고 참 신앙인으로 만들었다. "박 목사님이 전하는 말씀이 진리가 아니라면 저토록 설교 한편에 생명을 걸 수 있습니까?"라는 최신덕 교수의 말이 오랫동안 기억에 남는다.

필자의 1962년 박윤선 박사의 설교를 기록한 노트

설교
하나님 말씀을 확신하자
(딤후 3:14-17)

박윤선 박사
합동신학원 명예원장
본회 고문

한국 교회에 징조가 있다. 그것은 양적으로 잘 퍼져나가는 현상이다. 반면에 질적 허약이 수반되고 있는 점은 부인할 수 없는 사실이다. 질적허약이란 것은 신자들의 성경지식이 깊지 못함으로 인해 그들이 확신이 결여한 결이다. 사도 바울은 말하기를, "확신에 거하라"고 한다.

1. 확신의 원천은 성경임.

"너는 배우고" 한 말씀은 성경을 배운다는 뜻이다. 누구든지 성경을 배우지 않고는 확신에 이르는 지식을 얻을 수 없다. 성경은 하나님의 말씀이기 때문에 영적 함축(靈的含蓄)을 깊이 지니고 있다. 성경에 나오는 쉬운 말씀도 그 뿌리가 깊으니, 그것은 신학적으로 해석하여 바로 알고 거기서 확신도 얻는다. 그리고 성경의 어려운 말씀에는 물론 우리의 연구가 요구된다. 우리가 연구와 기도로 이 말씀의 뜻을 사모하면 그 세미한 음성을 듣는 듯한 깨달음을 얻는다. 벵겔(Bengel)은 성경해석의 노력을 가리켜 "물을 파는 작업"이라고 하였다. 우리가 성경의 말씀을 깨달았을 때에 그것이 "내 것"이 되며 또 그것을 확신하게 된다.

2. 성경연구에 필요한 지도자

성경은 자습으로 깨닫기 어렵다. 자습하려는 신자들에게 그 장점은 성경을 알아보려는 자존심과 노력이다. 이 두 가지는 성경을 깨닫는데 있어서 언제나 필수의 요건(要件)들이다. 그러나 자습에는 위험성도 따른다. 그것은 다음과 같은 경우이다. 자습자는 재래의 무수한 선배들의 옳은 해답들을 무시하기 쉽고, 또한 성경을 잘못 깨닫고도 그 주장을 버리지 않으려는 계단에 빠지기 쉽다. 잘못된 주장을 계속 고집하는 것은 이단으로 떨어질 위험성이 있다.

우리는 근 2천년 교회사에서 성경을 바로 깨닫도록 지도한 신학자들을 알고 있다. 그들 중에도 우리는 칼빈 선생을 맞을 수 있다. 칼빈의 성경관에서 우리는 특별히 한가지 중요한 것을 배워야 한다. 그것은 성경말씀이 곧 바로 하나님의 말씀이라는 것이다. 그는 말하기를, "성경말씀은 하나님께서 지금 하늘에서 '나'에게 말씀하시는 말씀이다"라고 하였다.

우리가 이렇게 성경을 취급하지 아니하면 성경말씀을 제대로 깨닫지 못한다.

우리가 칼빈을 연구하는 것은 인간 칼빈을 알기 위함보다 우리의 성경연구에 있어서 그 말씀을 바로 깨닫는 데 도움을 받으려는 것이 아니겠는가? 만일 이런 목적 없이 칼빈을 위하여 칼빈을 연구하는 데 그친다면 그것은 칼빈이 원치 않는 악을 행함이 될 것이다.

마지막 설교 1987년 10월 19일. 16세기 요한 칼빈 자료 전시회 개관 시 박윤선 박사의 설교 내용 '하나님의 말씀을 확신하자'

 _ 11

환난을 당한 자 이리오게

1944년 만주신학교 봄 학기였다. 박윤선 교수가 채플을 인도하면서 신학생들과 함께 신편 찬송가 206장을 합창하였다(이 찬송은 1908년 「찬송가」에서부터 불려져왔다.)

"피난처 있으니 환난을 당한 자 이리오게
땅들이 변하고 물결이 일어나 산 위에 넘치되 두렵잖네

이방이 떠들고 나라들 모여서 진동하나
우리 주 목소리 한번 발하시면 천하의 모든 것 두렵잖네

만유 주 여호와 우리를 도우니 피난처요
세상에 난리를 그치게 하시니 세상의 창검이 쓸데없네

높으신 여호와 우리를 구하니 할렐루야
괴롬이 심하고 환난이 극하나 피난처 있으니 여호와요."

박윤선 교수는 온 신학생들과 함께 가슴으로 또는 목청을 크게 높이고 찬양을 불렀다.

당시는 일제의 탄압은 극에 달했다. 일제는 모든 교회와 단체와 기관에 감시체제를 가동하고, 목사나 신학교 교수들의 일거수일투족을 지켜보던 때였다. 나라 잃은 민족이요, 교회마저 '일본기독교조선교단'으로 넘어간 판에, 만주에서 박윤선 교수님과 신학생들은 이 찬송을 통해서 하나님만이 우리의 피난처요 방패가 되시며 일제가 아무리 박해를 가하고 주의 종들을 괴롭히고 신사 참배를 강요해도 만유의 주 하나님이 함께 하시니, 세상이 뒤집히어 지고 난리를 쳐도 하나님이 궁극적으로 이기고 승리케 하신다는 고백을 목청껏 부르며 찬양을 올려 드렸다.

사실 이 찬송은 한국 교회에서 찬송가 편집이 여러 번 바뀌었어도 지금도 이 찬송은 몇 글자가 수정된 것 말고는 그대로 찬송가에 실려 있다. 이 찬송의 가사는 시편 46편의 내용을 정리하고 있다. 그리고 곡조는 영국 국가의 곡이다. 1740년 케리(H. Carey)가 작곡한 것으로서 미국 찬송가에 나와 있다. 지금은 한국 교회 성도들이 외부적 환난과 핍박이 없으니 잘 부르지 않는 찬송이다. 그러나 그때는 이 찬송만큼 가슴을 뜨겁게 하고 위로가 되는 것은 없었을 것이다. 또한 "환난과 핍박 중에도 성도는 신앙 지켰네…" 등은 일제의 박해를 피해 만주 각지로 흩어진 목회자와 성도들에게는 은혜와 위로와 감격의 찬송이었다.

그런데 박윤선 교수가 "피난처 있으니 환난을 당한 자 이리오게"라는 찬송을 인도함으로써 큰 문제가 생겼다. 박윤선 교수는 그 찬송 인도로 당국에 고발조치 되었다. 장로교 통합 측의 총무와 총회장을 역임한 안광국 목사는 그 당시에 만주신학교의 서무와 강사로 있었는데 그의 증언은 이렇다. (한국 기독공보 1131호, 1976. 7. 10 참조.)

당시에 만주신학교에 세 분의 교수가 있었는데 박윤선, 박형룡, 일본인 국지(기꾸지)였다. 일본인 교수 국지는 일본 헌병대 스파이었다. 국지는 박윤선 목사와는 웨스트민스터신학교 재학할 당시에 아주 가까운 동창이었다. 하지만 국지는 신학자이기는 해도 일본 제국주의의 손발이 되어 박윤선, 박형룡 교수의 뒷조사를 다하고 일거수일투족을 감시하고 있었다. 국지는 박윤선, 박형룡 교수의 약점을 파악하고 호시탐탐 노리고 있던 자였다. 국지는 박윤선 목사가 신사 참배를 피하기 위해 동경에 가 있다가 만주 봉천으로 건너왔다는 것을 탐지했다. 일본인 국지는 박윤선의 약점을 잡고 있었다. 뿐만 아니라 국지는 박형룡 박사도 뒷조사를 하여 약점을 찾았다. 박형룡 박사도 평양신학교에서 신사 참배를 피하여 동경을 거쳐 만주에 와 있는 것을 알았다.

이 시기는 한참 대동아 전쟁을 하는 중인데, 국지는 박윤선 교수가 적성국가의 곡조를 불렀다고 일본 헌병대에 고발한 것이다. 이에 일본 헌병대는 이국본이라는 헌병 대장을 신학교에 파송하여 진상조사에 착수했고, 문제가 심각해지자 박윤선 교수는 압박을 받아 매일같이 불면증에 시달렸다고 한다. 더욱 난감한 것은 신학생 중에 산본, 성신, 김신 등의 학생들은 국지 교수의 끄나풀로써 박형룡, 박윤선 교수의 강의를 일일이 점검하고 국지 교수에게 일일이 보고해 왔다. 당시는 박형룡 박사는 교수이지만 일본의 신사 참배를 피할 생각으로 강사 명의로 있었다고 한다. 사실 박윤선 교수는 일본의 신사 참배 강요 앞에서 적극 반대 투쟁은 못했고, 1938년에 미국 웨스트민스터신학교에 다시 간 것도 고대어와 변증학을 더 깊이 연구하려는 목적도 있었지만, 신사 참배를 피하기 위한 방편이었던 것도 사실이었다고 본다.

박윤선 목사는 박형룡 박사와 비슷하게 국내에 있는 것보다 동경에 가 있는 것이 신사 참배를 피하는 더 좋은 방법이었기에 그렇게 하였고, 만주로 가게 된 것도 그런 이유였다고 한다. 그것 때문에 박윤선 박사는 이기선, 주기철, 한상동, 주남선처럼 평생 신사 참배 반대 운동에 적극적으로 가담하지 못하고, 소극적으로 신사 참배를 피하여 망명한 것에 대해서 늘 자신의 연약과 부족을 회개하면서 살았다.

박윤선 교수의 채플 인도를 일본 헌병대에 고발한 일본 교수 국지는 노골적으로 선포하기를 "이 신학교는 시국 인식을 잘 하지 못한다. 영국·미국을 숭배하고 장개석을 예찬하는 민족주의자가 있다."고 위협하였다. 국지는 박형룡, 박윤선 두 교수를 민족주의자로 몰아 붙였다. 당시 일본은 대동아 전쟁에 승리할 줄 착각했었다. 그래서 1938년 평양신학교는 폐교되고 친일 신학원이 생기자 박형룡, 박윤선이 발붙일 곳은 만주신학원이 유일했다. 당시에 만주신학원 교장은 서탑교회 담임이자 만주 조선기독교 총회장인 정상인(鄭尙仁) 목사가 맡았다. 정상인 목사는 평안북도 철산 출신으로 숭실전문학교를 졸업하고 신성학교 교사로, 3·1 만세 운동으로 독립 운동을 하다가 만주로 망명하여 금능신학교를 졸업했다. 후일 공산당에게 순교 당했다. 정상인 목사를 교장으로 앉힌 것도 사실은 박형룡, 박윤선 박사를 신사 참배로부터 보호하기 위한 조치였다고 한다.

당시는 환난과 핍박을 피하고 가난에서 탈출하려고 만주로 이주한 동포가 아주 많았다. 약 100만 명의 성도에 300여 개 교회가 있었고, 만주 조선기독교 총회는 1941년에 조직되었다고 한다. 신학교는 정상인 교장에 박윤선 교수, 그리고 신사 참배 문제로 동경에 가있던 박형룡 박사를 권연호 목사의 권고와 노력으로 만주신학교로 모시고 와서 강의를 하도록 했다고 한다. 박윤선 교수는 만주신학원에서 그 어려운 감시와 핍박 중에서도 개혁주의 신앙을 잘 지켜내었고 그 힘든 박해 중에도 『요한계시록 주석』을 탈고하여 해방 후 1949년에 고려신학교에서 첫 작품으로 출판했다.

"환난을 당한 자 이리오게"라는 찬송을 부르다가 일본 헌병대에서 고발당하고 문초를 받던 박윤선 목사에게는 이 찬송이 뼈 속 깊이 우러나는 찬송이었을 것이다. 지금은 아직도 남아 있는 북한 성도들에게 이 찬송 "피난처 있으니 환난을 당한 자 이리오게 땅들이 변하고 물결이 일어나 산 위에 넘치되 두렵잖네"를 불러주고 싶다.

우리 장로교회는 아픈 역사를 가지고 있다. 조선예수교장로회 총회는 1938년 일본의 신사 참배를 공식 가결했을 뿐 아니라, 총회가 끝나자마자 총대 목사와 장로들은 바로 일본 신사를 참배했다. 전국 교회가 헌금해서 일제에 '장로교호'라는 비행기 한 대를 헌납하기도 했다. 그러나 평북에서는 이기선 목사를 중심해서 신사 참배 반대 운동에 생사를 걸었고, 평양에는 주기철 목사와 경남에는 한상동 목사가 일제 신사 참배 반대 운동에 앞장섰다. 증경 총회장 김선두 목사는 와세다대학교 법학과를 공부하던 김두영 목사를 앞세워 일본의 국회의원과 장관들을 두루 만나 신사 참배의 부당함을 알리고 긍정적인 답을 얻었으나, 27회 조선예수교장로회 총회로 가는 도중에 열차 안에서 체포되었다.

  7년간 옥고를 견딘 후 순교하신 이기선 목사님은 옥중에서 신약성경 대지를 분해했다. 주기철 목사님의 중매와 주례도 이기선 목사였고, 김창인 목사, 김정덕 목사(산정현교회 전도사)에게 큰 영향을 주었다. 필자는 1984년에 L.A에 가서 김정덕 목사가 세운 나성 제二교회에 부흥회를 하면서 사모님으로부터 주기철 목사의 가방, 안경, 사진 등을 찾아왔다. 지금은 총회 역사박물관에 기증했다. 이 자료는 산정현교회 최천구 집사(후일 목사)가 월남하면서 가져왔고, 그리고 산정현교회 전도사였던 김정덕 목사에게 전달되어 필자가 35년간 보관했었다.

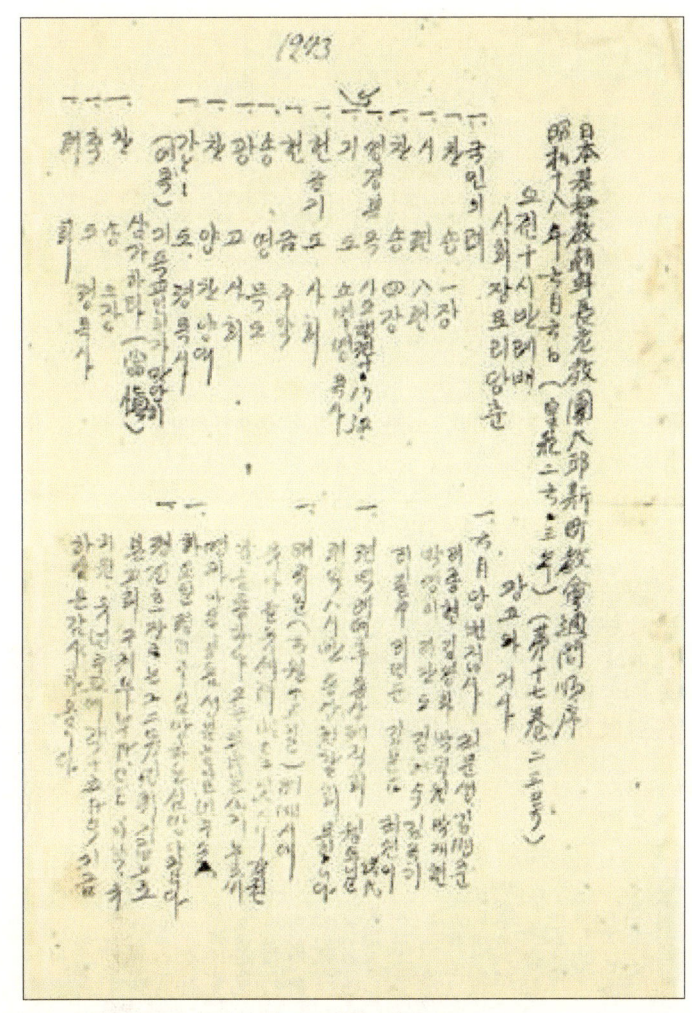

일본 기독교 조선장로교단이 된 대구 제일교회 주보

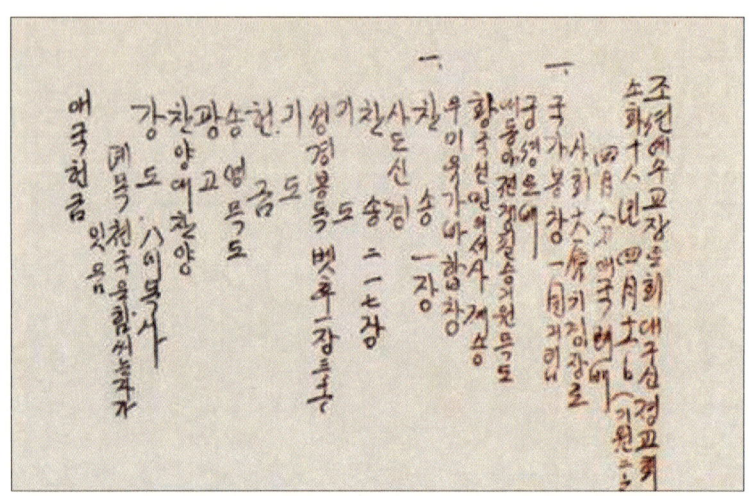

1943년 조선예수교 대구신정교회 주보에는 성도들이 여호와와 바알을 동시에 섬긴 내용이 담겼다.

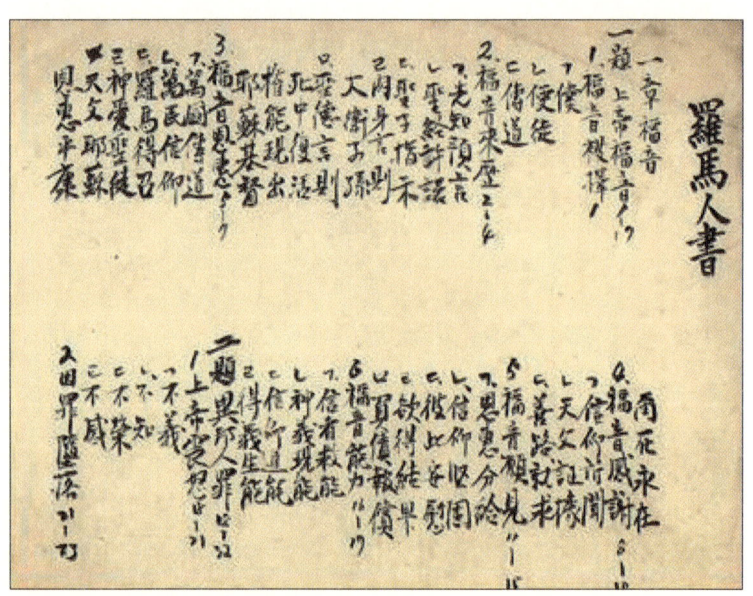

순교자 이기선 목사가 옥중에서 깨달은 신약 성경의 대지 분석 중에 하나, 그의 제자인 김정덕 목사의 필체로 기록되었다가 1952년 산정현교회 순교자기념사업회장 리일화에 의해서 아주 작은 책자로 출판되었다.

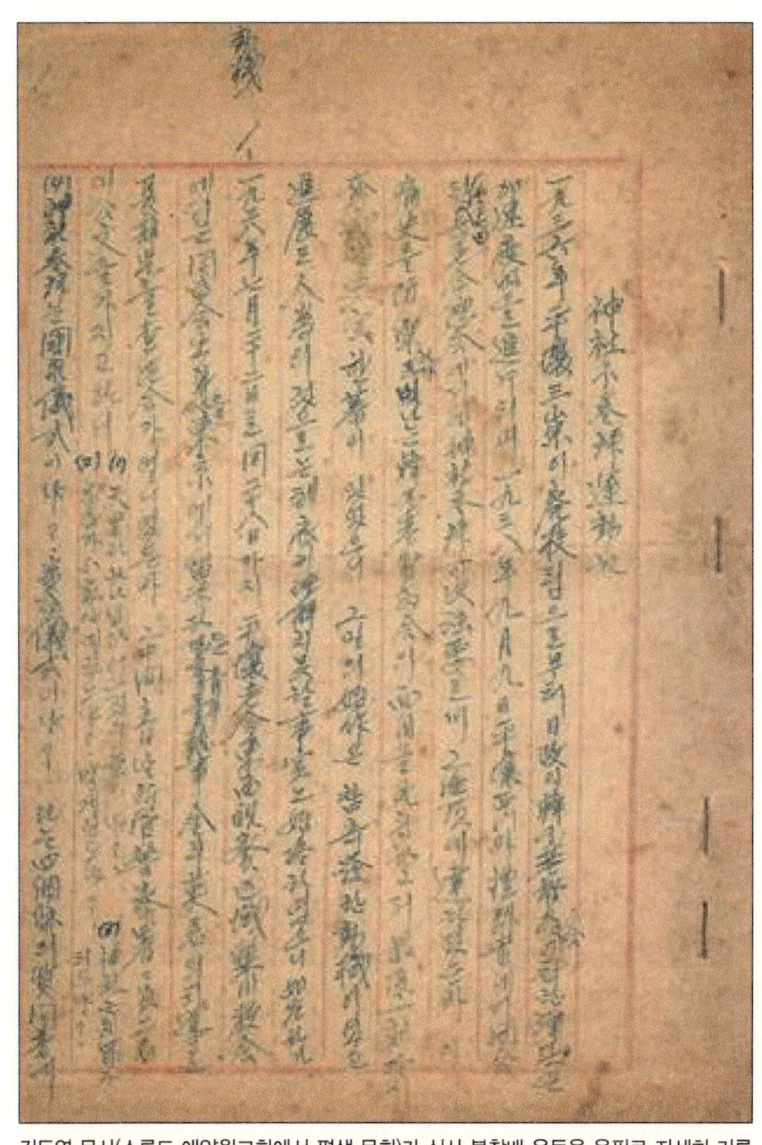

김두영 목사(소록도 애양원교회에서 평생 목회)가 신사 불참배 운동을 육필로 자세히 기록으로 남겼다.

1990년 주기철 목사의 순교 기념비를 총신 양지 캠퍼스에 세우려고 순교자 기념사업회가 추진했다. 그리고 주 목사의 아들 주광조 장로가 필자에게 부탁해서 쓴 비문이다. 그러나 이 일은 총회와 학교의 무관심으로 이루지 못했다. 후일 다만 양지 100주년 기념교회 안에 '주기철 기도실'이란 방을 만들었다.

나의 스승 박윤선 박사

 _ 12

장애인이라도 학점은 거저 안 된다

총신은 1960년대 전후로 매우 혼란스러웠다. 에큐메니컬 운동에 찬성하는 통합 측이 분열하여 나가 이른바 통합 측 총회를 만들었다. 에큐메니컬을 지지하는 교수들과 선교사들이 함께 야밤에 남산의 총회신학교에 쳐 들어와, 새벽에 여러 대의 트럭을 동원해서 각종 기물을 옮기려다 학생들에게 들켜 좌절되었다. 다음날도 새벽에 트럭을 몰고 와서 기물을 옮기는 사건이 있었다. 그러나 기숙사에 있던 신학생들과 학교 사찰 김정걸 집사 등의 적극적인 저지로 도서는 못 가져가고 황급히 퇴각했다. 그러나 그날 밤 교수들은 교무실에 들어가 1959년 전의 총신의 모든 학적부를 가져갔다. 그래서 합동 측의 1959년 이전의 졸업생들이 졸업증명서를 발부 받으려면 반드시 장신대로 가야 했다. 그때 학교 기숙사는 도원동 기숙사와 회현동 기숙사, 그리고 남산의 여자 기숙사 등이 있었다. 그런데 학교는 나누어 졌지만 기숙사에는 양교 학생들이 그대로 있었다. 나는 처음 도원동 기숙사에 있었는데 3년 후에는 회현동 기숙사로 옮겼다. 나는 오랫동안 기숙사 생활을 했기 때문에 내 위의 5년 선배부터 내 뒤에 5년 후배까지 총신의 10년 간의 선후배를 지금도 잘 알고 있다.

그리고 도원동의 기숙사 가운데는 맹인 신학생 두 분이 있었다. 한 분은 김성환 전도사로 나와는 동기 동창이었고, 또 한 분은 윤만덕 전도사로 신대원 졸업반이었다. 이 분은 이른바 중도 실명자로서 전직 경찰관 출신인데다 덩치도 크고 성격이 아주 거칠고 불같은 사람이었다. 그런데 윤만덕 씨를 도와주는 여성(부인이었는지는 잘 알 수 없지만 맹아학교 선생으로 알고 있다.)이 있었다. 이 여성은 윤만덕 씨를 위해 철저히 헌신하였고, 신학교 교재를 녹음하거나 점자를 쳐주거나 길을 안내하거나 모든 봉사를 마다하지 않았다.

그런데 그 윤만덕 전도사가 박윤선 교수님의 성경 주경시험에 과락을 한 것이다. 만에 하나 박윤선 교수님의 시험을 통과하지 못하면 졸업을 할 수 없었다. 그래서 그는 나에게 부탁하여 박윤선 목사님의 자택으로 데려가 달라고 하였다. 그는 박윤선 목사님과 1:1로 자기의 딱한 사정을 말씀드리고 점수를 받아야겠다는 생각이었다. 그래서 나는 윤만덕 씨를 데리고 북아현동 박윤선 교수의 자택까지 안내하였다. 북아현동 자택은 계단이 많아 아래서 위를 쳐다보면 까마득할 정도로 높이 있었다. 윤만덕 씨와 나는 박윤선 목사님이 늘 주석을 쓰시는 서재에 함께 앉아 있었다.

윤만덕 씨는 자기가 맹인인 것, 나이가 많은 것과 졸업반인 것을 설명하면서 학점을 달라고 읍소하였다. 그런데 그 말을 다 듣고 난 후 박윤선 목사님은 대답하기를 "당신이 처한 딱한 사정이나 마음은 충분히 이해할 수 있으나, 장애인이라고 해도 학점은 동정으로 줄 수 없다."고 했다. 더 이상 박 목사님께 졸라도 소용이 없음을 알고 나는 아무 말 못하고 윤만덕 씨를 데리고 긴 계단으로 내려왔다. 윤만덕 씨는 성격이 과격한데다 전직 경찰관 출신으로 자기 성격에 자기가 못 이기는 듯했다. 그러면서 내뱉는 말이 박윤선 박사의 모든 주석은 불태우겠다고 욕설을 퍼부었다. 이런 이야기가 어떻게 전해 내려왔는지 잘 모르지만 박혜란 씨의 책에는 아버지는 장애인을 동정하거나 조금도 사랑하지 않는 율법주의자라고 꼬집었다. 그러나 그날 그 시간에 박윤선 목사님과 윤만덕 씨와의 대화는 유일하게 내가 증인으로서 분명히 말을 할 수 있다. 내가 옆에 있었기 때문에 두 분의 이야기를 자초지종 들었고 기숙사에서의 상황을 내가 훤히 알고 있었는데, 이 사건이 와전되어 박윤선 목사를 단순히 사랑과 동정이 없는 사람으로 말하면 곤란하다. 그때 마지막으로 박윤선 목사님의 결론은 이랬다. "내가 당신의 처지를 십분 이해하고 동정하나 장차 주의 일을 할 사람이 동정으로 점수를 받을 생각을 마시오. 내가 이렇게 처리하는 것은 하나님의 영광과 주님의 교회를 위한 것입니다. 그러니 다시 공부해서 재시험을 치시고 훌륭한 전도자가 되십시요"라고 했다.

그날 박윤선 목사님 서제에서 그 현장에 함께 있었던 사람으로서, 내가 아는 것은, 박윤선 목사님은 결코 사람을 기쁘게 하기 위한 학자가 아니라, 언제라도 하나님의 영광과 주권을 높이고 한국 교회의 앞날을 염려하시는 분이었다. 그 후 윤만덕 씨는 어찌 되었는지 그의 소식을 알 길이 없다. 다만 그때 함께 있었던 나로서는 55년 전의 일을 기록으로 남기려는 것뿐이다. 학점은 동정으로 주어서는 안 되고 비록 장애인이라 해도 학점은 거저 받아서는 안 된다는 박윤선 목사님의 말씀이 다시금 기억난다.

 _ 13

반틸, 박윤선, 메이스터

나는 총신대학교 대학원에서 신약학으로 신학석사(Th. M) 학위를 받았다. 당연히 화란 뿌라야(자유)대학교로 가서 신약신학을 전공할 참이었기 때문이다. 그래서 뿌라야(자유)대학교 입학원서에 희망 전공을 신약신학이라고 썼다. 화란으로 유학 떠나기 전날 나는 박윤선 목사님의 상도동 자택을 방문하고 하직 인사, 곧 출국 인사를 했다. 그런데 박윤선 목사님의 얼굴에 수심이 있는 듯 했다.

그래서 막 대문을 나서는 순간에, 박윤선 목사님은 내게 두 가지를 당부하였다. 첫째는 가난한 유학생이지만 절대 비열해 지지 말라고 했다. 둘째는 스킵퍼스 교수(Prof. Dr. R. Schippers)에게서 공부하지 말라고 하였다. 나는 갑자기 겁이 덜컥났다. 스킵퍼스 교수는 이전에 박윤선 목사님의 주임교수였다. 스킵퍼스 교수는 전형적인 화란 귀족 출신으로 동양인에 대한 이해가 전혀 없고, 매우 차디찬 사람이었다. 그의 학문은 개혁주의적이고 우수하나, 인정이라고는 하나도 없는 자였다.

그는 나중에 화란의 교육부 장관을 역임한 데다 엘리트 의식이 강해서 학생들에게 별로 인기도 없었다. 사실 박윤선 박사는 화란 뿌라야(자유)대학교의 최초의 한국 유학생으로 스킵퍼스 교수로부터 홀대를 받았기 때문에 나에게 스킵퍼스 교수를 주임교수로 택하지 말라고 했다. 그 당시만 해도 박윤선 박사는 이미 웨스트민스터신학교에서 신학석사 학위를 받고 당대의 최고의 학자인 메이첸(G. S. Machen) 박사와 반틸(Cornelius Van Til) 박사의 문하생이었고, 고려신학교 교장의 신분이었다. 그리고 성경 주석가로 명망이 높아 가던 시절이었다. 후일 박윤선 목사는 카브난트신학교에 머물면서 박사 학위 논문을 써서 뿌라야(자유)대학교의 스킵퍼스 교수에게 제출하려 했으나 이유 없이 거절당했다. 하지만 그해 페이스신학교(Faith Theological Seminary)에서 명예신학박사(D.D) 학위를 받았다.

나는 박 목사님의 작별 인사에서 스킵퍼스 박사에게 공부하지 말라는 말씀 때문에 혼란스러웠다. 그래서 박윤선 목사님의 말씀을 따라 전공을 바꾸기로 하고 뿌라야(자유)대학교에 다시 전보를 보냈다. 나는 주전공을 신약을 택하지 않고 실천신학과 칼빈주의를 연구할 계획이라고 썼다. 그리고 부전공으로 신약을 공부하겠다고 전문을 보냈다. 처음 화란에 도착했을 때, 나는 영어도 잘 못하고 화란어도 잘 못하는 바보였다. 신학부 조교인 꼬렌호프(Korenhof)가 와서 뭐라 뭐라 했는데 전혀 알아들을 수가 없고, 겨우 언어 훈련 프로그램(Taal Prakticum)에 참여하면서 주어진 과제를 읽는 수준이었다. 사실 그 당시 내 신분은 저개발 국가 학생에게 주는 10개월짜리 장학금을 받고 간 오리엔테이션 학생에 불과했다. 하지만 여기서 학위 과정에 들어가고 속히 가족을 데리고 와서 안정적으로 공부하는 것이 내 유일한 소원이었다.

그러나 그것은 나의 희망사항일 뿐이고 학교에서는 나를 10개월이 끝나면 즉시 귀국조치 하는 것이 방침이었다. 그때 앞이 전혀 보이지 않았다. 장학금이 없으면 한국으로 돌아가야 하는데, 이미 화란으로 올 때 돈이 없어 홀트 양자회의 에스코터 신분으로 9만5천 원짜리 항공권으로 왔기에 돌아갈 비행기 표도 없었다. 다급한 나는 학교 당국에 문의했다. "나는 그냥 귀국할 수 없습니다. 처자식을 버리고 만리타향 유럽에 온 것은 겨우 유럽 대학에 구경이나 하려고 온 것이 아닙니다. 한국 교회와 우리 가족은 저에게 큰 기대를 가지고 있습니다. 쁘라야(자유)대학교에서 장학금이 없다면 제 스스로 어떻게 하던지 장학금을 마련하면 박사과정에 공부할 수 있습니까" 하고 따지듯 물었다. 학교 당국은 내가 그것이 완전히 불가능하리라고 생각하고 장학금이 마련된다면야 박사과정에서 공부할 수 있다고 했다. 학교 당국은 내가 장학금이 끝나는 대로 한국으로 갈 줄 확신했다. 그 당시에 내가 공부하는 과정은 이른바 신학원(Candidaat) 수료과정이었다. 그런 까닭에 박사과정에서 공부하는 것은 단지 희망사항일 뿐 아무런 대책이 없었다.

나는 어쩔 줄 몰라 고민하면서 기도만 했다. 그런데 어느 날 쁘라야(자유)대학교 신학부 도서관 사무실에서 어떤 신학생과 대화 도중에, 내가 처한 딱한 사정을 말하고, 어느 화란교회든지 나를 도와줄 분을 찾고 있다고 말했더니, 윗층으로 통하는 신학부 도서관 계단 위에서 사람은 보이지 않고 어떤 사람이 "게 누구요(Wie is Dat?)" 하고 외쳤다. 그 사람은 알고 보니 신학부 졸업반에 있던 얀 바우마(Jan Bouwma)씨 였다. 그는 화란 자유개혁파교회(Vrijgemaking Kerk), 특히 우파(Buiten Verband) 교단 소속 신학생이었다. 그는 내 딱한 사정을 자세히 듣고 나를 그 교단의 어른이요 원로 목사요, 교회 뉴스(Kerkbode) 편집장인 얀 메이스터(Jan Meester) 목사에게 나를 소개했다. 나를 도와주고 안내해 준 신학생이었던 얀 바우마 목사는 후일 화란 캄펜(Kampen)에 큰 교회 목사로 평생 시무하다가 은퇴하였다.

나는 메이스터 목사님을 찾아가 내 형편을 자세히 소개한 후, 우리 한국 장로교회의 어른이시고 유명한 주석가인 박윤선 박사 아래서 신앙생활을 했고, 그의 가르침을 받은 제자라고 말씀드렸다. 그리고 박윤선 박사는 웨스트민스터신학교의 그레샴 메이첸과 코넬리우스 반틸의 제자였다고 자초지종 설명을 했다. 그랬더니 메이스터 목사님은 대화 중에 갑자기 껄껄 웃으시면서 "반틸 박사의 제자의 제자이면 틀림없습니다. 우리가 당신에게 박사과정 마칠 때까지 모든 재정지원을 하겠습니다."라고 말했다. 모든 것은 한 마디로 끝이 났다. 결국 나는 박윤선 목사님의 이름 석자 때문에 내 인생에 있어 가장 결정적 위기의 순간에 큰 은덕을 입게 된 것이다.

왜냐하면 메이스터 목사님과 웨스트민스터신학교 변증학 교수인 코넬리우스 반틸(Cornelius Van Til) 박사는 화란의 한 동네에 살았던 죽마고우였고 평생 아름다운 친구로 교제하고 있었기 때문이다. 이일로 말미암아 메이스터 목사님은 후일 교회소식(Kerkbode)지에 회고하면서 "나는 국제적으로 세 명의 친구가 있는데 미국에는 코넬리우스 반틸이요, 일본에는 하시모도(橋本龍三)이고 한국에는 정성구"라고 기록했다(Kerkbode van Nederlands Gereformeerde Kerken, In Memoriam. ds. J. Meester Ist, September, 1984).

지금도 감사한 것은 화란 유학 중에 박윤선 목사님의 주석에 등장하는 당대의 위대한 칼빈주의자들과 아름다운 교제를 나누고 배웠던 점이다. 우선 나는 아브라함 카이퍼의 칼빈주의 사상을 그대로 이은 위대한 칼빈주의 철학자, 헬만 도예베르트(Hernman Dooyewered) 박사를 예방하고 여러 차례 대화를 나눈 일이 있다. 그때 그의 나이는 82세라고 했는데, 내가 묻기를 "박사님의 칼빈주의 철학의 핵심이 무엇입니까?"라고 단도직입으로 물었을 때, 그는 말하기를 내 칼빈주의 철학의 핵심은 시편 119:105의 말씀 곧 "주의 말씀은 내 발의 등이요 내 길이 빛이니이다."라는 하나님의 말씀을 기초로 해서 신학, 철학, 정치, 경제, 사회, 문화, 예술, 학문, 과학 등 삶의 전 영역에 하나님의 영광과 주권을 드러내는 것이라고 했다.

나는 거기서 내 모든 신학과 신앙의 기초를 얻었다. 도예베르트 박사의 이름과 그의 사상에 대해서는 필자가 총신의 학생이었을 때 당시의 간하배(Harvie H. Conn) 교수로부터 약간의 오리엔테이션을 받은바 있었다. 그런데 실제로 헬만 도예베르트 박사와 대면하여 여러 차례 대화를 나누면서 놀라운 도전을 받게 되었다. 그 외에도 도예베르트와 쌍벽을 이루는 칼빈주의 철학의 거장 볼렌호번(D.H. Th. Vollenhoven) 박사와 캄펜의 실천신학자 베인호프(C. Veenhof) 교수와도 교제했다. 그리고 교의 신학자 지.시.벨카워(G. C. Berkouwer) 박사, 박윤선 목사님의 구약 주석에 자주 등장하는 니코 리델보스(Nic. H. Ridderbos), 히스펜(W. H. Gispen), 그리고 신약에는 헬만 리델보스 (Herman Ridderbos) 등을 만나고 그의 주저 『왕국의 오심』(De Komst Van Koningklijk)을 읽고 부전공이었던 신약신학 시험을 잘 치른 잊을 수 없는 경험이 있다. 참으로 하나님의 은혜에 깊이 감사를 드린다.

그 외에도 박윤선 박사가 화란에서 귀국하여, 한국에 전수한 국제개혁주의신행협회(IAPCHE)의 지도자들, 예컨대 프랑스의 피에레 말셀(Piere Marcel), 영국의 데이비드 한센(David Hansen), 화란의 뎅그링크 (J. D. Dengerink) 박사들을 두루 교제하고 함께 사역한 것은 모두가 박윤선 목사님의 이름 석자 때문에 연결고리가 되었고, 오랫동안 국제개혁주의신행협회 회원으로서 아름다운 교제를 나누었다. 그리고 여러 차례에 걸쳐서 국제컨퍼런스에 참석하면서 세계적인 개혁주의자들과 사귀면서 국제적 관계가 이루어졌다. 그래서 필자가 운영하는 'The Institute for Calvinistic Studies in Korea'는 오래 전에 고신대학교와 더불어 IARFA의 정회원이 되었다.

필라데피아의 공원에서 C. Van Til 박사와 바비큐 파티를 하면서 담화하는 필자

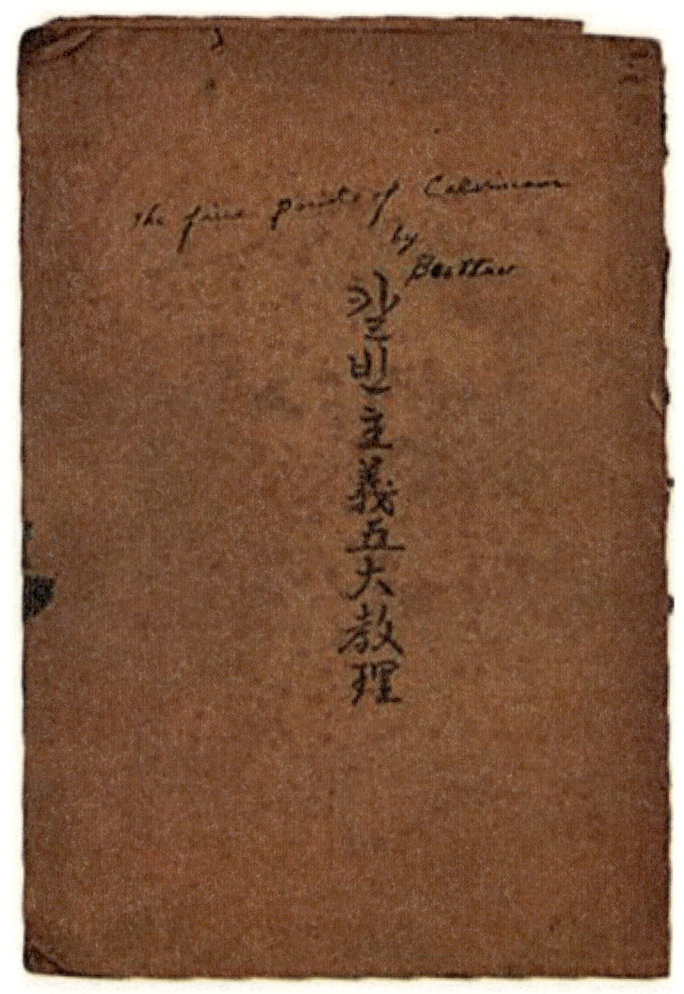

1937년 박윤선 선생의 번역 L.Boettner의 『칼빈주의 5대 교리』 출판될 때 역자는 박형룡 박사 이름으로 나왔다.

교회소식 「Kerk Bode」에 전 편집장 메이스터 목사 회고. 메이스터 목사는 세 사람의 친구를 가리켜 미국에는 C.반틸, 일본에는 하시모도, 한국에는 정성구라고 했다.

_ 14

박윤선 목사님의 단짝 친구들

박윤선 목사님의 가장 가까운 친구는 두 분이다. 한 분은 103세까지 사시면서 복음을 증거 하시던 중국 선교사 출신의 방지일 목사님이시다. 또 다른 한 분은 고려신학교의 교수였던 김진홍(두레교회 김진홍 목사와는 동명이인이다.) 목사님이시다. 이 세 분은 일찍이 평양신학교 재학 시절 '겨자씨' 운동의 동지로서 모두 숭실전문학교 영문과와 평양신학교를 공부하신 친형제와 같은 분들이다. 감사하게도 나는 박윤선, 방지일, 김진홍 목사님 등 세 분을 가까이서 뵈었고, 특히 방지일 목사님을 통해서 박윤선 목사님의 추억담을 자주 들을 수 있었다.

방지일 목사님은 예장 통합 측의 목사님이실 뿐 아니라, 우리 한국의 모든 장로교회의 어른이자, 동시에 한국 교회 전체의 어른이셨다. 방지일 목사님을 흔히 영원한 현역이라고 부를 만큼, 그는 103세 동안 한국 각 교회, 세계 각 교회를 누비며 활발하게 복음을 증거 하고 100권이 넘는 책을 집필하신 한국 교회의 사표가 되는 목사님이셨다. 그는 21년 동안 중국 산동성 선교사, 통합 측 장로교회의 총회장을 비롯해서 거의 모든 장로교 기관의 책임을 지시고 필요한 곳에서 언제나 낮은 자세로 복음을 증거 하였다.

방지일 목사님은 1979년 박윤선 목사님의 성경 주석 완간 축하예배 때에 총신대학교 강당에 오시어, 축사를 하시며 박윤선 목사님의 일화를 전해 주었다. 박윤선 목사님은 요한계시록 주석을 처음으로 출판한 후 너무 감격하여 요한계시록의 유리 바다를 체험한다고 하면서 장판 방바닥에 헤엄치는 모습을 재현 하더라는 것이었다. 그 후로도 정암 박윤선 목사님의 각종 추모 기념행사는 단골로 축하와 축복의 말씀을 하셨다. 사실 방지일 목사님은 박윤선 목사님이 1961년에 동산교회를 개척할 때도 충언을 아끼지 않았고 박윤선 목사님을 가까이서 도왔다. 그때 박윤선 목사님이 방지일 목사님께 하신 유명한 말이, "목사가 강단이 없으면 죽은 목숨"이라고 하면서 목사는 교회에서 설교를 해야 목사라는 것을 힘주어 말했다.

그 후 방지일 목사님은 내가 박윤선 목사님의 사랑 받는 제자라는 것을 알고 특별히 내게 관심을 많이 가졌다. 방지일 목사님은 나를 만날 때마다, 그리고 함께 식사할 때마다 항상 "윤선이, 윤선이" 하면서 박윤선 목사님을 회고했다. 그리고 내가 대신대학교 총장으로 재임할 때는 방지일 목사님을 초청해서 특별집회를 했다. 나는 방 목사님이 연세가 많은 것을 걱정해서 의자에 앉아서 강의하시라고 여러 번 부탁했으나, 기어코 서서 강단에 손만 잡는다면 문제 될 것 없다고 하면서 꼿꼿하게 서서 강의를 했다.

특히 방지일 목사님은 내가 운영하는 「한국칼빈주의연구원과 칼빈박물관」에 대해서 남다른 애정을 가지시고 세 번이나 방문하였다. 특히 방지일 목사님이 운영하는 성경 공부 멤버들과 함께, 때로는 영등포교회 두 번째 원로 김승우 목사님과 함께 방문해 주셨다. 방지일 목사님은 비록 육체는 노쇠하였으나 그의 삶은 언제나 젊은이처럼 역동적이었고, 그의 생각도 젊은이였다. 방지일 목사님은 내가 운영하는 칼빈주의연구원과 칼빈박물관의 앞날을 늘 걱정하면서, 장로회신학대학교 총장님과 보직자들에게 반드시 칼빈주의연구원과 박물관에 가라고 해서 장영일 총장님과 보직 교수들이 두 번이나 한국칼빈주의 연구원과 칼빈박물관을 방문하였다.

2014년 10월 10일 방지일 목사님은 만 103세에 주님의 부르심을 받았다. 임종 4개월 전인 2014년 6월 5일에 방지일 목사님은 '한국칼빈주의연구원과 박물관 30주년' 축하의 메시지를 이 메일로 내게 보내주셨다. 아마 103세 되는 방지일 목사님의 마지막 이 메일인 듯싶어 여기 전문을 그대로 싣는다.

축하의 말씀

방지일 목사
대한예수교장로회(통합) 증경총회장
전 중국 산동성 선교사, 영등포교회 원로목사

정성구 목사님!
『한국칼빈주의 연구원 30년사』가 나온다니, 더 큰 역사가 진행됨을 듣고 감사합니다. 지금까지 주님의 영광을 위해 일하신 것을 감사하면서 몇 자를 써 봅니다.

주의 종으로 부르심을 받으신 정성구 목사님이, 그 젊었을 때에 성경을 그렇게 바로 받아들이신 위대한 칼빈의 연구에 한 평생을 바치시어 연구하시고 후학들에게 그 귀한 진리를 전승케 하시면서 그 재료를 찾기 위해 필사적으로 전 생애를 투자하심을 친히 여러 번 가서 보면서 지구촌에 이만한 자료 수집이 없지 않는가 하고 감격하였습니다. 이렇게 세월이 흐른 지 30년의 연륜을 보내게 되시여, 이제는 칼빈의 이 귀한 자료들을 우리만 소유할 뿐 아니라, 시공을 초월하여 온 지구촌에 알리며, 칼빈의 이 순수한 속죄 대속 구속의 복음을 전하게 되는 소식을 접하니 그 귀하신 그 뜻 그 고귀하신 심정을 처다 보게 됩니다. 이 귀한 자료들을 국한된 우리만 소유함이 참으로 민망한 일이었는데, 이제 이를 온 지구촌에 제공하심이라 어찌 장한 일이 아니리요. 이도 기약의 날이 온지라 지구촌의 모든 백성이 다 같이 소유하게 된 일이라 높이 평가하게 되여 졌습니다.

장차 칼빈주의 사상이 붙드는 이 복음, 속죄 대속 구속의 복음이 전 지구촌에 메아리칠 것이 내다보입니다. 어찌 감격스러운 일이 아니겠습니까? 실상 이 모든 일은 하나님 자신이 하시는 일입니다. 누가 하나님의 뜻을 받들어 순종하는가? 정 목사님께서 "예"라고 대답하십니다. 우리 주님은 "예"만 있었습니다. 정 목사님이 "예"하셨군요. 장하십니다. 이 순종이 바로 하나님이 찾으시는 일이십니다 이 구속의 복음이 온 지구촌을 휩쓸 것을 내다보입니다.

> 정 목사님의 그동안의 노고와 그 충성을 치하합니다. 이 복음 역사의 순수한 역사(役事)가 칼빈과 칼빈주의 운동을 통해 이루어지게 됨이 바라보이는지라, 성삼위 하나님께는 큰 영광이시오. 이 지구촌에는 그렇게 다행한 일, 그렇게 큰 축복이 없을 것으로 보기에 더욱 감격할 뿐입니다
> 칼빈이 말한 대로 언제나 어디서나 하나님의 영광을 위해서 더욱 크게 쓰임받기를 바라면서 축하의 말씀을 드립니다.
>
> 2014. 6. 5 방지일

103세 되신 방지일 목사님께서 내 E-Mail를 받으시고, 즉각 축하의 메시지를 보낸 것은, 사실 그 자체가 역사적이다. 방지일 목사님은 나를 좋아하시고 내 뜻을 이해하셨다. 그리고 박윤선 목사님과의 아름다운 우정을 늘 회고하였다.

방지일, 박윤선, 김진홍 세 분은 숭실전문학교 영문과 출신으로 모두 1931년 6월에 평양신학교 재직 시에 월간 「게자씨」 동인들이다. 처음에 방지일, 김진홍이 시작한 이 잡지에 박윤선, 주기철, 이유택 등이 참여하고 박형룡 목사의 글도 실린다. 편집겸 발행인 김진홍, 두 번째 사장은 박윤선이었다. 처음에 등사판으로 시작된 이 잡지의 1933년 12월 2권 12호 인쇄로 된 잡지 내용에는 주기철의, "일사를 각오하라", 방지일의 "신앙의 소유자", 김진홍의 "성탄 갱생의 십자가", 박윤선의 "빌립보서 연구", "예수교회의 노예 해방", "바울의 최

후", "요한의 묵시", "최대의 선물" 등이 있다. 게자씨 잡지에는 박윤선(당시의 신학생) 목사의 글이 제일 많다. 그 후 박윤선, 김진홍은 미국 웨스트민스터신학교로 유학가고, 방지일은 대한예수교장로회 총회의 외지 선교부의 파송을 받아 중국 산동성 선교사로 떠났다. 후일에 「게자씨」 잡지는 김상권(후일 합동 측 총무)이 맡았다가 나중에 김린서 장로(후일 목사)의 「信仰世界」로 이름이 바뀐다.

1931년 평양신학교 기숙사에서 방지일, 박윤선, 김진홍이 발행한 「게자씨」 운동은 한국 교회의 신앙 운동의 밑거름이 된다. 나는 게자씨 운동의 3인방이었던 김진홍 목사님도 뵈었다. 김진홍 목사님은 진실하고 과묵하신 학자인데 박윤선 목사님과 함께 고려신학교 교수로 일했다. 특히 1960년대 초에 헨리 미터(H. Henry Meeter)의 저서 『칼빈주의』를 박윤선, 김진홍 공역으로 출판했다. 김진홍 목사님의 식구들은 1961년부터 동산교회에 출석했고 그 중에 김진홍 목사의 아들 김덕천 군(후일 합신을 졸업하고 목사가 되었다.)과 막내 딸 김덕혜 양은 내가 중고등부 전도사였을 때 학생들이었고, 특히 덕혜양(권사)은 동산교회 중고등부 주일학교 때 피아노 반주자였다. 박윤선, 방지일, 김진홍, 「게자씨」 트리오는 피를 나눈 형제보다 더 가까이 지냈고 주의 나라와 복음을 위해서 문서 운동에 앞장섰다.

방지일 목사님과 필자의 대화(102세 시)

겨자씨 운동의 삼총사. 박윤선, 방지일, 김진홍 목사

1930년대 초반 웨스트민스터신학교 교수진. 오른쪽부터 스톤하우스, 알리스 메이첸, 반틸, 울리가 앉아 있으며, 맥래와 머레이가 서 있다.

1937년 G.메이첸 박사 추모기념. 뒷줄 두번째

14 박윤선 목사님의 단짝 친구들

 _ 15

한국칼빈주의연구원과 박윤선 목사

나는 1962년에 박윤선 목사님의 설교를 통해 칼빈주의 사상을 깨닫기 시작했다. 박 목사님은 그의 주석이나 설교를 통해서 언제나 칼빈주의적 원리를 확신 있게 증거 했다. 어린 시절부터 고신 측 교회에서 칼빈주의와 개혁주의란 말을 수도 없이 들어왔고, 산 순교자들 곧 출옥 성도들인 한상동, 이인재, 한부선, 손명복 목사님들의 설교를 듣고 목사로서 소명을 받았다.

그러나 본격적으로 칼빈주의 사상 훈련은 총신에 입학하여 동산교회에서 박윤선 목사님을 받들어 함께 개척교회를 봉사하고부터 시작되었다. 물론 그때는 박윤선 목사님은 총신의 교수로 부임하기 전이었다. 하지만 나는 총신에서 한 주간의 수업보다, 박윤선 목사님을 통해서 일주일에 세 번 말씀을 듣는 것이 더욱 확실하게 내 심령을 두들겼다. 그 시절 어린 마음에 나는 평생 칼빈주의 사상 전파에 진력하기로 굳게 마음을 다짐했다. 그래서 앞서 말한 대로 화란어를 공부하고, 박윤선 목사님의 성경 주석 교정을 도우면서 그 꿈이 구체화되기 시작했다.

1964년 박윤선 목사님은 동산교회를 사임하고 총신대학 신약주경 교수가 되었다. 그래서 나는 자동적으로 박윤선 교수님의 조교가 되었고, 박 목사님의 성경주해 강의 중에 받아쓰기 한 것을 첨가하여 박 목사님의 주석에 증보하는 것으로 사용되기도 하였다. 그리고 1966년에 총신대학교 신대원을 졸업한 후 다시 대학원(Th.M) 과정에서 박윤선 목사님을 지도교수로 하여 1968년에 "바울신학에 나타난 하나님의 의(義) 개념"(δικαιοσύνη του θεου in Pauline Theology)이란 논문을 쓰고 신학석사 학위를 받았다. 그 후에 화란 칼빈주의자들에게 더 깊이 배우기 위해서 화란 자유대학교에 유학을 갔다. 거기서 당대의 최고의 칼빈주의 석학들을 만나면서 칼빈주의 사상에 심취했다. 나는 1970년 전후에 총신대학 전임대우 교수로 있었으나, 화란 유학에서 돌아온 후에 1976년에 총신대학 조교수 겸 교목실장으로 다시 학교에서 강의하게 되었다. 하나님의 큰 은혜이다. 그 당시 이사장 백남조 장로로부터 교육부가 주는 총신대학의 교목 겸 조교수 임용장 5호를 받고 후학들을 가르쳤다. 그런데 나는 이미 1964년 7월, 아직 신학교 졸업도 하기 전에 1618-1619년 돌트총회(Dordt Synod)가 결의했던 「칼빈주의 5대 교리」를 팸플릿으로 만들었고, 이것을 동산교회 중고등부 학생들에게 가르친 바 있다. 그때 내가 가르친 학생들은 목사, 의사, 교수, 예술가, 선교사 등 사회 각계각층에서 활동하다가 은퇴했으나, 그들은 만날 때마다 칼빈주의 5대 교리를 깨우쳐 준 것을 감사하였다.

사실 오늘의 한국칼빈주의연구원은 그때부터 시작되었다고 할 수 있다. 그 후 1985년 7월 10일, 평소에 꿈꾸던 「한국칼빈주의연구원과 칼빈박물관」을 서초동에서 개원하게 된다. 1960년대 초부터 1985년까지 칼빈과 칼빈주의 사상 즉 아브라함 카이퍼와 칼빈주의 학자들의 자료를 엄청나게 준비했고, 그것을 근거로 한국칼빈주의연구원과 칼빈박물관을 세웠다. 물론 그때 나는 아직도 총신대학 학장 임기가 끝나지 않은 상태였다. 나는 1980년 8월 15일 가장 어린 39세의 나이로 총신대 학장(후의 명칭은 총장)이 되어 두 차례 임기 중 이른바 대한예수교장로회 70회 총회의 여파로 사임하게 된다. 복잡한 정치권에 수많은 고통과 아픔이 있었지만, 내 가슴 속에는 그 어떤 보직보다 한국 교회에 칼빈주의 신학과 신앙의 전통을 이어가는 것이 내 본심이었다.

그래서 1985년 7월 10일, 칼빈의 탄생일에 맞추어 충북 영동에 있는 야산을 팔아 한국칼빈주의연구원과 칼빈박물관을 서초동에 개원했다. 물론 한국칼빈주의연구원의 고문은 박윤선 목사님이셨다. 당시 박윤선 목사님은 합동신학원 명예원장으로 계셨다. 그리고 한국칼빈주의연구원 명예원장은 대한예수교장로회 합동 측 총회장을 역임하고 철저한 개혁주의자인 부산 부전교회 원로목사인 한병기 목사님을 모셨다. 그리고 국제 이사로는 일본의 고베신학교 교장이며, 전 일본 칼빈학회장이었던 류조 하시모도(橋本龍三) 목사, 화란에서는 나에게 많은 사랑을 주고 영향을 끼쳤던 개혁주의신행협회 국제회장이었던 얀 뎅그링크(J. D. Dengerink) 박사, 미국에서는 칼빈대학(Calvin College)의 칼빈주의 철학자이자이며 박윤선 박사와 웨스트민스터신학교 동기 동창인 에반 라너(H. Evan Runner) 박사 등이다.

나는 1986년 8월 20일, 헝가리 데브레첸 개혁주의 대학에 열린 제 4차 국제칼빈학회에 설교강사(Speaker)로 일했다. 다음해인 1987년 10월 19일에는 종교개혁 470주년을 맞아, 양화진에 있는 한국기독교 선교기념관에서 세계 최초로 '요한칼빈(16세기) 자료 전시회'를 두 주간 열었다. 개관 예배 때는 당연히 박윤선 목사님을 설교자로 모셨다.

전시 장소는 양화진 외국인 국립묘지 안에 있는 연합(Union)교회 지하층 100여 평을 빌려서 열었다. 이 일에 총신대학과 장로교 합동 측 총회는 일체의 후원과 협력이 없었으나, 도리어 고려파의 김경래 장로님과 통합 측 장로교회의 기독교 문화협회 김용덕 장로와 교회가 이일을 적극 도와주었으니 참으로 아이러니한 일이 아닐 수 없다. 또한 이 전시회에는 연세대학교 도서관장 이름으로 축하 화한을 보내왔고, 도서관 직원들을 세 명이나 파송해 주어 도와 주었다. 실제로 나와 연세대학과는 아무런 관련이 없었지만, 역사적 칼빈전시회에 그 대학에서는 그만큼 관심이 컸다는 것이다. 이 전시회는 보름간 진행되면서, 동아일보, 조선일보, 한국일보, 경향신문, 중앙일보, Korea Times, Korea Herald 등에서 문화면 톱기사로 이른바 박스(Box) 기사로 취급하여 보도해 주었다. 물론 교계신문도 크게 보도했다.

'칼빈자료 전시회'로는 세계 최초였다. 그래서 장신대학교의 이종성 박사를 비롯해서 각 신학 대학교의 교수들과 외국인 선교사들이 직접 전시장을 방문하고 축하해 주었다. 각 신학교에서는 학생들에게 숙제를 내어 칼빈전시회를 방문케 하고 리포트를 제출하도록 했다.

이 소식을 듣고 마침 한국을 방문했던 영국 성공회 켄터베리 대주교까지 다녀갔고, 스위스 대사도 모두 방문했고, 당시 김영삼 통일 민주당 총재, 민주공화당의 김종필 총재, 김재순 국회의장, 이병희, 김덕용 의원 등 정치권과 정당에도 관심을 보이며 모두들 대형 축하 화환을 보냈다. 그러나 칼빈과 칼빈주의를 늘 말하던 총신대학이나 대한예수교장로회 총회(합동)는 관심이 별로 없었다. 물론 개회예배에 초대 받은 박윤선, 한병기, 박영희, 김득룡 목사 등이 순서를 맡아 주었지만 말이다.

이렇게 「한국칼빈주의연구원과 칼빈박물관」을 세우고 칼빈전시회까지 한 것은 따지고 보면 모두 은사이신 박윤선 목사님의 은덕이다. 나는 이 일로 말미암아 국제칼빈학회(International Calvin Congres) 정회원이 되었고 헝가리 데브레첸 개혁신학대학교(Debrecen Reformed University)와 미국 그랜드 래피즈의 칼빈대학교(Calvin College & Seminary) 등 세계 대회에 강사(Speaker)가 되어 메시지를 증거 하게 되었다. 그리고 한철하 박사와 더불어 '한국칼빈학회'를 창설하고 회계, 서기, 총무, 부회장, 회장, 명예 회장 등 임원을 20년간 역임했다.

이런 칼빈주의 운동을 인정받아 2002년에는, 1538년 세계 최초로 세워진 개혁주의 신학대학교인 헝가리 데브레첸 개혁파 대학교 (Debrecen Reformed University)로부터 명예신학박사(Docter of Divinity) 학위를 받았다. 데브레첸 개혁주의 대학교는 칼빈이 세운 제네바 아카데미보다 21년이 빠른 세계 최초의 개혁주의 대학교이다. 데브레첸 신학대학교는 금년 480주년 된 학교로 유럽의 명문인데다 신학 도서만 60만권을 자랑하고 있다.

물론 나는 여러 해 전인 1996년 9월 10일 미국 개혁 장로교 소속 (Reformed Presbyterian Church)으로 명문 학교인, 미국 펜실베니아 주 비버폴에 있는 170년 된 제네바 대학(Geneva College, 1848)으로부터 한국과 세계에 칼빈주의 운동의 공로를 인정받아 문학박사(Litt.D) 학위를 받았다. 제네바 대학은 스코틀랜드 장로교회에서 세운 칼빈과 존 낙스의 정신을 이어받은 기독대학으로 미국의 5대 기독교 명문이고, 그 학교는 Geerhardus Vos 박사의 아들 Vos가 교수였고 미국의 최대 설교자 존 메카트니의 박물관이 있다. 내가 문학박사 학위를 받을 때 존 화이트(J. White) 총장은 웨스트민스터신학교의 이사였다. 그리고 내가 문학박사 학위를 받던 그날 제네바 대학 대강당에서 "교회와 세상과 하나님 나라"라는 제목의 특별강연을 했다. 그 후에도 미국 프린스턴신학교와 스코틀랜드 에딘버러대학 등에서 열린 국제칼빈대회(International Calvin Congress) 한국 대표로 참가했다. 나의 나 된 것은 모두 하나님의 은혜이지만, 따지고 보면 모두가 박윤선 목사님의 신앙 노선을 따라 가다가 얻어진 영광스런 열매이다. 여기 1987년 10월 19일 「16세기 종교개혁자 요한 칼빈의 자료 전시회」 개관 예배를 드리던 날, 박윤선 목사님의 설교 원고를 그대로 싣는다. 이 자료는 요한 칼빈 자료 전시회 해설에 이렇게 기록되어 있었다.

'하나님 말씀을 확신하자'
(딤후 3:14-17)

박윤선 박사
합동신학원 명예원장
한국칼빈주의연구원 고문

한국 교회에 장점이 있다. 그것은 양적으로 잘 퍼져나가는 현상이다. 반면에 질적 허약이 수반되고 있는 점은 부인할 수 없는 사실이다. 질적 허약이란 것은 신자들의 성경 지식이 깊지 못함으로 인해 그들이 확신이 결여된 점이다. 사도 바울은 말하기를, "확신에 거하라"고 한다.

1. 확신의 원천은 성경임

"너는 배우고"란 말씀은 성경을 배웠다는 뜻이다. 누구든지 성경을 배우지 않고는 확신에 이르는 지식을 얻을 수 없다. 성경은 하나님의 말씀이기 때문에 영적 함축(灵的含蓄)을 깊이 지니고 있다. 성경에 나오는 쉬운 말씀도 그 뿌리가 깊으니, 그것은 신학적으로 배워야 바로 알고 거기서 확신도 얻는다. 그리고 성경의 어려운 말씀에는 물론 우리의 연구가 요구된다. 우리가 연구와 기도로 이 말씀의 뜻을 사모하면 그 세미한 음성을 듣는 듯한 깨달음을 얻는다. 벵겔(Bengel)은 성경 해석의 노력을 가리켜 "꿀을 짜는 작업"이라고 하였다. 우리가 성경의 말씀을 깨달았을 때에 그것이 "내 것"이 되며 또 그것을 확신하게 된다.

2. 성경 연구에 필요한 지도자

성경은 자습으로 깨닫기 어렵다. 자습하려는 신자들에게 그 장점은 성경을 알아보려는 자원심과 노력이다. 이 두 가지는 성경을 깨닫는데 있어서 언제나 필수의 요건(要件)들이다. 그러나 자습에는 위험성도 따른다. 그것은 다음과 같은 경우이다. 자습자는 재래의 무수한 선배들의 옳은 깨달음을 무시하기 쉽고, 또한 성경을 잘못 깨닫고도 그 주장을 버리지 않으려는 폐단에 빠지기 쉽다. 잘못된 주장을 계속 고집하는 것은 이단으로 떨어질 위험성이 있다.

우리는 근 2천년 교회사에서 성경을 바로 깨닫도록 지도한 신학자들을 알고 있다. 그들 중에도 우리는 칼빈 선생을 잊을 수 없다. 칼빈의 성경관에서 우리는 특별한 한 가지 중요한 것을 배워야 한다. 그것은 성경 말씀이 곧 바로 하나님의 말씀이라는 것이다. 그는 말하기를, "성경 말씀은 하나님께서 지금 하늘에서 '나'에게 말씀하시는 말씀이다."라고 하였다. 우리가 이렇게 성경을 취급하지 아니하면 성경 말씀을 제대로 깨닫지 못한다. 우리가 칼빈을 연구하는 것은 인간 칼빈을 알기 위함 보다 우리의 성경 연구에 있어서 그 말씀을 바로 깨닫는 데 도움을 받으려는 것이 아니겠는가! 만일 이런 목적 없이 칼빈을 위하여 칼빈을 연구하는 데 그친다면 그것은 칼빈이 원치 않는 악을 행함이 될 것이다."라고 말씀하셨다. 이 역사적이고 세계 최초로 열려진 요한 칼빈 자료 전시회의 모든 내용과 박윤선 박사의 개회설교는 그대로 비디오로 담겨져 DVD로 바꾸고, 나시 컴퓨터에 옮겨서, 나는 지금도 30년 전의 박 목사님의 설교를 보고 들으면서 이 글을 쓰고 있다. 성경 해석에는 요한 칼빈을 비롯한 역사적 칼빈주의 학자들의 해석이 중요하다. 그러므로 박윤선 박사는 요즈음 흔히 말하는 QT는 자율적 해석으로서, 잘못하면 정통 성경교리에서 멀어질 수 있음으로 주의를 요한다고 힘주어 말했다. 그때 나는 인사말에서 "이번 요한 칼빈의 자료 전시회에는 16세기 자료 30점, 19세기 자료 20점, 그리고 칼빈에 대한 그림 및 기타 종교개혁 자료 50점을 내어 놓습니다. 이 자료들 중에는 세계적 희귀본으로서 몇 권 남지 않는 자료들입니다. 바라옵기는 이번에 요한 칼빈의 자료 전시회의 자료를 통해서 한국의 모든 신학자들과 교역자, 신학생, 평신도 여러분들에게 신선한 충격이 되어 이 땅에 선교 2세기를 맞는 한국 교회에 새로운 이정표가 되기를 바랍니다."라고 했다.

또한 증경 총회장이자 한국칼빈주의연구원 명예원장이신 한병기 목사님은 "이렇게 훌륭한 재료들을 한국의 학자가 소장하고 있다는 것은 정성구 박사님 자신의 기쁨일 뿐 아니라 한국 학계 전체의 자랑이요 기쁨입니다."라고 했다. 또한 일본의 고배신학교 교장 류조 하시모도(稿本龍三) 목사는 말하기를 "정성구 박사님의 자료들은 칼빈과 칼빈주의에 관한 역사적 문서에 치중된 것만 아니라, 현재의 칼빈 연구, 칼빈주의에 관한 연구서, 연구논문에 이르기까지 빈틈없는 수집으로, 명실 공히 아시아에 있어서 칼빈 연구의 센터로서 참으로 귀중한 존재입니다."라고 축사했다.

그 후 지난 30년간 전 세계 칼빈, 칼빈주의 연구학자들이 한국칼빈주의연구원과 칼빈박물관에 300명 이상 다녀갔는데, 그들은 모두가 국제 칼빈학회와 아시아 칼빈학회에 소속된 학자들이다. 뿐만 아니라, 아시아, 아프리카, 동구권 연구생들이 찾아와서 칼빈, 칼빈주의 사상을 연구하고 논문을 출간했다. 그 중에는 특히 미국, 필리핀, 러시아, 인도, 스리랑카, 영국, 아프리카 가나에서 온 학자들이 칼빈, 칼빈주의를 최소 3개월씩 집중 프로그램으로 연구하고 돌아갔다. 그들은 3개월 동안 약 3000페이지에서 5000페이지 정도의 책을 독파하고, 10번의 구두시험을 치루고 레포트를 정리해서 제출하면 M.A 수준의 디프로마를 받아 간다. 그들은 순전히 칼빈과 칼빈주의 사상만 집중 연구했다. 하지만 정작 한국 교회에서 개혁주의와 칼빈주의를 주장하는 교단과 신학교 교수들은 거의 발걸음이 없었다. 한국칼빈주의 연구원과 칼빈박물관은 16세기 17세기에서 현대에 이르기까지 모든 자료들을 갖고 있으나 한국 신학생들과 교수들은 크게 관심이 없다.

한국칼빈주의연구원에 훈련을 받은 외국 학자들은 대체로 본국에서 대학교수로 또 신학교 학장으로 일하고 있다. 예컨대 로렌스 카타와(Laurence Gatawa)는 영국 에딘버러대학교에서 박사 학위(Ph.D)를 받고 지금 필리핀 장로회신학교(PTS) 학장으로 봉직하고 있고, 엠마누엘 오프리(Emanuel Ofori)는 런던신학교 교장으로 새직하고 있다. 그리고 로날드 무니티아(Ronald Munithia)는 케냐 복음신학교 교장으로 있다.

(사)한국칼빈주의연구원 및 칼빈박물관 모습

15 한국칼빈주의연구원과 박윤선 목사

1987년 요한 칼빈 자료 전시회 포스터, 개관 설교는 박윤선 박사가 설교했다.

한국칼빈주의연구원에서 아들 정모세 박사와 더불어

A. Kuyper의 자료 전시회와 박윤선 목사

1987년 10월에 박윤선 목사님의 개회설교로 '요한 칼빈(16세기) 자료 전시회'가 성공적으로 끝났다. 그 결과 「한국칼빈주의연구원과 칼빈박물관」은 세계 개혁교회의 이목이 집중되었다. 나는 내친 김에 1988년 교회개혁 471주년에는 요한 칼빈의 신학과 신앙을 부흥시킨 19세기 화란의 대(大)칼빈주의자 아브라함 카이퍼(1837-1920) 박사 자료 전시회를 열기로 했다. 그때도 개관 예배 설교는 고문이신 박윤선 목사님이 하리라고 믿고 준비하였다. 그러나 박윤선 목사님은 기다려 주지 않고 그해 6월 말에 주님의 부르심을 받고 하나님의 나라로 가셨다.

그때까지 나는 요한 칼빈의 자료와 대칼빈주의자 아브라함 카이퍼의 자료를 다수 소장하여, 이를 전시함으로써 한국 교회에 칼빈주의 운동을 부흥시키려는 의도를 가지고 있었다. 그것은 박윤선 목사님을 곁에서 가까이 모신지 26년 째였다. 박윤선 목사님은 전에 김진홍 목사님과 공역해서 H.헨리 미터 박사의 저서 『Basic Idea of Calvinism』을 『칼빈주의』란 이름으로 번역한 바 있다. 사실 헨리 미터의 핵심적 사상은 바로 아브라함 카이퍼의 사상 특히 1898년에 미국 프린스턴 신학교의 스톤렉쳐(Stone Lectures)에서 행한 '칼빈주의 강연'이 기초가 되었다. 미국 칼빈대학과 칼빈신학교 안에 있는 「헨리미터 칼빈연구센터(Henry H. Meeter Center for Calvin Studies)」는 「한국칼빈주의 연구원」과 1990년에 MOU를 맺고 자매기관이 되어 현재까지 피차 교류 협력하고 있다. 특히 아브라함 카이퍼가 쓴 223권의 저서 중에 일반 은총론(Comon Grace)은 칼빈주의 사상에 근거한 것이다. 그래서 박윤선 목사님은 고려신학교 교장 시절에, 아브라함 카이퍼의 칼빈주의 강의를 비롯해서 헨리 미터의 '칼빈주의'를 「파숫군」지에 일 년간 요점 정리하여 12회에 걸쳐서 소개했다.

박윤선 목사님에 대해서 혹자들이 오해하는 것처럼, 그는 앞뒤가 막힌 보수주의자가 아니라, 삶의 모든 영역에 하나님의 영광과 주권을 높이는 칼빈주의 사상에 근거했음은 두말할 필요가 없다. 그것은 박윤선 목사님이 웨스트민스터신학교에서 코넬리우스 반틸(Coneliuse Van Til) 박사에게 변증학을 공부하면서 카이퍼와 바빙크, 그리고 스킬더 사상을 공부했을 뿐 아니라 화란 뿌라야(자유)대학교(Vrije Universiteit) 유학 시절에 카이퍼의 사상에 친히 접촉하였기 때문이다. 19세기 말 유럽과 미국이 온통 자유주의 즉 신신학 사상으로 기울어졌을 때 홀연히 천재 신학자 아브라함 카이퍼가 나타나 영역주권(Souvereniteit van Eegen Kring)을 부르짖고 성경으로 돌아가도록 촉구하고, 16세기 칼빈의 신학과 신앙으로 돌아가자고 외치면서 1880년에 뿌라야(자유)대학교를 세웠다. 아브라함 카이퍼는 25세의 나이에 라이덴 대학에서 "존 칼빈과 존 라스코의 교회론 비교연구"로 신학박사

학위(Doctor Theol.)를 받았다. 카이퍼는 당대의 최고의 칼빈신학자였을 뿐 아니라 칼빈주의 부흥 운동가였다.

그는 하나님의 주권 아래 정치, 경제, 사회, 문화, 예술, 교육, 종교 등을 두었다. 나는 일찍이 박윤선 목사님께 배운 것과 내 자신이 뿌라야(자유)대학교에 유학 가서 아브라함 카이퍼 박사의 2세대, 3세대 학자들인 헬만 H. 도예베르트, J. 뎅그링크, H. 리델보스, G. C. 벨까워, 요한네스 벌카일 등을 접촉함으로써 칼빈주의 사상 연구는 더욱 구체화되었다.

1988년 6월 말에 박윤선 목사님은 주님의 부르심을 받았으나, 10월에 있을 '아브라함 카이퍼 자료 전시회'는 더 이상 미룰 수가 없었다. 특히 그해는 88올림픽이 열리는 해로서, 우리가 전시회를 계획하는 두 주간은 전 세계 스포츠 선수, 임원, 정치계, 언론사 기자들이 서울로 오는 시기였다. 나는 10월 17일을 개관일로 잡았다. 그러나 현실적으로 재정적인 지원이 전무 한데다가 장소를 빌릴 돈도 없고 마땅한 장소가 없었다. 내가 속해 있는 총신대학과 합동 측 총회는 재정 후원도 없었거니와 누구하나 이 사역에 관심을 갖지 않았다. 하는 수 없이 종로 5가 통합 측 '한국 교회 100주년 기념관'에 도움을 요청하며 교섭을 했지만 단번에 퇴짜를 맞았다. 100주년 기념관은 통합 측 장로회 총회의 건물인데 합동 측 교회 목사요, 총장인 내가 그 건물의 1층 홀을 통째로 2주간 빌려 달라고 요청하니 당국자들은 나를 이상하게 생각했다. 그래도 나는 낙심하지 않고 통합 측 증경총회장 임 옥 목사님, 노량진교회 림인식 목사님에게 내 뜻을 잘 말씀 드렸더니, 종로 5가 한국기독교 100주년 기념관 로비에 큰 홀을 두 주간 동안 무상으로 전시회를 할 수 있도록 허락해 주었다. 이 사건은 한국 교회 100주년 역사에 처음 있는 일이고, 더욱이 통합 측과 합동 측이 교류가 거의 없던 시기에 나 같은 합동 측 인사에게는 파격적인 조치였다.

뿐만 아니라 여러 가지 재정적인 어려움에 전전긍긍하고 있을 때 고려 측 경향교회 석원태 목사님에게 내 뜻을 알렸더니, 석 목사님은 즉시 그때 서초동에 있는 한국칼빈주의연구원에 달려 와서 펑펑 울면서 "내가 일생동안 하고 싶었던 칼빈주의 운동을 정 박사가 하고 있으니 너무 너무 감격스럽다."고 하면서 그때 돈으로 150만원을 선뜻 내어 주었다. 명칭은 전시회 자료집에 광고비라고 했다. 이 돈은 지금의 가치로는 1500만이 넘는 거금이다. 지금도 감사히 생각하고 있다. 석원태 목사님의 후원이 큰 힘이 되었다. 석원태 목사님은 1960년대에 SFC 운동을 할 때 전국 위원장을 했던 분이었다.

아브라함 카이퍼 박사 자료 전시회의 자료집은 모두 한국어와 영어로 만들었다. 그 자료들은 미국, 캐나다, 영국, 화란, 독일, 남아프리카 등으로 개혁주의 학자들에게 발송되었다. 그래서 한국칼빈주의 연구원과 박물관은 전 세계에서 아주 유명한 기관이 되었다. 그때 화란 왕국 수상 각하 루버스(R. F. M. Lubbes) 박사가 축하의 메시지를 보냈다. 즉 "서울에서 카이퍼의 전시회가 열린다는 사실은 유럽에서의 칼빈주의 전통적 뿌리가 한국으로 옮겨진다는 것입니다."라고 했다. 또한 당시 J. 뎅베르건(J. Van Ebbenhorst Tengbergen) 주한 화란대사는 "본인은 금번 한국에서 처음으로 A. 카이퍼의 생애와 작품을 전시함에 있어서 한국칼빈주의연구원의 정성구 박사님께 심심한 축하의 말씀을 전합니다."라고 했다. 그 외에도 손봉호 박사, 화란의 J. D. 뎅그링크 박사, 더 브라인 박사, 미국의 칼빈신학교 총장 더 용(James A. De Jong) 박사, 웨스트민스터신학교의 하비칸(Harvie M. Conn) 박사, 일본 칼빈협회장 하루나 슈미토(春名純人) 교수 등이 장문의 축하의 메시지를 보내왔다. 특히 미국의 기독교 개혁파 교회(CRC)의 대표적 신학자이자 칼빈신학교 교수였던 피터 더용(Peter Y. De Jong) 박사는 내게 보내 온 편지에 "우리는 개혁주의 후손으로 아무것도 못했는데 한국칼빈주의 연구원에서 카이퍼 자료 전시회를 하신다니 한편으로 부끄럽기도 하고 부럽습니다."라고 썼다.

개관 예배 시에 설교는 동도교회 최훈 목사가 했고, 주한 텡베르건 화란대사가 축사를 했다. 두 주간의 전시회 중에 대한기독교서회의 성갑식 목사는 조용히 내게 찾아와 말하기를, 이 모든 자료를 가지고 통합 측으로 넘어오면 정 박사가 하고 싶은 모든 일을 뒤받침 하겠다고 했다. 그는 국제 감각을 가지고 개혁신학 특히 아브라함 카이퍼의 사상을 잘 이해하고 있었다. 그러나 나는 합동 측 총신대학의 학장을 지냈고, 박윤선 목사님의 신학과 신앙 노선을 따르는 자로서 그렇게 할 수는 없다고 완곡하게 웃으면서 대답했다.

그 후 나는 『아브라함 카이퍼의 사상과 삶』(킹덤북스, 2010)을 출판했다. 미국 풀러신학교 총장 리차드 마오(Richard Mauw) 박사는 추천서에 "우리는 오랫동안 칼빈주의자 아브라함 카이퍼의 사상을 한국 독자들에게 알리고 싶었습니다. 그런데 때마침 정성구 박사께서 인간의 삶의 모든 영역에 미치는 하나님의 주권과 예수 그리스도의 통치를 깊이 있게 다룬 역작을 썼습니다. 이 책은 우리 모두에게 커다란 선물이 될 것입니다."라고 하면서 추천서를 보내왔다. 또한 미국 칼빈신학교 전 총장인 제임스 더 용(James De Jong) 박사는 추천의 글에서 "정성구 박사의 한국어로 된 카이퍼에 대한 책 출판을 환영합니다. 이 책은 기독교 신앙이 사회와 문화 등 삶의 전 분야에 얼마나 폭넓게 영향을 미치는지를 보여주기에 큰 공헌을 할 것입니다. 예수 그리스도의 이름으로 문화 변혁을 시도한 카이퍼의 프로그램은 그의 꿈이었을 뿐 아니라, 그가 출판한 수백 권의 책들 속에 하나님 중심의 깊은 경건을 제공합니다."라고 썼다.

최근에 이 책은 다시 영문으로 『Abraham Kuyper, His Life and Theology』라는 제목으로 출판되었고 미국과 유럽으로 전달되었다. 이 책을 받은 화란의 수상 발케넨데(Dr. Jan Peter Balkenende) 박사는 감사의 편지를 보내왔다. 그 내용은 아래와 같다.

"귀하가 보내준 아브라함 카이퍼의 생애에 대한 책은 감사히 받았습니다. 아브라함 카이퍼의 신학은 화란 개혁교회에 매우 중요합니다. 내가 믿기로는 그의 사상은 전 세계 사람들에게 여전히 영감을 주고 있습니다. 카이퍼에 대한 귀하의 책이 한국에서 카이퍼 사상 이해에 크게 도움이 될 것으로 확신하는 바입니다."라고 했다. 발케넨데 수상은 철저한 칼빈주의 정치가로서 뿌라야(자유)대학교 경제학 교수 출신으로 하나님의 나라를 위해 헌신하고 있다.

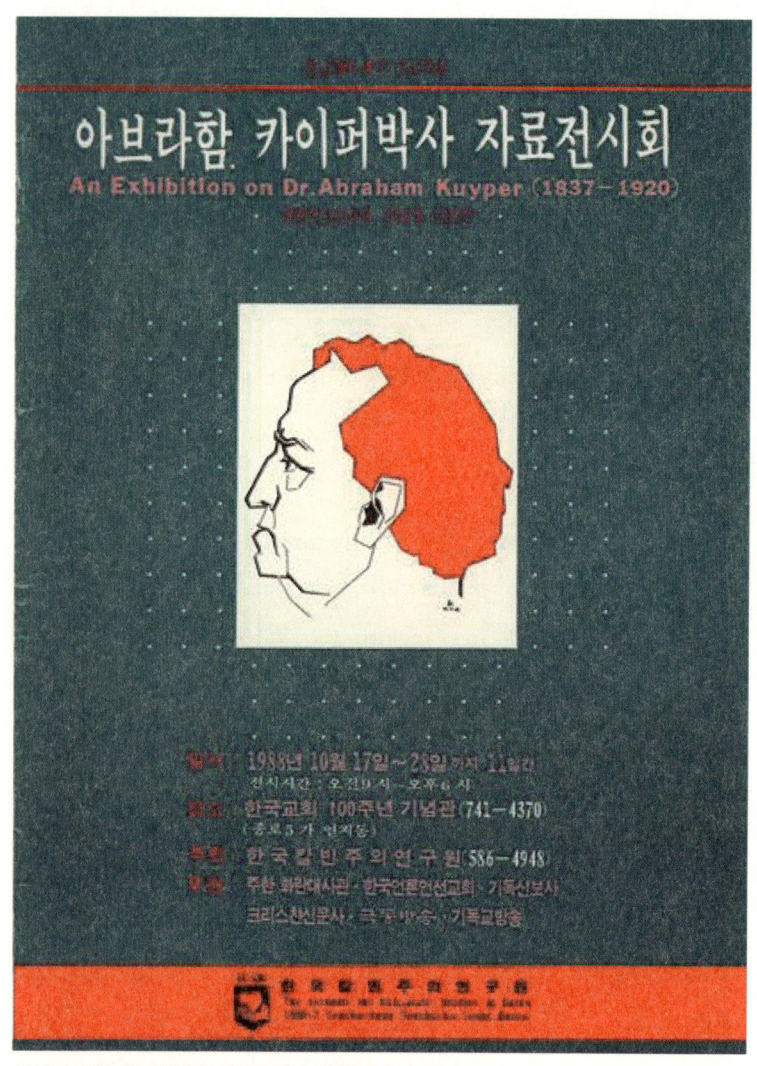

1988년 10월 아브라함 카이퍼 자료 전시회 포스터

1972년 가을, 칼빈주의 철학의 대부 Dr. Herman Dooyeweerd 박사를 방문한 필자

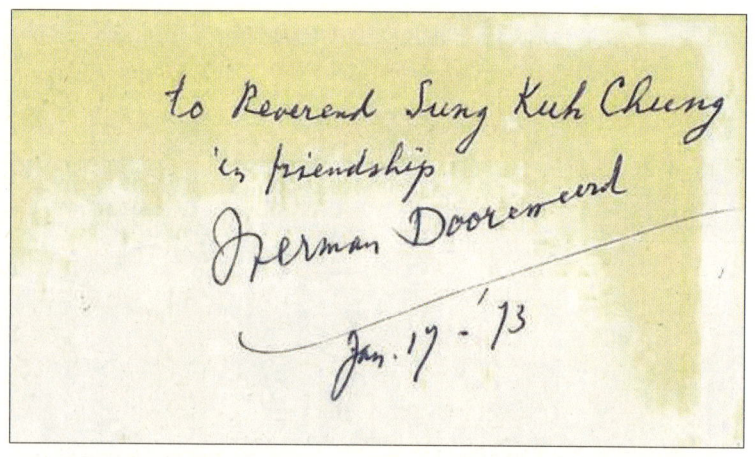

1973년 1월 칼빈주의 철학의 대부 Herman Dooyeweerd 박사가 필자에게 준 서명과 책

1988년 10월 화란의 일간지 「Trouw」에 실린 필자의 신문기사 '나는 카이퍼리안 칼빈주의자' 한국칼빈주의연구원 박물관이 세계 최고의 칼빈 콜렉션이라 했다.

16 A. Kuyper의 자료 전시회와 박윤선 목사

1988년 10월 17일 "아브라함 카이퍼 박사의 자료 전시회" 개관 인사를 하는 필자

 _ 17

사모님을 그리워하신 박 목사님

　요즈음은 인터넷이 너무나 발달되어 국내나 국외에서 안부전화나 영상편지가 매우 자유롭다. 지금은 스마트폰의 영상 통화를 통해 세계 어느 곳에 있든지 얼굴을 마주보고 대화할 수 있는 참으로 좋은 세상이 되었다. 하지만 1950년대만 해도 한국에서 편지를 써서, 유럽 특히 화란까지 도착하는 데는 한 달 이상이 걸렸다. 1970년대 초에 내가 박윤선 목사님의 뒤를 따라 화란 쁘라야(자유)대학교에 유학 갔을 때도 서울에서 아내의 편지를 받으려면 20일 이상 걸렸고, 내가 편지를 써서 회답 편지를 받으려면 약 50일 정도 걸렸다. 나는 아내에게 이틀에 한 번씩 서울로 편지를 보냈다. 그리고 아내에게 편지 오는 것을 매일 같이 문 앞에 서서 기다렸다. 혹시 기대하는 날짜에 편지를 받지 못하면 공연히 불안하고 초조하였다. 당시 나와 아내는 주로 항공 편지지를 사용했다. 두 아이들과 아내를 남의 집 문간방에 사글세로 둔 채 홀연히 유학을 떠나면서, 가족들의 생계 대책을 세우지도 못했다. 흔히 박윤선 목사님을 가르쳐 가족을 돌보지 않았다고 한다. 필자도 가족의 생계를 버려두고 유학부터 가버린 참으로 무모하고 무책임한 사람이었다. 더욱이 화란에 유학을 갔지만 신분이 불확

실해서 공부도 어려웠다.

그런데 그때부터 십여 년 전인 1963년 어느 주일날, 박윤선 목사님은 동산교회에서 설교 도중 마음속에 있는 회한 한 가지를 말씀했다. 그때가 미국 웨스트민스터신학교 시절 주임교수였던 엔. 비. 스톤하우스(N. B. Stonehouse) 박사의 별세 소식을 듣고 짠 한 마음이 있었던 것 같았다. 그러면서 박윤선 목사님은 말씀하시기를, 미국 몇 번 갔다 오고, 화란 갔다 오니 벌써 나이 50대 중반이 훌쩍 지나갔다고 하시면서, 1953년에 화란 유학시절에 외로움과 심적 고통, 그리고 김영선 사모님과 가족에 대한 그리웠던 심정을 말씀하셨다.

박윤선 목사님이 화란 뿌라야(자유)대학교에 유학하실 때 김영선 사모님으로부터 정감에 넘치는 글과 가족이야기, 고려신학교 사정에 대해서 편지가 왔다고 한다. 6·25전란 이후 폐허된 한국, 이 지구상에서 가장 가난했던 나라 사정으로 변변히 재정적 지원도 못 받았는데, 그래도 사모님으로부터 오는 편지가 너무나 반갑고 그리웠던 모양이었다. 그래서 박윤선 목사님은 사모님에게 온 편지를 항상 왼쪽 안주머니에 넣고, 보고보고 또 보고 그래서 편지가 너덜너덜 할 때까지 보았노라고 간증했다. 그런데 화란 유학 6개월 만에 불행히도 사모님이 미군 트럭에 치는 교통사고로 갑자기 세상을 떠났다. 그래서 급히 귀국하게 된다. 참으로 가슴 아픈 일이 아닐 수 없었다.

급히 귀국 하느라고 경황이 없을 때, 뿌라야(자유)대학교 당국에도 누구하나 관심을 두거나 보살펴 주는 이가 없었다. 그때 후일 화란의 동부 엔슈케데(Enschede)에 있는 수학과 교수인 뿌라우(Blauw) 박사가, 박윤선 목사님을 긍휼히 여기고 사랑하는 마음으로 박윤선 목사님의 짐을 싸는 데 도와주었고 그리스도 안에서 큰 위로를 주었다. 그래서 박윤선 목사님은 화란의 뿌라우 박사의 사랑을 늘 잊지 못했다. 그래서 내가 유학을 떠날 때 나를 위해 뿌라우 박사에게 추천서를 써 주었다. 그 내용은 이러했다.

"나는 지금도 주석 쓰는 사역을 계속하고 있습니다. 내가 동산교회에 목회하고 있을 때, 나와 함께 사역하던 정성구 목사를 추천합니다. 그는 내가 일하고 있는 신학교를 졸업하고 나의 일을 돕고 있습니다. 이전에 나를 도왔던 것처럼 나의 친구 정성구 목사를 도와주시기를 부탁드립니다."라고 하였다.

박윤선 목사님의 딸 혜란 씨의 저서 『목사의 딸』에는 13세 때 어머니가 불의의 교통사고로 세상을 떠나고, 재혼한 이화주 사모가 들어온 것에 대해서 가슴에 사무치도록 상처가 된 듯, 아버지는 자기 어머니는 사랑하지 않았고 가족을 내팽개쳤다는 식으로 글을 쓴 것을 볼 때, 인간적으로 충분히 이해는 가고, 평생에 그가 간직한 트라우마가 얼마나 깊은지를 알 수 있다. 그러나 박윤선 목사님은 18세에 부모들의 권유로 처음 결혼한 후에도 김영선 사모가 신여성으로 살도록 계속 공부를 시킬 정도였다. 방지일 목사님의 간증을 보면 박윤선 목사님은 김영선 사모가 신여성으로 살도록 야밤에 업고 가서 여학교에 입학시켰다고 하였다. 우리 세대나 박윤선 목사님의 세대는 아내에게 사랑한다느니 그리워한다느니라는 말을 쉽게 잘하지 않았지만, 그 속

깊은 정은 한 결 같은 것이었다. 만리타향 화란 암스테르담에서 사모님을 그리워하고 자녀들을 그리워하면서 편지지가 다 닳도록 보고보고 또 보고 하신 박윤선 목사님의 간증을 나는 56년 동안 늘 잊지 않고 있다. 그리고 「파숫군」지에 사모님에게 보낸 편지가 공개 됐는데, "나를 기다리지 마시요, 나는 편지를 못하지만 내게 편지는 자주 하시요"라든지 하는 말을 보면 박윤선 목사님이 무정하고 무심한 사람이 아니라는 것을 반증해 준다. 이것은 그만큼 아내를 믿고 신뢰한다는 뜻이 아닐까 생각한다.

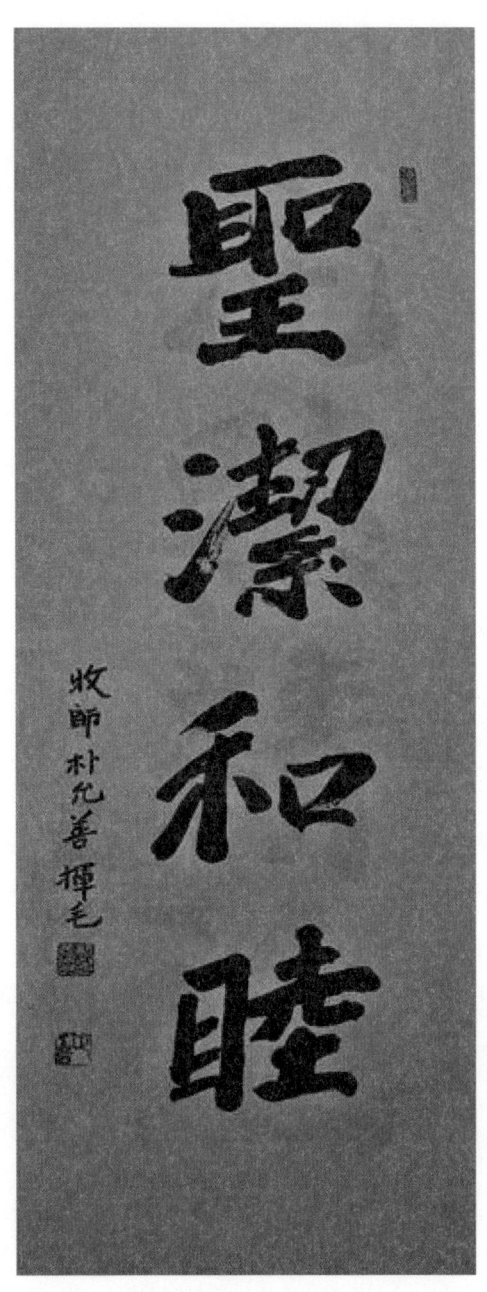

17 사모님을 그리워하신 박 목사님

 _ 18

설교는 대못을 박는 것과 같다

설교란 라틴어로는 Sermo이지만 또 다른 라틴어는 Homilia라고 한다. Homilia는 헬라어 ὁμιλία에서 온 말로서 신약 성경에 불과 고린도전서 15장과 사도행전에 4번 정도 나온다. 고전 헬라어에서 그 뜻은 '함께 오다(come together)' 또는 '같이 만나게 한다(meet together)'의 뜻을 가지고 있다. 그래서 설교란 만나게 해 주는 것이다. 즉 설교자는 성경 말씀을 통해서 하나님과 성도를 만나게 해주고 예수 그리스도와 성도들을 만나게 해주는 것을 의미한다. 그래서 교부 시대 특히 크리소스톰(Chrysostom)은 설교를 호밀리아(Homilia)라 했고, 여기서 파생한 설교학을 Homiletics라고 한다. 크리소스톰은 2천년 기독교 역사에 가장 뛰어난 최고의 설교자였다. 16세기 라틴어로 된 그의 설교집 전권이 한국칼빈주의연구원과 칼빈박물관에 잘 보관되어 있다. 또 1900년대 초 영어로 번역된 설교집은 Homilia of Chrysostom 인데 그것도 보관하고 있다.

설교자들 가운데 상당수는 그냥 성경 지식을 가르치고 설명하고 적용하면 설교인줄 아는 사람도 있고, 어떤 이는 많은 지식을 동원해서 교인들에게 지식적 욕구를 만족시키면 설교자의 책임을 다 수행한 것으로 인식하고 있고, 어떤 설교자들은 신령한 해석이라 하여 풍유적 해석을 오묘한 진리라고 주장하면서 설교하는 자들도 있다. 그러나 설교는 하나님의 말씀을 증거 함으로써 성도들을 성삼위 하나님 앞에 세워 창조주 하나님, 구속주 하나님을 만나게 해 주는 것이다.

박윤선 목사님의 설교는 언제나 성도들을 삼위 하나님 앞에 세우고, 하나님을 만나게 하는 데 정열을 쏟았다. 그러기 위해서 먼저 설교자인 박 목사님이 하나님을 만나는 과정이 필요했다. 그래서 박윤선 목사님은 설교준비 중에는 식음을 전폐하고, 하나님께 큰 소리로 고함치며 기도하거나 마치 어린아이가 어머니에게 먹을 것을 달라고 조르듯이 칭얼대면서 기도했다. 그러다가 기도 중 가슴에 영적 확신이 왔을 때, 큰소리로 기뻐하며 하나님께 영광을 돌리는 것을 보았다. 박윤선 목사님은 영적 확신과 진리의 깨달음이 오기까지는 아침 식사도 하지 않았다. 그런데 진리가 깨달아지고 영적으로 뜨거워지면, 그제 서야 건너 방에 계신 사모님을 향해 "여보! 밥 가지고 오라요" 하고 외쳤다. 한 번은 설교하시면서, 목사가 설교하는 방법에 대해서 말씀한 적이 있다.

1963년 동산교회의 설교 도중에 목사가 설교 준비 없이 강단에 오르는 것은 마치 소를 몰고 유기점에 들어가는 것과 같다고 했다. 즉 준비 없는 설교는 뭇 심령들에게 좌충우돌 마음을 상하게 할 뿐 효과가 없다는 것이다. 그러면서 설교란 마치 굵은 대못을 나무에 박는 것과 같다고 했다. 처음 나무에 대못을 박을 때는 가볍게 슬쩍슬쩍 두드

18 설교는 대못을 박는 것과 같다

리다가 어느 정도 못이 자리 잡고 중간쯤 들어갔다 싶으면, 힘껏 내리쳐서 기어이 못이 완전히 들어 갈 때까지 쳐야 한다는 것이다. 설교가 대못을 박는 것처럼 확신이 있어야 한다는 것이다. 즉 설교의 서론과 본론에서 말씀을 해설하고 진리를 해설하고 변증하는 과정이 있으면 그 다음은 '확신'이 중요하다고 말한다. 확신을 위해서 온 힘과 마음과 정열을 다 쏟아 청중들이 하나님의 말씀 곧 진리를 받아들이도록 마지막 정열을 쏟아야 한다고 주장했다. 이것이 박윤선 목사님의 설교론이다.

박윤선 목사님의 설교는 전형적인 평안도 악센트에다 목에서 쇳소리가 나고 중복이 많고 매끄럽지 못했다. 더구나 그 흔한 감동적인 예화도 별로 없다. 또한 '결론으로 말한다면'이라고 해놓고 10분이나 더 말씀할 때도 있었다. 이는 비행기가 착륙하려고 바퀴가 내려왔는데 다시 위로 비상하는 격이다. 설교학적으로 보면, 박윤선 목사님의 설교는 답답한 면도 없지 않다.

그러나 나는 일평생 '칼빈주의'와 '개혁주의 설교학'을 가르쳐 왔는데 박윤선 목사님의 설교의 지론대로 '설교란 대못을 박는 것처럼, 진리의 확신을 끝까지 유지하며, 하나님의 면전(Coram Deo)과 예수 그리스도의 면전에 성도들을 깨우는 것이 설교란 논지는 가장 정확하다고 본다.

이런 것을 나는 일평생 '개혁주의 설교학'(Roformed Homiletics)이라고 가르쳐 왔다. 설교는 그냥 말이 아니다. 설교가 이야기는 더더욱 아니다. 요즘 미국이나 한국 교회는 스토리텔링이라 하여, 성경의 계시의 진리나 사건(fact)보다는, 그 이면에 우리에게 주는 교훈(meaning)을 주면 된다고 한다. 그리고 적용이란 구실로 성경 진리와 무관하게 긍정적인 사고 방식을 강조하고 부자되는 법, 행복해지는 법을 가르치고 있다. 그렇게 되면, 불교적, 유교적, 교훈도 설교처럼 되기 쉽다. 그러나 설교는 성경의 진리를 통해 창조주 하나님, 구속주 하나님을 성도들과 만나도록 하는 것이며, 설교자는 그 하나님을 죄인들이 만나도록 하나님의 면전에 서도록 해야 한다는 것이다. 박윤선 목사님의 설교는 구속사적(Redemptive Historical)으로 성경을 파헤치고, 그것을 바로 깨닫게 하고 삶에 옮기도록 사력을 다했다.

1963년 8월 13일 삼각산 기도원에서 칼빈성경연구원(박윤선 박사 대표) 산상집회 시에 필자가 박윤선 목사님의 설교를 필기하다.

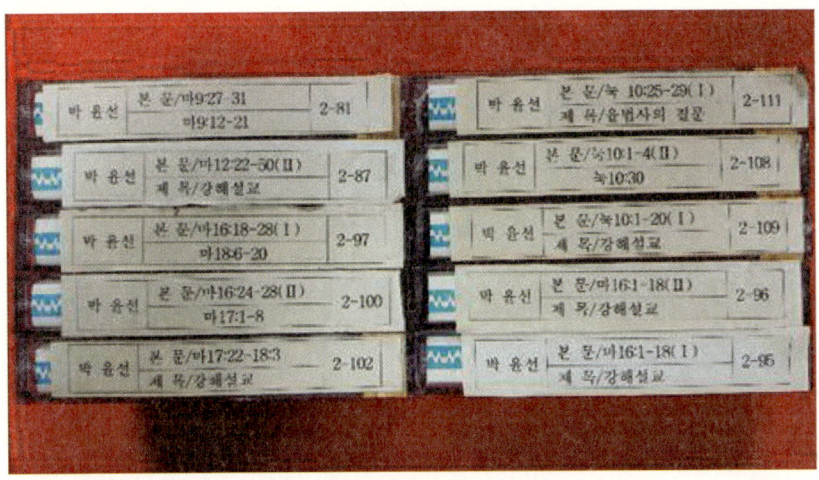

1970년대의 박윤선 목사의 설교 테이프(한국칼빈주의연구원 소장)

 _ 19

봉투만 보낸 편지

합동 측 총회와 고신 측 총회는, 통합 측이 W.C.C로 돌아가자 정치적으로 서로 하나가 되었다. 따라서 신학교도 하나가 되었다. 물론 교수단도 하나가 되었다. 그래서 1962년 총신의 교수단은 역사적으로 최강팀이었다. 왜냐하면 고신에서 박윤선, 한상동, 오병세, 안용준, 홍반식, 이상근, 박손혁 등이 합세하고 총신의 남은 교수들인 박형룡, 명신홍, 최의원, 한철하, 차남진 교수 등이 합세하였기 때문이다. 이러한 교수진은 평양신학교 이후 가장 화려한 경력의 교수들이었다. 나는 바로 이 시기에 교수님들에게 설교와 강의를 들었다. 세월이 흘러 60여 년이 가까워 오지만 그때의 강의와 설교를 들은 것을 크나큰 축복이요 자부심으로 생각하고 있다. 그러나 그때 느낀 것은 고신에서 오신 교수들과 기존의 총신 교수들 사이에 눈에 보이지 않는 갈등도 있었다. 특히 오병세 교수와 최의원 교수 사이에 학생들이 모두 아는 갈등이 노출되었다.

오병세 교수는 훌륭한 학자인데다 설교도 강의도 잘했다. 후일 고신대학교 학장, 총장, 고신 측 총회장을 지냈던 행정가이기도 했다.

그러나 최의원 교수는 훌륭한 구약학자였고 히브리어와 아람어 전문가였다. 하지만 교수법이나 전달에 있어서는 오병세 교수를 따라갈 수 없었다. 한 번은 오병세 교수의 강의 다음에 최의원 교수가 강의를 하려고 막 시작하려는데, 학생들 중에 최 교수에게 우리는 오병세 교수에게 이미 그것을 다 배웠다고 하자, 최의원 교수는 크게 당황하고 화가 나서 수업을 하지 않고 그냥 교실을 나가버렸다. 학생들은 이 사건을 크게 이슈화하였다. 당시는 커리큘럼의 조정 기능이 없었기에 교과목의 중복으로 인한 갈등이 있었다.

나는 1962년 당시에 한상동 목사님으로부터 '성경개론'에 대한 강의를 들었다. 살아있는 순교자인 한상동 목사님은 은혜롭고 자비로운 표정에 강의에도 감화력이 탁월했고 그 강의를 지금까지 잊지 않고 있다. 그런데 나중에 안 일이지만 한상동 목사님의 성경 이해는 아무래도 세대주의(Dispensationalism) 관점이 있었다. 하기는 그 당시 거의 모든 목회자들이 그렇게 생각했었다. 뿐만 아니라 대개 과거 한국 교회는 근본주의 신학을 갖고 있었다. 이에 대해서 박윤선 박사는 말하기를 "과거 한국 교회는 성경 해석에 있어서 성경으로 성경을 해석하는 원리는 만족히 실행하지 못했다. 초대 한국 교회는 근본주의(根本主義)가 농후하였다는 사실이 이를 증명한다. 근본주의는 구약을 신약으로 설명하는 것과 신약을 구약으로 해명하는데 있어서 빈약하다."고 했다〔한국 교회 주경사 신학지남 35권 1집(1968)〕.

1962년 초 학교가 하나 되어 잘 나가는 듯 했으나 1962년 2학기가 시작되자 한상동 목사님은 고신의 모든 동지들의 만류에도 불구하고 고려신학교를 복교해 버렸다. 처음에는 고려신학교 간판이 총신의 부산 분교로 되어 있었으나, 그 간판을 뒤집은 것이다. 그래서 1962년 9월 학기에 고신의 교수들이었던 분들은 다시 부산 고신으로 복귀하고 (그래서 어떤 역사 학자들은 고신 측을 복구파로 부르기도 했다.) 안용준, 이상근 교수는 총신에 남게 되었다. 동시에 도원동 기숙사에 있던 고신 측 졸업생들은 다시 부산으로 내려갔다. 1962년에 총신에서 함께 공부하던 고신 측 15명 학생들 중에 대구 서문로교회 출신 최만술(목사) 전도사 등은 고신으로 복귀하고 옥치상(목사) 전도사 등은 합동 측에 남아 있었다.

고신 측 졸업반 학생들이 나에게 찾아와서, 함께 부산의 고려신학교로 내려가자고 권면했으나, 나는 한마디로 거절했다. 그 이유는 고신의 교장이셨던 박윤선 목사님을 지금 내가 모시고 있는데 그렇게 할 수 없으며 고신은 이미 없어진 것이라고 했다. 고신의 신학과 신앙의 전통은 박윤선 목사님에게 있고 그분과 함께 일하고 있는 나로서는 부산에 갈 일이 없었다. 고신이 복교함으로 많은 의식이 있는 고신 측 목회자들은 합동 측에 그대로 남아 있었다. 예컨대 김창인, 최훈, 정문호, 김성환, 최천구 목사 등은 모두 평안도 출신이었다. 그러나 그 외에 경상도 출신도 있었는데 이인재, 김현중, 정봉조, 박원섭, 황철도 등 중진도 모두 합동 측에 그대로 남았다.

그런데 고신이 복교하자, 명분 문제로 여러 가지 문제가 있었으나 이미 재분열이 기정사실화 되어가고 있었다. 한편 합동 측 총회는 고신의 확장을 우려하고 경남 지역에 교두보를 구축한다는 명분을 내세워 총신 부산 분교를 따로 세우고 분교장에 박윤선 목사를 임명한다. 이때 부산 분교를 졸업하신 분들 중에 총회장을 지낸 분은 합동 측의 최기채 목사님과 임태득 목사 등이 있다. 그들은 사당동 총신 본교에서 공부하지는 않았지만 졸업 횟수는 총신 횟수로 동격으로 하였다. 특히 나와 함께 동산교회 출신이면서 같이 신대원에 공부하던 장경두 전도사(목사)는 박윤선 목사님을 따라서 부산으로 내려갔다. 장경두 목사는 부산 남부민교회를 크게 부흥시켰고 나중에 서울 성도교회와 홍능교회에서 사역했다.

박윤선 목사님이 총신의 부산 분교장으로 가심으로 인해 박 목사님의 주석 집필과 관련된 심부름은 여전히 내가 계속했다. 한 번은 박윤선 목사님으로부터 서울에서 한국 교회 신학 사상에 문제가 됐던 유형기 목사가 쓴 '단권 주석'을 빨리 구해 보내라는 편지가 왔다. 그러나 그것은 오래된 책이어서 구입하기 어려웠다. 그때 나는 남산의 회현동 기숙사에 있었는데, 박윤선 목사님께 보낼 편지 봉투에 주소를 먼저 써두고, 또 포항 형님에게 가는 편지 봉투와 내용을 써서 왼쪽 안 호주머니에 넣어 가지고 서울 시내를 다녀오다가 우체통이 보이기에 봉투 두 개를 실수로 함께 보내 버렸다. 나는 그때 박윤선 목사님께 아무 내용도 없는 빈 봉투만 보냈다. 나는 깜짝 놀랐으나 큰 실수를 하여 돌이킬 수 없었다. 얼마 후 충현교회에서 열리는 전국 목사장로기도회 강사로 오신 박 목사님을 충현교회 근방의 한 여관에서 만나 뵙고, 박 목사님께 나의 불찰을 백배 사과 드렸다. 그런데 옆에 있던 영음사에서 박 목사님 주석을 편집하던 이창숙 선생이 말하기를 내용도 없는 빈 봉투를 받고 책 구하기가 어렵다는 뜻으로 잘 이해했다고 했다. 나는 박 목사님께 거듭거듭 사과를 했더니, 박 목사님의 말씀이 "나도 건망증이 보통 넘는데 뭘… 뜻이 잘 전달 되었구먼….." 하셨다. 이 사건은 어른께 두고두고 미안하고 죄송하고, 오래 기억되는 사건이다.

필자와 고신대학교 이근삼 총장, 신학박사(Th. D) 공동학위과정 협력(MOU)을 서명하다.

 _ 20

청계산 기도원에 꿇어 앉아

1980년 10월 31일, 당시 총신의 대학원장이었던 박윤선 목사님은 이미 총신에서 마음이 떠나 있었다. 바로 루터의 교회개혁(Reformation) 기념일에 박윤선 박사는 학교를 분립하려는 네 분 교수님들의 사표를 모아 가지고, 학장실인 내 방에 오셔서 본인의 사표와 함께 제출하였다. 그 당시 20여 년 간 가까이 모셨던 박윤선 목사님이 내게 와서 총신을 떠나겠다고 하시면서 사표를 던진 것이었다. 나는 목사님이 어째서 제게 사표를 낼 수 있습니까? 하고 강하게 말씀드렸다. 그러나 박 목사님은 이미 결심이 굳어 있었고 더 이상 대화가 안 되어 그냥 내 방을 나가셨다.

이 사건은 나에게 크나큰 충격이었고, 또한 이사회와 총회는 난감하기 이를 데 없었다. 박윤선 목사님은 여러 가지 복잡한 마음을 정리하기 위해서 총신대에서 가까운 '청계산 기도원'으로 가셨다. 그리고 자신의 진로를 위해서 청계산 기도원에 방을 얻어, 늘 하던 대로 주님의 뜻을 기다리며 기도하고 있었다. 그래서 당시 총회장 출신의 신 대원장이셨던 한석지 목사님, 재단이사장이신 백남조 장로님, 그리고 학장이던 나 이 세 사람이 청계산 기도원에 올라갔다. 당시 나는 박 목사님 앞에 무릎을 꿇고 학교가 분열되고 교수들이 분열되는 것을 막아야 하고, 이 일에 목사님이 관련되어서는 안 된다고 간절히 말씀드렸다. 물론 백남조 재단이사장님이나 한석지 원장님도 나와 같은 뜻으로 간청을 드렸다. 그러나 박윤선 목사님의 마음은 이미 굳어 있었다. 박 목사님의 말씀은 이미 그전 해에(1979) 성경 주석을 완간했고, 총신대학 강당에서 주석 완간 감사 예배까지 드렸다.

이제는 오직 말씀을 가르치는 것 밖에 없다고 우리들의 청을 물리치셨다. 그로 말미암아 일부 교수들과 학생들이 총신에서 분열하여 나가고 이른바 합동신학교가 탄생된다. 나는 1976년부터 1980년까지 총신의 교목실장, 실천처장, 학장을 지내면서 총회와 이사회와 교수회와 학생들의 상황을 정확히 잘 알고 있기에 좀 더 그때의 상황을 자세히 설명을 하려고 한다.

박윤선 목사님이 총신을 떠난 데는 일차적으로 총신 이사회의 잘못이 크다고 본다. 당시로는 총신 이사회의 이사들은 아무도 박윤선 목사님의 가르침을 직접 받은 분들이 없었거니와, 박윤선 목사님의 진심을 알아주는 분들도 없었다. 이사들은 하나에서 열까지 모두가 정치적인 잣대로 들이댔다.

특히 K 모 이사는 당시에 총신대학 대원장인 박윤선 목사를 일반 교수들 대하듯 학생들의 동요와 데모에 대해 책임추궁을 하였다. 재단이사회는 시위 주동학생들을 퇴학 또는 정학을 주어야 한다고 했다. 그때 박윤선 대학원장은 학생들의 문제는 학교 당국에서 저리할 일이지 이사회 소관이 아니라고 소신을 밝혔다. 그랬더니 모 이사가 말하기를 "박 박사님이 고등 정치를 하시는군요."라고 면박을 주었다. 그때 박윤선 목사님은 마음에 큰 상처를 입었다. 박윤선 목사님은 어린아이처럼 순진할 뿐 아니라 언제든지, 하나님의 말씀인 성경을 해석하고 가르치는 일에 생사를 거시는 분이었는데, 총회나 신학교 이사들은 박윤선 목사님의 속마음을 제대로 알리가 없었다.

그리고 당시 학교 이사회와 총회는 이른바 이영수 목사의 독주로 주류와 비주류로 나누어져 있었던 상태였다. 즉 이영수 목사는 총회를 좌지우지하면서 장기집권을 한다는 이유로 인해 반발 세력이 만만치 않았다. 그럼에도 불구하고 실제로 이영수 목사의 정치적 역량과 총신에 대한 비전과 결단력을 겨눌만한 인물이 사실상 없었다. 그래서 총회 안에 목사와 장로들은 이영수 목사를 지지하는 쪽과 반대편에 있는 쪽이 있었고, 반대편 사람들은 이영수 목사를 비난하고 원망했다. 그중에 일부 교수들도 같은 생각을 했다.

이영수 목사가 별세한지 30년이 지났지만, 그에 대한 공과가 제대로 평가되지 못하고 있는 것도 사실이다. 이영수 목사는 교정가일 뿐 아니라 대전중앙교회 목회자로서 탁월한 지도력과 비전을 가진 설교자였다. 그는 총회 부서기, 서기, 회록 부서기, 회록 서기, 부총회장, 총회장, 선교 100주년 대회장, 총회 선교부장, 총신 제단 부이사장 등 약 10여 년 동안 대한예수교장로회 합동 총회의 견인차 역할을 했다. 나는 이영수 목사의 총회 정치 10여 년간 비교적 가까이 있었던 사람들 중에 한 사람으로서 말할 수 있다.

사실 이영수 목사는 오늘의 총신과 합동 측 총회의 모든 조직과 업무에 최전선에 서서 지휘를 했다. 우선 오늘의 총회 회관을 만들었고, 그 과정에 총회 회관의 마지막 부도를 막는 일에 죽을 각오로 임하여 오천만 원을 내가 결제하여 총회 회관을 구했다. 뿐만 아니라 오늘의 총신 양지 캠퍼스를 조성하는데 나와 이영수 목사가 주축이 되어 거대한 프로젝트를 이루어 갔다. 그뿐 아니라 그는 세계 선교를 위한 기초를 놓고 찬송가공회 회장으로 통일 찬송가를 만들고, 범교단적 활동에 교단 대표로서 최전선에서 일했다. 이영수 목사는 비상한 조직력과 리더십, 그리고 추진력을 갖고 일했으나, 그것 때문에 총회 안에는 반 이영수 목사 그룹이 조성 되었다.

이영수 목사는 양반의 기질을 갖고 있었다. 그는 나보다 열 살이나 윗사람으로서 이사회의 실권자였고, 나는 학장이었으나 일주일에 한 번 정도로 이영수 목사와 독대하면서 식사를 나눌 때도, 단 한 번도 내가 수저를 들기 전에 자기가 수저를 드는 일이 없었다. 뿐만 아니라 호텔이나 식당의 문을 나설 때는 반드시 나를 앞세우고 뒤를 따르는 것을 철칙으로 생각했다. 당시 부이사장이던 이영수 목사는 학교 기관장인 나에게 깍듯이 예를 갖추었다. 또한 내 이야기를 끝까지 듣고 마지막에 "소신대로 하세요"가 결론이었다. 그리고 이영수 목사와 정치적 반대 세력이 그에게 와서 거세게 항의하고 따져도, 그는 끝까지 조용히 말을 들어 주었고 흥분하거나 화를 내는 일이 없었다. 학생 대표들이 대전중앙교회 사택에 찾아가서 항의성 방문으로 이영수 목사의 문제점을 따지고 위협해도 끝까지 그 말을 들어주고 껴안으며, 여비를 주며 버스 정류장까지 전송을 하여 학생들에게 오히려 감동을 주었다. 그럼에도 불구하고 입장을 달리하는 반대 세력이 많았고, 오해가 오해를 불러 일으켜서 이영수 목사는 총회를 농단하는 정치 목사로 간주하는 사람들이 많았다.

그래서 70회 총회에서 교권이 뒤집어 지는 일이 일어나자 이영수 목사는 총회의 모든 직위에서 제명되었다. 새로운 총회 세력은 불법으로 이영수 목사를 치리하고 대전중앙교회에서 축출했다. 그러나 조사처리 전권위원회가 잘못되었으므로 법원 판사는 이영수 목사의 무죄를 선언했다(나는 지금도 그 재판 기록을 갖고 있다.). 그러나 이영수 목사가 복직은 되었으나 그 여파로 병을 얻어 30년 전에 세상을 떠났다.

그 전후해서 우리나라에는 1979년 10·26 사태와 12·12 사건 등이 일어났다. 그 전해인 1978년에는 이른바 김희보 학장의 모세 오경의 문서설이 교단의 큰 이슈가 되어 반 김희보, 반 이영수파가 조성되었다. 김희보 목사는 인격적이며 온화한 인품이었고 훌륭한 행정가이자 소선지서 모두를 주해한 구약학자이지만, 학장 임기 마지막에 와서는 모세 오경 문서설 외에도 사모님을 운전기사처럼 일하게 하고 봉급을 지불하였다. 또한 딸을 교수회의 결의도 거치지 않고 문교부에 교수로 등록한 사건이 있었다.

김희보 학장의 문서설 문제는 정규오 목사가 이끄는 '신앙수호동지회'에 의해서 엄청난 파장을 일으켰다. 그래서 김희보 목사와 이영수 목사가 동시에 타킷이 되었다. 그로 말미암아 정규오 목사를 중심한 개혁 측 교단이 만들어져 총회를 이탈하였다. 그 즈음에 총신 교수들 중에 K 교수를 중심으로 몇몇 교수들이 이사회에 대항하고 교권주의를 강하게 비판하는 등 총신을 교수 중심의 학교를 만들려는 구상이 있었다. 즉 미국의 웨스트민스터신학교와 비슷한 체제 즉 학교와 교단이 느슨한 관계를 가지면서 교단의 간섭을 배제한 학교 시스템이었다. 자연스럽게 K 교수를 중심한 교수들이 간접적으로 학생들을 자극하고 김희보 학장 퇴진과 이영수 목사의 이사회 퇴진을 부르짖게 되었다.

그래서 김희보 학장은 여러 달 동안 학교 출근을 못하고 집에서 결제하였다. 그런 동안 K 교수를 중심한 교수들은 총신의 개혁, 이사회 개혁을 위한 연판장을 돌리고, 우리들에게 (나와 김득룡 교수, 차영배 교수) 서명을 요구했다. 그 후 K 교수는 영아아파트에서 교수들을 모으고 또 다시 개혁과 항명 연판장을 만들어 서명을 요구했으나 나는 그것을 거절했다. 그때 나는 교수가 교회 행정과 정치에 의견을 제시하려면 「신학지남」이나 「로고스」 같은 학교 잡지에 자신의 정당한 의견을 개진해야지 마치 운동권 학생들처럼 연판장이나 성명서 운동을 하는 것은 교수로서 할 짓은 아니라고 하였다. 그랬더니 우리를 보고 "현실에 안주하는 교수들"이라고 강하게 비판했다. 당시 학교의 개혁을 부르짖는 학생들은 점점 강력히 학교 당국과 이사회에 맞섰다. 그래서 이른바 학교와 이사회 개혁을 요구하는 운동권 학생들의 행동은 매우 과격하였다. 그러나 이들은 정치의 민주화보다는 학원의 민주화가 먼저였다. 그들은 총신 본관의 강당인 임시이사회 회의실 앞에 책

걸상으로 바리케이트를 치고, 연로한 이사들의 화장실 출입까지 막고 과격하게 압박을 가했다. 뿐만 아니라 김인득 부이사장의 자동차를 일부 파손하기도 했다.

이런 분위기 가운데 과격한 학생들은 어느 날 학장실을 점거하고 쇠망치와 쇠파이프로 모든 기물을 산산이 부셨다. 학장실에 있던 모든 기물, 책상, 걸상, 벽시계, 장식장, 응접셋트 등 하나도 온전한 것이 없이 박살을 내었다. 또한 출입문과 복도에다 붉은 페인트로 "어용교수 물러가라", "개혁이다", "어용교수 자숙하라" 등의 오늘날의 운동권 수준의 대자보 글들이 난무했다. 총신의 소요는 당시로서는 대학가에서 흔히 보는 가장 강력한 학원 사태였다. 그즈음 국가의 10·26, 12·12 사태, 그리고 5·18이 발생했다. 내가 이렇게 그때 일을 자세히 쓰는 것은 박윤선 목사님과 몇몇 교수들이 학교를 떠나기 전후의 그 배경을 설명하기 위함이다. 물론 나는 그때 학원의 민주화를 부르짖는 학생들이 학장실을 처절하게 파괴하고 복도와 교수실에 쓴 글들과 그 상황을 모두 현장 사진으로 정확히 기록하고 그대로 내가 보관하고 있지만, 총신이나 합신 모두의 건덕을 위해서 그때의 대자보 기록물이나 학장실 모든 기물을 쇠파이프로 부순 장면의 컬러 사진을 이 책에는 실지 않음을 밝힌다.

학교의 소용돌이는 1980년에 더욱 확대되었다. 그해 8월 15일 나는 여름휴가로 충북 옥천군 금천리 산골, 전기 전화도 TV도 없는 초가집에 온 가족과 두 주간의 휴가를 끝내고 서울로 돌아오니 벌써 총신의 학장으로 임명되어 있었다. 그때 내 나이 39세였다. 교수 중에 모두가 나의 선배인데다 연배이고, 스승이었으나 가장 막둥이인 내가 어려운 짐을 맡았다. 그러나 이사회는 내가 가장 젊지만 총신대와 총신대 신대원, 그리고 총신대 대학원, 화란 뿌라야(자유)대학교를 졸업하고 박형룡, 박윤선, 명신홍 박사에게 칼빈주의 신학과 신앙을 정통으로 배웠으며, 1977년부터 전국목사장로기도회 또는 교역자 수양회 주강사로, 30대 신학교 교수이면서 부흥사로서 여러 해 동안 활동했기에 이미 교단에서 합의가 이루어진 상태였다. 하지만 가장 젊은 내가 학교의 장으로 수직으로 올라간 것은 선배 교수들에게 말할 수 없는 부담과 비판을 받게 되었을 뿐 아니라, 그들의 명분 축척의 이유가 될 수 있음을 잘 알고 있었다.

K 교수와 여러 명의 교수들이 대학원장 박윤선 박사에게 사직서를 내고, 박윤선 박사는 그 교수들의 사직서와 본인의 사직서를 하필이면 종교개혁 462주년 기념일에 함께 나에게 제출했다. 나는 사표를 수리하지 않았고 그 사표들은 내가 이 글을 쓰고 있는 지금, 38년의 세월이 흐른 이 시간에도 내 오른손이 닿는 곳에 그대로 보관하고 있다. 내가 그분들의 사표를 법적으로 수리하지 않은 것은, 박윤선 목사님과 교수들을 면직 또는 파면자로 만들 수 없었기 때문이다. 1980년 11월부터 합동신학교가 박윤선 목사님을 모시고 나갔으나, 나와 박윤선 목사님은 헤어지지 않았고, 나는 끝까지 그의 가장 가까이서 심부름을 하고 돌보고 있었다. 여기서 다소 길게 기록한 것은 벌써 38년 전의 일이므로, 어찌하여 박윤선 목사님과 네 분 교수들이 총신에서 떠나 합신으로 가게 되었는지 그 전후를 소상히 알리고자 함이다.

여기서 '정암 20주년 기념대회' 시에 박윤선 목사님의 아들 박성은 교수의 강연에 대해서 약간 언급해 보고 싶다. 나도 그 기념대회에 참석한 바 있지만, 책으로 출판되었기에 몇 마디 해두고 싶다. 나는 박성은 교수를 아주 어린 시절에 본 것 외에는 장성한 후에는 만나거나 교제한 일이 전혀 없다. 하지만 그가 훌륭한 의사이자 교수이고 미국 서부 웨스트민스터신학교를 나와서 전도자의 사명을 잘 감당하는 줄 믿고 참으로 감사한다. 하지만 지금부터 38년 전 일을 잘못 평가한 부분은 엄연히 존재한다. 그 내용은 아래와 같다.

> "과거에 교단의 하수인 같았던 신학교가 한 일은 부실 교육을 통해서라도 경쟁적으로 많은 교직자들을 배출하는데 혈안이 되었던 것을 지금 우리가 그 열매를 먹기 시작한 것입니다. 그래서 20년 전 작고하신 정암이 목에 피가 맺히도록 정예 교육을 지향하는 목회자 교육을 가슴이 아릴정도로 생각나게 하는 시기입니다."(『정암 박윤선 한국 교회 큰 스승』, 64.)

또 "좁은 의미에서 이렇다 할 교리적 차이는 진정 없었으나 '분열주의 운동'이라는 부정적인 질책을 받아가면서도 복음의 영광을 위하여 어려운 길을 택한 것입니다."(『정암 박윤선 한국 교회 큰 스승』, 65.)

"합신은 과거에 교권주의자들의 하수인이 되어버린 학교에서 뛰쳐나와 새로 시작하기로 한 학교입니다."(『정암 박윤선 한국 교회 큰 스승』, 68.)

"만일 교단 속에 신학교가 직속되면 또 다시 정치적 문어발을 하나

더 만드는 것이 되고, 신학교도 하나의 세력의 장으로 형성되어 그것을 감투나 세력을 위한 잘못된 정치의 희생양이 되는 것을 피하기 어렵다고 봅니다."(『정암 박윤선 한국 교회 큰 스승』, 69.)

"한국의 장로교도 지난날 신사 참배를 하기로 한 주체가 평양신학교가 아니고 총회였음을 상기할 필요도 있습니다. 지난날 합신이 총신에서 나올 때도 기억해야 합니다."(『정암 박윤선 한국 교회 큰 스승』, 68.)

상기한 내용을 분석하면 우선 박윤선 목사님의 아들로서, 의사와 교수로서 전도자로서 한국 교회의 현실을 예리하게 관찰하면서 합신을 세우신 박윤선 목사님의 당위성을 변증하는데 열심이라는 생각이 든다. 그러나 처음부터 박윤선 목사님이 총신을 떠나 신학교를 따로 세우려는 마음을 가졌던 적은 없었다. 물론 박윤선 목사님의 평생 소원은 실력 있고 정예화 된 지도자 양성, 그리고 하나가 천을 당하고 만을 당하는 진실한 일꾼을 키우는 것이 그의 꿈인 것은 맞다.

그러나 박윤선 목사님의 아들로서 지금부터 40여 전의 일을 잘 모르면서 "교권의 하수인 노릇하는 신학교를 뛰쳐나왔다."는 말은 바람직한 언사가 아닌 듯하다. 만약 그 말이 사실이라면, 박윤선 목사는 고신 총회의 하수인으로 12년, 합동 측 총회의 하수인으로 15년을 살았다는 말이 되니 말을 가려서 해야 할 것이다. 더욱이 그는 총회나 교회가 간섭하지 않는 신학교를 지향하기 위한 것이 합신이라 했다. 뿐만 아니라 신사 참배한 것이 교단이지 평양신학교가 아니라 했고 미국의 총회직영신학교는 거의 잘못되었고 교수 중심의 학교는 건전하다고 예까지 들었다.

그러나 박성은 교수의 말은 한 편 맞는 말도 있지만, 그의 주장이 전적으로 맞는 것은 아니다. 교단과 신학교는 상호 보완적이다. 그래서 교단이 잘못 가고 있으면 신학교 교수들이 교단의 지도자를 바로 가르치고 충고해야 한다. 반대로 교수들의 신학이 정통교리에 어긋났을 때, 총회는 그것을 제지할 수 있다. 그래서 노회와 총회가 필요하고 교단의 정체성이 필요한 것이다. 미국의 웨스트민스터신학교는 세계적으로 훌륭한 학자들을 많이 양육하고 배출했다. 그래서 웨스트민스터신학교 출신들이 세계 각국에 흩어져서 훌륭한 신학을 지켰다. 그러나 정작 미국의 정통장로교회(OPC)는 아직도 우리 한국 교회의 노회정도 밖에 안 되는 것도 생각해 볼 일이다. 아무도 박윤선 목사님을 분리주의자 또는 분열주의자라고 생각한 적은 없다. 다만 옆에서 박윤선 목사님의 마음을 움직인 것은 사실이다.

몇 해 전에 대전 새로남교회에서 심포지움이 개최되었다. 거기서 필자는 좌장이었고, 합신 교수, 고신 교수, 총신 교수 등이 발제자로 참여했다. 그때 K 교수는 그의 평소의 주장대로 복음주의 신학의 관점에서 교회는 절대 분열되어서는 안 되고 서로가 연합해야 한다고 발표했다. 그때 좌장이던 필자가 묻기를 "교수님은 교회를 나누어 분열시켰던 장본인이었는데, 이제 와서 어찌하여 교회 연합을 말할 수 있습니까?"라고 물었다. 그때 K 교수는 "제가 그때 잘못했습니다. 다른 곳에서는 여러 번 그 잘못을 말했습니다."내가 다시 묻기를 "그러면 그때 당사자인 나에게 잘못 되었다고 말해야 하고 그것을 역사신학자로서 분명히 기록으로 남겨야 한다."고 말했다.

세미나가 끝나자 K 교수는 대전 새로남교회 복도에서 여러 번 내게 "미안합니다. 죄송합니다. 잘못됐습니다."라고 했다. 38년 전에 총신대의 학장으로 전후좌우를 다 알고 있는 일이었는데, 세월이 30여 년이 지난 후에 그는 잘못을 시인했다. 박윤선 목사님은 아무 잘못이 없다. 다만 박윤선 목사님은 너무도 순진하고 단순하여 다른 교수들의 말을 들었기 때문이다.

나는 합동신학교가 개혁주의 신앙을 지키는 훌륭한 학교인 것을 잘 알고 있다. 또 합동신학교가 박윤선 박사의 신학과 신앙을 그대로 잘 지키고 성장하기를 바라고, 개혁주의 신학과 신앙을 가진 신학교와 교단들과 상호 협력하여 진리를 지키는 일에 하나가 되어야 할 것이라고 생각한다. 나는 몇 번 합신에 초청받아 강의도 했고, 총신도, 합신 교수들을 초청해서 강의를 들었다. 또 여러 번 정암 강좌에 초대되기도 했다. 최근에도 그때 합신 교수님들과 주 안에서 교제하며 오찬을 나누기도 했다. 앞으로 총신과 합신 모두 주안에서 하나님의 나라를 위해 상호 협력하며 진력하기를 바란다.

1980년 9월 총신대 학장 취임 후 총회 앞에서 인사를 하고 있는 필자

1996년 증경총회장이자, 총신과 합신 이사장이었던 노진현 목사님께 합신이 총신에 분열된 그간의 경위를 설명하다.

20 청계산 기도원에 꿇어 앉아

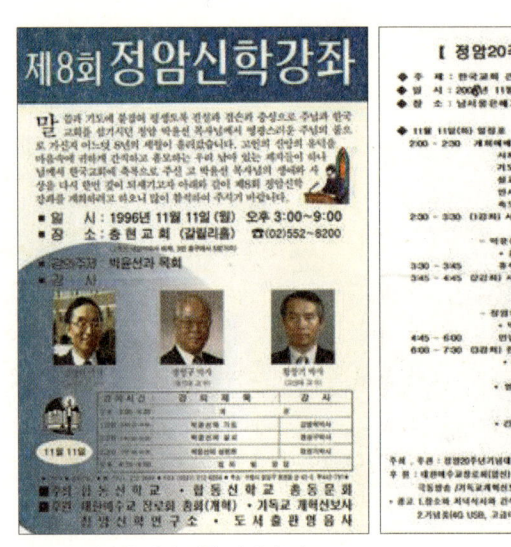

1996년 필자가 정암 신학 강좌에 발표

1984년 한국 선교 100주년 행사 때 언더우드와 아펜젤러가 도착한 길목에서 이영수 목사, 일본 고베신학교 하시모토 교장, 그리고 필자

 _ 21

박윤선 목사님을 세계에 알리기

1976년 화란 유학에서 귀국하여, 다시 총신대학으로 돌아와 조교수와 교목실장의 보직을 받았다. 그때 나는 기독신문을 통해서 '칼빈주의 사상과 삶'이란 제목으로 일 년 동안 글을 연재했다. 또 한편 한국 교회 선교 한 세기 동안 정통 신앙의 맥을 이은 목회자들과 신학자들의 사상과 삶, 그리고 설교를 연구하면서, 그것이 역사적 개혁주의 신앙과 어떻게 연계 되는지 관심 있게 탐구하기 시작했다. 예컨대 한국 교회 인물 중에, 길선주, 김익두, 김화식, 박형룡, 박윤선, 한상동, 주기철, 손양원 등 기라성 같은 한국 교회의 영적 리더들을 학문적으로 체계 있게 연구하는 일이었다. 사실 한국의 각 신학교에서는 늘, D.L Moody, CH. Spurgeon, Phillip Brooks 등을 교회사 시간이나 설교학 시간에 몇 마디 언급하고 지나가는 것이 전부이고, 정작 한국의 교회 역사 중에 개화기의 그 척박한 풍토, 식민지 치하에서 생명 걸고 바른 신학과, 바른 신앙과, 삶을 지킨 우리의 지도자들에 대해서는 그 누구도 학문적으로 체계적으로 말하는 이도 가르치는 교수도 별로 없었다. 대부분 신학교 교수들은 서양의 것은 무조건 좋고, 우리 것은 별 볼일 없는 것으로 치부하였다. 이런 현상은 참으로 안타까운 일이다. 한국 교회의 역사가 서양 교회의 역사에 비하면 그 역사가 매우 짧지만 우리의 신앙의 선배 가운데 2000년 교회 역사에 한 페이지를 장식할 위대한 영적 거장들이 있었다는 사실을 알아야 한다.

내가 다시 총신으로 복귀하던 시기는 한국 교회 선교 100주년을 몇 년 앞두고 한국 근대사 또는 한국 교회사의 자료에 대한 관심이 서서히 일기 시작했다. 그래서 유학에서 돌아와 총신에 복귀한 후 '개혁주의 설교학(Reformed Homiletics)'과 '칼빈주의' 과목을 가르치며 실천신학 분야에서 새로운 장을 열기로 했다. 특히 나는 무슨 학문이든지 역사적 고리를 제대로 연결시켜야 한다는 소신을 갖고 있었다. 그래서 학문의 전쟁은 바로 자료 전쟁이란 것을 인식하고 그때부터 자료 구입에 혈안이 되어 수집하기 시작했다. 나는 서울의 인사동, 청계천, 대구, 부산, 인천, 전주 등 자료가 있을만한 곳은 모두 미친듯이 찾아 다녔다. 그즈음 통합 측 총회장을 지낸 한영재 장로가 교문사를 경영하고 있을 때, 기독교 대백과사전을 만들기 위해서 직원을 풀어 전국적으로 자료를 수집을 하여 『기독교 대백과사전』을 펴냈다. 그리고 그 결과물로 그는 경기도 이천에 '기독교 박물관'을 세웠다.

내 관심은 한국 장로교를 이끌어 온 지도자들의 삶을 학문적으로 정리하는 것이었는데 이것이 곧 설교사(說敎史, History of Preaching)였다. 가령 주기철 목사를 연구하려면 그가 살던 시대 상황, 그가 영향 받은 인물과 성격, 메시지의 구체적 내용이 무엇인가를 파악하여 정리하는 것이 필요했다. 이것을 우리는 보통 3M 원칙이라고 한다. 즉 무슨 자료(Material)를 가지고 어떤 방법으로(Method) 무슨 메시지(Message)를 전했는가를 알아보아야 한다. 그러기 위하여 끝없이 자료를 찾아 나섰다. 자료 없이, 근거 없이 말하는 것은 소설에 불과하다는 것을 알고, 끊임없이 자료를 찾으면서 총신의 계간지 「神學指南」에 계속 글을 쓰기 시작했다.

그것이 모아져서 수년 후인 1985년에 『韓國教會說教史』란 책이 출판되었고, 이 책은 한국 교회의 「월간 목회」격인 일본의 「요군(羊群)」이란 잡지에 삼 년이나 연재되었고, 오야마 레이지 목사역으로 드디어 일본어로 단행본이 나왔다. 일본어로는 핵심적으로 길선주, 김익두, 주기철, 손양원, 박형룡, 박윤선, 한상동의 사상과 삶, 그리고 그들의 설교를 다루었다. 그 후 나의 저서는 영어로 『Korean Church and Reformed Faith』로 번역되었다. 이 책은 대만어, 중국어, 러시아어, 루마니아어, 헝가리어, 체코어, 포르투갈어, 벵골리안어 등 10여 개 언어로 번역되었다.

특히 미국 시카고의 Trinity Evangelical University의 데이비드 랄센(Dr. David Larsen) 박사는 그의 명저 『설교자들의 동반자(The Company of the Preachers)』란 책(1998, 893)에서 나의 책을 인용해서 한국의 위대한 주석가요 설교가로서 박윤선 박사를 언급했다. 그리고 박윤선 목사님의 메시지를 길게 인용했다. 즉 "The Bible is the Word of God. Therefore When we understand the truth of the Bible through the Holy Spirit, we can feel the Power of the life in the bible, preaching is not a lecture as an apologetic speech. Preaching is the product of a Spiritual life. It is the fruit of the Holy Spirit through prayer, study of the Bible and obedience to the Word"(789)

요약하면, "성경은 하나님의 말씀이다. 그러므로 우리가 성령을 통해서 성경의 진리를 이해할 때 우리는 성경 안에서 생명의 능력을 느낄 수 있다. 설교는 강의가 아닐뿐더러 어떤 변증적인 연설도 아니다. 설교란 영적 생명이 탄생되는 것이다. 그것은 기도를 통한 성령의 열매이다. 우리가 성경을 연구하는 것은 말씀을 순종하기 위함이다."라고 박윤선 박사는 말했다고 했다. 성경과 설교 사역에 대한 박윤선 박사의 논증을 나의 책에서 그대로 영어로 인용하였다.

10여 개 언어로 번역된 나의 저서를 통해서, 박형룡 박사와 박윤선 박사를 한국 교회를 위해 헌신한 개혁신학의 지도자로서 소개한 것에 크게 보람을 느끼고 있다. 그리고 그보다 여러 해 앞서 1980년에 출판된 『実踐神學槪論』은 2010년에 이미 20판이 나올 정도로 한국 신학계에 고전이 되었다.

그리고 한국 교회 설교사를 쓰기 위해서 수천 종의 한국 교회 역사 자료 중에 대한예수교장로회 총회 교단사와 관련된 자료를 모두 '대한예수교장로회 총회 역사관'에 기증하였다. 거기에는 박형룡, 박윤선 박사의 자료도 일부 포함되어 있다.

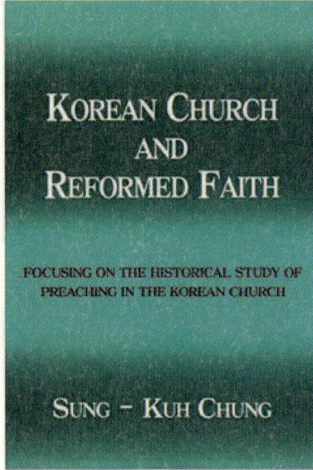

영어(1996)

 _ 22

박형룡과 박윤선(1)

　박형룡 박사와 박윤선 박사는 한국 개혁주의 신학과 신앙의 양대 산맥이다. 박형룡 박사는 교의신학을 완성한 분이시고, 박윤선 박사는 신구약 66권 주석을 완간하신 분이다. 두 분이 거쳐 간 평양신학교, 만주 봉천신학교, 고려신학교, 장로회신학교, 총신대학교, 합동신학교는 두 분이 세워 놓은 전통적 개혁신학과 신앙의 터전 위에 세워졌다. 물론 정규오 목사가 세웠던 광신대학교, 합동 교단 소속의 대신대학교, 칼빈대학교 등 기타 개혁신학의 진영도 두 분의 영향 아래 있었던 것은 사실이다. 하지만 박형룡 박사가 세상을 떠난 지 40년, 박윤선 박사가 주님의 나라에 가신지도 벌써 30년이 되었다. 오늘의 장로회신학대학교, 총신대학교, 고신대학교, 합동신학대학원대학교, 대신대학교, 칼빈대학교, 광신대학교 등의 모든 신학생들과 목회자들은 두 어른의 이름만 들어봤을 것이다. 혹은 그들이 남긴 글들을 통해서 약간 이해하는 전설적인 인물 정도만 알고 있을 것이다.

　그러나 나는 56년 전부터 두 어른들을 가까이 모시고 함께 하면서 많은 추억을 갖고 있기 때문에, 후학들에게 두 분을 비교하면서 아는 대로 경험한 대로 이 글을 써보려고 한다. 감사하게도 박형룡 박사에게서 7년 동안 강의와 설교를 듣고 은혜를 받았으며, 교의학 서론에서 종말론까지 빠짐없이 강의를 들었고, 대학원(Th.M) 과정에도 박형룡 박사의 지도를 받았다.

박형룡 박사는 1968년 나의 결혼식 때 축도 순서를 부탁했으나, 참여치 못한 것을 미안하게 생각하고 친히 축하의 편지를 내게 보내주셨다. 그래서 지난 50년 동안 박형룡 박사의 편지를 갖고 있다. 박형룡 박사가 임종하자 빈소를 지키고, 장례위원이 되어 장례식과 하관식까지 참여하였다. 사실 박형룡 박사의 삶 자체가 한국 교회사이자, 한국의 개혁 신학사라고 할 수 있다. 박형룡 박사에게서 오랫동안 배웠기 때문에 그가 1930년대 평양신학교의 각종 성경 주석과 성경 강해 교안을 비롯하여, 1940년대 만주 봉천신학교 때부터 1960년대까지 작성했던 교의학 육필교안을 모두 가지고 있을 뿐 아니라, 45년 전에 행했던 그의 교의학 서론과 종말론 등 모든 육성 강의를 한국칼빈주의연구원에서 지금도 듣고 있다. 또 1978년 10월 25일 박형룡 박사께서 서거 하시자 나는 「총신대보」에 다음과 같은 애도시를 썼다.

큰 스승 박형룡 박사를 애도하면서

정성구

가시고 난 후에사
못나서 못난 제자들이
이러히도 虛虛한 뜨락에 모였습니다.

校庭의 뒷동산에 불타는 丹楓은
主를 사랑하는 님의 忠節이
저러히도 붉게 물들게 했습니까?
돌아 돌아선 바위는
八旬을 眞理守護에 바친
님의 情熱이 속으로 굳어버린 것입니까?

아가페는
모두의 가슴마다에 심어두고
님은 저만치 가서 아브라함의 품에 안기고…

그 손길,
그 눈빛,
어머님 품처럼 따스하더니만…
하여서,
이 空虛는 메울 길 없습니다.

크고도 크신 스승님
잔잔한 가라치심
애절한 십자가의 證據들
두고 가신 따사한 말씀들은
아린 가슴들에 밀물처럼 지미어 오고…
苦難의 半世紀
에클레시아의 아픔을 일흔 번에 일곱을 더 참으시더니.

못나서 못난 제자들로 인하여
벧엘의 이끼 낀 돌 사이로
목자의 땀방울이 촉촉이 베어들면

그제사
열린 하늘을 향하여
목 놓아 울었겠지요
歷史의 오메가는 主님의 것
그날을 기다리는 강단에 서서
오늘의 디모데가 되어야 할텐데…

〈총신대보 1978년 10월 25일〉

더욱이 나는 26년간 가까이 모셨던 박윤선 박사의 수많은 육성 설교와 육성 강의를 지금도 듣고 있다. 뿐만 아니라 박윤선 박사가 내게 보낸 50여 통의 편지들도 그대로 남아 있다. 하지만 박형룡 박사나 박윤선 박사 두 분 모두 학교의 장(長)이었기에 가슴 아픈 고통의 세월도 많았다.

박형룡 박사의 경우, 정통신학을 체계화하고 에큐메니컬 운동을 반대하는 이론을 세우고, 자유주의 신학을 비판하는 일로 말미암아 에큐메니컬 측 교회 지도자들로부터 많은 수모를 겪었다. 에큐메니컬 입장에 서 있는 교정가들은 모든 글이나 강연에서 박형룡 박사와 박윤선 박사를 모두 근본주의자(根本主義者)라고 매도했다. 이 말의 뉘앙스는 '앞뒤가 꽉 막힌 자', '촌스러운 자', '폐쇄주의 자', '세계 교회에 문외한 자', '닫힌 사람들', '고집불통'의 뜻으로 해석된다. 사실 근본주의란 말이 나오게 된 배경은 이렇다. 19세기 말 특히 1900년 전후해서 자유주의가 최고 절정에 달했다. 자유주의자들은 이른바 고등비평학을 앞세워 성경의 영감과 권위를 없애버리고, 성경의 초자연적 사건을 모두 부인하였다. 즉 자유주의자들은 예수의 동정녀 탄생, 예수의 이적 기사를 부정하고 예수의 육체적 부활을 모두 부인했다. 이렇게 자유주의가 창궐할 때 1917년부터 '근본적인 것들(Fundamentals)'이란 이름으로 여러 학자들의 논문으로 된 350여 페이지 정도의 잡지 형식의 책이 연속으로 출판되어 자유주의 운동에 대항했다. 특히 캐나다, 미국, 영국, 스코틀랜드의 학자들이 20여 명씩 짝을 지어 자유주의 신학을 논박했다. 이들 학자들 중에는 B. B Warfield, James Orr, Eerdman 등의 학자들이 있었다.

그래서 에큐메니컬 운동을 따르는 교단과 교회사 학자들은 박형룡과 박윤선을 모두 메이첸파(G. Machen)에 영향을 받아 세계 교회 흐름에 역행하는 속 좁은 자들이라고 주장했다. 그러나 박형룡 박사는 메이첸이나 C. 반틸뿐 아니라 1954년에는 6개월 동안 칼 바르트, 라인홀드 니버, 에밀 브루너를 위시해서 전 세계 개혁주의 신학자뿐 아니라 이른바 진보적 학자들도 골고루 만나고 대화를 나누었다. 박윤선 박사도 그의 로마서 주석에서 처음부터 칼 바르트의 신학을 체계적으로 비판하였다.

특히 에큐메니컬 측에서는 박형룡이 에큐메니컬 운동의 반대편 입장에 선 것은 이른바 3천만 환 사건 때문이라고 하면서 모든 책, 모든 문건, 모든 강의, 모든 강연에서 지나간 70여 년 동안 한결같이 비난했다. 사실 박형룡 박사는 신학자이지 학교 행정에 어두웠다. 그래서 신학교 부지 구입하는 문제로 박호근이라는 사기꾼에게 걸려 든 것도 사실이고, 그것 때문에 총신 교장을 그만두고 사표를 냈고 이사회에서 사표가 수리된 것도 모두 사실이다.

그 일로 말미암아 박형룡 박사는 직책상 또는 도의적으로 책임을 질만큼 졌다. 그런데 같은 해에 에큐메니컬 운동에 앞장섰던 안두화(Adams) 선교사와 뜻을 함께 하는 지도자들은 비밀리에 불법으로 총신의 기존 이사회를 없애고, 새로운 가짜 문서를 만들어 이사회를 불법으로 교육부에 등록하고, 총신의 공식 이사회의 회계도 모르게 은행에서 학교 행정비 남은 돈 3천만 환을 불법으로 인출해서 횡령하였다. 그 사건은 모두 대한예수교장로회 총회 회의록에 남아 있고, 당시 합동 측 총회 성명서에도 그대로 남아 있다. 박형룡 박사의 3천만 환 사기 당한 사건은 사표를 제출함으로 일단락되었으나, 당시 대한민국 건국공로 훈장을 받았고 교육부 장관과 가까웠던 안두화(Adams) 선교사와 에큐메니컬 지지자들의 불법은 형사 사건으로 아직도 미재로 그대로 남아 있다.

정부 권력과 기독언론을 쥐고 있던 지도자들은 박형룡 박사의 3천만 환 사기 당한 것을 지금까지 교회사에 크게 부각시켜 비난하여 왔으나, 정작 선교사들과 에큐메니컬 지도자들이 총신 이사회에 대한 부정한 문서 조작 및 3천만 환 부정인출 형사 사건은 굳게 입을 다물었다. 결국 합동 측 인사들은 대사회 문제를 처리하는 부분에는 서툴고, 법적 대응에 있어서 순발력 있게 대처하는 인물이 부족했던 것도 사실이었다. 그로 말미암아 세월이 흐르자 박형룡 박사의 3천만 환 사기당한 사건은 역사에 크게 부각되고, 반면 에큐메니컬 운동에 앞장섰던 안두화 선교사와 그 일행 등의 3천만 환 비리는 역사에 가려지고 말았다.

박윤선 박사의 경우도, 한상동 목사 주남선 목사와 더불어 고려신학교를 세우고 개혁신학을 지키기 위해서 십수 년 동안 눈물과 땀을 드려 혼신의 힘을 다 바쳤으나, 결국은 교권자들의 손에 희생되었으니 박형룡 박사나 비슷한 상황이 되었다. 일반적으로 알기는 1960년에 박윤선 교장이 주일날 택시를 타고 미국 정통장로교 소속 선교사 스푸너(Spooner) 목사의 귀국환송 예배를 했다는 이유로 제거 되었다. 교권자들은 당연히 그 사건을 기회삼아 박윤선 교장이 고려파 신앙노선에 맞지 않으니 건덕상 도덕상 교장 사표를 받은 것뿐이라고 해명했다. 그러나 속사정은 달랐다. 박윤선 목사는 그날 부득이한 사정으로, 즉 택시를 타고 부두에 도착했으나 배에 오르는 절차가 있어서 스푸너 선교사를 만나는 중에 시간을 못 맞추어 하는 수 없이 배에서 송별예배 겸 주일예배를 드렸다. 주일날 택시를 탔고 배에서 예배 인도를 했다. 그것이 문제가 되자 박윤선 교장은 노회에 가서 상황을 해명 했고 잘 마무리가 되었으나, 이튿날 고신 총회 교정자들은 또 다시 문제 제기를 해서, 박윤선 교장은 교권주의자들에 의해서 결국 퇴출되었다. 그러나 사실은 이미 교단에서 박윤선 목사를 제거하기 위한 움직임은 1957년부터 있었다.

박윤선 교장은 고신 측 총회가 순교 정신으로 설립된 곳이기에 정통신앙을 지켜가는 교회로 알고, 늘 말씀을 외치고 주석을 쓰며 뜨겁게 기도하며 가르쳐 왔다. 그러나 그 당시의 문제는 고려신학교 이사회가 곧 교수회였다. 즉 신학교에서 교수하는 목사들이 바로 이사들이었다. 사실 문교부 교육법으로 말하면, 학장만이 당연직 이사가 될 뿐, 교수들과 이사는 완전히 구별되어야 한다. 그러나 고려신학교는 어쩐 일인지 처음부터 그때까지 이사가 곧 교수이고, 교수가 곧 이사였다. 지금 생각해 보면 말이 안 되는 조직이었다. 그래서 박윤선 교장은 이것을 고쳐서 교수회와 이사회를 서로 분리되어야 할 것을 주장했다. 그래야 정치가 신학교 안으로 깊이 들어오는 것을 막을 수 있다는 것이다. 또한 고려파가 진리 진영으로 순교자적 신앙을 지킨 것은 감사하나, 끊임없이 자기 개혁을 통한 회개 운동으로 나가야지, 그 좋은 순교자적 신앙의 전통을 유아독존식이나 기득권으로 삼아서는 안 된다고 주장했다. 박윤선 교장의 이와 같은 개혁주의적인 생각에도 불구하고, 당연히 고신 총회는 박윤선 교장을 달갑지 않게 생각하고 공격하고 성명을 내었다. 이 사건으로 박윤선 교장은 마음에 큰 상처를 입고 교장직을 그만두고자 사표를 내었다. 당시 고신 측에서는 이른바 예장 총회 측에 대한 문제 제기를 하고 있었으나, 어느 교단이던지 교회 정치는 대동소이 했다고 본다.

그러나 고신 측 교회는 박윤선 없는 고려신학교로는 대안이 없었기에 교장 사표는 반려되었으나, 이미 박윤선 교장과 법통 총노회와 사이에 금이 가기 시작했다. 그러다가 박윤선 교장이 주일날 택시를 타고 선교사 출국 예배를 인도했다는 이유로 여론몰이를 하자, 박윤선 목사님은 십수 년 동안 뜨겁게 외치고 가르쳤던 고려신학교를 떠나게 되었다. 그런데 그로부터 얼마 후 주일날 비행기로 귀국하여 택시를 타고 온 어떤 분은 즉시 고려신학교 교수로 임용되었다. 어느 교단이나 총회에서 일하는 분들은 사안마다 필요에 따라 정치적으로 다른 잣대를 적용하는 것이 사실이므로 이상할 것도 없다.

1957년부터 고신 측 안에서는 교회당 건물을 예장 총회과 쪽에서 갖는가 아니면 새로운 진리 운동인 고신 쪽에서 갖는가라는 문제로 교회마다 심한 갈등과 분쟁이 일어났다. 그러다 보니 교회마다 고소 즉 법적 소송이 계속되고, 분쟁으로 말미암아 엄청난 교회 분열 사건이 일어났다. 고신 측 교회는 순교자들의 신앙을 따라 또는 산 순교자들의 지도를 받으며 10여 년간 성장했지만 교회당 쟁탈전으로 큰 상처와 시련을 겪었다. 이때 박윤선 교장은 「파숫군」지를 통해서 교회가 세상 권세와 소송은 가능하다고 해도 같은 신앙을 가진 성도들끼리 송사를 하는 것은 덕스럽지 못하며, 바른 신앙을 지키기 위해서는 오히려 교회당 건물을 포기할 수도 있다는 주장을 하였다. 박윤선 교장의 이러한 개혁주의적 생각은 당연히 교권자들의 저항을 받았다.

박형룡 박사와 박윤선 박사가 신학교의 교장으로서 고비마다 어려움을 당한 것을 나는 가장 잘 이해할 수 있다. 내가 속한 합동 측 교회의 목사로서 또는 총신의 교수로 반세기를 섬기면서 총신의 학장 또는 총장으로 두 번, 총장 대행으로 두 번, 대신대 총장으로 한 번 모두 12년 동안 학교의 장(長)으로 시무한 바 있어서 두 어른의 심정을 깊이 공감하는 바이다.

예컨대 1985년 그해 10월, 대한예수교장로회 총회 회관이 지어져 가는 도중에 자금이 모자라 부도 위기에 몰리자, 총회 재단 이사회의 서기 배태준 장로와 정병환 장로 등이 학장실로 급히 찾아 와서 5,000만 원을 당장 구하지 못하면 총회 회관이 부도가 날 터인데 도와달라고 애걸복걸했다. 당시 이영수 목사는 이미 총회에서 실권을 잃어버렸다. 사실 총회 안에 있는 큰 교회들이 여럿 있고 기업하는 장로들이 적지 않지만 모두 손을 씻고 총회를 살리려는 자들은 아무도 없었다. 그 돈은 33년 전 일이니 지금 돈으로 약 5억 원이 훨씬 넘을 것으로 본다. 총회 회관의 부도처리 시간은 불과 한 두 시간 남았고, 모두 속이 타 들어갔다. 그들은 총회를 살려야 총신도 살 수 있다고 하면서, 학장인 나에게 결단을 촉구하고 거듭거듭 부탁했다.

나도 같은 생각을 가지고, 죽으면 죽으리라의 심정으로 총회 회관의 부도 직전에 중대 결심을 하고, 긴급 재정을 결재하여 오천만 원을 총회에 대여하고 부도를 막아 오늘의 대한예수교장로회 합동 측의 총회 회관을 완성했다. 그 후 총회에서 정치하시는 분들은 불법으로 나를 겁박하여 차용증을 압수하고, 보관증이라는 것을 한 장 써 주고 33년 동안 입을 다물었다. 총회는 누구도 책임질 사람도 없고 임원이 바뀌면 그만이었다. 총회를 지도하는 분들은 나와 학교를 이용하여 부당하게 처리한 것이다. 물론 나는 그 당시 차용증서 사본을 지금까지 그대로 잘 보관하고 있다. 오히려 교단 지도자들은 그 일을 가지고 학장이 학교 재정을 불법지출을 했다고 하여 거꾸로 뒤집어 씌우고 적반하장으로 윽박질러 사표를 내게 하였다. 물론 총회 회관의 부도를 막기 위해 나는 적법하게 이사회에 공식 보고하고 사후 결재를 받았으나, 재단이사회와 총회의 희생양이 된 것이다. 이런 내용을 세월이 많이 지난 오늘에서야 비로소 처음 밝힌다. 그동안 박형룡 박사님과 박윤선 박사님이 학교의 교장으로서 얼마나 버겁고 어려운 나날을 보내었는가를 나는 체험으로 공감하는 바이다.

『죽산 박형룡 박사의 저작 전집』 20권 완간 기념 포스터

1978. 10. 27. 고 박형룡 박사 총회장 예배 순서지

내가 만난 100명의 개혁주의 학자들 표지(박형룡, 박윤선, 명신홍 등이 포함되다.)

죽산 박형룡 박사의 기념 강좌에서 필자는 "박형룡의 설교론"으로 발제했다.

 _ 23

박형룡과 박윤선(2)

　박형룡 박사는 교의신학 전 7권을 비롯하여 그의 설교집들, 논문집, 세계 견문록 등을 합해서 박형룡 박사 저작 전집(朴亨 博士 著全集) 20권이 1983년에 출판되었다. 이는 박형룡 박사가 1978년에 서거한 후 5년 만에 완성되었다. 이 일에는 임승원 목사와 정문호 목사가 앞장섰다. 앞서 말한 대로 나는 박형룡 박사에게 7년 동안 설교와 강의를 들었고 마지막 빈소를 지켰고, 그리고 장례위원으로 하관 예배까지 참여했다. 한편 박윤선 박사는 신구약 66권 주석을 1979년에 완성하였다. 앞서 말한 대로 나는 박윤선 목사님의 주석 교정을 하면서 박윤선 목사님 곁에서 그의 삶을 지켜보았다.

　사실 박형룡 박사나 박윤선 박사는 모두가 한국이 낳은 위대한 개혁신학자이자 문장가들이다. 나도 30권 이상 되는 『현암 전집』을 포함해서 크고 작은 책 80여 권을 출간했지만, 이런 두 분의 필력은 실로 보통이 아니다. 이는 거의 매일 같이 원고를 쓰지 않으면 불가능한 일이다. 우선 박형룡 박사의 저술을 보면 그 문장이 장엄하고 수사학(Rhetoric)적이며 시적(詩的)이다.

필자는 박형룡 박사의 교의학의 모든 원본 육필원고를 다 가지고 있을 뿐 아니라, 1930년대의 강의십과 1973년대의 박형룡 박사님의 육성을 거의 다 소유하고 지금도 듣고 있다. 박형룡 박사의 글은 당시로는 한문투의 문장이지만 천재적이었다. 물론 박형룡 박사는 한학의 대가였지만 젊은 날에 웅변의 실력도 발군하였고, 신학자이자 설교가였으므로 장로교회 목회자들의 대형 집회는 항상 그가 설교했고, 교단의 교리적 정체성과 방향을 제시했다. 특히 6·25전란 중에는 고난 당한 교역자들과 평신도들에게 '역경의 은총'을 설교하면서 위로하였다.

또한 박형룡 박사의 설교집에는 가끔 그의 자작시나 번역시가 나온다. 뿐만 아니라 1954년 6개월 동안 전 세계 거의 모든 선진 신학교와 신학자들을 만난 세계 견문록에는 한 도시에 한 신학교를 방문할 때마다 시 한 수를 쓰고 있다. 박형룡 박사는 시인이시다. 특히 1967년 총신에 대한 한 시는 다음과 같다.

　　　海東第一先知校
　　　風霜萬古不動撓
　　　守眞育英長歲月
　　　千千門從光宣敎

　　　아시아의 최고의 신학교
　　　온갖 환난 다 겪어도 흔들리지 않고
　　　진리를 지켜 교육하기 수많은 세월

대강 이런 뜻이다. 그리고 박형룡 박사의 필체는 대가(大家)답게 정갈하기 그지없고 정확하였다. 흔히 비평가들은 말하기를 박형룡 박사의 교의신학은 루이스 벌코프(L. Berkhof)의 조직신학을 그대로 번역하였다고 평가절하 한다. 그러나 그의 교의학이 벌코프의 교의신학을 저본으로 한 것은 맞지만, 그의 육필원고를 보면 끊임없이 19세기 말에서 최근세에 이르기까지 개혁주의 학자들의 저서를 40여 년간 수정 증보 개작하면서 본인의 표현대로 남의 화단에서 꽃을 꺾어 본인의 꽃다발을 만들었다고 할 만큼 박형룡 박사의 교의학은 역작이다. 그러나 한 가지 아쉬운 것은 그 귀한 작품이 현대인들이 잘 읽을 수 있도록 개작되지 못한 것이 한스럽다. 그러나 최근에 이르러 후학들이 알기 쉽게 개작하고 있다고 한다. 그럼에도 반세기 전에 있었으면 얼마나 좋았을까 생각해본다.

한편 박윤선 박사의 글은 박형룡 박사의 글과는 대조적으로 수사적(Rhetoric)이 아니라 진리를 간단명료하게 서술하는 방식이었다. 말하자면 박윤선 박사의 주석은 군더더기가 전혀 없고, 진리만 확신 있게 기술하는 것이 특징이다. 특히 박윤선 박사는 어학의 천재답게 영어나 화란어 독일어를 주석에 인용할 때도 뜻을 명확히 표현하기 위해서 자신이 완전히 그 뜻을 소화한 후 강의 할 때의 구어체 말투로 문장을 재구성했다. 그러므로 그의 글을 읽어 보면 영어나 화란어 원문에서 번역했다는 것을 전혀 느낄 수 없이 명쾌하다. 박윤선 박사의 번역은 직역이 없고 뜻을 정확히 이해한 의역이다. 박윤선 박사도 한

학자이자 영문학도로서의 학문의 기초 훈련이 튼실하였기에 개혁주의 신학을 이루었다. 더욱이 변증학으로 잘 다듬어진 명쾌한 문장을 기술하곤 했다.

어떤 이는 박윤선 박사의 주석이 너무 간단명료한 것이라고 비판하는 자들이 있으나, 박윤선 박사는 성경 구절에 대해서 해설할 때 처음부터 진부한 논의나 장황한 논설을 펴는 것이 아니라 "칼빈주의자의 처지는 이렇다…." 하고 명쾌한 칼빈주의 신학 위에 성경 주석을 완성하였다. 박윤선 박사의 성경 주석은 아직 한국 교회의 신학적 기초가 부족하고 성경 해석이 어두운 시대에 길라잡이 역할과 기초를 제공했다. 물론 대한예수교장로회는 표준 주석을 여러 권을 발행한 바 있지만, 그 역시 유형기의 『단권주석』에 대한 성경의 표준 해석이 무엇인지를 보여주고 있다. 그때도 박형룡 박사가 편집 위원장이었고, 박윤선 박사가 표준성경 주석 편집 위원이었다. 박형룡 박사와 박윤선 박사는 한국 교회 개혁주의 신학을 수립하는데 언제나 함께 하였다.

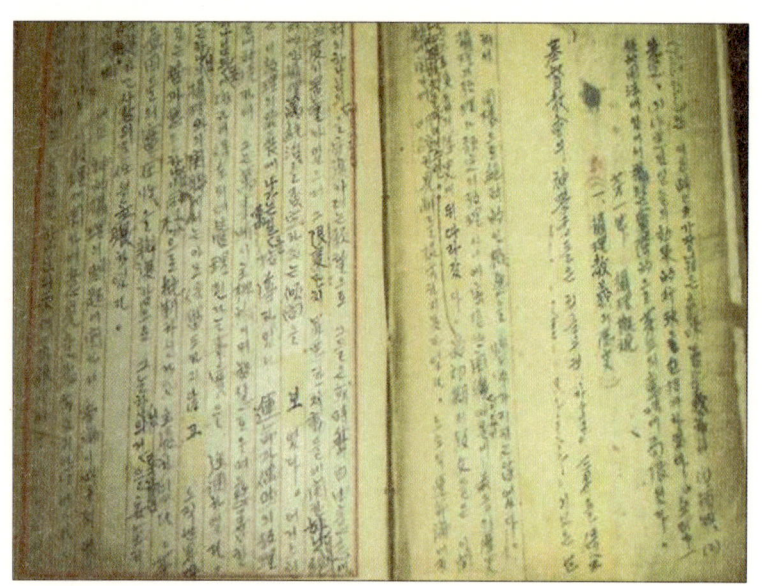

1940년대 박형룡 박사의 교의학 육필 교안

> I am glad to introduce one of my friends, a young minister named Sung Kuh Chung. Mr. Chung is to study in the Free University of Amsterdam. In fact he was trained spiritually in Tong San church of which I was the Pastor. He graduated from the Seminary which I am teaching. I hope that you will help him as myself.
>
> Enclosed you will find two photographs: one for myself; another for my family.
>
> May the Lord bless you and your family very richly.
>
> Yours very truly,
> Yune Sun Park

화란 Enschede 대학의 수학 교수 Blauw 박사에게 필자를 위한 추천서를 써주신 박윤선 박사 친필

자유주의 신학에 반대하여 51인 동지회를 만들고 박형룡 박사를 지켜왔던 광신대학교 설립자 증경총회장 정규오 목사와 함께(광주에서, 2002년)

박형룡 박사 전집출판 추천에 필자와 고신대학교 오병세 박사의 글

 _ 24

박형룡과 박윤선(3)

박윤선 박사는 박형룡 박사의 사랑하는 제자였다. 박형룡 박사는 1926년 미국 프린스턴신학교(Princeton Theological Seminary)에 신학석사(Th. M) 학위를 받고 1927년 미국 켄터키 주 남침례교신학교(The Southern Baptist Theological Seminary)에서 박사과정을 마치고 귀국하였다. 1928년 평양 산정현교회 동사목사(同事牧師)로 안수 받음과 동시에 평양신학교 임시 교수가 된다. 그리고 1930년 9월부터 평양 장로회신학교 교수가 되었다. 그런데 여기서 잠시 살필 것은 평양 장로회신학교 최초의 한국인 교수는 사실 남궁혁(南宮爀) 박사였다. 남궁혁 박사는 외조부가 평양감사로 4년을 지낼 정도로 양반이었다. 그는 미국의 프린스턴신학교를 졸업하고, 리치몬드에 있는 유니온 신학교에서 1926년에 신학박사(Th. D) 학위를 받았다.

남궁혁 박사는 당시로서는 양반 계급의 지도층 인사인데다 최초의 신학박사이고 목회와 공무원 경험과 당회장, 노회장, 대한예수교장로회 제7회 총회장을 거친 우리 한국 교회의 최고의 엘리트였다. 그래서 편향된 생각 없이 후배들을 끔직히 사랑하고 이끌어 주려고 노력했다. 특히 한국 교회의 새로운 인재로 부각되는 박형룡을 적극 추천하고, 1930년 박형룡 박사의 목사 안수 시에 설교를 맡아서 했다. 그리고 남궁혁 박사는 「신학지남(神學指南)」 편집에 박형룡을 등용하기도 했다. 이때에 남궁혁 박사는 프린스턴신학교를 졸업한 박형룡과 김재준도 함께 일하도록 한다. 이때부터 두 사람의 경쟁과 알력도 함께 있었다. 남궁혁 박사는 잘 사는 양반이었기에 이승만 박사가 1904년에 도미하기 전에 그의 집에서 머물게 하였다고 한다.

하여튼 박형룡은 1930년 평양 장로회신학교 교수가 되고 1933년에 철학박사(Ph. D) 학위를 받게 되고, 장로회 총회 주석편찬위원장을 겸하게 된다. 이 시기에 박윤선은 숭실전문학교 영문과를 졸업하고 평양신학교를 입학하게 된다. 때는 1932년에서 1934년이다. 박윤선은 평양 장로회신학교의 최고의 전성기에 공부하게 된다. 물론 1901년 이후 평양 장로회신학교는 선교사 중심의 신학교였으나, 남궁혁 박사와 박형룡 박사의 교수 취임으로 평양신학교는 새로운 바람이 일어났다. 그 중에서 나는 박형룡 교수와 박윤선 신학생과의 관계를 말하려고 한다.

박윤선 신학생은 동창인 김상권 목사의 증언대로 가장 성실하고 모범적인 신학생이었을 뿐 아니라, 교수회에서 맡긴 일은 무엇이든지 잘 감당하고 그의 일생의 푯대대로 '침묵정진' 하였다. 그래서 「신학지남」의 편집일이나 교수들이 요구하는 것은 최선을 다해 감당했다. 그래서 박형룡 교수의 신학과 신앙은 물론이고 그의 모든 것을 뒷받침했다. 그 일례로 박형룡 박사의 번역으로 출판된 로레인

뵈트너(Loraine Boettner) 박사의 『칼빈주의 예정론(Reformed doctrine of predestination)』은 실제로 박윤선 신학생이 완전히 번역한 것이다. 박형룡 교수는 박윤선 신학생을 믿고 모든 것을 다 맡긴 것이다. 박형룡과 박윤선은 선천의 신성중학교 동문인데다 평양 숭실전문학교 동문이기도 했다. 박윤선은 영어도 우수할 뿐 아니라 히브리어, 헬라어, 독일어까지 자습해서 책을 읽을 정도였다. 그리고 방지일과 함께 자신이 발행했던 「게자씨」의 후신 「信仰世界」란 잡지에 신학생 신분으로 '성경 원어해석 및 논설'을 「正岩」이란 아호로 필봉을 휘둘렀다.

박윤선은 평양 장로회신학교 시절 3년(1932-1934) 동안 박형룡 교수로부터 무엇을 배웠을까? 물론 박형룡 교수는 당시까지만 해도 교의신학을 가르친 것이 아니라 '변증학'을 가르쳤지만, 박형룡 교수는 '변증학'을 교의학의 서론 격으로 가르쳤다. 그런데 당시 박형룡 교수는 '변증학'을 한 시간 정도 가르쳤다면 그보다는 '성경 주석', '성경 강해'를 훨씬 더 많이 가르쳤다. 필자가 소지하고 있는 1933년대 박형룡 교수가 자신이 친필로 등사한 교안을 보면 '이사야 주석', '이사야 강의', '예레미야 강의', '룻기 강의', '열왕기상하 강의', '사무엘상하 강의', '사사기 강의' 등이 있다. 그 후 '디모데 전후서 주석' 등이 있다. 그러니까 1930년대 박형룡 교수의 '변증학'과 '성경 주석' 또는 '성경 강해'가 후일 '조직신학' 완성의 밑거름이 되었다고 본다. 바로 이런 분위기 속에 성경학의 기초를 배운 박윤선은 평양신학교를 졸업하자마자 미국 웨스트민스터신학교로 유학길에 오른다. 구 프린스톤신학교가 좌경으로 기울어지자 메이첸과 4명의 교수들이 따로 나와 필라델피아에서 웨스트민스터신학교를 세운다.

그 때문에 한국에서도 프린스턴신학교 출신과 웨스트민스터신학교 출신 간에는 교세가 많지 않았다. 그러나 후일 반틸(C. Van til) 박사는 프린스턴신학교에도 가서 특강을 했다. 오늘의 프린스턴신학교는 성격상 보수와 진보 등 다양성을 추구하고 있으나, 지금은 「아브라함 카이퍼 연구소(Institute for A. Kuyper)」가 프린스턴신학교에 있다. 프린스턴신학교는 세계적 칼빈주의 역사학자였고 석학이었던 게릿 푸칭거(Geritt Puchinger) 박사의 칼빈과 칼빈주의에 대한 모든 자료를 거액을 들여 사들이고 'A. 카이퍼 대상'을 제정하여 매년 아브라함 카이퍼의 신학을 따른 칼빈주의 세계적 학자들에게 수상을 하고 있다. 이는 1898년 카이퍼가 프린스턴신학교의 B. B. Warflield의 초청을 받아 '칼빈주의 강의(Lectures on Calvinism)'를 기념하기 위한 것이다.

1985년 초 프린스턴신학교에서는 본교 출신 중에 한국 교회에서 모교를 빛낸 영예의 프린스턴신학교 동문상을 제정하여, 박형룡 박사와 한경직 박사 등을 지명하고 '자랑스런 프린스턴 동문상'을 주었으나, 끝내 아들 박아론 박사는 상을 받으러 가지 않았다. 그러나 한경직 박사의 가족들은 상을 수상하고, 한경직 석좌교수로 이상현 박사를 지명했다.

이상현 박사는 조나단 에드워즈(Jonathan Edwards) 신학의 전문가로 세계적인 학자이다. 박형룡 박사가 프린스턴신학교 출신이기는 하지만 메이첸이 웨스트민스터신학교를 세운 후에는 이른바 올드 프린스턴에 대한 추억을 간직하고 있었다. 그러나 뉴 프린스턴에는 경계를 두고 있었다. 그 좋은 예로 박형룡 박사는 1954년 1월 11일 다시 모교인 프린스턴신학교를 방문하고 밀러 채플, 스튜아트 홀, 브라운 홀, 캠퍼스 센터를 방문하고 멕카이(Mackay) 교장과 평양신학교를 세운 마포삼열 박사의 아들 사무엘 마펫(Samuel H. Maffet)(한국명 마삼락)과 만찬을 나누었다. 그리고 은사인 찰스 어드만(Charles R. Erdman) 박사를 만나기도 했다. 30년 만에 프린스턴을 방문한 박형룡 박사는 의미 있는 시 한수를 남겼다.

프린스톤 母校에,
三十年後 돌아오니,
터와 집은 낯익으나,
사람들은 生面이라,

옛 스승 맑은 음성,
못 들어서 恨이다,
사람들은 갔거니와,
그 感化도 가오리까,

偉大한 핫지님들,
남은 자취 있나 없나,
작은 제자 왔다가,
눈물지고 갑니다.

라는 의미심장한 추억의 시 한수를 남겼다.

아무튼 박윤선은 박형룡 교수의 애제자(愛弟子)로서 평양신학교, 만주 봉천신학교, 고려신학교, 총회신학교 등에서 반세기를 함께 하면서 칼빈주의 정통신학을 지켜왔다.

프린스턴신학교 Erdman Hall에서 필자와 선교학 마삼락 교수(평양신학교 설립자 마포삼열 박사 아들)

필자의 저작전집 30권 중 10번째가 박형룡, 박윤선에 대한 책이 묶어져 있다.

1983년 12월 박형룡 박사의 저작전집 출판 기념회에 필자가 축시를 낭독하고 있다. 필자의 뒤 한국성서대학교 설립자 강태국 목사, 이영수 목사

 _ 25

자네 몇 살 먹었나

　1963년 말, 박윤선 목사님이 동산교회에 담임 목사로 있을 때, 총신대 이사회는 박 목사님을 총신의 정교수로 초청했고 박 목사님은 이를 또한 수락했다. 이는 고려신학교 교장과 교수직에서 물러나와 약 3년이 되는 해이다. 물론 1961년부터도 가까운 친구인 고려신학교 교수였던 김진홍 목사, 그리고 신학, 고고학, 음악 박사인 김홍전 박사 등과 함께 '칼빈성경연구원'을 개원하고 가르치는 일을 쉬지 않았다. 그때 강의를 들은 사람들 중에는 동산교회 성도들도 많았고, 강의를 듣던 사람들 중에는 박윤선 목사님이 총신의 교수로 부름 받은 후로는 총신으로 옮겨온 이들도 있었다.

　박윤선 박사는 사실상 1962년부터 총신에서 강의는 한 상태였지만 일단 정교수로 부름 받고 나니 이른바 박윤선 목사의 이중직에 대한 말이 총신 학생들 사이에서 돌기 시작했다. 동산교회로서는 처음부터 박 목사님의 사명이 신학을 가르치는 교수이므로 본래의 사명으로 돌아가는 것은 당연한 일이지만, 하나님의 말씀인 성경 진리에 단단히 맛을 들인 동산교회 성도들로서는 박 목사님을 놓기 싫었다. 그렇다고 박윤선 목사님을 대신할 만한 마땅한 목회자도 당장 없었다. 이런저런 이유로 교회를 사임할 수 없었지만 총신 학생들은 박윤선 박사가 목회면 목회, 교수면 교수 일을 해야지 이것도 하고 저것도 하는 이중직을 갖고 있으면 교수 일을 제대로 할 수 없다는 여론을 일으켰다.

어느 주일날 총회신학교 원우회 회장 김채현 전도사(후일 개혁 측 총회 총회장이 되었다.)가 동산교회 예배에 참석한 후 교회당 입구에서 악수례를 하고 있는 박윤선 목사를 향해서 목회면 목회, 교수면 교수 일을 하던지 양자택일을 하라고 다그쳤다. 그 옆에는 내가 있었다. 그는 원우회장으로서 학교와 학생들의 소원 사항을 조용한 장소에서 건의할 수도 있었지만, 원우회장을 아주 대단하게 생각했던지 정확히 알 수 없으나 박 목사님께 따지듯 말했다. 내가 볼 때도 그는 불손하기 짝이 없었고 시건방져 보였다. 그는 박윤선 목사님과 선약을 한 일도 없었거니와, 그것도 주일 오전 예배를 마치고 나오는 교인들 앞에서 뜬금없이 박 목사님께 결례를 한 것이다. 그렇다고 그가 원우회로부터 무슨 건의문을 지참한 것도 아니었다.

그래서 박윤선 목사님은 그를 향해서 "자네 몇 살 먹었나"라고 큰 소리로 말했다. 그 말의 뜻은 그의 언행은 교수에 대한 예의도 아닐뿐더러 어른에 대한 예의도 아니었다는 뜻이었다. 박윤선 목사님의 글이나 설교 중에 가장 많이 등장하는 말 가운데 하나는 권위(Authority)란 말이다. 하나님을 믿는다는 말은 창조주와 구속주의 권위를 인정하는 것이고, 성경을 믿는다 함은 성경의 권위를 인정하는 것이고, 학생이라 함은 교수의 권위를 인정해야 한다는 것이다. 그렇다고 박윤선 목사는 절대로 권위주의자는 아니다. 권위와 권위주의는 구별되어야 한다. 박윤선 목사님은 늘 어린아이처럼 해맑은 미소로 자신을 개방하였다.

아무튼 이 일로 말미암아 박 목사님은 마음에 상처를 입기도 했지만, 교회는 교회대로 후임을 구하기로 결정했다. 물론 후임 선정은 박윤선 목사님께 맡겨진 상태였다. 그러자 박윤선 목사님은 고려신학교 출신으로 대전 중부교회를 시무하던 김성환 목사를 추천했다. 앞서 말한대로 1962년 가을에 한상동 목사가 고신 복교를 선언했다. 주변의 극구 만류에도 불구하고 명분도 없이 고신을 복교하자 과거 한상동 목사님과 함께 하던 많은 분들 특히 중진 교역자들은 상당수가 합동 측에 남았다. 김창인, 최훈, 정문호, 이인재, 황철도, 정봉조, 장석인, 안용준, 이상근, 김현중, 홍근섭, 박희천 등등 김성환 목사도 그 중의 한 분이었다. 김성환 목사는 철저한 칼빈주의자로서 학자로서 뿐 아니라 명설교가였다. 김성환 목사는 청년집회 설교자로서 당시에는 영순위였다. 동산교회로서는 의의가 있을 수 없었다.

당시 김성환 목사는 박윤선 박사 아래서 고려신학교를 졸업했지만 합동 총회에 남아 있는 가장 명망 있는 설교자였다. 김성환 목사는 본래 평안도에서 피난 나오면서 성경과 영어콘사이스 사전만 들고 나와 제천교회에서 교회를 크게 부흥시켰고, 대전 중부교회로 온 후에는 총신 부산 분교에서 강의할 때 당시로 가장 좋은 통일호 열차를 타고 다니며 명강의를 했다.

김성환 목사는 칼빈주의 교의학에 밝고, 설교는 철저히 원고를 준비하여 말씀을 뜨겁게 선포하였다. 그의 명저『평신도를 위한 칼빈주의 해설』은 지금도 목회자들에게 많은 사랑을 받고 있다. 그 후 김희보 목사의 후임으로 서울 성도교회를 목회 했으나, 아깝게도 50세에 불치의 병을 얻어 단명했다.

1976년 화란 유학에서 돌아온 나는 김성환 목사가 와병 중에 있을 때 성도교회 주일 낮 강단을 책임졌다. 그는 임종을 얼마 앞두고 내 손을 붙잡고 앞으로 성도교회를 부탁한다고 했다. 성도교회 당회는 나를 김성환 목사의 후임자로 교섭하기로 하고, 고성훈 수석장로가 당회를 대표해서 나를 성도교회 담임 목사로 청빙했다. 그러나 나는 신학교육의 사명 때문에 목회할 수 없다고 사양했다. 그 후에 나와 함께 동산교회에서 박윤선 목사님을 보필하던 장경두 목사(당시 부산 남부민교회)가 부임했다. 결국 나는 박윤선 목사와 김성환 목사 아래서 신학과 설교를 배운 셈이다. 박윤선 목사님은 동산교회를 개척하여 목회한지 만 3년 만에 사임하고 총신의 교수로만 봉직했다. 동산교회 교우들은 지금까지도 박윤선 목사님과의 3년을 기억하고 그리워하고 있다. 박윤선 목사님이 총신의 전임교수가 되자, 동산교회 전도사로 있던 나는 총회신학교에서 자동적으로 박윤선 목사님의 조교가 되어 박 목사님의 각종 심부름을 담당하게 되었다.

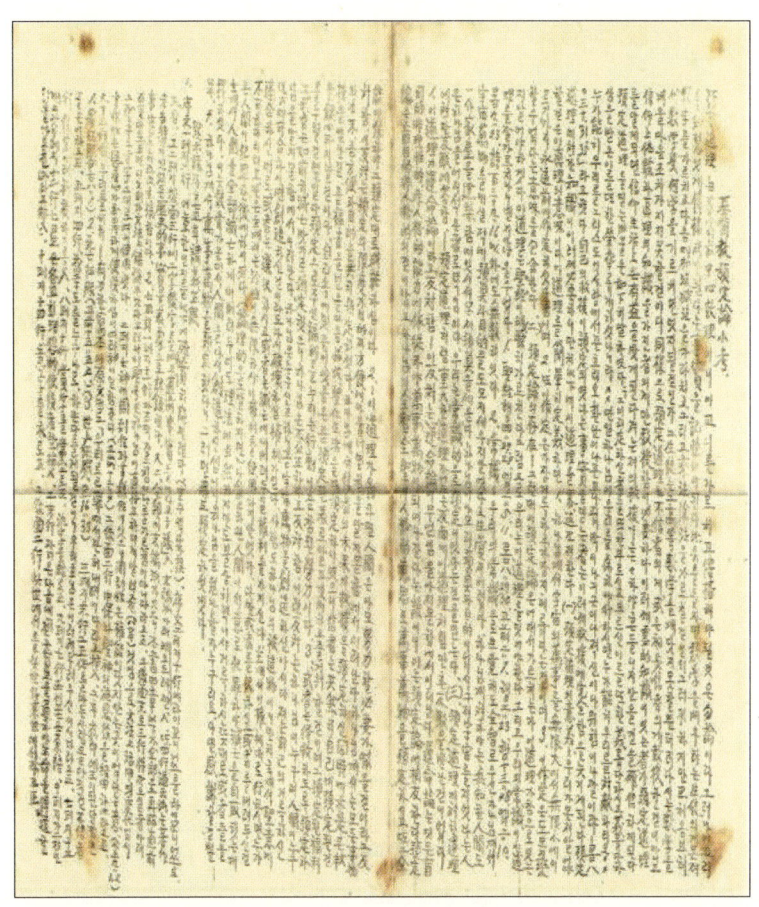

1937년 평양여자신학교에서 박윤선 선생의 〈기독교 예정론 소고〉 강의안

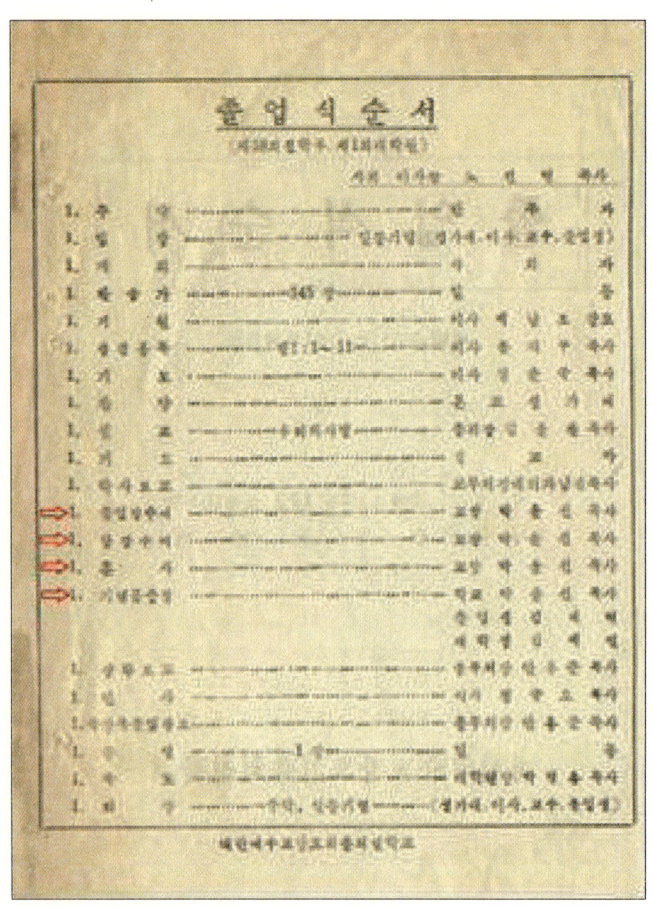

1964년 박윤선 박사가 총신 교장 때의 졸업식 순서

 _ 26

나는 죄인입니다

　박윤선 목사님은 기도의 사람이었다. 앞에서도 전술한 바와 같이 그분이 세상을 뜨기 6개월 전인 1987년 11월 25일 필자에게 마지막 남긴 유언의 말씀도 '기도일관'이었다. 그는 언제나 어디서나 세상 끝 날까지 기도에서 기도로 마감한 분이다. 기도는 박윤선 목사님의 삶의 전부였다. 그것을 몸소 구체적 삶속에 옮겼다. 언제 어디서나 기도하였다. 하지만 필자를 비롯하여 오늘의 우리들의 삶을 볼 때 목사님이 남긴 신앙의 발자취에 너무나 못 미치는 삶이기에 부끄럽기 그지 없다.

　그는 기도하되 작정하여 기도하고, 시간을 쪼개어 항상 기도하였다. 한 번은 이인한 목사님이 박윤선 목사님을 찾아와서, "박윤선 목사님은 어째서 『성령론』을 집필하지 않습니까?"라고 물었더니 목사님의 말씀이 "내가 쓰는 성경 주석 사역이 바로 성령의 사역으로 시작되었습니다."라고 했다. 즉 그 말씀은 늘 자신은 무릎으로 기도하고 성령의 도움으로 이 주석을 썼다는 뜻이다. 이는 마치 칼빈의 『기독교강요』에 구원론만 있고 성령론이 별도로 없는 데는 구원론 자체가 성령의 사역이 없으면 불가능하다는 이유와 같다.

사실 늘 뜨겁게 기도하며 성령의 도움을 구하는 것은 현미경으로 자신의 연약과 죄를 들여다보는 것과 같다. 그래서 박윤선 목사님의 기도의 생활은 곧 회개의 삶이었다.

기도를 통해 영안이 열려지니 죄에 대한 회개가 늘 뒤따랐다. 기도의 삶이 없는 자가 무심하게 지나쳐 버리는 것도 박윤선 목사는 인간의 죄성을 섬세히 보는 거울로 삼았다. 그러니 그는 영적으로 항상 깨어 있었다. 박윤선 목사님은 늘 자기 자신을 죄인으로 자책하고 아주 작은 죄라도 회개했다. 그리고 그는 기도할 때 자신을 가리켜 '80년 묵은 죄인'이라고 하면서 회개하였다.

박 목사님이 늘 자신의 죄에 대해 자책하고 고뇌하는 것은 일찍이 어거스틴이나 루터나 칼빈의 경건 생활과 유사하다. 그렇다고 해서 필자는 박윤선 목사님을 성자처럼 받들어서는 안 된다고 본다. 그는 평생 하나님 앞에서 'Coram Deo'의 삶을 살다 보니 자기의 연약과 죄를 보게 된 것이다. 그런데 『목사의 딸』의 저자는 박윤선 목사가 죄책감에서 빠져 나오지 못하고 늘 죄를 지적하는 율법주의자가 되어 구원의 감격과 기쁨을 주는 복음을 말하지 못했다고 썼다. 그러나 박윤선 목사님은 시편 설교에서 "회개의 요소는, 사람이 자신의 죄악을 걱정하는 근심이다. 사람이 평안한 가운데 강퍅한 마음으로 지내는 것보다 환난 중에 회개하는 마음을 갖는 것이 낫다."고 했다.

지금, 필자가 이 글을 쓰고 있는 동안 1975년에 했던 '은혜를 사모하라'는 박윤선 목사님의 육성 설교를 듣고 있다. 그의 설교를 듣고 있노라면 박윤선 목사님은 지성의 사람이기에 앞서 영성의 사람이라는 사실을 발견한다. 이는 칼빈이 1536년 『기독교강요(Institute)』 표지에서 설명한 것처럼 '경건'과 '학문'을 말한 것과 같다. 박윤선 목사님은 경건과 학문의 조화를 이루었다.

그는 자신을 죄인이라고 고백하면서도 구속의 확신과 감격, 그리고 하나님의 말씀의 확신에 넘쳐 언제나 뜨겁게 외치고 살았다. 그의 중심은 살아계신 하나님을 만나면 우리 속에 생명이 약동한다는 것이다.

필자가 들은 바로는 박윤선 목사님도 인간인지라 가정생활과 자녀들 교육에 큰 어려움이 있었다고 한다. 하루는 자녀 중 하나가 너무 속을 썩이니 주먹으로 쥐어박았다. 그 시대나 오늘이나 자녀들이 아비의 마음, 아비의 삶을 이해할 수 없다. 목사의 가정이라 하여 성자들이 사는 곳은 아니다. 그 일 후에 박윤선 목사님은 깊이 자신의 연약과 부족을 하나님께 회개하면서 사발에 물을 떠서 주먹을 씻으면서 자녀를 때린 것을 아파하며 회개한 일도 있었다고 들었다.

한번은 박 목사님의 설교 간증 중에 이런 말씀도 하셨다. 1960년대 초에는 승용차가 거의 없었고 택시도 없었는데, 어떤 성도가 승용차로 박윤선 목사님을 모시고 심방을 간적이 있다고 한다. 그때 박 목사님은 남들이 타보지 못하는 좋은 자동차를 타니 자신도 모르게 우쭐하는 마음이 생기고, 은근히 높아진 생각이 들었다는 것이다. 그런데 기도하다가 생각하니 목사로서 그것도 교만한 마음가짐인 줄 알고 그것마저 회개하였다고 했다.

오늘의 목회자들이나 성도들이 들었을 때는 좀 지나치다고 생각할지 모르나, 그 만큼 박윤선 목사님은 철저히 기도의 사람이며, 철저히 회개의 사람이라는 것을 알 수 있다. 박윤선 목사님은 그 회개 때문에 늘 맑은 영성을 가졌다. 그는 단순한 주경신학자로서 히브리어나 헬라어의 단어 풀이를 하는 주석가가 아니라, 하나님께 매달려 울부짖어 기도하고 철저히 회개하여 맑은 영성(靈性)으로 하나님의 말씀을 붙들고 알아듣기 쉽게 해석하고 설교했다. 그것이 필자가 곁에서 본 박윤선 목사님의 참 모습이다.

박윤선 목사님은 필자에게 편지를 쓸 때도 불초인(不肖人)이라고 자신을 낮추었다.

 _ 27

늘 배우려는 박윤선 목사

박윤선 박사에 대해서 잘 모르시는 분들 가운데는 그가 철저한 칼빈주의자이기에 다른 사람의 의견이나 타 교단에 대해서는 배타적이어서 독선적인데다 자기중심적이라고 생각하는 이들도 더러 있다. 그러나 박윤선 박사는 통합 측의 대구 영남신학교 교장과 총회장을 지냈던 주석가인 대구제일교회 이상근 박사의 주석을 늘 칭찬하고 가치 있는 저작이라고 인정했다. 또한 성결교의 김응조 박사의 성경대강해집도 한국 교회에 큰 유익을 준다고 말했다.

그는 요즘 흔히 말하는 꼴통 보수주의자가 아니다. 자유주의 신학과 인본주의와 불신앙 운동에 대해서는 말과 글로 비판하면서도, 광범위한 복음주의 부류의 사람들에게 늘 마음이 열려 있었다. 그는 언제나 누구에게나 배우려 했고 물어보고 또 물어 보았다.

1961년대 초 동산교회를 담임할 때도 박윤선 목사님은 부목사님이었던 고응보 목사에게 늘 물어보고 목회 행정에 대한 전권을 부목사에게 일임하였다. 심지어 교육전도사였던 내게도 늘 물어 보시고 의견 교환을 하였다. 그는 총신대학교 교수 시절이나 교장 시절에도 채플시간에는 교수석에 앉기보다 언제나 맨 앞줄 긴 의자에 앉아 특별 초대 설교자들이나 다른 교수들의 설교를 경청할 뿐 아니라, 메모지를 꺼내어 은혜롭고 진리의 핵심이라 생각되는 것을 항상 메모하였다. 젊은 교수들에게도 진심으로 깍듯이 예를 표하고 은혜를 많이 받았다고 화답했다. 그리고 학생들의 의견도 소중히 받아 들일 뿐 아니라 스쳐가는 말도 메모해서 설교 자료로 사용하곤 했다.

박윤선 박사는 본인이 성경을 주석하는 중에 진리를 깨닫는 것도 중요하지만, 다른 사람이 깨달은 진리와 경험도 늘 소중히 생각하였다. 왜냐하면 그 모든 것이 그의 성경 주석이나 설교에 힌트나 아이디어를 얻기 위한 좋은 자료가 되기 때문이었다. 그러기에 박윤선 박사의 주석은 그냥 성경의 글자 풀이가 아니다. 목회자들의 강단을 항상 먼저 생각하는 강단 주석(Pulpit Commentary)으로 보아야 할 것이다.

박윤선 목사는 특별히 개척교회 목사나 전도사들의 체험과 간증 듣기를 좋아했고, 또 그분들을 개인적으로 면담하면서 개척교회를 하는 중에 경험한 하나님의 특별한 위로와 은혜가 무엇인지, 간증거리가 무엇인지를 물어보곤 했다. 필자도 박윤선 목사님과 함께 전도사로 3년 돕고, 김성환 목사님을 2년 돕다가 동산교회 여전도회가 개척한 경기도 양주군 주내면 산북리 샘내교회에 담임으로 있을 때, 박 목사님은 내가 농촌에서 개척교회 목회를 하고 있는 사실을 늘 귀히 보셨다. 내가 교회당 건축을 할 때 동산교회에서는 일체의 지원이 없었지만, 자력으로 기적적 역사를 통해 교회당을 완성하고 당대의 한국 교회 지도자인 이환수, 박찬목, 박병진, 김성환 목사님을 모시고 헌당식을 했다. 이 사건은 필자의 일생에 크나큰 간증거리이다.

박윤선 목사는 그냥 주석가나 교수나 목회자이기 전에 늘 기도하며 하나님을 깊이 체험하는 신앙을 귀중히 여겼다. 박윤선 박사가 총신대학교 대학원장이 되자 늘 교수들에게 물어보고 또 물어보고 행정에 도움을 요청했다. 특히 홍치모 교수에게 "홍 장로"라고 부르면서 많이 물어보았고 필자에게도 전화로 이런 저런 질문과 도움을 구하기도 했다. 특히 홍치모 교수가 박윤선 대학원장을 늘 대변하면서 앞에서 무엇이던지 앞질러 주장하고 나서자 주변에서 곱지 않는 시선이 많았다. 그런데 홍치모 교수는 자칭 박윤선 박사의 비서실장이라고 말해버렸다. 그래서 한 동안 학교 안에 이런저런 말들이 많았다. 여하튼 박윤선 박사는 어린아이처럼 순진하고 다른 분의 말을 잘 들어 주었기에 결정적 순간에 판단을 못하는 경우도 더러 있었다.

박윤선 목사님은 평생 배우고 읽고 쓰기를 계속했다. 1987년 봄에도 박윤선 목사는 필자에게 Mere D'Aubigne의 『History of Reformation』을 찾으셨다. 아마 그 책이 합신에는 아직 소장하지 못했던 것 같다. 그래서 나를 통해서 총신 도서관에서 그것을 빌려갔다. 그리고 그 책을 다 읽으신 후에는 이창숙 선생을 통해서 되돌려 주었고 나는 다시 총신 도서관으로 반납했다. 그 시기는 박윤선 목사님이 세상 뜨기 일 년 전이었다. 그는 늘 공부하고 늘 쓰고 있었다. 박윤선 목사님은 이미 1979년에 신구약 주석을 완간했지만 그의 연구는 끝나지 않았다. 그가 평소 학생들에게 말한 대로 "공부하다가 죽었다는 소문이 나야 그 학교가 제대로 된 학교"라고 강조한데로 끝까지 그렇게 사셨다.

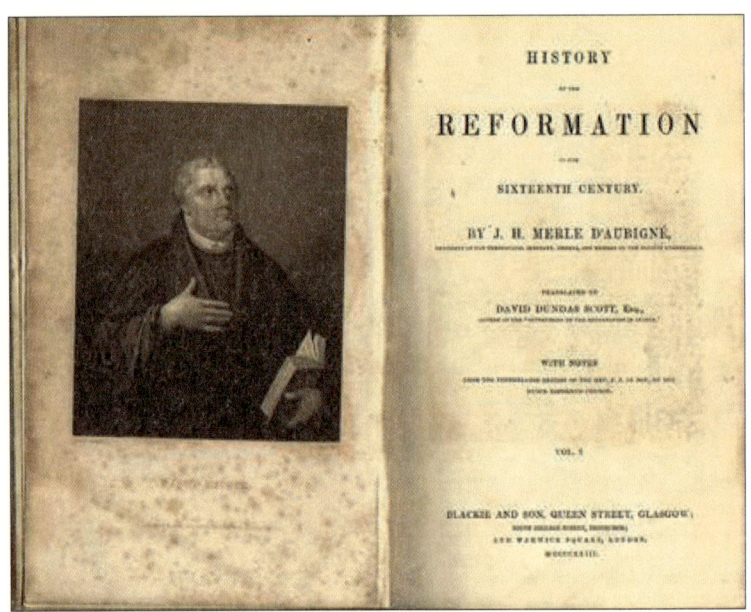

박윤선 박사가 1987년 가을 생의 마지막에도 필자를 통해서 총신 도서관에 대출해서 읽고 연구했던 메레 도비네의 저서 『16세기 종교개혁사』(1893)

 _ 28

박윤선 교장과 「파숫군」(把守軍)

고신과 박윤선 교장과 「파숫군」은 분리해서 생각할 수 없다. 고신의 초기 역사와 사상을 알려면 「파숫군」지를 봐야 하고, 해방 이후 박윤선 박사의 사상과 삶을 알기 위해서는 「파숫군」이 결정적이다. 1990년 파숫군 영인본을 내면서 당시 고려신학대학원 원장 허순길 박사의 「파숫군」 영인본 출판을 축하하는 글을 실었는데 이 글은 파숫군의 의미를 이해하는데 큰 도움이 된다. 그 내용은 아래와 같다.

"「파숫군」은 1948년 12월에 창간호를 낸 후 1963년 6월, 129호를 끝으로 역사의 막을 내렸다. 이 잡지는 해방 후 한국 교회 내에 신학이 정립되지 못하고 교회생활이 정착되지 못한 혼란기에 개혁주의 신학의 본질을 밝히고 개혁주의 교회가 나아갈 길을 보여 주었다. 특히 여러분들 가운데서도 당시 한국 개혁주의 신학의 거성이었던 고 박윤선(朴允善) 박사와 개혁주의 생활의 길잡이이었던 고 한상동(韓尚東) 목사는 이 잡지를 통해 한국 교회의 갈 길을 제시해 주었다. 당시 한상동 목사는 1946년 9월 한국 교회 개혁을 목표하고 세운 고려신학교의 설립자요, 박윤선 박사는 이 신학교의 교장이셨다. 「파숫군」은 월간지로서 20년을 채우지 못한 단명한 잡지였다. 그럼에도 불구하고 이 잡지는 한국 교회 혼란기에 진리 파수를 위한 자기 사명을 다하고 물러갔다고 할 수 있다."(허순길, 파숫군 영인본 축하의 글, 1990.)

나는 이번에 이렇게 부족한 글을 쓰면서 「파숫군」지 창간호에서 폐간호까지 거의 훑어보았다. 파숫군지를 보면 한국 교회의 개혁주의 신학의 여명기에 박윤선 박사의 공헌은 아무리 강조해도 지나치다고 할 수 없을 것이다. 사실 평양신학교에서 발행하던 「신학지남」(神學指南)이 신사 참배로 인해 평양신학교가 폐교됨으로써 몇 년 후 함께 폐간 되었고, 1950년대 전후해서 평양신학교 교수였던 박형룡 박사의 주간으로 「신학정론」(神學正論)이 간헐적으로 몇 권 출판되기도 했다. 사실 신학정론은 신학지남의 후속이므로 논문으로 채워졌으나, 논문이라 함은 신학자들에게는 귀한 것이지만, 일반인들에게는 마음에 당장 크게 와 닿는 것은 아니었다. 나중에 「神學正論」이란 표제는 합동신학교에서 차용해서 사용하고 있는 것을 보게 된다.

그러나 「파숫군」은 주로 박윤선 박사의 설교나 성경 주석 또는 성경 연구가 주종을 이루었다. 한상동 목사님은 고려신학교 이사장과 교수로 있었지만 「파숫군」지에 글을 발표한 것은 논설과 설교들 몇 편이 전부였다. 앞서 말한 대로 한국 신학계의 암흑 시대에 박윤선 박사는 「파숫군」지를 통해서 마음껏 필봉을 휘둘렀고 그 글들이 고신을 비롯해서 1950년대 한국 교회에 개혁신학의 틀을 놓았다고 할 수 있을 것이다. 1953년부터 박윤선 박사는 주필을 맡아 파숫군지의 나아갈 길과 개혁교회의 방향을 제시했다. 특이한 것은 「파숫군」지에 박윤선 박사와 한부선 선교사는 처음부터 에큐메니컬 운동의 문제점을 지적하면서 경고음을 크게 내고 있었다는 것이다.

박윤선 박사는 「파숫군」지가 계속 출간되자 어떤 때는 한 호에 설교, 논문, 논설 등 세 편을 동시에 게재하기도 했다. 특이한 것은 1949년부터 박윤선 박사는 '개혁주의', '칼빈주의'란 주제를 깊이 있게 다룬 것이다. 파숫군지는 1949년 말에 박윤선 박사의 요한계시록을 크게 다루고 광고하고 있다. 「파숫군」지는 아무래도 박윤선 교장 외에 이른바 산 순교자들 즉 한상동, 주남선, 손양원 목사의 설교나 간증, 그리고 안용준 목사가 쓴 순교자 주기철 목사, 박관준 장로를 비롯하여 손양원 목사님과 두 아들 동인이와 동신의 순교사화를 늘 연재하고 있었다. 그럼에도 파숫군지는 고려신학교의 교지인 만큼, 고신의 교수들, 고신 측 목회자들의 글들, 고려신학교 학생 모집, 노회와 총회의 촬요들이 주로 많았다.

그러나 〔파숫군〕지의 핵심 메시지는 역시 박윤선 박사의 글이다. 1951년 9월 22일 교역자 수양회 때의 강의가 그대로 실렸는데 "칼빈주의 기본 원리와 칼 바르트의 기본 원리"를 자세히 다루고 있다. 이런 핵심적인 박윤선 박사의 강의를 다룬 것은 탁견으로 본다. 칼 바르트의 신학이 세계적으로 확산되는 시기에, 그는 바르트의 신학이 정통개혁주의 신학이 아님을 정확히 지적했다. 그리고 후일 박윤선 박사는 로마서 주석에서 칼 바르트의 신학을 조목조목 비판하였다. 아예 「파숫군」 16호부터는 '칼빈주의'란을 연재로 아브라함 카이퍼

(Abraham Kuyper)의 칼빈주의 강의(Stone Lectures)를 핵심으로 하여 칼빈주의란 주제로 계속 논설이 이어진다.

그러나 1957년에 박윤선 목사의 글이 파숫군지에서 갑자기 일 년간 사라진다. 그즈음에 박윤선 박사의 지적은 고려파가 순교자의 정신을 계승하고 이른바 산 순교자들이 모여 진리를 파수하는 것은 옳으나, 그 사실을 기득권 지키기나 타인을 정죄하는 일에 몰두해서는 안 되고, 끊임없이 회개의 운동을 통해서 교회를 계속 개혁해 나가야 한다고 주장했기 때문이다. 박윤선 박사의 주장은 우리는 개혁교회(Reformed Church)일 뿐 아니라 끊임없이 개혁되어지는 교회(Reforming Church)가 되어야 한다는 것이다.

뿐만 아니라 고신 측이 이른바 예장 총회 측과 끊임없이 교회당 쟁탈전으로 고소, 고발하는 것은 덕스러운 것이 아니라고 경고했다. 참된 진리를 지키기 위해서는 소송을 하지 않고 교회당을 두고 떠나는 것도 유익할 수 있다는 논지의 메시지를 하자, 고신 측 교회의 정치권에서는 이를 달갑지 않게 생각하고 파숫군지에 성명서를 발표했다. 이 사건 이후 박윤선 박사는 교장으로 사의를 표하고 얼마간 절필하였다. 후일 임시로 봉합을 해서「파숫군」지에 글을 계속 쓰기는 했어도, 앞서 말한 대로 주일날 택시를 타고 가서 정통장로교 선교사 스푸너 목사의 송별예배를 인도했다는 이유로 고려파에서 박윤선은 퇴출되자 있을 곳이 없었다. 그래서 1960년 후로「파숫군」지는 이른바 고신과 총회 측이 합동함으로 합동 총회 쪽으로 왔고, 폐간되는 1967년까지 박윤선 박사의 글은 자취를 감추었다.

파숫군지는 10여 년 동안 박윤선이란 항해사로 운행되다가 막을 내린다. 그리고 파숫군은 1961년에서 1964년까지 총신의 교수와 총무처장이 된 안용준 목사가 편집장이 되었다. 그 후 파숫군지는 164호로 오늘의 합동 측 총회의 주간지 「기독신보」, 「기독신문」으로 재탄생하게 된다. 기독신문으로 재탄생 될 때 얼마동안 제자(題字)와 컷은 필자가 담당하였다.

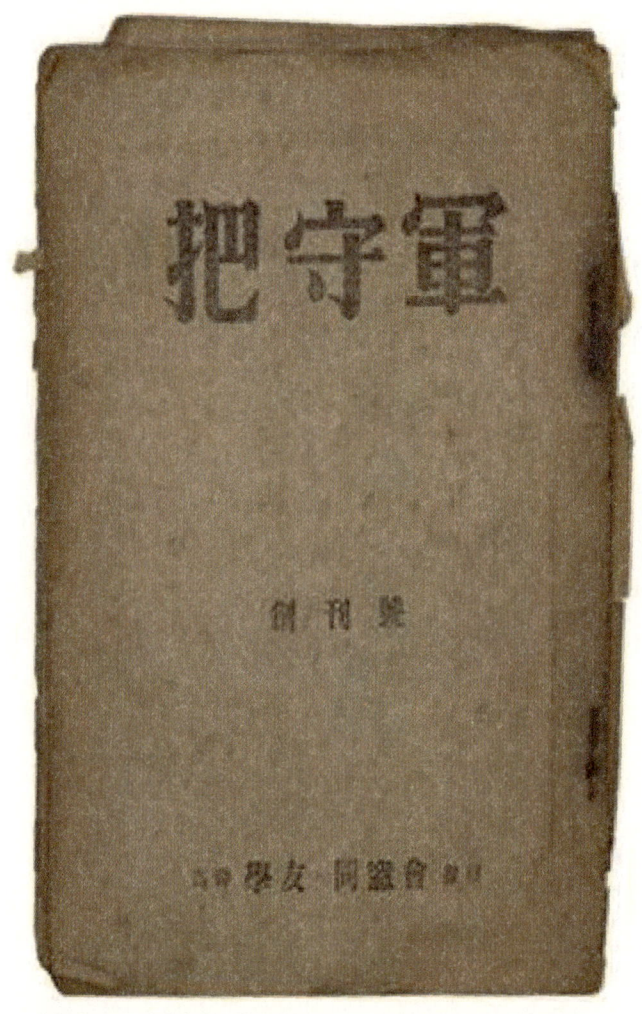

박윤선 교장 시절에 창간한 「파숫군」, 고신학우회와 동창회 이름으로 발행했다.

 _ 29

박윤선과 한부선(Bruce F. Hunt)

　박윤선 교장과 한부선 선교사는 고려신학교 초기부터 10여 년 간 가장 가까운 신학과 신앙의 동지로 개혁주의 신학을 쌓끌이 하였다. 나는 1950년부터 1960년도 초까지 고신 교회인 포항 대흥교회에서 초·중·고를 보냈다. 당시 철저한 고신 측의 순교자적이고, 진리 진영의 선두주자 교회에서 신앙교육을 받았다. 포항 대흥교회를 경주교회(당시 경주읍교회라 했다.)를 담임한 윤봉기 목사님이 6·25 직후에 개척했다. 그래서 고등학교 졸업 시까지, 최현선, 김상수, 우명준, 박병호, 서완선, 정찬준 목사님 등으로부터 신앙훈련을 받았고, 특히 S.F.C 운동 전국 동기수양회를 통해서, 한상동, 한명동, 황철도, 박손혁, 전성도, 한부선, 전영창, 이상근 목사 등 고신의 교수들과 지도자들의 설교와 강의를 많이 들었다.

　내가 목회자로서 소명을 받은 것도 그때였고, 특히 출옥성도인 한상동 목사님 설교의 감화가 60여 년이 지난 지금도 가슴에 늘 남아 있다. 한상동 목사님의 설교도 은혜가 되었지만, 한상동 목사님은 과묵하면서 의지가 충만했고 오직 하나님의 영광과 주권을 높이는 설교로, 감화력이 남달랐다. 왜냐하면 신사 참배 반대 투쟁의 지도자로 옥중에서 온갖 고난과 수욕을 겪었던 분이므로 설교하기 전에 벌써 진한 감동으로 다가왔다. 말이 설교가 아니라 삶이 설교이기 때문에 더욱 그러했다. 나는 이런 일을 내 책에 썼고, 그것은 10여 개국으로 번역되어 박윤선 목사와 한상동 목사를 세상에 알리기도 했다. 한상동 목사의 인격과 외모에서부터 풍기는 영적 감화력은 대단했다.

고려신학교 설립 당시부터 박윤선 교장과 한부선 선교사는 따로 나누어서 생각할 수 없다. 실제로 나는 박윤선 박사보다 훨씬 전에 한부선 선교사님의 강의와 설교를 먼저 들었다. 1950년 초부터 한부선 목사님은 「파숫군」지를 통해서 국제 정세나 세계 교회 소식을 미국의 기독교 잡지를 번역하여 게재 했다. 이미 그는 W.C.C 에큐메니컬 운동의 위험성에 대한 경고음을 내기도 했다. 한부선 목사님은 선교사이지만, 그는 아버지 한위렴(William B. Hunt) 선교사의 아들로 한국산이다. 외모는 미국 사람이지만 가장 한국적인 선교사로 한국어가 유창했다. 한 번은 1950년대 말 포항 대흥교회에 와서 설교하는 것을 기억하는데 설교의 용어에 사투리가 너무 많았다.

'속이고'를 '쇡이고'라던지 '뭔고 하니'를 '메인고 하니' '그저 차차차' 하면서 구수한 사투리로 설교한 말씀이 아직도 생생히 기억난다. 그리고 한 번은 한부선 목사님이 버스를 타고 서서 가는데, 아낙네들이 한 목사님이 한국말을 못 알아듣는 줄 알고 "미국 놈이 어째 뻐스를 타냐"라고 하는 소리를 들었다고 했다. 한 목사님은 신사 참배 반대 운동을 적극적으로 추진했고, 장로교회가 공식적으로 신사 참배를 가결하자, 그 자리에서 왜 '가'만 묻고 '부'는 묻지 않느냐고 항의하다가 밖으로 끌려 나왔고, 만주에서 신사 참배 반대 운동을 했다가 옥고를 겪은 위대한 선교사님이다.

한부선 선교사는 신학적으로 칼빈주의자로서 정통신학자이다. 그의 학문적 배경은 휘튼대학, 럿거스대학교, 프린스턴신학교, 후일 웨스트민스터신학교를 수학한 미국 정통장로교(O.P.C) 선교사였다. 그래서 그는 평생 선교사로, 진리 투사로, 신학자로 가장 한국과 한국 교회를 사랑하는 분이었다. 고려신학교 초기부터 교수, 교감, 교장 대리 등의 직함을 갖고 박윤선 박사의 가장 가까운 친구로 동역하였다. 1957년에 박윤선 박사는 고려파가 끊임없이 회개 운동을 통해서 개혁되어야 하고, 예장 측과 교회당 쟁탈 소송을 중단하고 진리를 지켜야 한다고 하자 송상석과 한상동 등의 교정가들의 미움을 샀을 때도 박윤선 박사의 편에 서서 변호했던 분은 오직 한부선 선교사뿐이었다. 또한 1960년 박윤선 박사가 이른바 주일날 택시를 타고 스푸너 선교사 송별예배를 드렸다는 죄명으로 축출되자, 박윤선 박사를 대변하는 자도 오직 한부선 선교사뿐이었다. 그 때문에 한부선 선교사는 고신의 환원 후에는 고신과 거리를 두었다. 그래서 미국 정통장로교 선교부는 합동 측과 고신 측을 동시에 도왔다. 또한 나는 정통장로교 선교사로 총신대 교수로 있던 간하배(Harvie H. Conn) 박사에게 7년 동안 가르침을 받았다. 그리고 그의 조교가 되었고, 나의 석사 학위(Th. M) 논문의 부지도교수로서 지도했을 뿐 아니라 1967년에 나에게 자기의 과목을 내어 주고 총신에서 헬라어를 가르치도록 했던 간하배 박사를 잊을 수 없다. 그런 중에 고신에서 교수하던 하도례(Theodore

Hard) 선교사와도 내왕을 했다.

1960년 겨울이었다. 전국 S.F.C의 열기는 대단했다. 당시 전국 S.F.C 위원장은 후일 서울 경향교회 담임이며, 서울고려신학교 교장이 된 석원태 씨였다. 석원태 목사는 당시에 부산대학교 철학과를 그만두고 뜨거운 열정으로 고신대학의 전신이었던 칼빈학원에 다니면서 전국 S.F.C 위원장이 되었다. 그래서 S.F.C 동기수양회에 거의 모든 고신 측의 열심파 학생들이 다 몰려왔고 그때 진주교회 담임 목사님은 역시 출옥성도인 황철도 목사님이었다. 집회는 새벽부터 늦은 밤까지, 한상동, 한명동, 전성도, 전영창, 한부선 목사 등이 담당했다.

그런데 집회 둘째 날 오후, 한부선 선교사를 모시고 진주 촉석루 앞에서 노방전도를 했는데 나도 거기 합류했다. 그날 한부선 목사님의 노방전도팀은 약 20여 명 남짓했다. 진주교회(당시는 진주봉래동교회)에서 출발하기 앞서 한부선 선교사는 얼굴을 하늘로 쳐들고 간단히 기도했다. "하나님 지금 노방전도를 떠납니다. 함께 하시고 도와 주시옵소서"라고 기도했다. 한부선 선교사는 일반 서양 사람들의 코와는 달리 뾰족한 코가 아니고 복어 코였다. 뭉뚝했다. 곁에서 보기에는 참으로 의지가 강했다. 한부선 선교사는 한국어가 유창하면서도 매우 토속적인 사투리를 구사했다. 말하자면 한국인들에게 가장 친근감이 있는 말씨였다. 나는 그날 한부선 목사님이 노방전도 대장으로 있는 팀에 합류해서 진주, 촉석루 옆 광장에서의 노방전도 하던 일들은 일평생 잊을 수 없는 추억으로 남아 있다.

1980년 8월 15일 나는 총신대학의 학장이 되었고, 그해 겨울 나는 미국 신학교 순방 여행을 떠났다. L.A와 시카고, 오클라호마, 뉴욕을 거쳐 필라델피아로 왔다. 웨스트민스터신학교를 방문하고 교장이신 클라우니(Ed. Clouwny) 박사를 면담하고, 나를 교수로 학문적으로 키워 준 간하배(Harvie H. Conn) 교수를 만났다. 그리고 필라델피아에 온 김에 반드시 한부선 선교사를 만나리라 생각하고 도움이의 안내를 받아 그의 자택을 방문했다. 이미 한부선 목사님은 나이 80이 넘어 방안에서도 휠체어를 타고 계셨다. 그리고 반갑게 만나 서로 옛 이야기를 나눈 끝에 지금도 내 가슴을 적시는 다음과 같은 말을 잊을 수 없다.

"만일 통일이 되면 내 고향 황해도 재령을 휠체어를 타고라도 꼭 가겠습니다."라고 하였다. 그는 가장 한국을 사랑하고 한국 교회를 사랑했던 선교사요 신사 참배를 반대했던 진리의 투사였다. 박윤선과 한부선, 이 두 사람은 고신의 동료 교수일 뿐 아니라 신학적, 신앙적으로 형제처럼 서로 격려하며, 위로하고 감싸 주었던 아름다운 우정을 가졌다. 후일 웨스트민스터신학교는 1979년 9월 3일 한부선 선교사와 총신의 대학원장 박윤선 박사에게 그들의 공적을 높이 사서 명예신학박사(D.D) 학위를 수여했다.

1981년 필라델피아의 한부선 선교사 자택을 방문한 필자

 _ 30

박윤선과 간하배(Harvie M. Conn)

박윤선 박사는 나에게 칼빈주의 신학과 신앙, 그리고 삶을 지도하신 멘토이다. 또한 간하배(Harvie M. Conn) 박사는 내게 학문하는 방법을 가르쳐주신 스승이다.

간하배 선교사는 1970년부터 그가 미국 웨스트민스터신학교 교수로 불리어 갈 때까지 나와는 친밀하게 지냈다. 그에게서 많은 사랑을 받았다. 그는 미국 정통장로교회(O.P.C) 소속 선교사로 미국 칼빈대학과 웨스트민스터신학교에서 공부한(M. Div, Th. M) 학자이자 선교사이다. 분명한 칼빈주의 신학적 입장을 견지하면서 스승인 코넬리우스 반틸(Cornelius Van Til)의 사상을 잘 가르쳐 주었다. 그때 간하배 교수는 우리에게 화란의 칼빈주의 철학자 헬만 도예베르트(Herman Dooyeweerd)의 책을 읽도록 했으나, 나는 실력이 일천하여 도무지 무슨 말인지 이해할 수 없었다. 뿐만 아니라 박윤선 박사가 고신의 교장에서 물러나와 서울로 오자 정통장로교 선교부의 한부선, 하도례, 간하배 등의 선교사는 고신과는 일정한 거리를 두면서 고신과 총신을 동시에 돕게 되었다. 그래서 간하배 선교사는 총신의 교수로, 한부선 선교사와 하도례 선교사는 고신을 돕고 있었다.

그때쯤 나는 박윤선 목사님을 도와 동산교회를 개척하는데 힘을 보태고, 그가 섬기는 동산교회 전도사로 도움이 역할을 하고 었었으니, 자연히 간하배 선교사는 내게 대한 관심이 많았다. 거기다가 1964년에 나는 동산교회 중고등부 학생들을 위한 '칼빈주의 5대 교리 강해'란 교안을 만들었다. 비록 50여 페이지 프린트물 교안이었지만, 칼빈주의 사상을 말하는 이가 별로 없던 시대에 돌트총회(Dordt Synod)에서 결정한 돌트신경 교리를 성경적으로 증명해 가는 소책자는 당시로서는 귀한 것이었다. 그래서 나는 박윤선 목사님과 간하배 교수에게 눈에 띄는 학생이 되었다.

요즘식으로 말하면 잘 눈에 띄는 총명한 학생이었고 매우 순종적인 학생이었다. 또한 박윤선 목사와 간하배 목사는 모두 웨스트민스터신학교 선후배로서 고려신학교 교장으로 십수 년 동안 개혁주의 신학과 신앙을 지켜 온 터라, 두 분은 박 목사님이 부산 고신에 있을 때 한부선 선교사 이상으로 가까이 하였다. 더욱이 간하배 선교사는 학자로서 당대의 한국 교회의 신학적 흐름을 정확히 꿰뚫고 있었고, 그것을 개혁주의 입장에서 비판하고, 논문을 내거나 책을 출판하여 한국 교회를 선도하는 앞서가는 지도자였다.

내가 1962년에 총신의 새 학기 채플시간에 참석했는데(신용산교회), 이제 막 한국말을 띄엄띄엄 구사하는 간하배 교수의 설교를 들었다. 그때 그는 "여러분! 좋은 목사 되기를 바라지 마십시오."라고 했다.

우리는 깜짝 놀랐다. 모두 좋은 목사, 성공적인 목사가 되는 것이 꿈이었던 우리에게 간하배 교수의 말은 우리를 어리둥절하게 만들었다. 그런데 간하배 교수는 다시 말하기를 "좋은 목사 될려고 노력하지 말고, 좋은 신학생 되기를 노력하십시오. 대개 학생들은 좋은 목사가 되는 것을 희망하면서도 좋은 신학생으로서 학문과 경건에 무심한 것이 사실입니다."라고 했다. 나는 지금부터 56년 전의 간하배 교수의 그 설교를 잊을 수가 없다.

나는 총신대학 신대원을 졸업하고 1967년 총신대학원에 계속 진학해서 신약학으로 박윤선 박사 주임교수, 간하배, 박형룡 부심교수로 공부하였다. 박윤선 박사의 강의 시간 중 성경 주석 강해를 필기하면서 그의 주석 증보를 도와 드렸고, 박형룡 박사의 시간에는 존 멕네일(John McNeil)의 『칼빈주의 역사(History of Calvinism)』를 교제로 해서 엄청난 양을 매주 번역하여 발제했다. 그리고 간하배 교수의 강의와 숙제도 만만치 않았다.

그런데 간하배 교수는 학기가 시작되자마자 1개월 이내 원고 용지 40-50페이지 정도의 리포트를 제출하도록 숙제로 내주었다. 그때 나는 제목을 '사도행전 2장에 나타난 방언 연구'로 결정했다. 참고 서적은 그로마끼(Gromaki)의 『사도행전 연구』를 중심으로 여러 책을 참고하며 사도행전 2장에 나타난 방언 문제를 성경 해석학적 방법으로 기술했다. 당시에 총신의 학문하는 방법은 박형룡 박사의 교의신학적인 방법이 대세였다. 즉 어떤 주제를 논하던지 '의미', '역사', '제학설', '개혁주의 입장', '결론' 등의 분류, 분석적 방법이었다. 그러나 나는 방언과 관련된 구절을 성경 해석학적 입장에서 풀어가는 방법을 사용했다. 그 리포트를 다 읽은 간하배 교수는 페이퍼 위에다 굵은 청색 글씨로 최고 점수(Excellent Mark)라고 써주었다.

그 후 간하배 박사는 "내 헬라어 과목을 당신에게 줄 터이니 할 수 있겠느냐"고 물었다. 나는 엉겁결에 "Yes"해 버렸다. 그러나 그것은 장난이 아니었다. 혹독한 훈련 과정이 기다리고 있었다. 첫 번째 헬라어 시간이었다. 신대원 1학년 수업시간에 간하배 교수는 맨 앞자리에 앉아서 내가 교수를 할 수 있는지 일일이 체크했다. 그 클라스는 후일 한국 교회에 위대한 지도자가 된 옥한흠, 문창수, 박광옥 등이 있었다. 나는 눈앞이 캄캄하고, 내가 무엇을 말했는지 잘 몰랐다. 첫 수업이 끝난 후 간하배 교수는 교수실로 나를 불러 호되게 꾸짖었다. 눈물이 쏟아질 정도로 강하게 말씀하셨다. 그 다음 둘째 주간의 수업에도 간하배 교수는 앞자리에 앉아서 내 강의를 유심히 살폈다. 수업이 끝난 후 약간 얼굴이 펴지면서 "much better"라고 했다. 셋째 주간 수업 후에는 "good"이라고 했다. 그리고 넷째 주 수업 후에 그는 말하기를 "now you can independent" 이제 독립해도 되겠다고 했다. 내가 총신 강단에 선 것은 참으로 혹독한 시집살이를 거치고 된 것이다.

그 후 나는 헬라어뿐 아니라 화란어도 강의하게 되었다. 1968년 11월에는 주임교수 박윤선 박사, 부심 간하배, 부심 박형룡 박사 아래서 "바울신학에 나타난 하나님의 의(義)의 개념 – 로마서 3:21-26의 해석학적 연구를 중심으로"란 논문을 써서 신학석사(Th. M) 학위를 받았다. 그 후 미국에서부터 박희천 목사가 웨스트민스터신학교 석사를 마치고 귀국하자, 박윤선 박사는 나를 조용히 불렀다. 나의 헬라어 과목은 박희천 목사에게 물려주는 것이 좋겠다고 했다. 그 말의 의미를 금방 알아차리고 박 목사님의 말씀에 순종했다. 그 대신 나는 동계와 하계에 헬라어 집중교육만 맡고, 화란어만 가르쳤다. 화란어 클라스에는 후일 칼빈대학교 교수가 된 박일민, 이집트의 김신숙 선교사, 혜성교회 박광옥 목사 등이 참석한 것으로 알고 있다. 아직도 기억에 남는다.

필자가 화란 뿌라야(자유)대학교에서 공부할 때 화란어가 잘 안 되어 낙심되는 일이 많아 당시 웨스트민스터신학교 교수로 있는 간하배 교수에게 편지를 보내어 미국 가서 공부하겠다고 했다. 간하배 교수가 회답이 오기를 여기 웨스트민스터신학교 출신들은 암스텔담 뿌라야(자유)대학교에 공부하러 가는 것이 꿈인데, 아무 말 하지 말고 거기서 계속 공부해서 뜻을 이루라는 편지가 왔다.

1980년 내가 총신대의 학장이 되어 웨스트민스터신학교를 방문하고 간하배 교수를 방문했더니, 그의 연구실 책상 앞에 내가 보낸 나와 개혁주의 교의학자인 벨카워(G. C. Berkouwer) 박사와 나란히 찍은 흑백 사진을 걸어놓고 있었다. 그리고 그 호쾌한 너털웃음으로 "내가 사람 하나는 잘 봤지요."라고 했다. 그날 나는 웨스트민스터신학교에서 1960년대의 총신을 회상하면서 긴 대화를 나누었다. 정말 그 장면은 지금도 아련한 추억으로 남는다.

1981년 웨스트민스터신학교 하비 칸(Harvie M. Conn) 교수와 함께

> June 8, 1987
>
> Dear Prof. Chong.
>
> A copy of your new book arrived this week. Thank you so much. It looks like a very useful piece of scholarship.
>
> Enclosed are some more materials for your 특집 on Van Til. The essay by Knudsen was delivered at the memorial service.
>
> Cordially in Christ,
> Harvie Conn

1987년 미국 웨스트민스터신학교 교수 Harvie M. Conn 박사가 필자에게 보낸 서신

30 박윤선과 간하배(Harvie M. Conn)

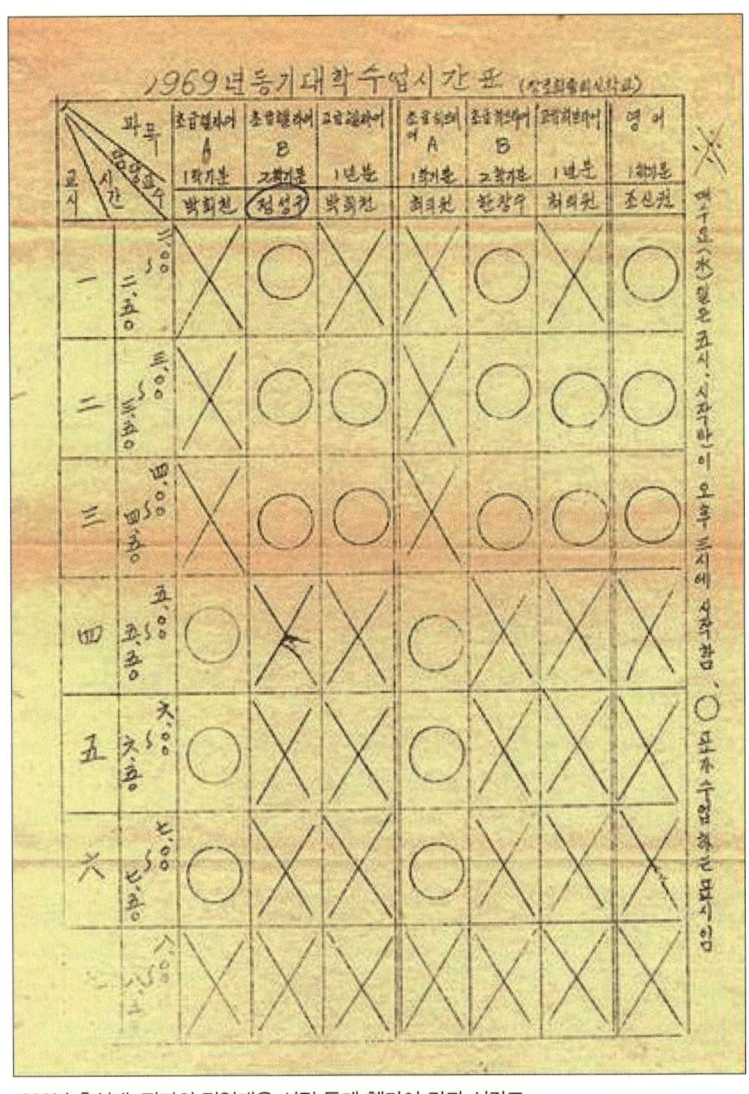

1969년 총신대, 필자의 전임대우 시절 동계 헬라어 강좌 시간표

 _ 31

또 교회를 개척하다

박윤선 목사는 체질적으로 하나님의 말씀인 성경을 가르치고 설교하는 것을 좋아했다. 그는 평생 성경 주석가로서 혼신을 다했는데, 성경 주석에는 매장마다 설교 한두 편을 반드시 덧붙였다. 왜냐하면 성경을 주석하다 보면 깊은 진리를 깨닫게 되고, 깨달은 진리는 구체적 삶의 현장과 교회의 강단에서 설교로 선포되어야 했기 때문이다. 그러므로 박윤선 목사는 어디를 가든지 설교를 귀히 여겼다. 그래서인가 박윤선 목사님은 3년 동안 섬기던 서울 충정로 동산교회를 사임하고 총신의 교수로 또는 학장으로 일했으나, 그를 따르는 성도들은 박윤선 목사님의 설교를 들으려고 찾아왔다.

그래서 박윤선 목사님은 또 다시 상도동에 한성교회를 세우고 설교하기 시작했다. 물론 그때도 전형적인 목회자이기보다는 그냥 설교자로서 신학교 교수일을 하면서 성경 주석을 집필해 나갔다. 그의 주석 작업은 바로 기도의 사역이었고, 설교로 증거 되어야만 했다. 그 당시에 박윤선 목사님의 집도 상도동인데다 총신에서 아주 가까웠다. 총신에 출근하려면 이른바 헐떡 고개라는 가파른 산길을 따라가야 했다. 버스도 숭실대 정문이 종점인데다 박 목사님 댁은 버스 종점에서 아주 가까웠다. 박 목사님이 일생동안 가슴에 품고 있는 생각은 "목사가 강단이 없으면 죽은 목숨"이라는 것이다. 그러므로 1970년대 그 당시 박윤선 목사님의 강의나 설교를 녹음으로 듣고 있으면, 여전히 생명을 거는 설교였고, 큰 소리로 확신에 넘치는 메시지를 전했다. 나는 감사하게도 그 당시의 설교와 강의를 녹음하여 거의 다 갖고 지금도 듣고 있다.

박윤선 목사님이 총신의 교수로 한성교회를 개척할 즈음에 나는 26사단 76연대 육군 군목으로 동두천 하봉암에 근무하고 있었다. 그때는 교통이 불편하여 동두천 하봉암에서 상도동까지는 두 시간 이상이 걸렸다. 그런데 박윤선 목사님은 주일 저녁 시간에는 가끔 나를 불러 설교를 시켰다. 군인교회는 주일 11시 예배를 인도하고 점심을 먹고 난후 오후 예배를 인도하고 나면 저녁은 자유로웠기에 박윤선 목사님의 부름에 그냥 순종했다. 물론 당시에는 박윤선 목사님, 사모님과 이창숙 선생, 의정부제일교회 시무하다 은퇴한 황OO 전도사 등이 목사님을 돕고, 과거 부산과 서울 동산교회에서 박 목사님을 따르던 성도들도 일부 있었다. 물론 나는 은사이신 박 목사님 앞에서 설교하는 것이 여간 부담스런 일이 아니었지만, 목사님은 동산교회에서 함께 일했을 뿐 아니라, 총신에서 늘 곁에서 돕던 내가 편안했기 때문에 가끔 나를 불렀던 것 같다.

나는 군목에서 대위로 제대하고 1972년에 박윤선 목사님의 추천을 받아 암스테르담 쁘라야(자유)대학교로 유학가고, 박윤선 목사님도 미국 L.A로 가서서 주석 집필하시는 일에 전념하였다. 박 목사님이 L.A에서 주석 쓰는 일에 전력투구하고 있을 때, 목사님은 사모님보다 비서인 이창숙 선생을 먼저 데려갔다. 왜냐하면 이창숙 선생은 박윤선 목사님을 위해 태어났다고 할 만큼 수족처럼 일을 잘했기 때문이다. 나는 귀국할 때까지 박 목사님의 주석 자료 구입에 전력을 기울였다. 특히 화란의 개혁주의 구약주석 학자인 히스펜(W. H. Gispen, 1900-1986) 박사 댁에 직접 방문해서 참고 문헌과 자료를 친필로 받아서 박윤선 목사님께 우편으로 보내 드렸다.

미국의 L.A 즉 미국 서부 지역에는 박윤선 목사님이 참고할 만한 개혁주의 신학 자료가 거의 없었다. 그래서 박 목사님은 내게 늘 편지로 자료를 부탁했다. 즉 "개혁주의적이면서, 경건미가 있어야 하고 복음적인 참고 도서가 필요하다."고 말했다. 내가 1973년 새로 이사간 동네가 암스테르담의 트룰스트라란(Mr. Troelstralaan) 13번지였다. 그곳은 마침 히스펜 박사와 이웃이어서 쉽게 접근했다. 그때 박 목사님이 내게 보낸 편지만도 50여 통이 넘고, 나도 40통 이상의 편지를 박 목사님께 보냈다. 박윤선 목사님이 L.A로 가시기 전에 한성교회는 청년 신앙운동가요 학자이면서 부흥사인 김진택 목사님이 물려받아 교회를 짓고 크게 부흥시켰다. 그러나 그 후 한성교회는 김 목사님과 장로들 사이에 심한 갈등 때문에 큰 어려움을 겪었다.

1979년 겨울, 총신대에서(박종호 총무과장, 김명혁 교수, 필자, 박윤선 대학원장, 김희보 전 학장)

 _ 32

박윤선 목사의 여의도 집회

오래전에 여의도 광장은 흔히 5.16 광장이라고 하였다. 박정희 대통령에 의해서 만들어진 5.16 광장은 명소였다. 서울에 그만큼 거대한 광장 공간이 있다는 것은 한국의 큰 자랑거리였다. 군사 퍼레이드는 말할 것도 없고 모든 국가의 대형 행사도 여기서 이루어졌다. 뿐만 아니라 여의도 광장이 조성된 이후 한국 교회의 대형 집회는 모두 여기서 이루어졌다. 1973년 빌리 그레함(Billy Graham) 목사의 대전도 집회, 1974년 Expolo 집회, 1977년 민족 복음화 대성회, 1984년 한국 교회 선교 100주년 기념 대회 등이 모두 여기서 이루어졌다. 그때마다 약 100만 명의 인원이 동원되었고 한국 교회 부흥 운동의 견인차가 되었던 의미 있는 장소였다. 이때가 한국 교회 부흥의 전성기였다.

그 전후로 여의도 광장에서는 한국 교회가 단합하여 부활절 연합 예배가 이루어졌다. 부활절 연합 예배는 모든 교파를 초월해서 하나 되는 기회였다. 한국 교회 100주년 기념 사업회, 한경직 목사, C.C.C.의 김준곤 목사, 선교의 대부 조동진 목사, 최훈 목사, 총무인 김경래 장로가 주축이 되고, 여러 교단장들이 힘을 합해 한국 교회 부흥의 황금기를 이루었고, 한국의 복음화의 견인차가 되었다. 그러나 여의도 광장이 없어지자 한국 교회는 W.C.C 계열과 보수주의 계열로 나누어서 부활절 연합 예배를 드리다가, 그마저도 점점 지역적으로 또는 개교회 부활절 예배로 분산되어 드렸다. 그리고 한국 교회는 분열에 분열을 거듭하면서 사회에 비난의 대상이 되었다.

필자는 1982년 여의도 부활절 새벽 집회 때, 때마침 총신대 특강을 온 미국 칼빈대학교 총장 디크마(Antony Diekma) 박사 내외를 모시고 여의도 부활절 집회 귀빈 단상에 올라갔다. 그 당시 나는 총신대학 학장으로서 총신대학의 세계화와 개혁주의 신학의 연대가 필요했다. 그래서 미국 그랜드 레피즈에 있는 칼빈대학과 신학교를 직접 방문하고 디크마 총장을 공식 초청했다. 이렇게 칼빈대학의 총장 내외를 특별 집회 형식으로 항공비와 호텔비를 지불하면서 총신의 세계화와 개혁주의 신학과 신앙 연대를 위한 것은 학교가 세워진 후 처음이었다. 그 날 여의도 광장에 성도들은 줄잡아 50만 명은 모인 듯 했다. 총장 디크마 박사 내외는 본부석 앞자리에 앉아 KBS, MBC를 비롯한 각 기독교 언론의 모든 카메라맨들의 집중 조명을 받았다. 그는 눈앞에 펼쳐진 한국 교회 성도들의 열심과 뜨거운 기도를 보고 듣고는 엄청난 충격에 빠졌다. 한국과 한국 교회에 대해서 별로 정보가 없던 그는 수십만 성도들이 한꺼번에 부활절 축하 예배를 드리며 50여 만 명이 찬송과 통성기도를 하는 장면을 보고 너무 놀라워했다. 여의도 부활절 새벽 예배의 감격으로, 디크마 박사는 귀국 후 칼빈대학과 신학교에 '한국의 날'을 선포하고, 총장 공관에 한국계 학생들을 모두 초청해서 불고기 파티를 베풀었다.

그리고 디크마 총장은 총신대에서 4일간 오전 오후에 걸친 "기독 대학이 가지는 세계관이란" 주제로 8번의 강연을 함으로써 총신 역사의 새장을 열었다. 또 칼빈대학교에서 공부하는 한국계 학생들에게 한국 교회를 방문한 경험을 털어 놓았다. 그러면서 그는 한국 교회의 부흥과 성장을 눈으로 보고 귀로 들은 것을 학생들에게 보고하였다. 이로 말미암아 국제 관계에 틀을 짜고 자매 관계를 맺은 나는 학장으로서 유학의 경험이 없는 교수들을 미국 그랜드 레피즈에 소재한 칼빈대학과 신학교를 보내어 이른바 인터림코스 3개월을 공부시켰다. 그때 보낸 교수들은 홍덕창, 정희영, 김정기, 김의작 등의 교수였고 총신에서는 편도 비행기를, 칼빈에서는 숙식을 제공하도록 했다. 지금부터 38년 전의 나의 국제 외교를 생각나게 하는 이야기이다.

그런데 그 후 여의도 광장은 각종 강성노조와 학생들의 대형 데모 집회가 일어나고, 어찌된 영문인지 잘 모르지만 여의도 광장은 역사에 사라지고 여의도 공원이 조성되었다. 여의도 광장이 사라지자 덩달아 한국 교회도 대형 옥외 집회는 점차 사라져 버리고, 한국 교회는 그 후 대사회적 메시지나 발언도 없어졌다. 그리고 한국 교회는 부흥의 열심도, 전도의 열심도 쇠퇴하고 하향 곡선을 긋기 시작했다.

아직도 여의도 광장이 있을 때 한 번은 부활절 연합회에서 설교 강사로 박윤선 박사를 모셨다. 전후좌우는 잘 모르지만 아마 고려파의 장로였던 김경래 장로, 고신 출신이었던 합동 측 교단 총회장을 지냈던 최훈 목사, 개혁 측 교단 총무였던 총신 출신의 김상곤 목사의 역할이 컸던 것 같다. 부활절 새벽 예배는 모든 시간이 분단위로 쪼개어

져서 찬송, 기도, 설교 등의 시간을 정확히 지켜야 했다.

그런데 박윤선 박사는 본래 대중 설교자가 아니었다. 박윤선 목사의 설교에는 그 흔한 '할렐루야'도 '아멘'도 없었고, 그냥 복음 진리 그 자체만 증거 했다. 목사님은 시간 가는 줄도 모르고, 예수 그리스도의 역사적 부활 사건을 증거 했다. 그러나 박윤선 목사님의 설교는 점점 길어졌고, 예정된 시간보다 훨씬 지나갔다. 애간장이 타는 것은 진행자들이었다. 그렇다고 뜨겁고 힘 있게 설교에 몰입하는 박 목사님의 설교를 멈출 수도 없고 참으로 난감하였다. 그래서 김경래 장로는 김상곤 목사를 시켜서 설교하는 박윤선 목사님의 양복 윗저고리 뒤를 두세 번 당기라고 했다. 그래서 김상곤 목사는 박 목사님의 윗저고리를 몇 번 당기니 그제야 박윤선 목사는 설교 시간이 너무 길어진 줄 알고 서둘러 멈추었다.

박윤선 목사님은 설교 시간을 잘 못 맞춘다. 필자가 박 목사님을 모시면서 경험한 것은 어느 때는 '결론으로' 해놓고 십분 이상 말씀하기도 했다. 그는 시간보다 더 중요한 것은 진리 자체이고, 또 설교에 몰입하면 시간 가는 줄 모른다. 그것이 박윤선 목사님의 모습이었다.

필자도 그 전후하여 여의도 부활절 새벽 연합예배에 설교자로 선정되었다. 그러나 기자들이 나에게 알려준 바에 의하면, 합동 측 총회장을 지낸 모 목사가 부활절 새벽 연합집회 준비위원회에 들어가서 하는 말이 "정성구는 아직도 아니라고" 부정적 말을 하고, 자신이 여의도 부활절 새벽 예배 설교자가 되었다는 것이다. 대형 연합집회의 설교에도 정치와 돈이 작용한다는 것을 그때부터 알았다. 그러나 나는 여의도 광장에서 부활절 새벽 연합집회 설교는 못해 봤지만 그동안 파주시, 고양시, 양주시, 서울의 거의 모든 지역, 의정부, 수원, 안양, 경기도 광주, 용인, 기흥, 원주, 대전, 광주, 대구(두류 축구장), 왜관, 김천, 예천, 안동, 울산, 부산(해운대 백사장), 제주도 등등 지난 40년 동안 안 가본 지역이 거의 없을 정도로 부활하신 예수 그리스도를 설교하는 일에 주력했다. 특히 1977년부터 합동 측 총회의 제14회 전국 목사 장로 기도회 주강사로 시작해서 35년 동안 일했다. 이것도 모두가 박윤선 목사님의 신학과 신앙을 배우는 중에 얻어진 열매라고 생각하고 늘 감사할 뿐이다.

1990년 미국 칼빈신학교 총장 J. de Jong 박사가 한국칼빈주의연구원을 방문하다.

1982년 칼빈대학교 A. Diekma 총장 환영 만찬

 _ 33

씨름 선수 박윤선

　1980년 필자가 총신대학 학장으로 있을 때 홍치모 교수는 학생처장으로 나를 돕고 있었다. 하루는 그와 대화 중에 박윤선 목사는 한때 씨름 선수였다고 말했다. 나는 박윤선 목사님이 평생 주경신학자였고, 언어학자요, 설교자로서 신학 연구에 전념했을 뿐인데, 씨름 선수라는 이야기는 가당치도 않는 말이라고 생각했다. 그러나 평소 박윤선 목사님을 가까이 모신 분은 다 알겠지만 박 목사님은 뼈대가 보통 굵은 것이 아니었다. 골격이 단단해서 체력이 뒷받침 되었기에 그토록 큰 성경 주석 사역을 감당했을 것이다.

　그런데 박윤선 목사님의 필체는 거의 악필에 가깝다. 어떤 때는 글을 쓴다기보다 글을 그린다는 표현이 맞을 정도였다. 박 목사님은 항상 400자 원고지에 주석을 써내려 갔는데, 원고지의 선이나 간격과는 처음부터 맞지 않았다. 그리고 박윤선 목사님은 자유롭게 집필하셨다. 그러면 그것을 이창숙 선생이 다듬고 성경 주석 책이 되도록 만들었다.

　교정에는 1950년대는 후일 합동 측의 총무를 했던 정봉조 목사님이 책임교정을 했다. 정봉조 목사님은 고려신학교를 졸업한 목사이지만 국문학자였다. 1960년대 이후에는 박윤선 목사님의 주석 교정에는 필자를 비롯해서 김수홍 목사 등 여러 사람이 동참하였다.

박윤선 목사님은 신학교 교수로서 명강의를 하였지만 항상 열강이었다. 목사님의 강의는 불을 토하는 설교와 같았다. 그래서 우리 모두는 박윤선 목사님의 설교 못지않게 그의 강의에서 지식 전달만 받는 것이 아니라, 가슴이 뜨거워지는 은혜를 체험하게 되었다. 물론 박윤선 목사님의 기도와 영성이 뒷받침되기도 했지만, 또한 강건한 체력이 뒷받침되기도 했다.

특히 고려신학교 초기에는 신학을 제대로 가르칠만한 교수도 강사도 없었기 때문에 박윤선 교수 혼자서 모든 과목을 다 가르치는 형국이었다. 그래서 박윤선 목사님은 고신에서 그냥 박 교장으로 불리었다. 그 옛날의 방식대로 일인 교장, 일인 교수로서 신학을 전수했던 박 교장은 주경신학자임에도 불구하고, 칼빈주의 5대 교리를 비롯해서, 조직신학 중 구원론, 말세론, 교회론, 성경 신학, 헌법까지 거의 모든 신학 과목을 교수했다. 이 말의 뜻은 박윤선 교장은 신학 전반에 걸쳐서 통달하고 있었을 뿐 아니라, 그 만큼 체력이 뒷받침 되었기에 가능하였다는 의미이다.

박윤선 목사님에 대해서 옛날부터 잘 아시는 분 중에 남영환 목사님이 있다. 그는 만주신학교에서 박형룡, 박윤선, 박사 두 어른 밑에서 공부하던 분이다. 왕십리교회를 시무하던 서재신 목사를 비롯해서, 당시에는 합동 측 총회장을 지냈고, 한국의 군목 창설 시, 1군사령부 군종 참모로 있던 황금천 목사도 같은 시기에 공부했다. 필자는 남영환 목사도 만났고, 황금천 목사도 가까이서 알게 되었다. 황금천 목사는 대(大)전도자이자 총회장을 지냈다. 그의 아들 황신권 군은 몇 년 동안 내 조교가 되었음으로 황금천 목사님을 가까이서 뵐 수 있었다. 익히 들은 바로는 만주신학교도 사정이 복잡했다. 박형룡 박사와 박윤선 박사는 신사 참배를 안 하는 조건으로 교장에는 정상인 목사를 방패막이로 내세웠다고 한다.

해방 후 고려신학교를 세울 때 남영환 목사가 합세하고 고신의 창설 멤버가 된다. 남영환 목사는 박윤선 박사를 회고하면서, 박윤선 목사가 씨름의 달인이었다는 소문의 진상을 좀 더 자세하게 설명해주었다. 박윤선 목사님이 만주신학교 교수 시절 얼마나 건강했는지 한 사건으로 증명이 되었다. 즉 박 목사님이 만주 봉천에 있을 때, 흩어졌던 한국 교역자들이 함께 야외로 모였다. 점심시간이 지나고 씨름판이 벌어졌다. 그 모임은 씨름에 단 한 사람도 빠짐없이 모두가 참여하는 것이 규칙이었다. 그 당시 기골이 장대하고 힘이 장사인 전재선 목사가 있었다. 그는 누구나 잘 알고 있듯이 단연 챔피언 감이었고, 우승 영순위였다. 그런데 모든 분이 다 씨름에 참여했지만 유일하게 씨름에 참여하지 않고 남아 있는 분이 있었으니, 그분이 바로 박윤선 교수였다. 그런데 전재선 목사는 굳이 씨름을 사양하는 박윤선 교수를 기어이 끌어내어 씨름 한판을 붙게 되었다.

박윤선 목사님은 본래부터 씨름에 기술이란 전혀 없었으나, 전재선 목사는 힘도 장사려니와 기술도 대단했다. 본래 전재선 목사는 고향에 있을 때부터 씨름 장사였다. 그런데 막상 박윤선 목사님과 씨름을 해보니 상황이 녹녹치 않았다. 두 사람은 주거니 받거니 밀고 당기다가 쿵하는 소리와 함께 전재선 목사님의 거대한 체구가 보기 좋게 넘어지니, 주변에 둘러앉아 손에 땀을 쥐고 지켜보던 동역자들은 큰 박수갈채를 보냈다. 구경꾼들은 흥분했고 모래판은 아주 흥미진진했다.

전재선 목사는 자신의 실수로 알고, 또 다시 해 보자고 굳이 사양하는 박 목사님을 끌어내리려고 했다. 처음에는 모든 교역자들도 박윤선 목사님은 전 목사님의 상대가 될 수 없겠다고 생각하고 권하지 않았는데, 둘째 판은 주변에서 박윤선 목사를 떠밀어냈다. 그런데 두 번째 판의 결과도 박윤선 목사님의 압도적 승리였다. 모든 관중은 열광하면서 환호하고 모두 일어나서 박수를 쳤다. 그러자 전재선 목사님은 자존심이 있는지라 포기하지 않고 세 번째 다시 도전했다. 하지만 세 번째 판에도 박윤선 목사님은 전 목사님을 거꾸로 쳐 박았다. 그제야 전 목사는 박윤선 목사님의 괴력을 인정하고 패배를 솔직히 시인하게 되었다.

박윤선 목사님은 목사와 신학교 교수였지만 그날의 이야기가 그대로 전해 내려오면서 박윤선 목사는 한때 씨름 선수였다고 말하고 있다. 그 힘으로 신구약 주석을 다 쓰고, 설교 때마다 생명을 다해 말씀을 증거 하였다는 사실을 알 수 있다.

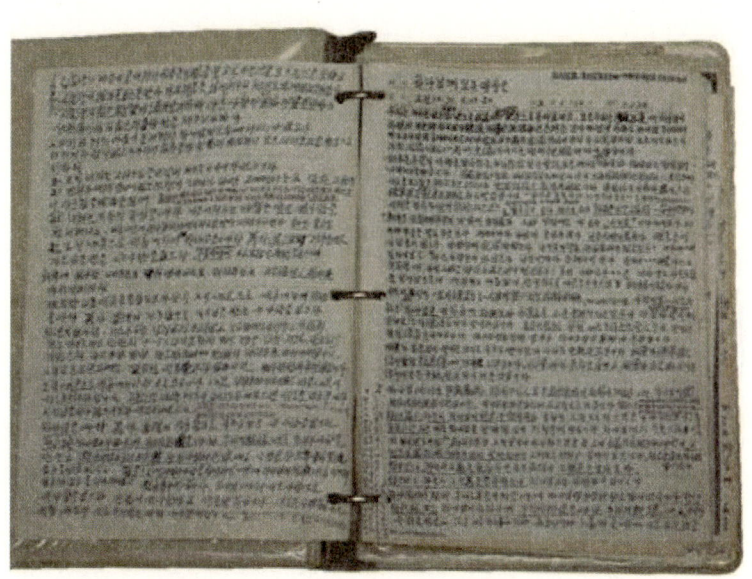
만주신학원에서 박윤선 교수 아래 수학했던 왕십리교회 서재신 목사의 설교 원고

_ 34

박윤선 교장의 졸업 훈사

　박윤선 박사는 고려신학교와 총회신학교, 그리고 합동신학교에서 교장으로서 졸업식 때마다 훈사를 했다. 그러나 그 훈사의 말씀이 온전한 형태로 기록된 것은 별로 없다. 그럼에도 총신 또는 합신의 졸업식 훈사를 들은 분들이 후일 기억 될 만한 금언 같은 말씀들이 많았다는 사실이다. 여기서는 고려신학교 제13회 졸업생들에게 주는 완전한 훈사가 기록으로 남겨져 있기에 간추려 보기로 한다. 아마 이 훈사는 박윤선 박사가 고려신학교 교장으로서는 마지막 훈사인 듯싶다. 왜냐하면 이 전문이 「파숫군」지 85호(1958. 4.)에 실렸기 때문이다.

　이 졸업식 훈사를 보면 "나는 여러분에게 훈사를 하게 될 때에, 내가 여러분보다 나은 것이 없음을 느끼며(빌 2:3) 몇 가지를 말씀하려고 합니다. 그것은 성경, 기도, 찬송에 대한 말씀입니다."라고 했다. 아합 왕의 군대장관 문둥이 나아만을, 요단 강에 일곱 번 씻으라는 엘리사의 권면을 듣지 않고 오히려 노했을 때에, 종들의 권면을 듣고 엘리사의 말대로 순종하여 문둥병을 고쳤다는 것을 예로 들었다. 박윤선 교장은 자신을 나아만의 종처럼 비유했고, 종의 말이라도 순종할 일이 있으면 순종해야 한다고 하면서 훈사를 시작했다. 박윤선 목사님은 언제나 자신을 내려놓고 종의 모습으로 말하고 있다. 그의 훈사를 인용하면 다음과 같다.

1. 성경: 딤전 3:14에서는 "너는 배우고 확신한 일에 거하라"고 했습니다. 이것은 성경을 배우란 말입니다. 여러분이 오늘 신학교 졸업을 하지만 성경을 다 배웠다고 생각하면 안 됩니다. 성경은 일평생 배워도 다 못 배웁니다. 그 이유는 성경의 권수가 너무 많다든가 페이지 수가 너무 많다는 이유가 아닙니다. 그만한 권수로 된 경전은 다른 종교에도 있습니다. 성경 연구가 그렇게 끝나지 않는 이유는, 그것이 하나님의 말씀이기 때문입니다. 하나님의 말씀인 만큼, 모든 것에 대하여 바로 해석하여 줍니다. 곧 천지만물을 바로 해석하여 줍니다. 성경이 만물에 대한 학문의 교과서는 아니지만, 만물을 통일시키는 만물계(萬物界)의 모든 이치들을 진리 되게 하는 진리입니다. 모든 이치는 성경 진리 곧 계시된 말씀의 광명으로 해석되어야만 진리성을 띱니다. 헬만 도예베르도(Herman Dooyeweerd)는 다음과 같이 말을 하였습니다. 곧 "2+2=4라는 판정도, 그것이 절대화 되어 스스로 진리(Wahrheitanich)로 자처한다면 진리가 아니라, 다시 말하면 그것이 시간 세계의 질서 또는 창조주 하나님에게서 떨어져 있어서는 진리가 아니다."라고 하였습니다. 그뿐 아니라 성경은 죄인에게 준 책인고로 그 연구는 끝나지 않습니다. 인간에게서 죄가 다 없어지는 때까지 이 책은 절대로 인간에게 필요합니다. 다윗과 같은 성도도 말하기를 "죄가 나의 머리털보다 많으므로 내 마음이 사라졌음이니이다."라고 하였습니다(시 40:12).

우리는 성경을 조금 맛이나 보고서 다 아는 듯이 자처하면 안 됩니다. 나는 수일 전에 한 늙은 한학자를 만나본 일이 있습니다. 내가 그에게 춘추(春秋)에 대하여 물으니, 그는 대답하기를, "읽어보지 못 하였습니다."라고 하였습니다. 그러나 그는 나와 이야기를 계속하는 중에 춘추에 대한 많은 자세한 지식을 나타내었습니다. 그는 춘추라는 고전(古典)의 본문 비평까지 하였으니, 예를 들면 춘추전에 "三丞渡河"란 말은 실상 "乙亥渡河"란 말의 잘못 필사 된 것이라고 논(論) 하였습니다. 그는 이렇게 겸손하였습니다. 우리 성도들은 얼마나 겸손해야 합니까?

2. 기도: 살전 5:17에서는 "쉬지말고 기도하라"고 하였습니다. 우리는 기도에 대하여 많이 말하나, 기도를 어떻게 실행하는지가 문제입니다. 특히 중요한 것은 기도하는 제목이 옳은 것이어야 합니다. 알렉산더 화이트(Alexander Whyte)는 "기도는 우리의 마음을 하나님 앞에 토하는 것이고, 하나님의 마음은 우리에게 토함이 되어지는 것이다."라고 하였습니다. 그만큼 우리와 하나님과의 사귐에 있어서 기도가 중요합니다. 그뿐 아니라, 화이트는 말하기를 "기도는 사람과 사람 사이에 막힌 장벽을 폭파시키는 하나님의 포대"라고도 하였습니다.

3. 찬송: 엡 5:18-19에서는 "술취하지 말라 이는 방탕한 것이니 오직 성령의 충만함을 받으라 시와 찬미와 신령한 노래들로 서로 화답하며 너희의 마음으로 주께 노래하며 찬송하며"라고 하였습니다. 여

기 말하기를, 찬송하라고 하였고, 찬송하게 되는 원인으로서는 성령 충만입니다. 성령 충만은 신자의 마땅히 받아야 할 은혜기에 '받으라'고 명령까지 하였습니다. 그러면 성령 충만은 어떤 특수한 인물들에게만 한정해서 주는 것이 아닙니다. 신자면 누구든지 받아야 할 은혜입니다. 성령 충만은 어떤 은혜인가? 그것은 "새 술이 취하였다"는 비난을 받을 정도로 인간 자체의 정신 그대로가 아니라, 그 이상의 것입니다. 그것은 일종의 취한 것으로 비유될 수 있는 심령 상태입니다. 그러므로 우리 본문에 "술 취하지 말라"고 한 뒤에 그 대신 "성령의 충만을 받으라"는 말씀을 주십니다. 우리는 이 말세의 죄악 세상에서 우리의 심령이 참으로 성령에 취한 것 같이 되어지지 않고는 이기지 못합니다. 성령 충만은 인간의 죄악 정신 그대로가 아니라 그 죄악을 잊어버린 듯이 되고 성령에게 완전히 사로잡힌 상태입니다. 나는 오늘 위의 3가지를 여러분께 말씀하여 훈사를 대신합니다." 라고 하였다.

결국 박윤선 교장이 말한 훈사의 초점은 하나님의 말씀인 성경을 확실히 깨달을 뿐 아니라 끊임없이 연구하여야 한다는 것이다. 그리고 교역자는 끊임없이 기도로 달구어지고 성령의 충만을 받아야 한다는 것이다. 이것이 주의 교회를 목회하는데 잊지 말아야 할 것이라고 당부하는 교훈이었다. 그 외에도 박윤선 박사의 졸업식 훈사는 많다. 즉 "하나가 천을 당하고 만을 당하라"던지, "하나님의 말씀에 대한 확신", "생명을 걸고 진리를 파수하고 진실한 주의 종이 되라"는 것이 박윤선 박사가 후학들에게 주시는 유훈이었다.

신학박사(Th.D) 공동학위 약정식에 서명한 고신대학장 이근삼, 총신대학장 정성구, 침신대학장 정진황(1982)

 _ 35

정암(正岩)과 현암(賢岩)

박윤선 목사님의 아호는 정암(正岩)이다. 나는 한 번도 박윤선 목사님의 아호의 뜻이 무엇이며 누가 그 아호를 지었는지 물어 보지 못했다. 그러나 대개의 경우 아호는 그 사람의 인품과 삶을 단적으로 표현하는 것이라고 본다. 첫째로 바를 정(正)이 시사하는 바가 크다. 박윤선 목사님의 삶은 '바른 신학', '바른 신앙', '바른 교회', '바른 삶'을 지향한 것은 틀림이 없다.

바른 신학이라 함은 역사적 정통적인 개혁주의 신학이다. 즉 그의 신학은 이른바 성경의 '계시의존 사색'에서 시작하여 어거스틴과 칼빈과 카이퍼와 바빙크, 그리고 메이첸과 반틸로 이어지는 개혁주의 신학을 파수하려고 그의 삶을 드렸다. 뿐만 아니라 그의 일생은 타협을 모르는 정도(正道)를 걸어가는 삶이었다. 그의 일생을 살펴보면 적당주의나 절충주의란 없었다. 그것이 진리이냐 비진리이냐, 성경적이냐 비성경적이냐를 문제 삼을 뿐이고, 이것도 좋고 저것도 좋다는 식의 삶을 살지는 않았다. 그래서 박윤선 목사에 대한 오해도 있었다. 즉 그는 포용주의를 잘 몰랐다. 그 일이 하나님께 영광이 되느냐 안

되느냐가 그에게는 중요했다. 때로는 이런 그의 바른 태도 때문에 율법주의자란 오해도 샀고, 융통성이 없는 데다 혹자는 박윤선 목사를 '정신 나간 사람'으로 비아냥거리기도 했다(1962년 당시에 총신의 교수로 있던 H 교수가 하는 말을 직접 들었으나 건덕상 밝힐 수는 없다.).

박윤선 목사님은 결정적인 순간에 늘 하나님께 울부짖어 기도하고 하나님의 뜻을 찾아 바른 판단을 하곤 했다. 물론 이 말은 박윤선 목사의 판단이 언제나 완벽하다는 뜻이 아니라 늘 바른 신학과 그릇된 신학, 바른 신앙과 그릇된 신앙, 바른 삶과 그릇된 삶을 명쾌히 구분해서 바른 쪽을 택하려고 삶의 전부를 바치려고 애썼다는 것이다.

두 번째 박윤선 목사의 아호의 글자가 바위 암(岩)자인데 그것도 그의 좌우명인 '침묵정진'이나 '기도일관'과 무관하지 않을 것이다. 바위는 아무리 세월이 흘러도 비바람 찬이슬이 맺혀도 언제나 거기 그대로 있다. 즉 박윤선 목사는 시류에 따라 이리저리 변하는 것이 아니라, 초지일관 그의 사상과 삶은 변치 않았다는 것이다. 물론 박윤선 목사님의 신학교 봉사의 여정은 고신에서 총신으로, 총신에서 합신으로 전전했던 것은 사실이다.

그래서 혹자들은 박윤선 목사의 처신이 가볍다고 평하기도 했다. 그러나 그것은 외압이나 정치적 상황 때문에 발생한 것이지, 박윤선 목사의 신학과 신앙의 변화 때문에 그렇게 처신한 것은 아니다. 그러므로 박윤선 박사의 신학과 신앙의 전통을 어느 교파나 어느 신학교가 독점하는 듯한 행동과 언사는 박윤선 목사를 아전인수격으로 이용하려는 것임으로 옳지 않다. 박윤선 박사는 고신이나 총신 또는 합신의 인물이 아니라 우리 모든 장로교의 사상적 지표이자 모델이다. 박윤선 박사는 박형룡 박사와 더불어 한국의 모든 장로교회의 기초를 놓은 분으로 우리 모두의 스승이며 지도자로 자리매김해야 한다. 1988년 7월 2일 나는 박윤선 목사님의 장례식을 마치고 조시(弔詩) 하나를 썼는데 그 중에 한 소절은 정암(正岩)과 관련된 것이다. 그 내용은 아래와 같다.

> "선지학교 선지생 반세기의 열정 강의 바른 바위 속에서 샘물이 터지고 오직 말씀, 오직 믿음 가슴마다 불사르고 바른 진리 칼빈주의 정통신앙 진리 운동 한 세기의 한국 교회 반석 위에 세우시다."

이 시는「총신대보」에 전문이 모두 실렸다.

박윤선 목사님이 작고하신지 4년 후인 1992년에 우리 집에 순교자 염광(塩光) 박관준(朴寬俊) 장로님의 아들 월광(月光) 박영창(朴永昌) 목사님이 오셨다. 박관준 장로님은 의사로서 신사 참배 반대 운동을 펼치다가 안의숙 사모님과 아들 박영창과 더불어 일본 제74회 중의원 회의 (국회)에 잠입하여 회의장 2층에서 "여호와의 대명이다. 대일본 제국은 반드시 패망하리라"라고 현수막을 늘어뜨리고 전단지를 살포하여 일본의 침략 야욕을 만천하에 고발했다. 그리고 그는 현장에서 체포되어 칠 년의 옥고를 견디다 순교했다. 나는 그의 아들 박영창 목사를 가까이 했고 또한 L.A.에 가서 안의숙 사모님을 만나 박관준 장로와 함께 일본의 신사 참배를 항거하던 뒷이야기를 들었다.

1980년에 내가 총신대 학장이 되자 염광 박관준 장로의 순교기념비를 총신 동산 가운데 세웠고, 순교 기념예배를 총신대 강당에서 드렸다. 순교비 제막식에는 초교파적으로 한국 교회의 많은 인사들이 참여했다. 그런데 정작 당시의 합동 측 모 총회장은 정성구가 총신 캠퍼스를 공동묘지로 만든다고 하면서 순교 기념비 제막식 때 나를 비난했고, 그날 총신의 이사나 총회 임원 등은 그 자리에 아무도 참석하지 않았다. 그래서 지금까지 총신동산 중앙에 박관준 장로님의 순교 기념비가 있는 줄 아는 총회 지도자나, 목사님들, 장로님들은 거의 없다.

나는 십수 년 동안 박영창 목사를 아버님처럼 극진히 모셨고 미국에서 한국으로 올 때마다, 총신대학교회 강단에서 설교하도록 했다. 사실 박영창 목사님은 박형룡 박사의 제자로서 총신이 세워지기 전에 장로회신학교 1회로 졸업하였다. 박영창 목사와 함께 졸업했던 분은 신복윤, 박요한, 정규오, 김준곤 목사 등 한국 교회의 기라성 같은 분들이었고, 김재준 교수의 자유주의 신앙노선을 반대하던 이른바 51인 동지회 멤버로서 정통신앙을 사수하는 그룹들이었다. 그 당시 박영창 목사는 명지대학교 교목과 광복회 일을 하면서 미국에서 기독교계의 일과 목회로 크게 활동했다. 또한 그의 아들 박영남 선생은 후일 프린스턴신학교를 졸업하고 목사가 되었다. 박영남 선생은 1960년대 초에 내가 박윤선 목사님을 모시고 동산교회를 섬기고 있을 때, 그는 고등부 교사로 함께 일했다. 특히 박영남 선생은 서울대학교 문리대 종교학과 출신으로 최초로 아브라함 카이퍼(Abraham Kuyper)의 『칼빈주의 강의(Lectures on Calvinism)』를 우리말로 번역하여 세종문화사에서 출판했다.

이런저런 인연으로 나는 순교자 박관준 장로님의 외아들 박영창 목사님을 아버님처럼 모시고 따랐다. 앞서 말한 대로 박영창 목사님은 1992년 광복절날 사당동 우리 집에 오셔서 나의 아호를 지어 주신다고 했다. 그래서 지필묵을 준비해 드리니, 선친이신 순교자 박관준 장로님의 죽을 사(死)자 12자로 엮은 최후 유시를 써 주시면서 賢岩 鄭聖久 博士 雅正, 遺子 月光 朴永昌이라 써 주었다 그래서 내 아호가 '賢岩'이다.

박영창 목사님이 내 아호를 지을 때 박윤선 목사님의 아호를 전혀 생각지 않고 지었는데, 이상하게도 '正岩', '賢岩'이 되어 박윤선 목사님의 신학과 신앙을 이은 듯한 인상을 받게 되었다. 박윤선 박사가 '正岩'이란 아호를 쓴 것은 1933년 평양신학교 재학 시에 「게자씨」의 후속으로 나온 「信仰生活」지 6, 7월호에 "新約原語硏究 ―正岩"이라고 처음 기록된 것을 확인할 수 있다. 그러므로 박윤선 박사는 평양신학교 재학 시에 이미 본명 대신 아호를 쓰고 있었다는 것이다. 또 박윤선 목사는 평양신학교 재학 시절에 이미 성경원어에 대한 탁월한 학자였다. 당시 「信仰生活」 편집자가 서문에 아래와 같이 썼다.

"'正岩'은 우리 신학계의 숨은 보배입니다. 영문에 있어서는 영미인에게 못하지 않을 만큼 능함이 있고, 이제 신약 원어 곧 헬라어와 구약 원어 곧 히브리어를 학습하고, 또한 독일 신학을 연구하기 위하여 독일어도 청강이나 독서할 만큼 학습하였으니, '正岩' 같은 수재를 가르쳐 語學의 天才라고 합니다."(편집자 김린서)

1981년 순교자 박관준 장로의 아들 박영창 목사의 방문을 받고 학장 집무실에서 함께

35 정암(正岩)과 현암(賢岩)

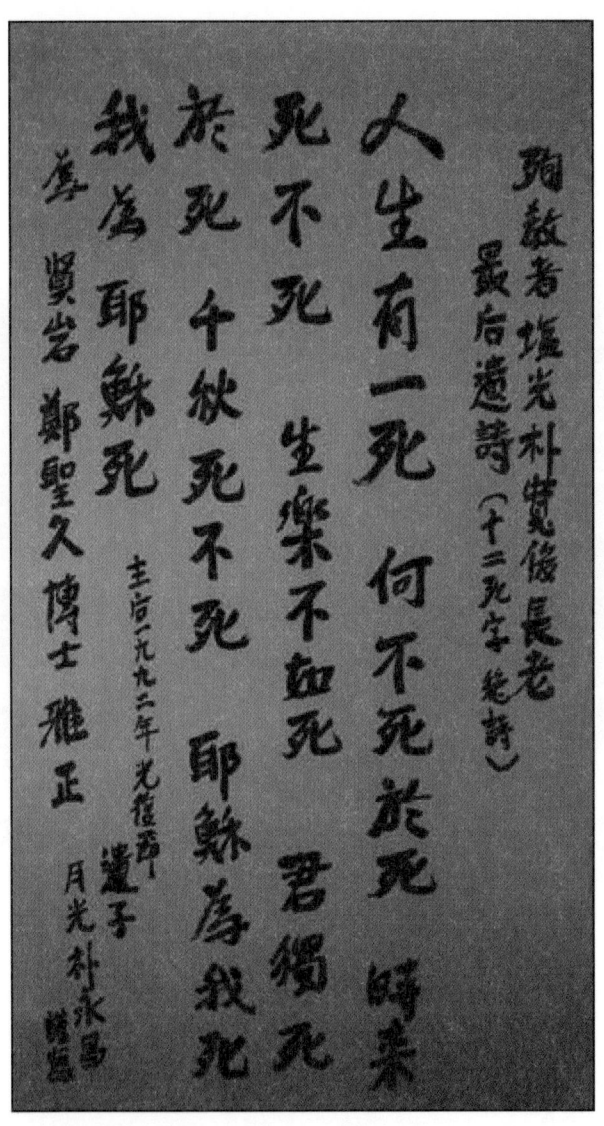

월광 박영창 목사(박관준 장로의 아들. 장신 1회 졸업)가 필자에게 아호를 내리고 선친의 유시를 친필로 써주심

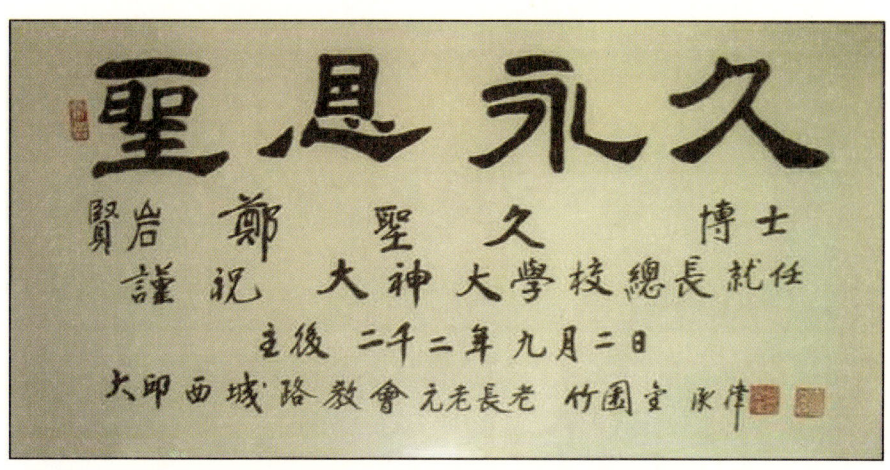

대신대학교 총장 취임 시 받은 축서, 죽원 김승율 국전 특선 작가

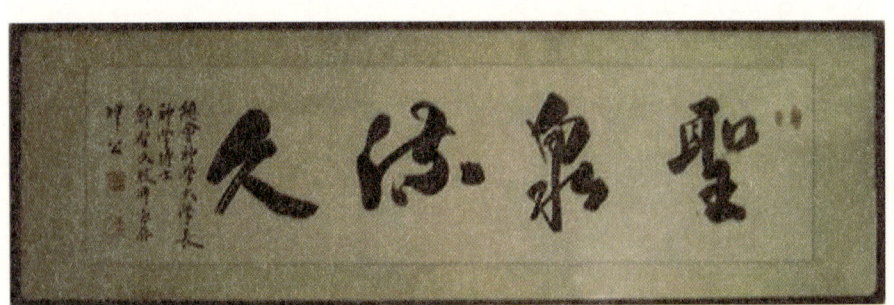

1980년 9월 총신대 학장 취임을 축하한 律公의 유묵 〈聖泉流久〉

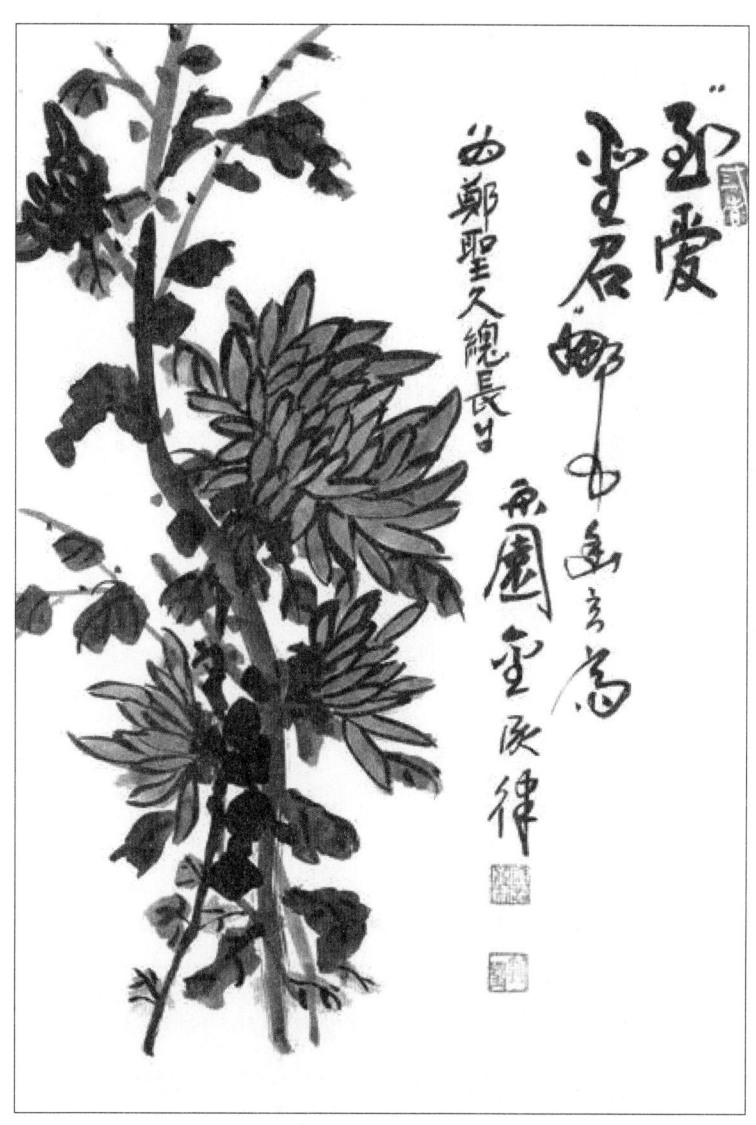

죽원 김승률 장로(국전 특선 작가)로부터 필자의 총장 취임 축하서화를 받다. 〈至愛聖召〉

35 정암(正岩)과 현암(賢岩)

 _ 36

박윤선 박사와 칼빈주의

칼빈주의란 말을 쓸 때는 대개 1618-1619년 화란의 돌트레흐트(Dordrecht)에서 개회되고 돌트총회에서 가결된 칼빈주의 5대 교리(The Five Points of Calvinism)를 말한다. 교리적으로 말할 때 그것은 옳은 말이다. 그러나 칼빈주의를 더 넓고 광범위하게 총체적으로 말하려면 삶의 전 영역(Sphere Sovereignty)에 하나님의 영광과 주권을 높이며, 구체적인 삶을 살아가는 칼빈주의적 세계관(Calvinistic World View)을 포함한다.

전자를 칼빈주의라고 한다면 후자는 이른바 신칼빈주의(Neo-Calvinism)라고 하기도 한다. 그러나 이 두 가지는 아무런 차이가 없다. 후자는 아브라함 카이퍼(Abraham Kuyper), 헬만 바빙크(Herman Bavinck) 등 화란 칼빈주의자들의 입장이다. 박윤선 박사는 역사적 칼빈주의에 확실히 서 있으면서 더욱 광범위하게 삶의 모든 영역에 하나님의 영광과 주권을 높이려는 화란 칼빈주의 사상을 모두 포함한 입장을 가지고 있었다. 그에 대하여 잘 모르는 사람들은 박형룡 박사와 함께 그를 한국의 근본주의(Fundamentalism) 대표로 치부하는 사람들도 있다.

그래서 폐쇄적이고 과거지향적이고 앞뒤가 꽉 막힌 보수주의자로 생각하는 사람들도 있다. 그러나 박윤선 박사는 성경이 하나님의 최종적 계시임과 하나님의 구속사의 기록임을 믿을 뿐 아니라, 하나님의 주권이 신학뿐 아니라 정치, 경제, 사회, 문화, 과학, 학문, 예술, 교육, 역사 등에 광범위하게 미친다는 확신을 가지고 있었다.

박윤선 박사는 도대체 어디서 역사적 칼빈주의 사상과 신칼빈주의의 거대한 체계를 습득했고 어떻게 이것이 성경적으로 타당하다는 사실을 깨달았을까? 아마도 박윤선 박사가 평양신학교에서 정통신학과 신앙을 배웠을지라도 역사적 칼빈주의 사상이나 아브라함 카이퍼의 칼빈주의 사상을 뜨겁게 확신하지는 못했을 것이다. 그런데 1934년 9월에 미국 필라델피아의 웨스트민스터신학교(Westminster Theological Seminary)에 가서 신약 학자 스톤하우스(N. B. Stonehouse)와 변증학자 코넬리우스 반틸(C. Van Til) 아래서 공부하고 신학석사(Th.M) 학위를 받는 동안 이러한 사상을 세우게 되었을 것이다. 더욱이 1938년에는 다시 웨스트민스터신학교로 가서 고대어와 변증학을 연구한다. 이 시기에 박윤선 박사는 역사적 칼빈주의 사상은 말할 것도 없고 반틸 박사를 통해서 카이퍼, 바빙크, 스킬더, 도예베르트 박사들의 칼빈주의 사상, 즉 개혁주의 사상에 철저히 빠져든다. 그러므로 박윤선 박사의 성경 주석은 그냥 히브리어나 헬라어 동사 분석이나 명사의 의미를 해설하는 것이 아니라, 하나님 중심의 세계관, 곧 칼빈주의적 시각에서 성경을 읽고 주석한 것이라 할 수 있다.

박윤선 박사가 역사적 칼빈주의자로 확고하게 되고, 더 나가서 신칼빈주의 체제에 확신 있게 서도록 도움을 준 몇 가지 증거가 더 있다. 1940년에 박형룡 박사의 이름으로 번역된 로레인 뵈트너(L. Boettner) 박사의 『칼빈주의 예정론』은 실제로는 박윤선 박사의 번역이다. 이 책의 번역을 통해서 박윤선 박사는 역사적 칼빈주의 신학에 대한 확증을 얻었을 뿐 아니라 번역가로서 위치도 확보한다. 그 후 박윤선 박사는 고려신학교 교장 재직 시에 최초의 단독 성경 주석인 요한계시록을 펴내면서(1949), 그 서문에서 자신은 칼빈주의 신학과 신앙 체계로 성경 주석을 쓰고 있음을 확실히 밝히고 있다. 그 후에도 그의 성경 주석에는 꼭 같은 내용을 아래와 같이 쓰고 있다.

"해석에는 칼빈주의 원리가 성경적인 줄 알고, 일률적(一律的)으로 주로 칼빈주의 주석들에게서 인용하였다."(요한계시록 머리말)

그리고 여기에는 크레이다누스(Grejdanus), 카이퍼(A. Kuyper), 헬만 바빙크(Herman Bavinck)의 교의신학(Gereformeerde Dogmatiek), 스킬더(K. Schilder), 요한 칼빈의 주석들과 요한 칼빈(John Calvin)의 『기독교 강요』(Institute)를 특별히 많이 언급한다. 특히 1959년은 요한 칼빈의 기독교강요가 완성된 지 400주년인데, 이때 미국 칼빈대학의 성경과 칼빈주의 담당 교수인 헨리 미터(H. Henry Meeter) 박사가 쓴 『칼빈주의』란 저서가 박윤선 교수와 김진홍 교수의 손으로 번역, 출판된 일이 있다. 물론 박윤선 교장은 1952년 1953년까지 화란에 아브라함 카이퍼가 세운 뿌라야(자유)대학교(Vrije Universiteit)에 유학을 하는 중에 칼빈주의자들을 만나 칼빈주의 사상에 확고히 서게 된다. 박윤선 박사의 사상과 삶은 바로 칼빈주의 신학과 신앙의 구현이었다.

1960년대 초에 나는 박윤선 목사님이 서울 동산교회를 개척할 때 전도사로서 힘을 보태었다. 그때 박 목사님의 설교들을 노트에 필기했는데 그것은 곧 칼빈주의 사상 그 자체였다. 그 후 박 목사님이 총신 교수로 부임하고 후임이신 김성환 목사가 와서 설교했는데, 그의 신학과 신앙 체계는 박윤선 목사님과 동일했다. 1966년에 나는 총신대학 신대원 졸업반에 있을 때 「칼빈주의 5대 교리강해」란 팜플렛을 내었고, 그 후 1970년대 초에 박윤선 목사님이 공부했던 뿌라야(자유)대학교로 유학 가서 당대의 걸출한 칼빈주의 대학자들에게서 보고, 배우고, 듣고, 교제하고 연구한 것이 나의 신학과 신앙의 한 밑천이 되었다. 예컨대 아브라함 카이퍼의 다음 세대인 헬만 도예베르트(Herman Dooyeweerd), 볼렌 호번(D.H.Th. Vollenhoven), 베인호프(C. Veenhof), 벨카일(Johannes Verkuyl) 박사 등을 만날 수 있게 된 것은 크나큰 축복이었다. 더구나 웨스트민스터신학교의 반틸 박사의 죽마고우인 메이스터(J. Meester) 목사님을 박사과정에서 만나, 나와 우리 가정의 전폭적인 재정 지원을 받은 사건은 하나님의 큰 은혜이기에 잊을 수 없다.

나는 1976년 귀국하여 다시 총신으로 복귀한 후 「기독신문」에 1년간 '칼빈주의 사상과 삶'을 연재했고, 1977년에 같은 이름으로 단행본이 나왔다. 생각해 보면 오랜 세월, 박윤선 목사님께 듣고 보고 배운 것이 열매를 맺었다. 그래서 총신에서 은퇴할 때까지 내가 가르친 과목은 '개혁주의 설교학'과 '칼빈주의'였다. 그리고 1985년에 「한국칼빈주의연구원과 칼빈박물관」을 세워 여러 국제 활동을 하게 된 것도 모두가 박윤선 박사의 가르침과 사랑에 힘입은 바가 크다. 그래서

1987년 10월에 「한국칼빈주의연구원과 칼빈박물관」 주최로 '16세기 요한 칼빈 자료 전시회' 개회 예배에 박윤선 목사님을 설교자로 모신 것이 공적(公的)으로 마지막이었다. 그리고 한 달 후 사당동 우리 집에 박윤선 목사님과 사모님, 그리고 이창숙 권사를 모시고 만찬을 한 후에 마지막 유언을 부탁했을 때 '기도일관'이라는 휘호를 써 주셨다. 아마도 박윤선 목사님 자신도 그것이 마지막 유언이 될 줄은 몰랐을 것이다. 그리고 1988년 6월 30일 주님의 부르심을 받았다.

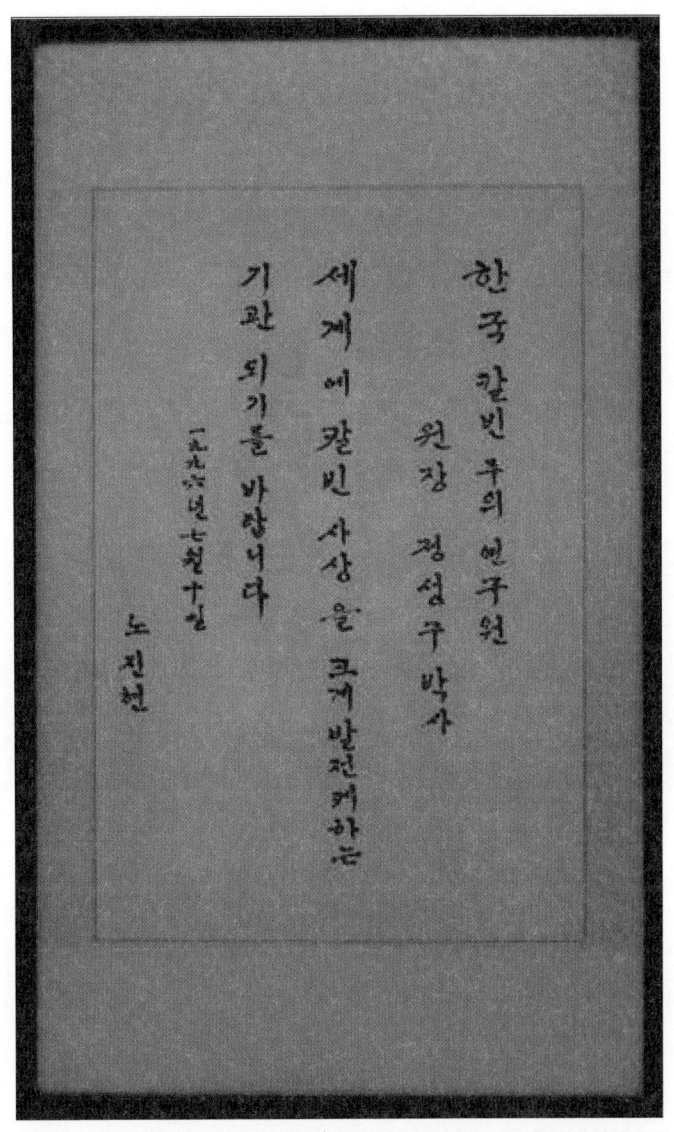

1996. 7. 10. 노진현 목사가 필자와 한국칼빈주의연구원에 써준 축하의 친필 유묵

1972년 가을, 화란 뿌라야대학교 인문대학 빌딩(14-15층은 신학부) 앞에서 선 필자

한국칼빈주의연구원과 박물관 명예원장 한병기 목사와 필자

필자의 출판 기념회 팜플렛. 1970년대에서 2010년까지 전 세계 개혁주의 학자들과 한국의 개혁주의 신학자로 박형룡, 박윤선, 명신홍 세 분을 올리다.

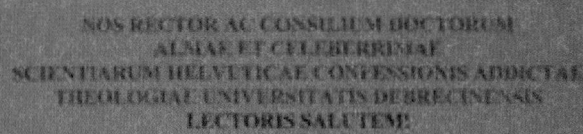

2002년 필자가 Debrecen Reformed University에서 받은 신학박사(Doctor of Divinity) 학위증

1972년 칼빈주의 철학의 창시자 Herman Dooyeweerd 박사와 함께. 도예베르트 박사는 Abraham Kuyper의 이론적 계승자. 박윤선 박사의 모든 주석에는 도예베르트가 등장한다.

1973년 화란의 칼빈주의 철학자 Th. D. H. Vollenhoven 박사를 방문한 필자

한국칼빈주의연구원과 칼빈박물관 앞에 선 필자

프랑스 노와욘에 있는 칼빈박물관을 방문하다(1980).

H. H. Meeter Center는 한국의 The Institute for Calvinistic Studies in Korea와 자매 관계이며 상호 교류, 협력 관계임을 증명함

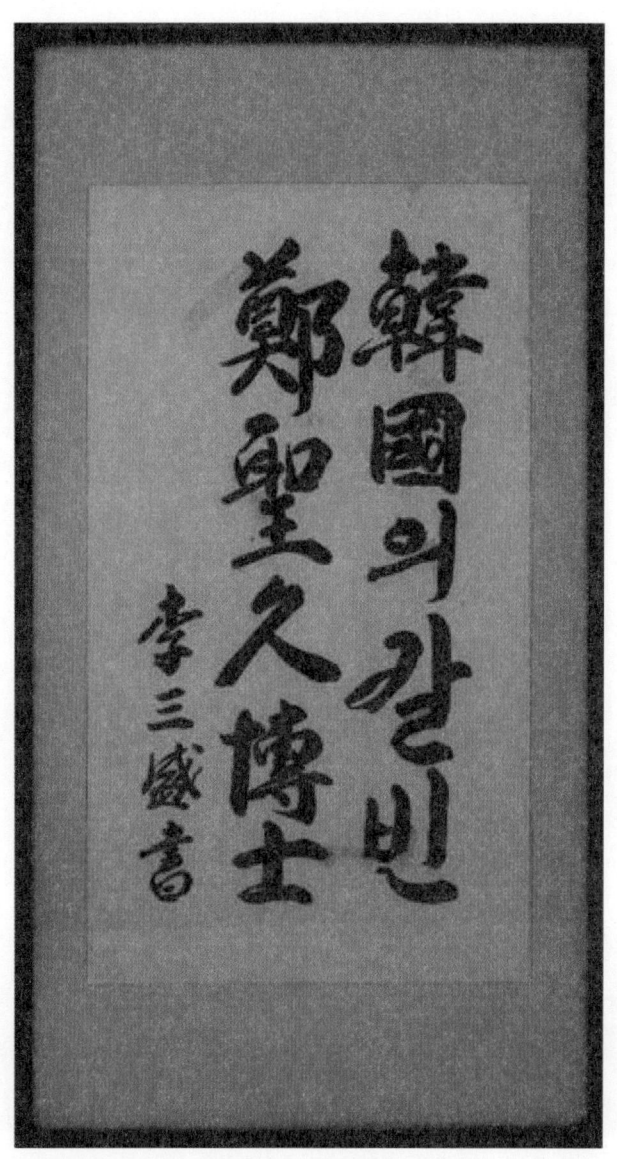

증경총회장 이삼성 목사가 필자에게 써준 유묵

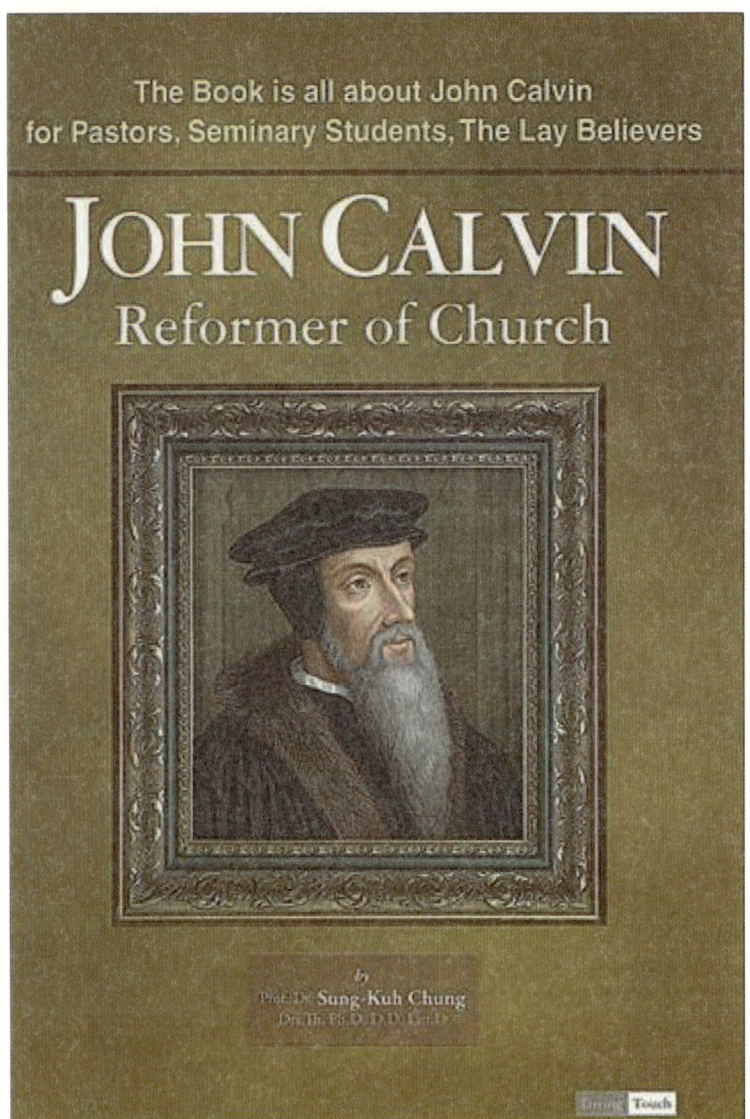

필자의 『교회의 개혁자 요한 칼빈』 영문 표지

 _ 37

박윤선과 기독교 문화 건설

　박윤선 박사의 이미지는 성경 주석가, 신학교육자, 설교자, 칼빈주의자 같은 것이다. 그래서 그는 진리 파수, 성경 해석에 평생 몰입해서 가정도 세상도 모르는 삶을 살았다고 단정하는 분들이 대다수이다. 그러나 박윤선 박사는 1953년 쓴 글에서 '기독교 문화 건설', '기독교 과학', '원자핵 무기의 위험성', '원자핵의 불행' 등을 언급했다.

　박윤선 박사는 성경 주석가, 칼빈주의 신학자로서 뿐 아니라 과거와 현재, 미래를 동시에 보는 안목도 있었다. 오늘날 북한의 계속된 십여 차례의 미사일 실험과 핵실험이 유엔과 세계의 걱정거리가 되고, 대한민국의 안보가 위협을 받고 있다. 그런데 그가 지금부터 65년 전에 핵무기의 위험성을 경고하고 있음은 탁견이다. 뿐만 아니라 대사회나 문화에 대한 인식은 마치 진보 진영의 유물인 듯이 각인되고 있던 시대에, 박윤선 박사는 칼빈주의적 시각에서 우리 성도는 문화 창달의 기수가 되어야 함을 힘주어 말했다. 즉 우리는 하나님 중심의 문화 건설의 주역이 되어야 한다는 것이다. 1953년 8월호 「파숫군」지에 게재된 "칼빈주의에서 본 신자와 문화 건설"이란 주제의 글을 간단히 개요하면 다음과 같다.

"창세기 1장을 보면 하나님께서 인간을 창조하시고 부탁하신 것은 만물을 정복하라고 하였다. 만물을 다스리는 것은 만물을 연구함은 물론이고 그 연구 지식을 가지고 문화를 건설함이라고도 할 수 있다."

창세기 2장 19절에 보면 아담은 모든 짐승들의 이름을 지었다고 한다. 그것은 아담이 하나님 앞에서 받은바 사명대로 만물을 다스리라는 일 가운데 하나이다. 즉 그것은 만물을 연구하여 그 내용대로 정의(正義)하는 과학 행위이다.

과학 행위는 문화 건설에 있어서 중요한 일이다. 이것은 하나님께서 인간에게 주신 사명 가운데 하나이다. 그러나 신자들 중에서 과학을 무시하는 폐단이 많이 있다.

기독교는 과학을 초월하지만 무시하지는 않고, 도리어 과학 행위에 있어서 누구보다 더 선봉적(先鋒的)인 걸음을 취해야 할 것이다.

그 이유는… 기독교인이 성경의 말씀을 알고 거기에 명한 과학의 사명을 깨닫기 때문이다. 기독교인은 만물의 법칙(法則)이 있는 줄을 확실히 알고 있기 때문에, 그것을 연구하면 깨달을 것이 있을 줄 알기 때문에 과학 행위를 누구보다 더 솔선하여 취하게 되는 것이다. 그러나 기독교인 중에는 창세기 4장에 있는 대로, 악인 가인의 자손들이 문화를 발달시킨 것을 보고(창 4:20-22) 생각하기를, 문화의 발달은 악인들이 할 일이고 신자로서는 거기에 힘쓸 필요가 없다고 오해한다. 그러나 이것은 성경을 잘못 해석한 편견이다. 가인의 자손들이 그 당시의 문화를 발달시킨 것은 죄악의 행동이 아니라 하나님께서 저들에게 주신 이 세상 분깃(몫)인 것이다. 그들은 내세의 소망은 없으나 이 세상에서 하나님의 은혜로 그렇게 문화 건설의 혜택을 누린 것이다.

시편 7:14-15에서는 "여호와여 금생에서 저희 분깃을 받은 이 세상 사람에게서 나를 주의 손으로 구하소서, 그는 주의 재물로 배를 채우심을 입고 자녀로 만족하고 그 남은 산업을 그 어린아이들에게 유전하는 자니이다. 나는 의로운 중에 주의 얼굴을 보리니 깰 때에 주의 형상(形象)으로 만족하리이다."라고 하였다.

이 말씀을 보면 이 세상에서 불신자들이 가질 수 있는 문화 건설도 결국 하나님이 주신 것이다. 따라서 그것이 인간의 죄악의 산물과 혼합(混合)하지 않는 범위에서는 좋은 것이다.

그래서 기독 신자는 문화를 무조건적으로 건설할 것이 아니라, 죄악의 산물과 혼합하지 않고 하나님의 말씀의 법도대로 하나님 중심의 문화 건설하기를 힘써야 할 것이다.

그러므로 과학 행위에 대한 기독 신자의 책임은 누구보다도 중대한 것이다. 그 이유는 기독 신자는 과학 행위와 문화 건설에 있어서 선지자적 책임을 담당해야 하기 때문이다. 즉 기독 신자는 하나님 앞에 선 자로서 인간들이 지식 연구와 문화 건설에 있어 죄악의 산물을 혼합하지 않도록 경계해야 할 것이다.

오늘날의 문화를 살필진대 문화는 극도로 발달했다. 그러나 금일의 문화에는 인간의 죄악의 산물이 많이 섞여 있음을 부인할 수 없다. 인간 영혼의 가치를 무시하고 육체의 편리주의로 편중하여 인간이 기계를 지배함보다도 기계가 인간을 지배하려는 상황에 이르렀다. 예를 들면 오늘날 라디오나 텔레비전이 많이 나오게 됨에 따라 신자들은 수고와 희생으로 하나님을 섬김보다 이러한 문명의 이기(利器)을 통하여 편리하게 전도하는 경향이 늘어간다.

이것은 일방(一方) 좋은 점도 있다고 생각할 수 있으나, 몸을 가지고 수고와 희생을 통하여 성도의 신앙 인격을 완성하여 가는 하나님의 사명을 수행하는 부분에 있어서는 부합하지 않다. 하나님은 우리가 기계의 편리를 보면서 그를 섬기는 것을 원하시지 않으신다. 우리의 몸으로 산 제물이 되어 수고와 땀을 흘리는 희생제물로써 그를 섬기기를 원하신다.

뿐만 아니라 오늘날 원자탄을 생각해 볼 때에, 문제는 원자탄 관리 문제이다. 이런 무서운 무기가 나타남에 따라서, 세계의 모든 나라들이 이런 무기를 가지게 되는 그날이 얼마나 무서운 날이 될 지를 생각하게 되었다. 이런 무서운 원자핵 무기가 등장함에 따라서 인간의 마음은 하나님 제일주의 곧 하나님을 경외하여 진리의 말씀을 따르고 순종하는 것은 점점 약화되고 있다. 또한 개인 노력의 신성(神聖)은 중대시(重大視)하지 않는 폐단이 있다. 그러므로 우리는 원자핵 폭탄이 현대에 등장하게 된 것을 생각할 때에 거기에는 불행한 일들이 함께 하고 있음을 통탄하지 않을 수 없다.

이상은 박윤선 박사의 기독교와 문화에 대한 논지이다. 지금부터

65년 전 한국 기독교회가 문화에 대한 이해가 전혀 없던 시대에, 박윤선 박사는 기독교인의 문화적 소명에 대해서 말했고 더욱이 핵무기의 오용을 경고한 것은 탁견이라고 본다.

세계 개혁주의신행협회(IARFA) 회장 David Hansen 박사 댁을 방문하다(스코틀랜드).

미국 풀러신학교 R. Mouw 총장이 한국칼빈주의연구원을 방문하고 특강을 하다.

필자가 2002년 3월 세계 최초의 개혁주의 신학대학교인 Debrecen Reformed University 에서 신학박사(Doctor of Divinity) 학위를 받다.

박윤선 박사와 Westminster 동창이며, 칼빈주의 철학의 대가인 Evan Runner 박사는 한국 칼빈주의연구원의 국제 고문이기도 했다.

 _ 38

박윤선 목사님의 찬송

영음사에서는 1988년 박윤선 목사님이 별세한 후에도 한동안 홈페이지를 계속 띄웠다. 거기는 박윤선 목사님의 거의 모든 것이 있었고 잔잔한 배경 음악까지 깔려 있었다. 그리고 평소에 박윤선 목사님이 좋아하던 찬송도 있었다. 아마도 비서였던 이창숙 선생이 계속 관리하고 있었던 것 같다.

박윤선 목사님은 만성기관지염으로 고생을 했기에 자신이 찬송을 잘 부르지는 못했다. 만년에는 입모양만 움직였다. 그런데 한국찬송가공회가 만들어지고 새로운 찬송가를 만들 때, 한국 교회가 배출한 작사와 작곡자들의 작품이 수십 종 들어갔다.

그중에 422장에 박윤선 목사님의 찬송이 새로 실리게 되었다. 이 가사는 박 목사님이 1983년에 쓰신 것이었는데, 2005년 작곡가 이귀자 교수(합신의 윤영탁 교수의 사모)가 곡을 붙였다. 이 찬송 안에는 박윤선 목사님이 평소에 설교나 강의로 말씀했던 주제들이 그대로 녹아 있다. 즉 '하나님의 영광', '진리', '거룩', '기도', '사랑', '봉사' 등이 연결된 그런 찬송이다. 이 가사의 영감은 딤후 2:21를 통해서이다. 그가 성경을 통해 받은 지혜를 그대로 담아 "자기를 깨끗하게 하면 귀히 쓰는 그릇이 되어"였다.

① 거룩하게 하소서 사랑의 주님이여
　나의 맘에 죄악을 불태워 주옵시고
　쓰심에 합당한 깨끗한 그릇으로
　쓰임 받게 하소서 하나님 나라 위해

② 사랑하게 하소서 사랑의 주님이여
　십자가로 우리를 화목케 하셨으니
　마음과 뜻 모아 정성을 다하여서
　봉사하게 하소서 하나님 영광 위해

③ 기도하게 하소서 응답의 주님이여
　나의 생각 나의 뜻 버리게 하옵시고
　주께서 원하시는 바른 뜻 깨달아서
　응답받게 하소서 하나님 이름 위해

이다. 이는 박윤선 목사님의 일평생 기도하며 설교하던 내용과 같은 것이다.

찬송가공회에서 만든 찬송가에는 필자의 찬송도 있다. 281장 '요나처럼 순종 않고'이다. 필자는 1977년부터 「神學指南」을 통해서 한국 교회의 신앙의 사표가 되는 위대한 주의 종들의 사상과 삶, 그리고 그들의 설교를 연구하는 글을 계속 발표했다. 그러다가 1986년에 단행본으로 『한국 교회 설교사』가 출판되어 7판까지 나갔다. 핵심은 길선주, 김익두, 주기철, 손양원, 박형룡, 박윤선, 한상동 같은 한국 교회의 사표가 되는 목사님들의 삶과 설교를 정리한 것이다. 이 책은 영어, 일본어, 중국어, 대만어, 러시아어, 루마니아어, 헝가리어, 체코어, 포르투갈어, 벵골리안어 등 10여 개 나라 언어로 번역되었다. 그런데 그 책 중에 '김화식' 목사님의 삶과 설교라는 제목을 한 장(Chapter) 논했다.

김화식 목사는 한국 기독교 130여 년 역사 중에 가장 뛰어난 설교자로 한국의 스펄전이란 별명을 얻었다. 평양 창동교회 설교자이며 문필가로 박윤선 목사와 함께 「신앙세계」에 기고를 많이 했다. 나중에 그는 공산당에 의해 순교했다. 그런데 김화식 목사의 아들은 한국이 낳은 위대한 작곡가인 김동진 선생이다. 필자가 이 책을 발표하고 얼마 후 작곡가 김동진 선생이 나를 찾아와서 자기 선친의 일대기와 사상을 책에 잘 써준 것을 깊이 사례하고, 필자에게 말하기를 "나는 평생 작곡가로 살았기에 보답하는 길은 나에게 시(詩)나 노랫말을 써 주면 작곡을 하나 해드리겠다."고 제안했다.

필자는 너무나 감격해서 필자가 평소 부흥회 때 자주 설교하는 '은총의 포로'라는 설교를 가사로 만들어 드렸더니 아름다운 곡조를 붙였다. 그 당시 김동진 교수는 은퇴하고 여러 해가 지난 후여서 거의 귀가 들리지 않았다. 그런데 새로운 찬송가 시제품에 필자의 노랫말과 김동진 작곡이 실렸으나 몇 번의 찬송가 공회의 논쟁과 어려움 때문에 가사는 필자의 것을 택하고 작곡자는 나도 모르는 김홍규 씨로 바뀌어 281장이 되었다.

그러나 필자는 김동진 작곡이 훨씬 더 우수한 명곡이었다고 본다. 이 찬양은 최근에는 건전 가요를 50년 이상 부른 서수남 장로에 의해서 C.D로 취입까지 마친 상태이다. 또한 그 찬송은 youtube에서도 불려지고 있다.

필자는 동산교회에서 파송한 샘내교회의 개척을 시작하면서 1966년에 '牧羊一心'이란 시(詩)를 썼는데 김의작 교수에 의해서 바리톤 곡으로 나왔고 독창곡 집에 실렸다. 필자가 총신대 학장 당시 교수회는 교가를 만들기로 결의하고 필자가 작사하고 당시 음악과장 김의작 교수가 작곡하여 교수회에 결의로 채택되어 '총신의 교가'로 불려지고「총신요람」에 실렸다.

총신대 교가

정성구 작사
김의작 작곡

1. 하나님의 부름 받은 총신의 젊은이들아
   말씀으로 등불삼고 기도로 무장하여
   성경으로 가슴을 뜨겁게 불태워서
   주님 교회 위하여서 선한 목자가 되리라

후렴

하나님이 세우신 선지동산 총신에서
우리는 개혁주의 신앙의 기수 되리라
오대양 육대주에 복음의 일군 되어서
하나님의 영광 위해 이 몸을 바치리라

2. 예수님의 명령 받은 총신의 젊은이들아
   여호와 하나님 앞에 경건하게 살아서
   진리를 깨우치는 학문을 갈고 닦아서
   하나님의 나라 위해 십자가 군병 되리라

3. 성령님의 능력 받은 총신의 젊은이들아
   복음으로 전신갑주 든든히 무장하고
   십자가의 길을 따라 언제나 승리하여
   사랑으로 이웃에게 주의 빛 밝게 비추리

개혁교회 예배찬송가(시편 150편 포함) 161장에 박윤선 목사님의 찬송이 있다.

 _ 39

그래도 정 목사밖에 없구먼

앞에서도 말했지만, 나는 총신대와 신대원, 그리고 대학원을 거쳐 조교, 강사, 전임강사, 조교수, 부교수, 교수, 학장, 총장, 신대원장, 대학원장, 목회대학원장, 총신대 명예교수 등 모든 과정, 모든 계단을 총신에서 시작해서 총신에서 마쳤다. 그런데 나는 지금까지 살아오는 동안, 나의 은사들에 대해서 좀 더 애틋한 마음으로 섬겨온 것에 대해 자부심을 느낀다.

요즘 젊은이들이나 신진 목회자들은 모두 학문도 영력도 있고, 인격적으로 훌륭하지만, 은사나 선배에 대한 예(禮)가 없음이 늘 안타깝게 생각된다. 내가 스승인 은사들에 대한 섬김과 관심은 신앙적인 것보다, 그저 나의 성격과 관련된 것이라고 생각한다. 우리 전통에는 스승의 그림자도 밟지 않는다는 말이 있듯이, 스승의 학문과 삶을 본 받아야 신앙도 인생도 승리할 수 있다는 생각이 내면에 잠재해 있기 때문이다.

나는 박형룡 박사의 신학과 신앙, 그리고 그 인격을 삶의 푯대로

나의 스승 박윤선 박사

삼았다. 하지만 박형룡 박사의 만년도 참으로 외롭고 쓸쓸했다. 당시 교회 정치권에서는 박형룡 박사의 그 명성을 철저히 이용하려 하였다. 교권 다툼에 박형룡 박사의 이름은 중요했기 때문이다. 개혁 측이 기어이 교단을 분열해 나가는 지경에 이르렀다. 물론 오랜 세월이 흐른 후 하나님의 은혜로 다시 합동하였지만 말이다. 박형룡 박사는 그 소용돌이 속에 하나님의 은혜로 부름 받아 1978년 10월 26일에 고요히 하나님의 나라로 가셨다. 그래서 더 이상 교단 싸움에 말려들지 않았다. 그러나 박형룡 박사 서거 후에 사모님은 참으로 외롭게 지냈다. 아들인 박아론 박사는 거의 어머니를 찾지 않았다고 한다(박아론 박사의 운전기사의 증언). 그 이유는 알 수 없으나 박아론 박사는 한국 문화에 대해서 잘 모르는 것이 아닌가 생각한다. 내가 알고들은 바로는 그는 다른 이의 결혼식에도 축하하러 간 일도 없었고, 장례식에도 전혀 가지 않았다고 한다.

그렇지만 나는 학장으로 재임하고 있는 1980년부터 1986년까지 자주는 아니어도 가끔 박형룡 박사의 사모님을 방문하고 위로하여 드렸다. 그러나 정작 한국 교회의 위대한 스승이고 정통신학과 신앙의 모범이셨던 박형룡 박사의 사모가 별세하자, 장례식장에 참석한 사람은 평소 사모가 출석하던 청암교회 권사들 몇 분과 성도 몇 분뿐이고, 목회자들은 나 외에 청암교회 부목사들뿐이었다. 그토록 보수 보수, 정통 정통, 칼빈주의를 부르짖고 박형룡 박사를 따른다던 목사님들은 모두 어디 있는지 알 길이 없었다. 또 박형룡 박사의 아들이자 박아론 박사의 형 박모세 씨가 세상을 뜨자 장례를 치를 사람이 없어서, 박아론 박사의 부탁으로 내가 몇 사람을 앞에 두고 장례 예배를 인도했다.

나는 반세기 전에 박형룡 박사로부터 신학 교육과 신앙 교육을 받았음으로 부족하지만 '박형룡과 총신', '박형룡 박사 회고록'을 편집해서 책을 내어 드렸고 그의 자료들을 정리하여 소장하고 있다.

또 우리 한국 교회의 위대한 스승, 목은(牧恩) 명신홍 박사는 에큐메니컬운동과 맞서 싸우면서, 오늘의 합동 측 교회와 총신을 지킨 것은 잘 알려진 사실이다. 명 박사는 국제적인 감각을 가진 신학자이자 목회자이자 행정가이기도 했다. 명 박사께서 병든 몸을 이끌고 미국의 친구와 교회들의 원조를 얻어 총신 본관을 지었으나, 그 수고의 사실을 모르고 역사를 알지 못하는 교단은 종합관을 짓는다는 명분으로 아름다운 총신 본관을 포크레인으로 허물어 버리고 말았다. 뿐만 아니라 명 박사님의 귀한 장서 3000권을 총신에 기증하여 명신홍 박사 기념 도서실을 만들었으나 모두 흩어버렸다. 총회나 신학교는 역사에 대해 아무런 생각이 없었다. 최근에 이르러 사당동 총신 도서관을 명신홍 도서관이라 이름 지었다고 하지만, 명신홍 박사를 아는 사람도 없고 그냥 기억하자는 것이라 사료된다.

명신홍 박사님은 총신에서 겨우 1년 동안(1965-1966) 이른바 윤번제 학장을 하고 은퇴하여 안타깝게 치매로 병을 앓다가, 황성수 박사의 품에 안겨 숨을 거뒀다. 그 후 나는 사모님을 학교에 정중히 모시고 채플시간에 설교단까지 초대해서, 정통신앙을 지키고 학교를 지킨 명신홍 박사님의 공로도 치하하고, 사모님이 마음에 있는 뜻을 학생들에게 말하도록 해드렸다. 그 후 명신홍 박사 손자 약혼 주례를 하고 명신홍 박사님의 장남 명돈홍 장로, 딸 명돈신 권사, 사위 이은태 박사의 도움을 받아 『신학교육과 목회』란 제목으로 목은 명신홍 박사님의 문집을 만들어 드렸다(牧慇이란 아호도 필자가 지어드렸다.).

필자가 위에서 박형룡 박사와 명신홍 박사 이야기를 쓴 것은 박윤선 박사가 1980년 말에 총신을 떠나서 합신을 세운 이후에 나와의 관계를 쓰기 위함이다. 박윤선 목사님이 합신으로 떠나갔으나, 나는 개인적으로 끝까지 헤어지지 않았다. 왜냐하면 총신과 합신이 나누어진 것은 신학이나 교리 때문이 아니었기 때문이다. 그 후 나는 박윤선 목사님의 새로운 숙소인 개나리 아파트에 여러 번 찾아가 뵈었다. 그러나 처음엔 서로가 어색하기 그지 없었고 할 말도 없었다. 박 목사님은 천정만 바라보고 아무 말씀이 없었다. 그리고 이화주 사모님은 퉁명스럽게 "정 목사가 여기 어째 온거냐"라고 했다. 나도 별로 할 말이 없었다. 그저 1960년대 초부터 박 목사님을 가까이서 도우미로 받들어 왔는데 다른 신학교로 자리를 옮겼다고 하여 관계를 끊어서는 안 된다는 것이 내 생각이었다. 내 속에는 아마 포은 선생의 27대 손으로서 절개를 지키고 싶은 것도 속에 깔린 듯하다. "한 번 스승은 영원한 스승이어야 한다"는 것이다. 박 목사님이 합신에 가서 몇 년 동안 가르치는 일과 원장으로 합신에 힘을 실어 주었으나, 명예원장으로 물러앉은 후에는 누가 박 목사님의 마음을 알아서 잘 섬겼는지 모르겠다.

그래서 나는 1981년부터 6년 가까이 박 목사님이 합신에 계실 때도 나의 각종 행사에 설교자로 초청하기도 하고, 우리 가정에 초청하기도 하고 목사님 댁에 자주 방문도 했다. 어느 날 내가 개나리 아파트로 박윤선 목사님을 인사하러 갔더니, 이화주 사모님은 나에게 "그래도 정 목사 밖에 없구먼"이라고 했다. 박윤선 목사님의 만년의 생활을 짐작케 하는 말이었다.

1980년 8월에 필자가 그린 황해도 소래교회를 1987년 11월 25일에 박윤선 박사에게 드린 마지막 선물 (아크릴화 34 X 25cm)

 _ 40

마지막 기도

박윤선 목사님은 신학자이지만 뜨거운 가슴을 소유한 분이었다. 깨달은 진리를 언제나 간단명료하게 논리적으로 기록하고 사력을 다해서 뜨겁게 증거 했다. 대개 논리적인 사람은 가슴이 냉랭하고, 가슴이 뜨거운 사람은 논리적이지도 않고 학문적이지도 않은 것이 보통이다. 그러나 박윤선 목사님은 지성, 영성, 감성을 동시에 가지신 분이다. 박윤선 목사님은 진리를 증거 하는 데는 빙빙 돌려서 말하거나 일부러 부풀리는 일이 없었다. 그의 성경 주석에도 쓸데없이 단어 풀이에 집착하지 않고 장황하게 이런저런 학설을 늘어놓는 일도 없다. 항상 진리를 명쾌하게 쓰고 외치는 일에 승부를 걸었다. 뿐만 아니라 박윤선 목사님은 일생동안 성경 주석 쓰는 일에 전 삶을 투자하고 좌우를 돌아보지 않았다. 그래서 그의 좌우명 '침묵정진', '기도일관' 같은 말은 그의 삶 자체를 투영하는 것이 된다. 그러면 박윤선 목사님의 끝없는 도전과 확신의 동력은 어디서 나오는 것일까? 그것은 곧 기도의 능력이었다.

박윤선 목사님의 서재는 곧 기도의 골방이었고, 밖에서 그 기도 소리는 하나님께 뜨겁게 외치는 자의 소리, 그 자체였다. 나는 북아현동, 상도동, 개나리 아파트 등 그의 숙소에서 함께 식사를 한 일이 여러 번 있었다. 식사 중에서도 박윤선 목사님은 성경을 묵상하고 기도하곤 했다. 그러니 식사를 골고루 드시지 않고 한 가지만 계속 드시기도 하였다. 나는 자주 일대 일로 대면하는 일이 있었으나 5분이 지나면 눈을 감고 입으로 중얼중얼 하면서 기도하기 시작한다. 그러면 나는 얼른 눈치를 채고, 방문을 나섰다. 박윤선 목사님은 그토록 시간을 귀히 여기시는 분이다. 그래서 그의 성경 주석은 무릎으로 썼다고 보면 된다.

박윤선 목사님은 사당동 캠퍼스의 뒷동산 기도굴에서 담요 한 장을 갖고 들어가 고함치며 기도하시다가 내려오시곤 했다. 그는 자신의 주석 사역을 위해서 기도하기를 쉬는 죄를 범치 않았다. 그 결과 박윤선 목사님은 자녀들로부터 아버지는 가족을 돌보지 않는 율법주의자라는 말을 듣기도 했다. 그러나 박윤선 목사님의 기도를 옆에서 듣고 있노라면, 그는 교수나 목사나 아버지라기보다, 어린아이처럼 하나님께 보채고 칭얼거리고 기어이 응답을 받고자 하는 기도의 사람이었음을 발견한다.

한번은 수업시간에 학생들이 목사님께 "어떻게 사셨기에 그렇게 크나큰 위대한 신학자로서 성경 주석 사역을 완수 하실 수 있었습니까?"라고 질문했다. 그러자 박 목사님은 "기도하면 여러분은 나보다 더 큰 일을 할 수 있습니다."라고 대답했다. 1987년 11월 25일 필자에게 남긴 유언의 말씀, '기도일관'은 박윤선 목사님의 생애를 한 단어로 요약한 것이다.

1988년 4월 박윤선 목사님은 삶의 무게를 감당할 수 없어 병원에 입원했다. 그리고 3개월의 투병 생활에 들어간다. 박 목사님의 장기가 녹아 내렸다는 것이다. 그러나 그는 담담하게 "내 몸에서 생겨난 것이니 그것도 감사함으로 받아 드린다."고 했다. 6월 하순 박윤선 목사님의 건강이 더욱 악화되어 마지막 정리 단계라는 전갈이 왔다. 나는 급히 병원 입원실로 달려갔다. 이미 가족들과 박 목사님을 사랑하는 이들이 병실을 들락거렸다. 그런데 위문객이 박 목사님을 위해 기도하는 것이 아니고, 박 목사님이 방문자를 위해서 기도하는 것이 아닌가! 내 앞에 장경재 목사와 이종윤 목사가 차례로 병문안을 마치고 나왔다.

내가 박윤선 목사님의 병실을 들어가니 덥석 내 손을 잡았다. 환자답지 않게 박 목사님의 손아귀에 오히려 힘이 있었다. 그리고 기도하기 시작했다. 기도의 내용은 지금도 똑똑히 기억하고 있다. "하나님 아버지 우리 정 목사에게 은혜와 능력을 더 하셔서 앞으로 한국 교회를 위해 크게 일하게 하옵소서, 그리고 자녀들을 축복하여 주셔서 하나님의 나라에 기둥처럼 쓰임 받게 하옵소서"라고 기도했다. 사실 임종을 앞에 둔 목사님으로부터 이런 축복의 기도를 받은 것이 후일 나의 삶에 결정적인 은혜였다. 그리고 나는 박 목사님의 기도대로 축복을 받았다.

6월 30일 박 목사님은 84세를 일기로 주님의 품에 안기었다. 7월 2

일 합동신학교 교정에서 정암 박윤선 목사님 장례예배 때 평소 박 목사님을 사랑하고 합신을 도왔던 노진현 목사님은 설교 중에 "루터가 성경 번역의 왕이라면, 칼빈은 성경 주석의 왕이라고 할 수 있습니다. 칼빈 이후 신구약 66권을 온전히 주석한 이는 박윤선 목사님 한 분뿐입니다."라고 설교 했다(사실은 칼빈도 성경 번역의 대가이다. 이미 1980년대 초에 칼빈의 성경 콘코던스(concordance)가 나왔고, 2017년대 초 필자는 칼빈의 창세기 라틴어 성경을 편집 출판한 바 있다.).

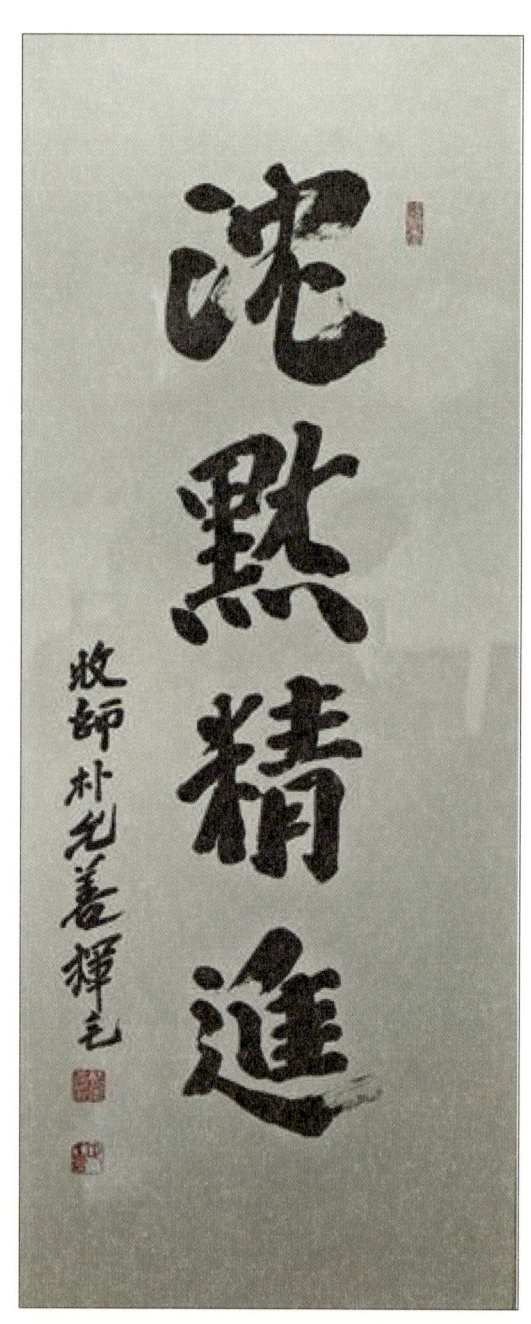

 _ 41

박윤선과 개혁주의 신학의 동향

　박윤선 박사의 신학과 신앙은 그가 평양신학교를 졸업하던 1934년부터 임종하던 1988년까지 50여 년 동안 초지일관 변함이 없었다. 그가 성경 주석에서 항상 주장하는 바대로 "칼빈주의 신학이 정통인 줄 알고 일률적으로 채용했다."고 했다. 그래서 그의 성경 주석 첫 권부터 마지막 권까지 변함없이 칼빈주의 신학이 녹아 있다. 박윤선 박사는 근세의 신학적 동향 특히 개혁주의 신학 운동의 흐름을 정확히 꿰뚫고 있을 뿐 아니라, 심지어 우리 개혁주의 진영이 경성해야 할 문제점까지 확실히 알고 경고하였다. 물론 박윤선 박사가 내다 본 개혁주의 신학의 동향은 1960년대에서 바라본 것이다. 그리고 지금은 그가 세상을 떠난 지 30년이 됐다. 그가 가장 왕성한 신학 활동을 하던 전성기에서 바라본 개혁주의 신학적 동향은 크게 변함이 없었다. 나는 지난 50년 동안 전 세계 개혁주의 학자들을 100명 이상 만났고 편지로 서로 교제하고, 몇 년 전에는 『내가 만난 100명의 개혁주의자』란 책을 출판한 일도 있다.

　그동안 많은 개혁주의 신진학자들이 나타났으나 크게 달라진 것이 없다. 박윤선 박사가 지적한대로, 개혁주의자들의 논리는 대단하고 합리적이지만 동서양을 막론하고 사랑도 부족하고 기도가 별로 없고 영적인 열정이 부족하여 개혁주의자들이 일반적인 복음주의자들이나 영성주의자들에게 밀리는 것이 아쉽다. 이제 아래에서 박윤선 박사가 말하는 개혁주의 신학의 동향을 간단히 개요 해보고자 한다.

> "기독교 신학에 있어서 자유주의(自由主義)는 근년에 이르러 그 대세(大勢)가 바르트주의 신학으로 전환(轉換)되었다. 성경을 그대로 하나님의 말씀으로 믿지 않고 그것(성경)의 명료한 근본 원리들까지도 해석적 안목으로 취할 수 있는 것만 취하는 신학적인 입장은 내내 마찬가지이다. 그런데 이와 같은 신학 추세에 대한, 개혁주의 진영 안에 있는 신학자들의 견해와 태도가 서로 달라져 충돌, 암투하는 것도 유감스러운 일이다."

1. 바르트 신학을 반대하면서 수미일관(首尾一貫)한 반틸 박사(C. Van Til)는 얼마 전 우리나라 고려신학교에도 신학 강의를 위하여 내방(來訪)한 일이 있다. 그는 세기(世紀)에 드문 칼빈주의 신학자로서 미국에서 개혁신학의 진리 체계를 외로이 파수하는 신학자이다. 그의 개혁주의 신학은, 옛날 프린스턴신학교의 하지(Hodge), 워필드(Warfield) 계통의 사고방식(思考方式) 그대로는 아니다. 그들에게도 섞여 있었던 버틀러(Butler)식 사색은 버리면서 순수하게 칼빈주의 사상 체계를 수립(樹立)하는데 정미로운 연구를 가했다.

그리하여 그는 신론(神論)에 있어서 하나님 자충족(自充足)의 교리

(The Doctrine of the self-cotained God)를 고조한다. 따라서 칼빈주의에서 합당하게 보고 있는 유신론 철학(有神論哲學)에 대하여, 다른 철학 체계들은 그 무엇이든지 다 융통성이 없는 것이라고 생각한다. 이만큼 그는 성경이 말하고 있는 하나님의 절대성(絶對性)을 그대로 지적하며, 그 하나님에 대한 사상 체계도 절대성을 띨 것으로 생각한다. 따라서 모든 다른 사상 체계는 본질적으로 진리가 아님을 바로 지적하였다. 그의 사상은 주로 그의 명저『신앙 옹호론』(The Defens of The Faith)이란 책에 잘 표현되어 있다.

그러므로 그의 신학 체계는 필연적으로 바르트 주의를 용납할 수 없다. 그 이유는 바르트는 역사적 의미(歷史的意味)에서 절대성 있는 진리 체계를 인정하지 않기 때문이다. 바르트는 성경이 그 자체로는 하나님의 말씀일 수 없다고 한다. 그래서 신학적 사색이 일정한 체계로 언제나 주장하도록 되어 있지 않다고 한다. 이 점에 있어서 바르트는 반틸과 입장을 달리한다. 반틸의『신현대주의』(The New Modernism)이란 책은 바르트 신학의 그릇됨을 지적하는 명작이다.

이와 같은 상황에 이르자 근년에 같은 개혁주의 진영 인사들 중 어떤 명망 있는 신학자들은 반틸과 논쟁을 하고자 했다. 그들이 그렇게 함이 잘 하는 일인지 모르나, 결과적으로는 일종의 혼란을 가져다 줄 뿐이다. 이것은 개혁주의 교회 사이에 일어난 하나의 큰 비극이다.

예를 들면 벌카워(G. C. Berkouwer)는 반틸의 신현대주의(The New Modernism)란 책(바르트를 비평한 책)의 가치를 무시하였다. 그것은 아래와 같은 사실에서 잘 나타난다. 즉 반틸이 바르트를 비판한 『신현대주의』란 책을 낸 뒤에, 바르트는 그것을 보고 불평을 하였다. 곧 바르트는 "나는 반틸이 저술한 『신현대주의』란 책에서 나 자신은 찾아 볼 수 없다."고 하였는데, 벌카워는 바르트의 이 불평이 옳다고 하였다 (The Triumph of Grace in the theology of Karl Barth, 388).

벌카워가 이런 태도를 취함으로써 미국의 앤 · 에이 · 이(NAE) 노선 신학자들은 벌카워와 보조를 같이 했다. 다시 말하면 미국의 풀러신학교(Fuller Theological Seminary)에서 발행한 「오늘의 기독교」(Christianity Today)란 잡지를 둘러싸고 많은 신학자들과 목사들은 반틸의 노선은 좋아하지 않고 도리어 벌카워와 손을 잡았다. 이렇게 개혁주의 신학자들 자파(自派) 안에 있는 이론 투쟁은 주님의 말씀 옹호 운동에 큰 지장을 가져 온다. 이것은 매우 유감스러운 일이다.

2. 현대 개혁주의 진영이 경성해야 할 문제.

오늘날 개혁주의 진영은 동서양을 막론하고 경건과 사랑이 부족하다. 그들은 기도하는 생활이 너무 약하다. 개혁주의 신학자들이 동서양을 물론하고 '개혁신학'이라 하지만 원래 개혁자들이 가졌던 영적 열심은 없다. 종교개혁자 마틴 루터의 뜨거운 기도가 오늘날 저들에게 없다. 칼빈주의자 낙스(John Knox)도 기도의 사람이었고, 칼빈주의 전도자 스펄전(Spurgeon)도 기도의 사람이었다.

그러나 오늘날 개혁주의 신학자들은 영력(靈力)과 경건이 부족하다. 그냥 신학적 이론만 주장하다간 별 수 없이 성경무오설(聖經無誤說)을 그대로 믿지 못하는 데로 떨어지기 쉽다. 그 이유는 성경무오의 내막은 학리적(學理的)으로는 다 이해 할 수 없기 때문이다. 성경의 무오에 대하여는 성경의 내막(內幕)과 통해질 수 있는 영지(靈智)를 통해서만이 완전히 이해된다. 성경을 깨닫는 학문은 일반적 과학 부류에 속하지 않고 하나의 특수 학문이다.

> "기도생활을 중요시하지 않는 정통신학만으로는 이신학(異神學)을 막아내지 못한다. 그뿐 아니라 멀지 않은 장래에 그 자체가 죽은 정통이 되고 만다. 죽은 정통은 진정한 의미에서 정통이 아니다. 그것은 진리를 가지지는 못하면서 가진체하는 운동이다. 그런 정통은 정통을 소유하지 못했을 뿐 아니라 자기에게 외식과 가면의 죄악을 덧붙였을 뿐이다. 그러니 주를 애모하지 않음과 기도하지 않음이 얼마나 위태한 일인가?"

박윤선 박사가 개혁주의 신학과 신앙을 지킨다는 것은, 오늘을 사는 우리들에게 던지는 메시지의 울림이 크다. 이론적으로 논리적으로 개혁주의 신학을 말하면서 경건생활이 부족하고 기도생활이 뒷받침되지 못하는 우리들의 문제점을 잘 지적하고 염려한 것이다. 칼빈이 말한 바대로 개혁주의 신앙은 '말씀'과 '성령'을 통해서 끊임없이 개혁되어야 함에도 불구하고, 사상과 삶이 일치하지 못하고 교회가 세상에서 예언자적인 사명을 감당치 못한 것은 오늘 우리들의 과제로 남아 있다.

 _ 42

박윤선 박사와 전국목사장로기도회

1961년 장로교 교단은 세칭 에큐메니컬 운동으로 합동 측과 통합 측으로 갈라져 나갔다. 그러나 이 사건은 이른바 승동 측이 10여 년간 다른 길로 갔던 고려 측과 합동하게 되어 이른바 합동 측 장로교회가 되었다. 총회는 통합 측이 갈라져 나간후로 교회마다 엄청난 진통이 있었고, 그 후유증은 만만치 않았다. 합동 측은 모든 기독교 기관과 대학과 고등학교를 통합 측에 넘기고, 온갖 수모를 겪으면서 보수신학과 신앙을 사수한다는 일념으로 교회를 지켜냈다. 대형교회들은 거의 통합 측으로 넘어가고 선교사들의 도움도 지원도 없이 빈손으로 남아 교회를 다시 세워야 했다. 합동 측 총회가 보수주의 신앙을 지키고 살아남을 수 있는 유일한 길은 모든 목회자들과 성도들이 일치단결하여 함께 기도하며 교회를 부흥시키는 길 밖에 없었다. 이런 공감대 속에서 출범한 것이 1963년에 전국목사장로기도회를 개최하여 목회자와 장로를 하나로 묶고, 교단의 대동 단합과 더불어 하나님께 기도하며 교회 부흥에 추진력을 얻고자 하였다.

초기의 전국목사장로기도회는 순수하고 응집력이 있었다. 일 년에 한 번씩 모이는 전국목사장로기도회인지라 교회와 국가와 민족을 위한 기도는 뜨거웠다. 그러나 총회가 주관하는 행사이므로 자연스럽게 총회 정치가 가장 많이 작동하는 집회이기도 했다. 전국목사장로기도회 진행 상황을 보면 다음과 같다. 첫 날 개회예배는 어김없이 그 해의 총회장이 설교를 하도록 했고, 수요예배는 부총회장 몫이거나 집회 장소를 빌려준 목사의 설교가 고정적이었다. 새벽예배도 주로 교단 정치에 앞장선 목사들이 순서를 맡았다. 그러나 화요일과 수요일 오전에는 교단의 상징성을 가진 학장, 총장, 교수의 몫이었다. 그런데 만에 하나 1962년 9월 한상동 목사님이 고신 복교를 선언하지만 않았다면, 전국목사장로기도회에 설교자로서 영권(靈權)을 십분 발휘할 수 있었을 것이다. 뿐만 아니라 합동 교단의 영적 버팀목으로 큰일을 감당했을 것이다. 그러나 아쉽게도 그 일은 이루어지지 않았다.

초창기에 활동한 특별한 강사는 박형룡, 박윤선, 명신홍, 차남진 박사들이 활동했고, 목회자로서는 정규오, 김창인, 최훈 목사 등이 활약했다. 나는 1965년 5월 제3회 전국목사장로기도회가 퇴계로에 있던 충현교회에서 열렸을 때, 박윤선 목사님의 성경 강해를 잊을 수 없다. 그리고 그때 전한 메시지는 필기하여 두었기에 노트에 아직 남아 있고 내 일생동안 성경 진리에 대한 확신을 주었던 메시지였다. 그 당시 나는 아직 총신대학 신대원 2학년에 불과했고 박 목사님의 심부름 때문에 충현교회를 방문했다가 전국목사장로기도회에 참석하고 박 목사님의 강해설교에 심취했었다. 그때 박윤선 목사님은 아직도 50대 후반으로 가장 왕성한 메시지를 선포하시던 때였다. 그는 그 전해에 사당동 총신대에 교수로 가르치기 시작했다. 그러나 한상동 목사가 고려신학교를 복교함으로 총회에서 부산, 경남을 지켜야 한다는 이유로 총신 분교장에 박윤선 박사를 지명하고 부산에 교두보 구축을 하도록 했다.

모든 것이 다 정치적이었다. 하여간 총신 부산 분교장으로서 박윤선 목사님은 전국목사장로기도회에 특별 강사로 초청 받은 것이다. 아마도 이때가 박윤선 목사님이 합동 측 총회의 전국의 목사와 장로들에게 첫 선을 보이는 기회였던 것 같다. 물론 그전에 동산교회 목사로서 용산에 있었던 총신의 교수로서 열강을 했고, 그후 1967년 총신 캠퍼스에서 전국 교역자 하기 수양회 강사로 일했지만, 이런 대형 집회에서 성경을 강해하기는 처음이었던 것 같다. 물론 박윤선 목사님이 고려신학교 교장으로 재임 시에 고신 측 전국 교역자 하기수련회 등에서 메시지를 전한 것은 여러 번 있었으나 이처럼 합동 측 전국의 목사 장로들이 한꺼번에 많이 모인 집회는 처음이었다. 박윤선 박사가 전한 메시지는 합동 측 교회의 영적 각성과 성경적, 개혁주의적 신앙 운동을 위한 새로운 이정표를 제시하는 것이 되었다. 나는 그때 그 집회에 참석하여 기록한 노트를 중심으로 박윤선 박사의 몇 가지 강조점을 밝히고자 한다.

그날 본문은 '이사야 35:1-10'이었고 제목은 '사막의 대로'였다. 그런데 박윤선 목사님의 메시지는 목회자들이 흔히 쓰는 제목 설교나, 예증적 설교가 아니었다. 그의 설교는 말 그대로 성경 주해 설교로서, 성경을 구속사적(Redemptive Historical)으로 보면서 구약과 신약과 연결시키고, 거기 따른 영적 의미에 대하여 힘 있게 증거 했다. 교의적 설교나 예화 중심의 제목 설교에 익숙했던 합동 측 교회의 목사와 장로들에게는 신선한 충격으로 다가왔다. 결국은 말씀을 통한 진리의 깨달음을 우리에게 알려 주었다. 그날 박 목사님의 메시지는 교단의 방향이나 정치적인 것은 일체 없었고, 이사야를 통한 장차 오실 메시아 곧 예수 그리스도의 구속 운동만을 소리 높이 외쳤다. 박윤선 목사의 한 시간 이상의 강해설교에 모든 목사 장로들은 흠뻑 빠져들었고, 모두가 성경에 대한 새로운 눈을 뜨게 되었다. 설교가 마치자 모든 사람들이 큰 소리로 통회 자복하는 기도가 이어졌고 말로 다할 수 없는 은혜를 받았다.

그 후 나는 전국목사장로기도회에 참석한 일이 없고 기회도 없었다. 그러나 교단의 특강 강사는 거의 고정되어 있어 강의를 자주 하곤 했다. 주로 1970년대 초까지는 박형룡, 박윤선, 김창인, 최훈, 정규오 목사 등이 활동했다. 1976년 나는 화란 유학에서 귀국하여 총신대 교수로 복직했고, 1977년 5월 4일 부산 초량교회에서 열리는 제14회 전국목사장로기도회 주강사로 초청을 받았다. 신참 교수였던 나는 웬 은혜인지 웬 축복인지 분에 넘치게 특강 강사로 뽑혔다. 그 당시에 총신에는 원로 교수들과 선배 교수들이 여럿 있었는데, 가장 어린 나이에 교단의 전국목사장로기도회 등 대형 집회의 강사로 선발 되었으니 특별한 은혜였다. 그리고 파격적이었다. 나는 시편 73:28 읽고 '하나님께 가까이'라는 제목으로 100분 동안 뜨겁게 외쳤다. 그때 화란 유학에서 깨닫고 확신한 칼빈주의적 세계관과 교회관을 확실히 증거 했다.

"하나님께 가까이 함이 내게 복이라"라는 말씀은 일찍이 아브라함 카이퍼(Abraham Kuyper)가 깨달은 진리이고, 내 개인적으로 화란 유학 중에 큰 은혜를 받은 구절이었다. 나는 이 성경 구절을 깊이 묵상하면서 하나님께 멀어져간 오늘의 한국 교회와 지도자들을 책망하고 하나님께 더 가까이, 하나님 중심의 사상으로 돌아가야 한국 교회도 국가와 민족도 살아날 수 있다는 것을 증거 했다. 즉 '하나님 중심 사상'이 '칼빈주의 사상'이라는 것을 힘주어 강조했다. 그리고 하나님께 가까이 가는 구체적 방법도 제시하면서 세속주의, 인본주의 사상에서 탈피하여 역사적 칼빈주의 신학과 신앙으로 돌아가야 우리 교단이 시대적 사명을 잘 감당하고 다시 부흥한다는 요지의 메시지를 외쳤다. 그날 메시지를 마치자 회중들 가운데 큰 통회가 일어났고 박명수, 최훈 목사들이 강사실로 찾아와 과분한 격려와 칭찬을 해주었다.

이때에 나는 총신대학의 조교수 겸 교목실장으로 37세의 새파란 젊은 목사였다. 그때 나는 목사로 안수 받은 지 겨우 십 년이 되었고, 경험이라야 젊은이들을 위한 종군 목사 3년, 그전에 농촌 개척교회 3년 등이 전부였다. 그러므로 이런 대형 집회에 더욱이 전국에 내노라 하는 목사와 장로, 그리고 교단의 총회 임원들과 총회의 원로 지도자들 앞에 서는 것은 처음 있는 일이었다. 하지만 나는 총신대와 신학대학원과, 대학원을 나왔고 박형룡 박사에게 7년을 강의와 설교를 들었고, 더욱이 박윤선 박사를 도우며 그에게 감화, 감동, 훈련을 받았고, 화란 유학시절 당대의 위대한 칼빈주의 학자들과 만남이 있었기 때문에 그 누구에게도 주눅 들것도 없고 위축 될 것도 없었다. 나는 당대의 칼빈주의 철학의 대가였던 헬만 도예베드(Herman Dooyeweerd), 볼렌호번(Th. D.H. Vollenhoven)을 만나서 그의 교훈을 들었고, 벌카워

(G. C. Berkouwer), 베인호프(C. Veenhof), 리델보스(Herman Ridderbos) 등을 만나서 그들의 책들을 읽었으며, 아브라함 카이퍼의 직계인 요한네스 벨카일(J. Verkuyl)에게서 훈련을 받은 터라 가슴에 불이 타고 있었다. 더욱이 당대의 세계적 칼빈주의 전도자인 라브리 펠로우쉽(L'abri Fellowship)의 프란시스 셰퍼(F. Schaeffer) 박사와 함께 기도하며 교제하던 경험도 있었기에 당시는 자신감이 넘쳤다.

나는 '하나님께 더 가까이'라는 제목으로 하나님 중심의 목사 장로, 하나님 중심의 교회와 교단이 될 것을 외쳤다. 이렇게 시작된 전국목사장로기도회 주강사는 약 35여 년 동안 계속되었다. 결국 나에게 주어진 이런 자연스러운 축복은 박윤선 박사의 신학과 신앙을 따르다가 되어 진 삶의 여정이었다. 나는 1977년부터 2010년까지 전국목사장로기도회에서 강연한 메시지를 모아 CD를 만들어 출판했고, 전국목사장로기도회 특강 때마다 매번 40여 페이지의 소책자를 만들어 전국 목사, 장로들에게 5000부 이상을 만들어 무상으로 배부했다. 왜냐하면 어느 때, 누가, 무엇을 어떻게 증거 했는지를 역사적 기록에 남기고 싶었기 때문이다. 특히 결정적 시기에 강연한 내용을 소책자로 내어 출판하는 것은 화란 칼빈주의자들 특히 아브라함 카이퍼와 헬만 바빙크를 통해 그 방법을 배웠기 때문이다.

 _ 43

박윤선 교장과 전국학생신앙운동(SFC)

나는 1950년대부터 SFC 곧 전국학생신앙운동에 적극 참여하였고 대흥교회 SFC 위원장으로 활동했다. 그래서 경주지방 SFC, 그리고 SFC 전국동기하기수련회에 참여하여 이른바 산 순교자들 곧 한상동, 한부선, 황철도 목사님을 비롯하여 전영창, 한명동, 전성도 목사의 설교를 들었고 목회자로의 소명을 받았다.

SFC는 한국의 자생적 학생 신앙 단체로서 C.C.C나 IVF나 UBF 등과는 구별된다. SFC 운동은 개혁주의 신앙 운동이며, 고신 측 학생 신앙운동의 성공 모델이다. 고신파는 신사 참배를 반대하고 신학과 신앙의 순결성을 지켜 교회와 학원과 세상을 변화시켜야 한다는 일념으로 학생들의 모임을 주도했다. 앞서 전술한 바와 같이 나는 포항 대흥교회 SFC 위원장과 경주지방 SFC 간부로 지냈다. SFC가 본래는 고신 측 한명동 목사가 시무하던 제1영도교회 학생들의 기도로 시작되었으나, 한부선 선교사가 1947년에 '학생신앙협조회'로 조직하여 1948년에 '학생신앙운동'(SFC)이라 부르게 되었다. 1952년에 열렸던 전국 대회에 '중앙학생신앙운동'이라 했으나, 1953년 1월 임시 대회에서 '전국학생신앙운동'이라고 불렀다. SFC는 Student for Christ로 회의도 협회도 아니고 하나의 운동이었다.

그런데 전국학생신앙운동 즉 SFC의 강령을 체계 있게 해설하면서 SFC 사상적 기초를 놓은 분은 바로 박윤선 박사이다. 1953년 전국 SFC 하기대회에서 당시 고려신학교 교장이었던 박윤선 박사는 학생들에게 전통적 웨스트민스터 신앙고백과 대소요리문답, 그리고 개혁교회의 신학과 신앙을 자세히 강연하였다. 사실 이 학생 운동도 고신 측과 석원태 목사가 이끄는 고려 측이 갈라지면서 두 개가 되었고 최근에 고신과 고려, 두 교단은 또 다시 하나가 되어 연합의 좋은 사례를 남기고 있다.

1961년에 고신 측이 합동 측과 단일화됨으로써 SFC 운동은 합동 측에도 이 명칭을 사용했고, 기존에 있었던 SCE의 이름도 바꾸었다. 고신과 합동 측이 하나 됨으로 SFC와 SCE도 합동 대회를 열었다. 이 때 합동 대회가 대구 서현교회에서 모였을 때 나도 합동 측 대표로 참석했다. 그러나 1962년에 고신 측이 복구함으로써 합동 측은 얼마간 SFC란 이름을 썼으나, 그나마도 이름을 다시 SCE로 바꾸어 버렸다.

1963년으로 기억되는데 전국 SFC 동계 대회를 개최할 때 대학부 특강 시간에 김홍전 박사의 특강이 있었다. 김홍전 박사는 신학박사이자 음악박사이고 고고학 박사로 장로 교단의 보배 같은 분이었으나 박형룡 박사 아래서 1년간 연수한다는 조건을 마다하여, 끝내 총신과 합동 교단에 머물지 못하고 별도로 계약 신학 운동을 벌였다. 그 강의에서 SFC 강령 문제가 불거져 나왔는데 '하나님 중심', '성경 중심', '교회 중심'이란 논제가 토론되었다. 그때 한철하 박사와 한병기 목사님 등이 논쟁하는 것을 들었다. 한철하 박사가 SFC 강령을 비판하기를 '중심'이 하나여야지 왜 셋이어야 하는지를 따지고 물었다. 한철하 박사는 철학을 공부하고 신학을 하신 분으로 그 당시 SFC 운동에 대해서 별로 이해도 없었기에 SFC 강령에 대해 날카롭게 문제 제기를 했다.

사실 나는 여기서 SFC 역사를 말하기보다 박윤선 박사의 SFC 강령 해설을 하면서, 고신 측 교회와 학생들에게 개혁주의 신앙의 원리 해석을 한 것에 초점을 맞추고자 한다. 나는 1954년 1월에 「파숫군」지에 게제 된 내용을 정리함으로써 SFC와 박윤선 박사의 개혁주의 입장을 말하려고 한다. 박윤선 박사는 고려신학교 교장으로서 전국 SFC 수양회 때 개혁주의 신학과 신앙 사상을 자세히 해설하므로 SFC 운동의 방향을 제시했다. 그 당시 제목은 '개혁주의 신학 사상'이란 큰 제목으로 다음과 같이 해설하였다. 즉 웨스트민스터 신앙고백서 및 대소요리문답의 신학 사상은 성경에 기준한 것이니 그 개요는 다음과 같다.

첫째, 성경은 기록된 하나님의 말씀이니 전혀 그릇됨이 없음을 믿는다(Infalibility of the Scripture, 웨스트민스터 신앙고백서 제1장, 딤후 3:16, 히 1:12 등). 이는 합리주의나 신정통주의, 칼 바르트와 에밀 브루너의 교훈에 반대하는 참된 교리이다.

둘째, 삼위일체 하나님의 절대 주권(Sovereignty of God)을 믿는다. 이는 어디서나 언제나 무엇이나 하나님의 직접적 혹은 간접적 통치가 있음을 믿는 믿음이다(제2장, 살전 1:9, 롬 11:36 등). 이는 이원론(二元論)이나 유물론은 물론 이신론(理神論)이나 범신론(汎神論), 칼 바르트의 초절주의(超絶主義)와 반대되는 참된 교리이다.

셋째, 인간의 전적 부패를 믿는다. 인간은 구원에 들어갈 선을 전혀 행할 능력이 없음을 믿는 믿음이다(제6장, 고후 11:3, 롬 3:11 등). 이는 알미니안주의와 반대되며, 바르트주의가 인간의 불가능을 말하되 피조성과 윤리성을 혼돈함으로써 성경의 원리와는 다르게 하는 것과 반대되는 참된 교리이다.

넷째, 하나님의 구원 계획이 절대적으로 하나님의 기쁘신 뜻에 의지한 무조건적 선택과 영원한 언약으로 되어 있음을 믿는다(제3장, 제7장). 이는 알미니안주의와 반대되고 개혁파의 예정 도리를 믿지 않는 신정통주의와도 반대되는 참된 교리이다.

다섯째, 예수께서 그리스도이신데, 그는 참 하나님이시며 성령의 권능으로 동정녀 마리아에게서 탄생하신 참된 사람도 되시며, 참된 중보자이시고, 참 믿는 자들을 대속하시려고, 죽으셨다가 몸으로 다시 살으시고, 지금 하나님 우편에 계시고 우리를 위하여 대신 기도하시며 장차 재림하실 것을 믿는다(제8장, 벧전 1:19,20 딤전 2:5 등). 이는 ① 그리스도를 단지 인간의 모범으로 ② 그리스도의 동정녀 탄생을 믿지 않는 신정통주의자 에밀 브루너의 교훈과 반대되고 ③ 그리스도의 부활의 계시에 대한 인표가 될 뿐이고 엄정한 의미에 있어서 신앙의 대상이 되지 못한다는 신정통주의(칼 바르트, 에밀 브루너 등의 교훈)와도 반대하는 참된 성경적 교리이다.

여섯째, 성령으로 말미암아 중생하는 은혜와, 참된 사랑의 행실을 낼 수 있는 진정한 믿음을 소유한 자마다 그리스도의 공로로만 인하여 의롭다 함을 얻는 것과 참되이 회개할 때는, 그 어떤 큰 죄라도 그리스도의 공로로 말미암아 사죄함이 되며(제15장 참조), 거룩함을 이루어 나가는 것과 참으로 택함을 받은 신자는, 아주 구원에서 멀어지는 일이 없음을 믿는다(제 10, 11, 15, 17장, 요 15:16, 살후 2:13 등). 이는 ① 중생과 궁극적 구원을 믿지 않고 인간의 가능성으로 구원에 참여할 수 있다는 만인 구원론을 가지는 알미니안주의와 반대되며 ② "의롭다" 칭함을 받는 것은 단회(單回)적 사건이 아니고 언제나 미래에 붙여서 생각할 수 있다는 신정통주의와도 반대되는 참된 교리이다.

일곱째, 하나님의 율법은 그대로 누구나 지켜야 되는 줄 알며 특별히 신자들은 의롭다 칭함을 받는 것은 그리스도를 믿음으로만 되나 율법을 지킬 책임이 있으며, 지키면 자기에게도 유익하고 하나님께 영광을 돌리게 됨을 믿는다(제1장, 요일 2:3, 4, 7, 롬 3:31 등). 이는 ① 은혜와 성령으로 말미암아 하나님을 영화롭게 할 목적으로, 신자의 본문과 하나님의 영광을 위해 행한 줄 모르고 인간의 노력으로 구원을 얻는 듯이 율법을 과도히 주장하는 율법주의와 반대되며, ② 하나님의 정하신 행위의 법칙들을 그대로 행하고 하는 일을 문자주의라고 업신여기는 바르트주의와도 반대되는 참된 성경적 교리이다.

여덟 번째, 신자는 성경에 위반되는 교훈이나 규칙에는 순종하지 않을 자유가 있음을 믿는다(제20장, 롬 14:4, 10, 23, 약 4:12 등). 이는 ① 교리를 무시하고 인간의 경험을 존중시하여, 서로 모순되는 주장까지라도 포함하자는 타협주의와 반대되고 ② 시간 공간계의 존재는 비록 성경이라도 절대적인 것이 아니라고 하여 일반적으로 파수하는 일은 있을 수 없다고 생각하는 바르트주의와도 반대되는 진정한 성경적 교리이다.

아홉 번째, 이 세상일이나 사회 일에 있어서도 신자가 성경의 교훈에 준거한 일반 은총의 원리대로 관계할 유일하고 참된 길이 있고, 또 그 원리대로 관계함이 일반 인류에게나 교회에도 참으로 유익할 줄 믿는다(제23, 24장). 이는 ① 신자로서 이 세상일에는 무관주의를 가지는 혹종의 신비주의와 반대되고 ② 일반 은총(Common Grace)의 교리를 믿지 않는 바르트주의와도 반대되는 참된 성경적 교리이다.

열 번째, 성도의 교제를 믿는다. 이것은 신자들이 먼저 진실되게 그리스도와 연합함으로 순조롭게 가지는 신령한 교제나, 서로 받은 은혜를 존중히 여김과, 또한 자기의 은혜대로 남을 돕는 것과 자기를 그리스도의 영광의 자리에 높이지 말고, 모든 다른 신자와 동등인 것을 잊지 말고 남의 권리를 침해하지 않음으로 성립되는 교제임을 믿는다(제26장, 요일 1:3, 엡 4:15, 16). 이는 ① 그리스도 안에서 각자가 사귀여야 되는 것을 잊어버리고 무조건 대중 연합을 고조하는 인본주의와 ② 언필층 옳은 것을 주장한다 하여 개인주의로 경솔히 움직이는 그릇된 주의와 반대되는 참된 성경적 교리이다.

열한 번째, 두 가지 성례 곧 세례와 성찬을 하나님의 사역으로 알고 은혜 받는 방편으로 믿는다(제29장, 마 28:19, 고전 11:23 등). 이는 ① 성경에 명한 두 가지 성례 이상의 수효를 주장하거나 ② 혹은 침례를 하여야 구원이 있다는 듯이 과도히 고조하거나 ③ 성례를 중요시 하지 않거나 하는 주의와도 반대되는 참된 성경적 교리이다.

열두 번째, 회개케 함과 규모를 세움과 악을 제함과 그리스도의 존영과 복음의 파수와 하나님의 진노를 면케 하기 위하여 교회는 권징을 베풀도록 그리스도께서 명하신 것을 믿는다(제30장, 마 18:17-18, 고후 2:6-8). 이는 권징을 중요시 않는 신신학이나 바르트주의에 반대되는 참다운 성경적 교리이다.

열세 번째, 사람이 별세하면 영혼이 하나님께로 가고 몸은 흙으로 돌아가지만 세상 끝날에는 몸이 살 줄을 믿는다. 신자의 영혼은 하늘로 올라가서 복된 생활을 하고 악인의 영혼은 지옥에 가는 줄 믿는다. 그들의 몸도 세상 끝날에는 다시 살게 되는 데 다시 산 신자는 영원 복락을 누리고 다시 산 악인은 영원히 능욕을 당할 줄 믿는다(제32장, 창 3:19, 눅 23:43 등). 이는 ① 영혼이 별세한 뒤에 수면 상태에 있다는 그릇된 학설에 반대하고 ② 천당이나 지옥이나 부활에 대하여 성경이 말하는 것과 합치하게 생각지 않고 실존 철학에 의지하여 별다른 해석을 가지는 바르트주의와도 반대되는 참된 성경적 교리이다.

열네 번째, 세상 끝날에 그리스도께서 재림하시며 세상 사람을 심판하실 줄 믿는다(제33장, 행 17:31, 유 6 등). 이는 내세를 부인하는 모든 그릇된 사실과 반대되는 참된 성경적 교리이다.

박윤선 교장이 1953년 SFC 전국 동기수양회에서 강의한 이 내용은 개혁교회의 지표이고 학생신앙운동의 핵심적 원리를 지적하고 있다. SFC 강령에 역사적 웨스트민스터 신앙고백과 대소요리문답에 기초한다는 것은 1649년에 결정된 최초 전문 33장을 의미하고, 베어드 선교사(William Baird, 1862-1931)가 한글로 번역한 『신도게요서』에 기초한 것이다.

신사 참배 강요로 폐교당한 숭실전문학교와 평양신학교는 역사적 웨스트민스터 신조를 지켰으나, 연희전문학교를 세웠던 언더우드(H. G. Underwood)는 개정된 웨스트민스터 신앙고백을 주장하고 타협적인 입장을 취한 것은 잘 알려진 사실이다. 웨스트민스터 신앙고백 및 대소요리문답 원본은 1658년에 출판되었고, 베어드가 번역한 『신도게요서』는 1925년에 출판 되었는데 나는 두 원본 모두를 대한예수교장로회(합동) '역사박물관'에 기증했다.

그러므로 박윤선 박사의 해설대로 웨스트민스터 신앙고백을 주장한다고 해도 현대주의 사상이나 바르트주의 사상은 개혁주의 곧 칼빈주의 사상과는 다르다는 것을 알 수 있다. 박윤선 박사는 1953년 SFC 전국 하기대회에서 칼빈주의 신학과 신앙을 정확히 해설하였다.

 _ 44

박윤선 교장과 목회백훈(牧會百訓)

박윤선 박사는 고려신학교 교장으로서 설교 또는 졸업 훈사 등 여러 가지 사역을 감당했다. 학교장의 훈사는 매우 중요하다. 그 이유는 훈사는 그 시대에 교문을 나서는 신학생들, 곧 장래 목회자들에게 주어지는 학교장의 메시지이자, 목회의 방향이 되는 것이기 때문이다. "진실한 목회자가 되시오" 또는 "하나가 천을 당하고 만을 당하는 교역자가 되시오" 등 많은 교훈이 있다. 뿐만 아니라 총신에서 졸업 훈사 그 후 합신 졸업식에서 여러 번 합신원장으로서 행한 졸업식 훈사들이 글로 정리되어 남겨져 있다. 그러나 여기서는 고려신학교 제4회 졸업식에서 행한 박윤선 교장의 훈사를 요점적으로 정리하여 소개하고자 한다.

① 강하고 담대하라(수 1:7)
② 기도하기를 쉬는 죄를 결단코 범치 말라(삼상 12:23)
③ 진리는 굳게 지키나 자기를 옹호하지 말라(삼하 16:10)
④ 낙심하지 말라(시 42:11)
⑤ 진리를 옳게 분별하라(딤후 2:15)

⑥ 속히우지 말고, 속이지 말라(딤후 3:13-14)

⑦ 은혜로 장성하라(벧후 3:18) 등이다.

    박윤선 교장이 남긴 졸업생을 위한 훈사는 여럿 있어도 그것을 문자로 남긴 것은 얼마 되지 않는다. 아무리 작은 것이라도 문자로 남겨야 역사가 되는 것이다. 나는 학장, 총장을 모두 12년 수행하고, 총장 대행까지 합하면 14년 정도 졸업식에 훈사를 했고, 목회자 재교육 프로그램인 목회대학원장도 4년 했는데, 대부분 문자로 남겼다. 왜냐하면 그것도 역사가 되기 때문이다. 박윤선 교장의 훈사 가운데 꼭 남기고 싶은 것은 1952년 12월의 고신 졸업식 때 행한 훈사는 한국 교회 모든 목회자들에게 주는 소중한 교훈이라 본다.

    딸이 시집을 가게 되면 친정어머니가 밤을 새워 백 가지 천 가지 딸에게 훈계한다. 그와 같이 고려신학교 제6회 졸업식장에서 안타까운 심정으로 훈계하신 박윤선 교장의 백가지 훈계(百訓)를 여기에 그대로 옮긴다. 1953년 「파숫군」지 25회에 실린 글을 싣는다.

"목회백훈(百訓)"

1. 하나님에 대하여

신뢰(요 14:1), 순종(삼상 15:22), 회개(시 51), 감사(살전 5:18), 기도(살전 5:16), 대망(애 3:26), 수난(딤후1:8), 진실(엡 6:14), 성결(벧전 1:15), 열심(롬 12:11).

2. 교회에 대하여

사랑(벧전 4:8), 안위(살전 5:14), 진리 교훈(딤후 4:2), 온유(살전 2:7), 구인(救人)(살전 5:14), 예의(고전 13:5), 성결(고전 13:5), 긍휼히 여김(벧전 3:8), 화목(벧전 3:11, 롬 12:18), 경계(살전 5:14).

3. 자신에 대하여
자책(고전 9:27), 예비(눅 14:31), 극기(마 16:24), 절제(딤전 3:2), 희열(살전 5:16), 안심(요 16:33), 근신(딤전 3:2), 성경 배움(딤후 3:14), 정결(딤후 2:22), 순결한 양심대로 처신함(딤전 3:9), 아담(딤전 3:2).

4. 국가에 대하여
의무(마 22:21), 쟁화(눅 14:26), 묵시(잠 29:18), 주 앞에 수절(단 3), 복음을 전함(눅 9:62), 기도(딤전 2:12), 하나님 중심주의(눅 14:26), 사랑, 위의 분들 존경할 것(벧전 2:17).

5. 가정에 대하여
하나님 중심 할 것(눅 14:26), 선한 정치(딤전 3:4), 사랑(엡 5:22-32), 교양(엡 6:4), 노엽게 말것(엡 6:4), 이해(벧전 3:7), 귀히 대접(벧전 3:7), 부양(딤전 5:8), 의무(고전 7:3), 게으르지 말 것(고전 7:29).

6. 동역자에 대하여
하나님 중심한 충절로 뭉침(딛 2:18), 시기하지 말 것(고전 13:4), 나보다 낫게 여길 것(빌 2:3), 협력(빌 2:4), 존중(롬 16:20, 갈 2:9),

대동소이에 뭉칠 것(벧전 3:8), 동역자의 수고를 알 것(롬 16:1-16), 사랑할 것(벧후 3:15), 충고할 것(갈 2:11), 폄론하지 말 것(마 7:1-5).

7. 원수에 대하여
사랑(롬 12:20), 원수가 넘어질 때 기뻐하지 말 것(잠 24:17), 시기하지 말 것(잠 24:19), 복수하지 말 것(롬 12:19), 기도할 것(마 5:44), 대적하지 말 것(마 5:39), 영적 원수 된 점에 있어서는 타협하지 말 것(시 16:4, 고후 6:15-17), 영적 원수를 삼갈 것(빌 3:2), 거짓 교사는 지도자로 영접하지 말 것(요이 10-11) 영적 원수의 교훈을 미워할 것(계 2:6).

8. 빈부에 대하여
구제(잠 11:25), 변리를 받지 말 것(시 15:5), 업신여기지 말 것(창 17:5), 자족하자(딤전 6:6-8), 공의를 베풀 것(잠 3:19), 긍휼히 여길 것(잠 14:21), 가산 적고 여호와 두려워함이 좋음(잠 15:16), 부자를 가르쳐 하늘에 소망 두게 함(딤전 6:17), 재물을 헛되이 얻으려고 말 것(잠 13:11).

9. 환난, 병약, 사망, 걱정과 고통에 대하여
기도할 것(약 5:13), 기뻐할 것(롬 5:3), 위로하기를 배우고 힘쓸 것(고후 1:3-6), 회개할 것(애 3:42), 참을 것(롬 12:12), 핍박을 영광으로 알 것(마 5:12), 주를 위한 죽음을 보배로 여길 것(시 116:15), 주검은 화를 피함임(사 57:1-2), 동정(롬 12:15), 근심에

사로잡히지 말 것(벧전 5:7, 고후 7:9).

10. 언사에 대하여
일구이언 하지 말 것(딤전 3:8), 희롱하지 말 것(엡 5:4), 입술을 깨끗이 가질 것(엡 5:4), 말다툼 말 것(딤후 2:24), 말장이가 되지 말 것(잠 18:8, 16:28), 참소하지 말 것(딤전 3:11), 말을 적게 할 것(잠 10:19), 적당한 말을 할 것(잠 25:11), 거짓말 하지 말 것(시 15:4), 말을 경솔히 하지 말 것(전 5:2, 잠 29:20).

이상의 이 목회백훈은 평소 박윤선 목사님이 신학교 교수로 또는 교장으로 교문을 나서는 장래 한국 교회 목회자들에게 권면하는 내용이므로 「파숫군」지에 실린 고려신학교 제6회 졸업식장에서 전한 내용을 풀어서 그대로 전한다.

필을 놓으며…

창조주 하나님께 모든 영광, 존귀, 찬양을 드립니다. 나같이 부족하고 연약한 종이 예수 그리스도의 구속의 은혜를 받고, 목사 된지 50년 동안 부족하지만 복음을 위해 최선을 다해 온 것은 전적으로 하나님의 은혜요 축복입니다. 세상적으로 아무것도 내어 놓을 것 없지만, 하나님이 거져 주시는 은혜로 여기까지 오게 된 것은 은혜 위에 은혜이기에 감사하고 또 감사 할 뿐입니다.

나는 학문도 재주도 별로 없고 좋은 가문의 배경도 전혀 없는데다, 어린 시절 하도 병약해서 4살까지 일어서지도 못했습니다. 거기다가 일제 말기와 6·25 전란으로 초등학교 때 부모를 따라 피란민 대열에 끼어 울산 방어진까지 가면서 죽을 고비를 몇 번 겪었습니다. 그러나 6·25 전란 이후 복음을 듣고 주님을 구주로 영접하고 어린 시절에 소명 받아 주의 종이 되겠다고 결심했습니다.

하나님의 은총과 섭리로 정암 박윤선 목사님을 나의 멘토로 모시고 26년 동안 가까이 섬기면서, 칼빈주의 신학과 신앙을 배우고 익히며, 어쭙잖게 그를 따라하고 흉내 내다가 어언 57년이 되었습니다. 지금 와서 다시 한 번 확실히 깨닫는 것은 인간은 스펙이 좋은 것 때문에 큰 일하는 것도 아니고, 재물이 많아서 성공하는 것도 아니고, 결국은 하나님이 되게 해 주셔야 된다는 확신입니다.

이 책에서 박윤선 박사 서거 30주년을 맞아 필자와 얽힌 뒷이야기를 진솔하게 기록으로 남겼습니다. 혹여 잘못된 기록이나 오해 살만한 것이 있어도 그저 제 입장에서 말한 것이니, 너그러이 용서해 주시기를 바랍니다.

이제 1966년, 동산교회에서 박윤선 목사님의 뒤를 이어 김성환 목사님이 부임하고 위임식 예배 때 낭독했던 헌시이자 제가 샘내교회 개척을 떠나면서 쓴 시를 여기에 마지막으로 싣습니다.

牧羊一心

에크레시아의 지역
갈한 양무리 있다기에
젊은 가슴을 쥐어짜서
흥거히 제단 위에 쏟고

벧엘의 이끼 낀 돌 사이로
목자의 땀방울이 촉촉이 배어들면
그제사 열린 하늘을 향해
목 놓아 울어야 합니다.

일흔 번에 일곱을 더 참아도
주님은 너무나 늦게 오시는데

아가파스메 필로서

아가파스메 필로서

필레이스메 필로서

내 양을 먹이라

(이 시는 김의작 교수에 의해 바리톤 곡으로 만들어졌고 독창곡 집에 게제 되었다.)

[부록] 01

목회적 관점에서 본 박윤선의 설교[1]

들어가는 말

필자는 10년 전 정암 신학 강좌에 초대되어 '박윤선 목사의 설교'라는 주제로 발표한 바 있다.[2] 그간도 정암 박윤선 목사에 대해서 여러 모양으로 연구되어진 것은 참으로 감사한 일이다. 박윤선 목사님이 지난 한 세기 동안 한국 교회에 끼친 영향은 어느 교단 어느 교파에 한정된 것이 아니라, 모든 개혁주의 신앙을 따르는 목회자들의 사표이자 칼빈주의 신학의 이정표가 되었다. 그런데 역사적 인물을 평가함에 있어서 완전한 객관성을 유지할 수는 없다고 본다. 특히 박윤선 목사님의 경우 성경 주석 전집을 완간하고 몇 권의 설교집을 내긴 했어도 본인 자신에 대한 회고록은 없고 다만 신앙 고백 정도가 있을 뿐이다.[3] 그렇다면 목회자로서의 박윤선 목사를 연구하려고 할 때 자

---

1 이 글은 2006년 11월 7일 오후 2시 화평교회에서 제18회 정암 신학강좌(정암신학연구소, 합동신학대학원대학교 총동문회 주관)에서 발표한 논문이다. 내용이 본문과 몇 군데 중복되는 부분이 있을지라도 독자들의 양해를 구한다.
2 1996년 11월 11일 충현교회 갈릴리 홀에서 제8회 정암 신학강좌가 열렸는데, 당시 강의의 주제는 '박윤선과 목회'였다. 발표자는 김명혁 박사 '박윤선의 기도', 황창기 박사 '박윤선의 성령론', 그리고 필자의 '박윤선의 설교'였다. 당시 초대장에는 "말씀과 기도에 붙잡혀 평생토록 진실과 겸손과 충성으로 주님과 한국 교회를 섬기시던 정암 박윤선 목사님께서 영광스런 주님의 품으로 가신지 어언 8년의 세월이 흘렀습니다. 고인의 신앙의 유덕을 마음속에 귀하게 간직하고 흠모하는 우리 남아 있는 제자들이 하나님께서 한국 교회에 축복으로 주신 고 박윤선 목사님의 생애와 사상을 다시 한 번 깊이 되새기고자 아래와 같이 제8회 정암 신학강좌를 개최하려고 하오니 많이 참석하여 주시기 바랍니다." 제8회 정암 신학강좌 팸플릿.
3 박윤선 "나의 신학과 나의 설교" 『神學正論』, 제7집 (合同神學校, 1986).

연스럽게 자료에 의하기보다는 직접 박 목사님과 더불어 사역을 해본 사람들의 증언과 경험에 의지할 수밖에 없을 듯하다. 그런 뜻에서 본다면, 필자는 어느 정도 이 글의 주제에 대해서 논할 수 있을 것이라고 감히 말할 수 있다. 필자의 이전 글에서는 이렇게 썼다.[4]

> "필자의 나이 20대에 신학에 입문하던 날부터 30여 년간 그와 관련을 가졌기 때문이다. 1960년대 초에 필자가 총신대학 1학년에 입학하자마자 그 분과 함께 동산교회를 개척하면서 담임 목사로 모셔왔고 필자는 전도사로 도왔다. 당시 박 목사님의 나이는 50을 조금 넘긴 가장 뜨겁고 왕성하던 연구와 설교의 전성기였다. 그 당시 3년 동안 일주일에 세 번의 외침은 필자의 신학과 신앙의 눈을 뜨게 해 주었고 칼빈주의 신학과 신앙에 몰입하게 된 동기를 주었고 나의 가슴을 뜨겁게 해 주었다. 그 후에 필자는 그의 조수가 되었고 그의 주석 교정을 도우며 설교와 강의안을 필기하면서 그의 사상을 배울 수가 있었다. 그리고 그의 주례 아래 결혼을 하고 그의 추천으로 화란 뿌라야(자유)대학교에 유학을 하게 되었다. 뿐만 아니라 그의 배려로 신학교에서 가르치게 되어 오늘에 이르렀고 지극한 사랑을 받게 되었다…"

30여 년간 박 목사님의 가까이에서 있던 사람으로 객관성을 잃어버릴 염려가 없지 않으나, 자료의 빈곤을 감안하면서 신학자와 성경 주석가로서 뿐 아니라 목회자로서의 박윤선 목사님의 면모를 살피고

---

4 정성구, 『박윤선 목사의 신학과 설교연구』, (한국칼빈주의연구원 발행, 1991).

자 한다.

1. 박윤선 목사의 목회적 관점

박윤선 목사의 장례식을 치르던 날 증경총회장 노진현 목사는 설교 중에 "루터가 성경 번역의 왕이라면 칼빈은 성경 주석의 왕이라고 할 수 있다. 그렇다면 박윤선 목사님은 우리나라에서 배출한 성경 주석의 왕이라고 할 수 있다."고 했다.[5] 그런데 박윤선 목사의 주석은 언제나 한국 교회의 교역자들의 강단을 의식한 것이었고 주석에서 깨달은 진리는 뜨거운 가슴으로 외쳤다. 박윤선 목사님의 관심은 언제나 목회의 일선 목사를 염두에 두고 주석을 썼다. 혹자는 평하기를 박윤선 목사의 주석은 학문적으로 쓰지 않았다는 사람이 있으나, 박 목사님의 관심은 주석을 쓸 때 번쇄한 이론을 생략하고 목회의 유익을 주는 것이 무엇인지 먼저 생각하면서 신령한 은혜를 받는 데 좀 더 실제적인 도움을 주기 위하여 초점을 맞추고 책을 집필했다. 그는 주석을 쓰는 동안 늘 가슴이 뜨거워졌고, 뜨거운 가슴으로 깨달은 진리를 생명력 있게 증거하고 싶었던 것이 곧 그의 목회의 관심이었다고 할 수 있다.

박윤선 목사님은 주석 쓰는 일과 교수 사역이 평생의 업이었지만 앞서 말한 대로 그는 목회에 대한 관심도 대단했다. 박 목사님은

---
[5] 1988년 6월 3일 합동신학교의 장례식장에서 행한 설교에서 발췌함.

1940년 3월 만주 한인 예수교장로회 신경 노회에서 목사로 장립 받는다. 그때부터 만주 봉천의 오가황 교회를 담임하는 목회자가 된다. 해방 후인 1946년 6월부터는 경남 진해 경화동교회를 시무하면서 신학 강좌를 개설한다. 1960년 고려신학교의 교장직에서 물러나와 부산 금정산에서 기도하던 중 1961년 1월에 서울 동산교회로 부름을 받는다. 당시 이능전 권사의 증언에 의하면,[6] 그가 금정산에 기도하고 계시던 박윤선 목사에게 "우리는 새문안 교회에서 에큐메니컬 신학을 반대하고 순수한 성경적이고 복음적인 말씀을 듣기를 원합니다." 라고 했더니 박윤선 목사님의 대답이 "그것 참 잘 됐습니다. 여러분들은 말씀을 듣기를 소원하고 나는 오직 말씀만을 외치고 싶으니 잘 되었습니다."라고 허락했다고 한다. 그와 같이 박윤선 목사는 목회에 대한 관심이 남달랐다. 그 후 동산교회를 개척 시무해서 큰 교회로 발전시켰고, 1968년에는 다시 서울 상도동에 한성교회를 개척하고 담임 목사로 5년 동안 시무했다. 주경신학자로서 박윤선 목사는 그가 주석한 성경의 진리를 구체적인 목양의 현장에서 실현하려고 했다. 방지일 목사의 회고록에는 다음과 같이 쓰고 있다.[7]

"…설교 때마다 천금(千金) 같은 말이 한마디씩은 꼭 나왔다. 우리 교회 장로들도 이 점을 포착하기에 필자는 매우 기뻤다. 나는 실업계에 종사하면서 또 신앙적인 숭대동창 장로들 몇 분을 청하기로 했다. 앞으로 무슨 일을 해 보자는 것이다. 모두들 찬성하고 박 목사님께 '집

---

6 이능전 권사는 새문안 교회에서 분립하여 나온 성도들 중에 대표인 고웅진 장로의 부인으로서 여전도회 회장을 역임하고 연합회 회장 등을 역임하는 등 매우 활동적이었다. 초기 동산교회의 건설에 숨은 공로자였고, 박윤선 목사님을 모셔 오는데 결정적 역할을 했다. 이 증언은 필자가 미국 텍사스 주의 오스틴(Austin)교회에 부흥회에 갔을 때 이능전 권사의 딸 고혜련 씨와 만나 간증하는 중에 나온 말이다.
7 방지일, "우리에게 있는 나다나엘", 『敬虔과 學問』 37.

필에만 전념하십시오. 모든 것은 하나님께서 하여 주실 것입니다.'라고 하였더니 박 목사님 말씀이 목사는 강단이 없이는 죽은 목숨이라고 하면서 도리어 필자에게 교회 강단 소개를 요청하였다."

그는 동산교회를 목회하다가 중립 교회에서 경기노회로 가입하면서 다음과 같이 말했다.

"교회는 중립도 좋으나 목사는 소속이 없으면 치리회의 제약을 받지 않는다. 그러면 안 된다. 목사는 반드시 치리회에 소속되어야 한다."[8]

박윤선 목사는 신학자로서 목회자를 양성하는 일에 평생을 보냈지만 그 자신이 목회에 대한 불타는 심정이 있었기에 기회 있을 때마다 목회 일을 감당하였다. 참으로 그의 신학은 냉랭한 이론이 아니라 뜨겁고 확신에 찬 기쁨의 신학이 되게 했으며, 그것을 또한 학생들에게 힘 있게 가르쳤다.[9]

2. 박윤선 목사의 목회의 실제

앞서 밝힌 바대로 박윤선 목사가 목회에 대한 관심과 열정은 대단했지만 실제로 그가 목회를 해 본 것은 얼마 되지 않는다. 우선 그는 1940년 4월부터 이듬해인 1941년 4월까지 1년 동안 오가황 교회를

---

8 Ibid.
9 정성구, op. cit. cf. 24.

시무했다.[10] 그런후 1940년 6월에서 9월까지 경남 진해 경화동교회를 3개월 동안 목회했다. 그나마도 3개월 동안 그 교회에서 신학 강좌를 개설했는데 그것이 바로 고려신학교의 시작이었다. 그 강좌를 마치고 바로 고려신학교 교장 서리를 지내다가 1948년 4월부터 1960년 10월까지 12년 동안 부산 고려신학교 교장으로 봉사했다. 그러므로 실제로 경화동교회에서 목회를 했다고 보기는 어렵다. 그 후 한상동 목사 그룹과의 갈등으로 빚어진 이른바 박윤선 목사의 주일날 선교사 환송예배를 빌미로 고려신학교에서 물러난 후 부산 금정산에서 기도하던 중 서울 동산교회의 초대 목사로 부름을 받게 된다. 즉 1961년 2월부터 1964년 4월까지 3년 2개월 동안의 목회가 일생동안 처음 맛보는 경험이었을 것이다. 이때 필자는 총신대학 학생으로 동산교회 교육전도사로서 박윤선 목사를 섬길 수 있었다. 그 후 박윤선 목사님은 다시 총신 교수로 부름을 받는다. 그런데 박 목사님이 총신에 강의를 하는 동안 학생들의 불평이 일어났다. 박 목사님은 이중직을 할 수 없다는 것이었다. 지금도 또렷이 기억나는 것은 당시 총신 원우회 회장이었던 김채현 전도사가[11] 주일 예배를 마치고 나오는 박 목사님을 향해 "박 목사님은 신학교 교수이므로 더 이상 목회를 할 수 없습니다. 둘 중에 하나를 택하십시오."라고 다소 건방지게 따지고 들자 박윤선 목사님은 말하기를 "도대체 자네 나이가 몇이기에 이래라 저래

---

10 박윤선 목사는 1934년 3월에 평양신학교를 졸업했다. 그러나 바로 목사 안수를 받지 않고 1934년 9월에서 1936년 5월까지 Westminster신학교를 수학하고 석사 학위(Th.M)를 받는다. 귀국 후 1936년 8월부터 1938년 6월까지 평양신학교 원어 강사와 총회 교육부 표준성경 주석 편집부에 근무하고 고린도후서 주석을 썼다. 그는 당시 1938년 9월에서 1939년 11월까지 Westminster신학교에서 변증학과 고대 언어를 연구했다. 그리고 1940년 3월에 목사 안수를 받았다.

11 당시 용산에 있던 총회신학교의 분위기는 이른바 3박사 사건의 분위기로 어수선했다. 이런 때 원우회의 입김이 강하게 작용하였다. 그래서 원우회장이 대표로 와서 박윤선 목사는 목회를 그만두고 오직 교수하는 일에 주력하도록 의견을 모았다. 왜냐하면 1964년 1월부터 1년 동안 이른바 윤번제 교장 제도로 박윤선 목사는 총신의 교장이 되었기 때문이다. 김채현 목사는 개혁 측의 교회의 지도자였고 총회장을 역임했다.

라 하는가?"라고 말하면서 목회를 그만 두는 것에 대한 섭섭함을 숨기지 않았다.

박윤선 목사는 1965년 3월부터 1967년 2월까지 부산의 총신 분교장과 교수 일을 하면서 부산 성산교회를 돌보았다고 하나 목회를 했다고 할 수 없다. 그러다가 1968년부터 1973년까지 다시 총신대학 신대원 교수 일을 하면서 서울 상도동 한성교회를 개척했다. 한성교회를 시무하실 때 필자도 군목의 신분으로 목사님을 도와 가끔 저녁 설교를 돕기도 했다. 그러나 한성교회도 그냥 말씀을 증거 하는 설교자의 역할을 했을 뿐이고 엄밀한 의미의 목회를 했다고 볼 수 없다. 박윤선 목사님은 어디를 가든지 진리를 사모하는 성도들이 말씀 듣기를 원함으로 설교를 할 수밖에 없었다. 그가 목회를 하고 설교를 한다는 것은 주석을 하면서 깨달은 진리를 증거 하는 것뿐이었다. 그는 어느 목회자처럼 심방을 하거나 교회 행정을 하거나 기타 목회적 돌봄을 할 수 있는 형편도 아니었고 또 그럴 수도 없었다. 그가 목회를 했던 기간은 요즘 식으로 말하면 겸임교수 정도로 이해할 수 있을 것이다. 그럼에도 불구하고 박윤선 목사는 기도의 사람이었기에 영혼 사랑에 대한 애타는 마음을 가지고 있었다. 박윤선 목사는 반세기를 목사로 있었지만 그는 교수요 신학자요 주석가로서 일했고 목회자로서는 극히 적은 부분을 담당했다고 말할 수 있다. 그렇다고 할지라도 그의 동산교회에서의 3년간 목회, 즉 당회장으로서의 목회가 그래도 목회다운 목회를 했다고 보는 것이 좋을 것이다. 왜냐하면 그때는 신학교에서 교수하는 일이 없이 목회에만 주력했기 때문이다.[12]

----

[12] 이 기간에도 교계는 박윤선 목사를 가만히 놔두지 않았다. 당시 동산교회의 가건물에서 이른바 칼빈성경연구원

3. 牧會者로서의 朴允善 牧師
—동산교회 담임 목사 시절을 중심으로—

동산교회는[13] 박윤선 목사를 초대 담임 목사로 모시고 개척하게 된 것을 늘 자랑으로 생각하고 있었다. 성도들은 한국의 가장 오래되고 전통적인 새문안교회에서 나왔지만 순수한 복음적 신앙, 정통신앙, 곧 하나님의 말씀을 듣고 신앙생활을 하는 부분에 대하여 크나큰 자부심을 가졌다. 그래서 박 목사님의 설교 시에는 남녀노소 할 것 없이 모두가 노트에 설교를 받아쓰고 정리하는 광경은 다른 교회에서 찾아 볼 수 없는 특이한 장면이었다. 초대 동산교회 부목사였고 박윤선 목사의 목회의 실제적 일과 행정을 도왔던 고응보 목사 증언은 다음과 같다.[14]

"예배 장소를 '여호와 이레'로 주시던 주님께서 첫 목자를 주경 신학의 동양의 일인자요, 기도의 사람, 능력의 사람, 복음 전도의 열로 불타는 박윤선 목사님을 보내 주셨다. 이 사건은 예배 처소를 주신 일 이상의 놀라운 축복이 아닐 수 없었다."

또 1961년 2월 5일 박윤선 목사님을 모시고 동산교회는 남자 7인,

을 개원하였다. 이때 박 목사의 강의를 들으려는 사람으로 몰려들었다. 당시의 기억으로 김진홍 목사, 최훈 목사, 홍근섭 목사, 전칠홍 목사 등이 함께 가담했고 삼각산 기도원에 몇 차례 여름 수련회도 가졌는데 당시 필자도 참석했다.

13 창립 예배 때 선언문에서 밝힌 대로 '동산'은 주님만이 출입하시는 오직 십자가의 빗장으로 단단히 잠근 동산, 복음의 말씀이 우물과 다함이 없는 신선한 진리의 샘이 항상 솟아오르고 있는 동산, 신령하고 향기로운 오곡백과가 사시장춘(四時長春) 결실하여 있는 동산, 성도들과 더불어 주님 모시고 길이 즐길 수 있는 동산이 되기를 원한 데서 동산교회로 이름을 지었다. 선언문 敎會創立禮拜에 除하여,「동산」창간호, 1967.9.10.

14 고응보,"동산교회 7년 회고"「동산」, 창간호(1968), 22.

여자 17인 위원회로 교회의 제반 업무를 수행케 했다. 당시 교회의 모든 일 치리는 법보다 은혜가 먼저였고 모든 의견은 만장일치로 가결되었다. 빈손으로 시작한 교회이므로 오직 하나님께만 기도할 수밖에 없었다. 당시 동산교회는 초대 교회와 가장 가까운 교회였다고 할 수 있다. 그것은 바로 박윤선 목사라는 큰 산이 있었기에 가능했고 그의 말씀의 권위 앞에 누가 감히 아니오라고 할 자가 없었다. 필자도 1968년 동산교회를 떠나 동산교회 여전도회 개척교회인 샘내교회를 담임할 때 「동산」지에 다음과 같은 글을 기고하였다.[15]

> "동산교회는 처음부터 '하나님의 말씀 중심'에서 시작한 교회라고 생각하고 늘 자랑으로 여겼다. 특히 말씀으로 자라왔다는 것이 너무 자랑스럽다. 그것은 처음부터 성도들이 말씀을 갈구했고 또 박윤선 박사를 목사님으로 모시고 그야말로 '성경의 맛'을 알았던 시기였다. 나는 동산교회를 어머니 교회로 삼았던 것이 다행한 일이었으며, 귀한 목사님으로부터 바른 진리 체계를 배웠음을 감사하게 생각한다. 지금은 또 저의 스승으로서 강의실에서 만나 뵐 적마다 하나님의 은혜를 더욱 감사하게 생각한다."

「동산」지 창간호의 앙케이트에서 귀하가 동산교회에 오게 된 동기를 묻는 물음에도 이재원 장로는 "창립된 여름에 박윤선 목사님의 가르치시는 말씀을 좀 더 받고져"라고 했고, 당시 여전도회 부회장 김민자 집사는 "설교 말씀이 너무 좋아서" 또 최신덕 집사[16]는 "박윤선

---

15 정성구, "개척 교회를 맡고서" 「동산」, 창간호(1968), 39.
16 당시 이화대학교 사회학과 교수였던 최신덕 집사는 시카고대학에서 유학을 하고 왔으며 유창한 영어를 구사할 줄 아는 엘리트였다. 한때 문선명 집단에 소속했으나 박윤선 목사님의 설교에 감동되어 진실한 그리스도인이 되

목사님의 설교에 감동하여"라고 대답했다. 박윤선 목사님의 설교에 대하여 설교학적 평가는 다룰 수 있겠으나 그의 감화력은 당시 참된 말씀을 사모하는 사람들에게는 광야에서 외치는 소리와 같았다.[17]

① 박윤선 목사의 목회설교

박윤선 목사가 동산교회를 목회할 때, 주일 오전, 주일 밤, 수요일 밤은 어김없이 박 목사님이 설교하셨다. 손님 목사에게 설교를 부탁한 일도 없거니와 부교역자였던 유영빈, 고응보 목사가 설교한 일도 없었다. 교회마다 그 흔한 헌신 예배나 특별 예배도 없었다. 예배는 반드시 자신이 인도하고 설교하는 것을 원칙으로 삼았다. 이는 박 목사님이 교회를 말씀 중심 곧 설교 중심의 교회로 이끌어 가겠다는 의지가 있었기 때문이다. 뿐만 아니라 진리에 굶주렸던 성도들이 단 한 시간도 빠짐없이 박윤선 목사의 설교를 듣기 원했기 때문이다. 다른 분은 감히 설교를 할 수도 없고 설교할 기회가 주어지지 않았다.[18] 사실 박윤선 목사의 설교는 일반 교회 목회자의 설교와는 사뭇 달랐다. 당시 박 목사는 일반 목회자들의 방법대로 성도들의 필요를 감안하거나, 교회의 행사나 교회의 방향에 맞추거나 또한 교회의 영적인 분위기를 쇄신하기 위해서 성경 본문을 택하거나 설교 제목을 정하는 일이 없었다. 그는 교회를 목회하는 중에도 심방이나 교회 행정은 온전히 부교역자인 고응보 목사나 유영빈 목사에게 맡긴 채 하루 종일 기

였으며 문 집단에 대한 비판적인 글을 썼다.
17 「동산」, 72-74.
18 박윤선 목사의 설교에 길들여진 동산교회 성도들은 다른 목사들의 설교에 별로 큰 은혜를 받지 못했다. 그로 말미암아 2대 김성환 목사나 3대 한재호 목사님의 목회와 설교가 그리 순탄하지 못했다. 왜냐하면 교리 체계가 다르거나 좀 특별한 메시지를 할 경우 즉각 이는 박윤선 목사님의 주석과 설교와는 다르다는 반응이 나와서 교역자를 곤혹스럽게 했다.

도와 말씀 연구에 주력했다. 즉 주석 쓰는 일에 전력투구했다. 그러므로 박윤선 목사의 목회가 일반 목회자들의 목회와 비슷하다는 것은 처음부터 기대할 수 없었다. 그가 목회하던 시기는 50대 초반으로 인생의 가장 황금기인 데다 가장 뜨겁게 열정적으로 설교할 때였다. 그때 그는 이사야서를 주석하고 있었고 요한복음을 설교했을 때이다. 그래서 주석이나 설교 준비를 하는 중에 진리에 대한 깨달음이 오고 확신이 올 때까지 어린아이처럼 하나님께 매달리고 칭얼대고 애걸복걸하며 하나님께 간절히 기도하다가 깨달음이 있으면 큰 소리로 고함치며 기뻐했다. 따라서 그는 목회자이기는 해도 성도들의 필요를 충족시켜주는 그런 설교가 아니라 자신이 하나님께 받아 깨달은 진리를 힘 있게 증거 하는 것에 추점을 두었다. 필자는 회고록에 그 당시의 일을 다음과 같이 쓴 바 있다.[19]

"나는 동산교회에서 박 목사님으로부터 일주일에 세 번 정도 설교를 들었는데 그의 메시지를 통해서 나의 신학과 신앙이 체계를 잡아가고 있었다. 즉 개혁주의 신학 곧 칼빈주의 신학과 신앙에 눈을 뜨기 시작했고, 어느 시간에나 감격과 감동으로 은혜를 받았다. 참으로 지금 생각하면 왠 은혜인지 왠 축복인지 모른다. 박윤선 목사님 아래서 배우고 신앙생활을 하는 것은 내게는 말로 다 할 수 없는 특권이었다. 그 당시 박 목사님은 50대를 막 넘긴 인생의 황금기로서 저술 활동도 가장 활발하고 가장 힘 있게 설교할 때인데, 주로 요한복음과 이사야서 강해설교를 많이 했다. 당시 박 목사님은 이사야서를 집필하고 계셨기 때문에 서재에서 주석을 쓰시다가 막 쪄낸 찐빵처럼 따

---

19 정성구, 『賢岩 鄭聖久 博士 회고록, 은총의 포로』(도서출판 한빛, 2006), 242.

끈따끈하고 신선한 메시지를 온 몸을 던져 외치실 때는 실로 간장이
녹는 듯 했다."

사실 그의 목회는 말이 목회이지 일반적 의미의 목회적 돌봄(pastoral care)은 아니었다. 오직 하나님의 말씀을 깨달은 대로 쏟아 붓는 형식이었다. 그럼에도 불구하고 교회는 날마다 부흥되었으며 뜻 있는 성도들이 모이기 시작했다. 박윤선 목사의 설교는 매우 딱딱하고 문학적이지도 않고 대중적이지도 않았다. 유머도 별로 없고 그저 성경 진리를 깨닫는 대로 증거 하는 것뿐이었다. 그리고 같은 말이 계속 반복되기도 하고 잔기침을 많이 하는데다 목소리는 톤을 높일 때 쇳소리가 나서 부드럽지 못했다. 그럼에도 불구하고 그의 설교는 능력이 있었고 한편의 설교에 생명을 걸었다. 앞서 언급했던 이화대학교의 최신덕 교수는 사회학을 전공한 교수답게 아주 합리적이고 냉철한 학자였다. 문선명 이단에 시달리다가 거창고등학교 전영창 교장의 추천으로 동산교회에 왔다. 몇 주일 박 목사의 설교를 들은 그는 "아직 저분의 설교를 다 받을 수는 없지만 그 말씀이 진리가 아니라면 박 목사님이 생명을 걸고 설교 할 수는 없지 않는가?"라고 반응을 보였다.[20] 그만큼 박윤선 목사님의 설교는 열정 그 자체였다. 설교의 클라이맥스에 이르러서는 온 몸 전부를 드려 혼신의 힘을 쏟아 진리를 외칠 때는 모든 성도들의 간장이 녹는 듯 했다. 그의 설교와 주석은 별개의 것이 아니라 항상 동전의 양면과 같았다. 성경 주석을 하다가 설교가 나오고 설교를 하면서 그의 주석의 깊이가 더해 갔다. 그는 자신의 간

---

20 이는 필자가 당시 부목사였던 고웅보 목사에게 들은 말이다. 물론 필자도 그 가정과 사귐이 있었다.

중에서 다음과 같이 말했다.[21]

"나는 40년 동안 주석을 집필하면서 펜을 들 수 없는 심적 고통도 많았다. 그런데도 집필을 중단하지 않고 계속한 것은 하나님의 은혜라고 생각한다. 주석을 하면서 어려운 난제를 만나면 이 구절에도 남들을 가르칠만한 진리가 나올 수 있는가?라고 생각하기도 했다. 그러나 기도하고 하나님을 바라보면서 생각하면 그곳에서도 설교할만한 맛있는 진리가 쏟아져 나오곤 했다. 그뿐 아니라 밤중에 잠을 자다가 깨어 고요히 성경 말씀을 생각하는 가운데 진리가 생각나면 메모를 해 놓고 잠을 자기도 했다. 나는 하나님의 말씀을 여러 가지로 체험했다. 설교로 깨달은 것을 나의 주석에 많이 기록한 것은 온 세상이 다 아는 사실이다. …하나님의 말씀은 건조한 이론이 아니라 생명과 기쁨을 내포하고 있다고 믿는다. 나는 성경을 주석할 마음으로 늘 뜨겁게 준비되어 있다."

그러므로 앞서 말한 대로 그에게는 설교와 주석이 분리될 수 없었다. 늘 하나였다. 그는 주일 아침 설교 시간에 400자 원고지 위에 설교를 기록해 가지고 강단에 섰다. 물론 설교 시간에 원고를 전부 읽은 것은 아니지만 거의 그대로 말씀을 증거 했다. 그리고 그 원고는 바로 그의 주석의 설교 부분에 들어갔다. 그는 단순한 이론가가 아니라 언제나 뜨겁게 영적으로 달구어져 있는 분이었다. 그래서 후학들에게 지적인 것보다 영력의 중요성을 일깨웠다.[22] 결국 박윤선 목사님의 목

---

21 박윤선, "나의 生涯와 神學"(크리스챤신문, 1980년 5월 24일)
22 1976년 3월 필자가 화란 Vrije Universiteit의 유학을 마치고 귀국하려 했을 때 박 목사님은 다음과 같은 편지를 보냈다. 즉 "貴下께서 귀국하신다니 감사합니다. 모쪼록 귀국하셔서 잘 해 보시기 바랍니다. 벌써 알았다면 힘

회 설교도 그의 성경 주석 집필의 연장선상에 있었다고 보아야 할 것이다. 그럼에도 박윤선 목사는 주일과 수요일 설교 외에도 연합 구역 예배 시에도 설교를 했다. 그러나 그때도 그는 예외 없이 일반적 의미의 목회 설교가 아닌 성경 해석을 주로 했다. 성도들이 그런 형식의 설교를 좋아하였기 때문이다. 예를 들면 박 목사님은 동산교회 연합 구역 예배 설교 시 제목을 '신비주의(神祕主義)'라고 정하고 화란의 변증신학자인 스킬더(Klass Schilder)[23]의 신비주의에 대한 비판을 인용하면서 참된 신비주의와 거짓된 신비주의를 날카롭게 비교 분석하여 참된 신비주의가 무엇인지를 밝힌 바 있다.[24] 이 설교에서 시편 51편을 해석해 나갔다. 그런데 이 설교와 강의는 신학생들이 들어야 할 내용이지만 연합 구역 예배 시에 긴 설교를 했다. 설교라기보다 신학강의였다. 설교는 본래 청중들의 수준과 그 당시의 상황을 참고하고 알아들을 수 있는 말로 해야 함에도 그에게는 설교와 신학 강의를 함에 있어 큰 구별을 찾아볼 수 없었다. 이것이 바로 그가 비록 교회의 목회자라고는 하지만 분명히 신학자요 주석가라는 한계를 벗어날 수 없었던 이유인 것 같다.

박윤선 목사의 설교에는 어떤 틀이 없었다. 가령 위에서 말한 '신

써 볼 일이 있었는데 이제는 지나갔습니다. 그러나 주님께서 함께 하셔서 小에서부터 쌓아 올리는 것이 有利합니다. 젊어서 일해야 됩니다. 일하면서 배우는 것이 더 큽니다. 더욱이 우리 한국 敎界는 참된 일군이 절실히 요구됩니다. 이제부터는 공부를 해도 겸하여 한국 교회의 유익이 同時에 되도록 하시기 바랍니다. 젊어서 일해야 합니다. 무엇보다 영력(靈力)이 귀합니다. … 박윤선 목사의 신학과 설교 연구, 108. 박윤선 목사는 생전에 필자에게 약 50통의 편지를 보냈는데 거의 주석을 쓰면서 만난 느낌을 적고 자료를 찾아 달라는 부탁이었다.

23 스킬더 박사(1890-1952)는 개혁주의 변증신학자이자 대설교가이며 문필가였다. 1933년 독일의 에랑겐 대학에서 "역설의 개념에 대한 역사적 고찰"이란 제목으로 박사 학위를 취득했다. 이 논문에서 그는 John Calvin과 Kierkegaard의 역설에 대해서 고찰했다. 이 논문 이후 Kampen Theolgische Hooge school를 설립하고 교의학 교수가 되었다. 저술로는 『Herderberg Catechismus』해설서와 『Cultuur en Christus』등 대작이 많다. 칼빈주의적 변증학의 독보적 존재였다. 스킬더의 변증신학은 C. Van Til에게 결정적 영향을 주었다.

24 박윤선, 신비주의「동산」창간호. 54-62.

비주의'란 설교에서 "이제는 결론을 맺으려 한다."고 말해 놓고 거의 10분 이상을 계속 설교했다. 이런 일들은 그의 주일 설교나 밤 설교에도 예외가 아니었다. 그는 성령께서 은혜 주시는 대로 또 성경 진리가 깨달아지는 대로 사력을 다해 설교하기 때문에 반복이 많았고 어떤 틀에나 시간에 메이지를 않았다. 그에게는 설교에 대한 기본적인 이해가 하나 있었다. 즉 "설교란 마치 큰 나무에 대못을 박듯이 처음에는 가볍게 두들기다가 중간쯤 못이 들어갔다 싶으면 사정없이 그 못이 나무에 박히도록 힘껏 내리쳐야 한다."고 했다. 그의 이론처럼 처음에는 조용조용히 말씀하다가 어느 정도 들어갔다 싶으면 마치 굵은 대못을 박듯이 사정없이 망치로 두들겨 때리는 식의 설교를 하였다.

또 다른 박 목사님의 설교 이해는 설교 준비 없이 강단에 서는 것은 마치 소를 유기 그릇 집에 들어가는 것과 같다고 했다.[25] 즉 준비 없는 설교는 청중들에게 아무런 도움을 줄 수 없을 뿐더러 도리어 심령들을 헝클어 놓는 것 밖에 안 된다는 말을 하였다. 어쨌든 그는 신학자이면서 항상 설교를 생명처럼 귀히 여겼다. 그러면 박윤선 목사님의 설교관을 좀 더 정리해 보면 다음과 같다.

박윤선 목사의 설교관은 곧 그의 성경관에서 나온 것이다. 또 그것은 바로 칼빈주의 사상을 바탕으로 한다. 트리티니대학교(Trinity Evangelical University)의 랄센(David L. Larsen) 교수는 박윤선 목사의 설교

---

25 이 말들은 모두가 동산교회 강단에서 자주 쓰던 말이었다.

관을 그대로 인용하면서 "설교란 강의도 아니고 변증적인 말도 아니다. 설교란 영적 삶에서 생산된다."고 했다.[26] 흔히 박윤선 목사의 설교는 들을 줄 아는 사람이 들어야 제 맛이 나는 설교라고 한다. 진리에 대한 갈급함이 없는 사람들은 그의 설교가 아주 힘들어 보이는 설교라고 할 수 있다. 그에게는 대중적인 기교도 없고 유머도 없다. 전형적인 평안도 악센트에다 음성도 짓눌려 나오는 쉿소리 같았었고 말을 반복하는 유형이었으나 진리에 대한 열정 하나가 청중들을 사로잡을 수가 있었다. 설교에 대한 그 자신의 이해를 그의 고백에서 들어보면 이렇다.[27]

> "먼저 설교의 제목을 정함에 있어서 그때의 교회 실정에 맞도록 정하기도 하고, 또는 영적 깨달음을 가지고 제목으로 삼기도 한다. 다음에는 그 정한 제목과 잘 통하는 성경 본문을 찾아서 그 본문을 해석한다. 그런데 이 해석 작업에 있어서 나는 단편적(Atomistic)으로 하지 않고, 구속사적으로 그 본문의 뜻을 찾는다. 그리할 때에 거기서 굵고 심도 있고, 영적인력(靈的引力)이 있는 깨달음을 얻게 된다. 그 뿐 아니라 언제나 본문에서 그리스도 중심의 요소들을 찾는다. 그 이유는 성경은 그 어느 부분이든지 직접 혹은 간접적으로 그리스도를 보여주기 때문이다. 심지어 성경의 윤리적 부분들이나 성도들의 믿음의 덕행까지도 그리스도의 속죄와 구원을 배경하고 계시되었다고 보았기 때문이다. 그러므로 나는 그것을 단순한 윤리 문제나 모범적

---

26 David L. Larsen, 『The company of the preachers』 (Kregel, 1998), 789. "The Bible is the word of God. Therefore, when we understand The truth of Bible Though the Holy Spirit. We can feel the power of life in the Bible. Preaching is not a Lecture or an apologetic speech, preaching in the product of a spiritual life.- Yune-Sun Park."

27 朴允善, "나의 신학과 나의 설교" 『神學正論』, 제4권 제7집(1986), 18.

훈화로 취급하지 않고 그런 기사도 구속사적으로 관련된 것으로 보고 해석한다. 그와 동시에 그 본문이 오늘 우리에게 무슨 말씀을 하고 있는지 생각하면 현실적 의의를 찾는다."

박윤선 목사의 고백적 설교론은 칼빈주의적 구속사적 설교를 압축해 놓은 듯하다. 이와 같은 구속사적 설교(Redemptive historical preaching)의 방법은 본래 사도들의 설교 방법이었으나 1930년대 화란 칼빈주의자들에 의해 부활되었다.[28] 박윤선 목사는 구속사적 설교를 하면서도 오늘의 상황(Context)에도 무심하지 않았다. 그는 성경을 연구하면서 주석적, 구속사적으로 연구하면서도 기도로 뜨거워진 설교였기에 그의 감화력은 대단했다.

우리는 위에서 박윤선 목사의 설교는 칼빈주의적 설교 또는 구속사적 설교라고 했다. 그러므로 그의 설교는 몇 가지 구체적인 특징이 있었다. 즉 그의 설교는 일찍이 칼빈과 종교개혁자들의 설교 방식과 다르지 않았다. ① 그의 설교에는 늘 하나님 중심 또는 하나님의 영광(Soil Deo Gloria)을 드러내는 내용이 담겨 있었다. ② 그의 설교에는 오직 성경(Sola Scriptus)만을 힘 있게 주장하고 ③ 그의 설교에는 오직 은혜(Sola Gratia)만의 사상이 보이며 ④ 그의 설교에는 오직 신앙(Sola Fide)만을 엿볼 수 있다.[29]

---

[28] 구속사적 설교 방법은 칼빈주의자들의 설교 방법인데, B. Holerda, K. Schilder, H. Spier, D. Van Dijk, C. Veenhof 등이 대표적이다. 이들은 모두가 철저한 칼빈주의자들로 ① 하나님 중심 사상 ② 역사적 점진성의 원리 ③ 하나님의 구원 운동을 역사의 축으로 보면서 설교한다. 정성구,『개혁주의 설교학』(총신출판부, 1991), 361-369.

[29] 이는 필자의 박윤선 목사의『神學과 說敎研究』, 37-54에서 자세히 말하고 있다. 그런데 이 책은『Korean Church and Reformed Faith – Focusing on the historical study of preaching in the Korea church』(Time Printing, 1996), 211-226에 번역되었을 뿐 아니라 일본어, 대만어, 중국어, 러시아어, 포르투칼어, 헝가리, 체코, 루마니아 뱅골리안 등으로 번역되었다. 그래서 한국 교회와 사회를 변화시킨 길선주, 김익두, 주기철, 손양

② 박윤선 牧師의 牧會活動

앞서 언급했듯이 박윤선 목사의 목회 활동은 오직 설교뿐이었다고 할 수 있다. 그것마저도 그의 성경 주석 활동의 결과물이라고 할 만큼 그의 주석 사역과 설교는 밀접하게 연관되어 있었다. 그는 목회 활동 전반에 걸쳐서 모든 것을 부목들과 당회원들에게 맡긴 채 오직 말씀 증거 하는 것에만 주력했다. 박 목사님의 뜻도 그러했지만 교인들이 원하는 것도 바로 그것이었다. 새문안교회는 여러 해 동안 에큐메니컬 운동의 선전장이 되었고 정치적 이야기로 매워진 것을 보고 그에 대한 염증이 일어났다. 갈라져 나온 성도들은 순정하고 순수한 하나님의 말씀 듣기만을 소원했기에 목회자인 박 목사님과 성도들의 마음이 서로 맞아 떨어진 셈이다. 그래서 박 목사는 설교이외의 방면에는 목회자다운 역할을 해 냈다고 보기는 어렵다. 오늘날의 목회의 개념은 설교뿐만 아니라 상담, 교육, 행정, 심방, 정치 등 다방면에 걸쳐서 통합적 목회의 개념이 주를 이루고 있다. 그런데 박 목사님은 오직 설교에만 매달릴 뿐 다른 방면에는 무심하기도 했지만 실제로 그의 삶 속에서 그 모든 목회 활동을 하기는 불가능 했다. 그런 중에서도 몇 가지 그의 목회에 특이한 것을 정리해 보면 다음과 같다.

우선, 주일 낮 시간의 공기도에 대한 것이다. 일반적으로 한국 교회의 관행은 주일 오전 대예배 시간에 으레 당회원들 곧 장로들이 대표기도를 하는 것이 관행이었다. 그런데 필자는 박윤선 목사가 3년 동안 목회하는 가운데서 장로가 대표기도를 하는 것을 거의 본 일이 없다. 박 목사의 주장은 주일 낮 예배의 기도는 제사장적 기도로서 목

원, 박형룡, 한상동 등과 더불어 박윤선이 신학자와 설교자로서의 모습이 소개되었다.

[부록] 01 목회적 관점에서 본 박윤선의 설교

사가 대표로 기도하는 것이 옳다고 주장했다.[30] 사실 그것이 화란이나 미국 개혁파 교회들의 원칙이었다. 그럼에도 한국에서는 장로가 기도하는 것이 관행이었는데, 예배에 동참하는 데는 의미가 있으나 문제는 일주일 동안 전혀 준비가 안 된 장로들이 중언부언하기 쉽고, 교리적으로 맞지 않는 기도를 하는 경우도 많으며, 교회와 교인들의 상황을 알지 못한 채 기도함으로 성의가 없고 부실하기 짝이 없었다. 그러므로 박윤선 목사님의 주일 낮 예배 기도는 목회자가 하는 것으로 굳어졌고 그것이 전통이 되었다. 오늘날 한국 교회의 관행과 비교해 볼 때 시사하는 바가 크다.[31] 사실 개혁교회의 전통은 목사 이외의 사람이 대예배 시에 기도하는 법은 없다. 추측하건대 한국 선교 초기에 선교사들이 목회하면서 기도를 잘 못하니, 장로, 영수, 집사 등에게 기도를 대신 하도록 한 것이 그 전통이 된 듯하다. 또한 한국에 들어온 선교사들은 대게가 이른바 예배 의식과 예식에 자유로운 이른바 자유교회(Free Church)의 개념을 가진 선교사들이 많이 들어온 것 때문이 아닌가 생각된다. 박윤선 목사가 주일 낮 예배에 장로들에게 대표기도를 시키지 않는 또 다른 이유는 처음 교회를 시작할 때 상회가 없는 중립교회라는 이유도 있다. 그러므로 장로들이 여럿 있었지만 상회의 인정을 받지 못한 것도 있었을 것이다. 후에는 장로 취임 예배를 드렸다.[32]

---

30 당시에는 고용진, 김지호, 김익보 장로 등이 있었으나 박윤선 목사의 목회 방침에 이의를 다는 사람도 없었다. 주일 목회 기도는 당연히 목회자의 사명이라고 생각했다.
31 필자도 당시 박윤선 목사님의 영향을 받아서 총신대학교회를 13년간 목회하면서 단 한 번도 장로나 집사에게 대표 기도를 시켜 본 일이 없다. 다만 헌금에 앞서서 기도와 헌신 기도를 동시에 하는데 그들에게 기도를 맡겼을 뿐이다.
32 방지일 목사의 증언에 의하면 상회 없이 장로 취임은 옳지 않다고 했다. 그러나 그는 그 자리에서 축사를 했다. 방지일, "우리에게 있는 나다니엘" 『敬虔과 學問』, 38.

두말 할 필요 없이 박윤선 목사는 기도의 사람이었다. 그의 서재와 골방은 큰소리로 외치는 기도 소리가 끊이지를 않았고 총신의 재임 시에도 담요 한 장을 들고 기도굴에서 고함치며 기도하던 분이었다. 그래서 그가 강단에 서기까지 설교를 지적(知的)으로 준비하고 그것을 기도로 불을 붙이는 일을 했다. 기도로 준비하지 않는 설교는 있을 수 없다고 했다. 따라서 그런 기도는 심신을 하나님께 바치고 나 자신이 제물이 될 정도여야 하며, 이런 헌신의 노력이 아니고서는 참 기도에 이르기 어렵다고 말했다.[33] 그러므로 박윤선 목사의 대표기도에서 보는 대로 박윤선 목사의 목회는 곧 기도의 목회라고 해도 좋을 것이다.

그 다음 박윤선 목사의 목회 행정과 정치에 대해서 살펴보기로 하자. 앞서 이미 여러 차례 지적한 대로 그는 신학자이자 성경 주석가이지 전문 목회자라고는 할 수 없다. 그가 목회에 대한 관심과 열정을 가졌다는 것은 말씀을 통해 증거 하는 설교에 대한 타는 듯한 열정을 가졌다는 것이지 목회다운 목회를 위한 것은 아니었다는 말이다. 또 그는 건망증이 너무 심했다. 그 건망증이란 바로 오직 성경을 묵상하고 해석하는 일에 모든 신경과 정성을 한 곳에 쏟았기에 심지어 식사도 제대로 못했다. 즉 어떤 때는 반찬만 계속 먹다가 또 어떤 때는 밥만 계속 먹는 등 일반 사람으로서 거의 이해할 수 없는 경우가 많았다. 우산을 들고 나가면 가져오는 법이 없고 모자를 거꾸로 쓸 경우도 많았다. 하여간 일반인들이 도무지 생각할 수 없는 오직 한 가지 일에만 전력투구하고 나머지는 모두 잊어버리는 분이었다. 그런 까닭에

---

33 박윤선, "나의 신학과 나의 설교" 『神學正論』, (1986), 18. 박윤선 목사는 임종하기 일 년 전 필자의 집에 와서 써 준 마지막 휘호는 '新禱一貫'이었다. 아마 이는 박윤선 목사의 일생동안 걸어온 삶의 모습이며 후학에 남기는 마지막 유언일 것이다.

그런 분이 목회 행정이나 정치를 옳게 할 리는 만무했다. 하루는 주일 예배를 마치고 급히 나를 불렀다. "정 전도사 대구제일교회 목사님 이름을 아는가?"라고 했다. 내가 아는 데로 "이상근 목사님 아닙니까?" 했더니 박 목사님은 "아참 그렇구나"라고 했다. 자세히 알아 봤더니 박 목사님의 사돈이면서 평생 고려신학교 조직신학 교수로 함께 일하던 친구인 이상근 목사의 이름이 떠오르지 않았는데, 한 가지 아는 것은 대구제일교회 목사님 이름과 똑같다는 것만 알고 있었다. 그래서 내게 대구제일교회 목사 이름을 물었던 것이다. 그런 정도이니 체계적인 목회 행정이나 정치는 더더욱 어려웠다. 그러나 그 중에도 특이한 몇 가지를 말하면 다음과 같다.

첫째는 그의 목회는 그의 주석의 원리와 설교의 원리처럼 언제나 하나님 중심의 목회였다. 1962년 6월 10일 정부는 화폐개혁을 주일날 단행했다. 그러므로 주일날 교회의 모든 재정을 정리하고 돈을 바꾸지 않으면 옛날 돈은 한낱 휴지에 불과하게 되었다. 이때 박윤선 목사와 제직회는 교회의 사명과 주일성수를 지키기 위해서 교회의 모든 돈을 포기해 버렸다.[34] 필자는 그 후에도 그 전에도 화폐개혁 하던 날 어느 교회가 교회의 모든 재정을 포기하면서까지 주일성수를 했다는 이야기를 들은 적이 없다. 환난 때 도리어 신앙의 진수를 알 수 있듯이 박 목사님과 동산교회가 보여 준 신앙적 태도는 오래 기억되어야 할 것이다.

---

34 박윤선 목사의 『神學과 說教研究』, 23.

둘째는 일반적으로 목회자들이 교회에서 한 번 제직으로 세우면 특별한 권징을 받지 않는 한 언제나 서리 집사로 재임명하는 것이 관례였다. 그러나 박윤선 목사님은 1963년 특단의 조치를 내렸다. 1963년에 제직을 임명하면서 전년도의 제직을 하나도 임명하지 않고 일 년 동안 쉬게 했다. 그 이유는 자칫 집사의 직분이 마치 세상에 명예직인 듯이 생각하는 폐단을 방지하고 고요히 아무 직분이 없는 평신도로서도 주님의 몸 된 교회를 성실히 봉사하는 훈련을 받기 위함이라고 설명했다. 과연 그 결단은 교회의 신선한 바람을 일으켰다. 그러나 이런 특단의 조치는 박윤선 목사니까 가능했다. 만에 하나 다른 목회자가 그렇게 했다가는 교회에 큰 환난과 시험이 와서 교회의 존립이 위태로울 지경에 이르렀을 것이다. 이는 박윤선 목사가 행한 아주 특이한 사건이 아닐 수 없었다.

셋째는 박윤선 목사님의 목회는 철저한 위임이라고 할 수 있다. 물론 앞서 여러 차례 말한 바 있지만 박 목사님은 성경 주석 쓰는 일에 전적으로 매달리고 이 일을 위해서 기도하고 성경 연구에 주력하였기에 실제로 일반적인 목회가 불가능했다. 그래서 목회의 모든 것을 부목사에게 맡겼다. 그런데 결과적으로 목회자가 부교역자에게 목회를 위임하는 것이 오늘의 목회학 이론에 가장 중요하고 적절하다고 본다. 한 사람이 모든 것을 관리 감독하고 참여하는 것은 불가능할 뿐 아니라 비효율적이라는 것이 현재 목회 이론이다. 그리고 박윤선 목사의 목회는 일종의 역할 분담을 잘 한 것이라고 할 수 있다. 현대 목회에 있어서 프로그램 개발, 전도, 새가족 사역, 교회 교육, 심방, 교회 행정, 구역 관리, 제자훈련 등 중요한 것이 많다. 그러나 현대 교회의 부흥은 설교가 결정적이다.[35] 이는 최근의 성공적인 목회자들의 일반적인 증언이다. 소강석 목사는 다음과 같이 말한다.

> "목회에 있어서 설교가 거의 결정적이라는 사실이다. 아니 설교가 절대 결정적이라고까지 말할 수 있다. 아무리 신도시 문화와 상황에 대한 연구가 완벽하고, 교회와 홍보와 이미지 메이킹을 잘하고, 목회 철학과 비전이 훌륭하고, 열린 예배를 잘 드린다 하더라도, 설교가 허공만 친다면 누구도 교회에 머물 수 없다."

옳은 말이다. 박윤선 목사는 동산교회를 개척해서 비록 3년의 짧은 기간이기는 해도 교육, 행정, 심방 등은 부목사에게 맡기고, 오직 하나님의 말씀을 증거 하는 하나만 집중하더라도 성공한 모델이 될 수 있음을 보여주었다. 일찍이 대설교학자 포사이드(P. T. Forsyth)는 "설교는 복음의 연장이고 복음의 선포이다. 설교는 그리스도 안에 있는 하나님의 영원하고 중단 없는 행위로서 그것이 계속되고 반복되어 선언되는 것이라" 했다.[36] 또 금세기 영국의 최고 설교자였던 로이드 존스(D. M. Lloyd-Jones)는 "설교 사역이란 내게 있어서 어떤 소명보다 가장 높고 위대하고 영광스런 소명"이라고 말했다.[37]

그와 같이 박윤선 목사도 비록 목회 전반에 걸쳐서 대부분을 부교역자에게 위임하였지만 말씀 증거에는 생사를 걸었다. 그래서 교회의

---

35 소강석, 『신도시 목회의 성공 키를 잡아라』, (쿰란출판사. 2004). 81.
36 P. T. Forsyth, 『Positive Preaching and the Modern Mind』(Independent Press.1907),5.
37 D. M. Lloyd-Jones, 『Preaching & Preacher』, 서문강 역(CLC. 1977).11.

모습을 제대로 이루었고 교회가 부흥되었다. 아마도 이런 목회 스타일도 오늘날에 귀감이 될 수 있을 것이다. 2000년 교회 역사를 회고해 보아도 설교가 살아 있을 때 교회는 부흥하고 성장했다. 살아 있는 하나님의 말씀으로 영혼을 세우지 않는 목회는 성경적이라 할 수 없다.

필자의 10여 개 국어로 번역된 저서 속에
박윤선 박사의 사상과 설교가 소개됨

KOREAN CHURCH AND REFORMED FAITH

FOCUSING ON THE HISTORICAL STUDY OF PREACHING IN THE KOREAN CHURCH

SUNG - KUH CHUNG

필자의 저서 『한국교회 설교사』가 1996년에 미국의 TIME PRINTING사에서 출판되었고, 10여 개국으로 번역된 책 중에 박윤선 박사에 관한 첫 페이지만 여기 게재한다.

189

Chapter 7

Dr. Yune-Sun Park and His Preaching

1. Preface

On June 30th, 1988, Yune-Sun Park, a teacher and prominent leader of the Korean Church, as well as a servant who ministered the Word of God with much prayer, closed his life at the age of 84. When someone mentions the theology of the Korean Church or Calvinistic thought, he cannot omit the name and works of Yune-Sun Park. Above all, no one can attain his true and God-oriented life-style, his fervent love of the truth and his child like humility. His life can be said to be a miniature of the Korean Church and a history of the theology of Reformed tradition in Korea. Philip Schaff, a church historian, said that John Calvin was the king of Bible commentary. If this comment is correct, we can say that Yune-Sun Park is the king of Bible commentary after Calvin and the only one who finished commentaries on all 66 Books of the Bible completely.

He was a scholar who always prayed with tears and sweat. As John Calvin had established Geneva Academy and had prayed for

필자의 저서 『Korean Church and Reformed Faith』의 제7장에는 박윤선 박사와 그의 설교가 소개되어 있다.

Chapter 7

Dr. Yune-Sun Park and His Preaching

1. Preface

On June 30th, 1988, Yune-Sun Park, a teacher and prominent leader of the Korean Church, as well as a servant who ministered the Word of God with much prayer, closed his life at the age of 84. When someone mentions the theology of the Korean Church or Calvinistic thought, he cannot omit the name and works of Yune-Sun Park. Above all, no one can attain his true and God-oriented life-style, his fervent love of the truth and his child like humility. His life can be said to be a miniature of the Korean Church and a history of the theology of Reformed tradition in Korea. Philip Schaff, a church historian, said that John Calvin was the king of Bible commentary. If this comment is correct, we can say that Yune-Sun Park is the king of Bible commentary after Calvin and the only one who finished commentaries on all 66 Books of the Bible completely.

He was a scholar who always prayed with tears and sweat. As John Calvin had established Geneva Academy and had prayed for the piety and scholarship of the Academy, Yune-Sun Park was a leader of the Korean Church of this age, having great enthusiasm for the gospel of Jesus Christ and harmonizing piety and scholarship.

Therefore, his commentaries are characterized by piety and gracefulness. As far as I know, his commentaries were written after his experiences of deep faith by praying and perceiving the truth of God's Word, so much that we can say that his commentaries were written not by his hand, but by his knees.

인도 벵고르, 현대 기독교 센터에서 발행한 Church Growth and Preaching(2007), 158.

第六章 朴允善牧師の神学と説教

一、はじめに

一九八八年六月三〇日、韓国キリスト教会の師であり御言葉と祈りの僕朴允善牧師が八四歳を最期に、神のお召しを受けた。韓国キリスト教会において神学を論じ、またカルヴァン主義思想を語ろうとする時、朴允善博士を除いてこれに触れることはできない。それだけでなく、彼の真実な神中心の生と熱い真理への情熱、そして彼の謙遜と深い感化力はだれもまねることができないだろう。朴博士の一生は、まさに韓国キリスト教会の縮小版であり、韓国改革主義神学史だと言える。カルヴァンを聖書注解の王だと表現したフィリップ・シャフの言葉が正しいなら、朴允善博士は当然カルヴァン以降韓国が生んだ聖書注解の王であり、世界で旧新約六六巻の注解を完成した唯一の人だと言える。

彼は単に学者であるだけでなく、涙と汗を流し、熱く祈る牧会者でもあった。かつてカルヴァ

일본역, 1994, 오야마레이지역 恩寵社

[부록] 01 목회적 관점에서 본 박윤선의 설교

第六章 朴允善牧師之神學與講道

一、前言

一九八八年六月三十日,韓國基督教會的導師,神的話語與禱告的僕人——朴允善牧師以八十四歲的年歲蒙神寵召。在韓國基督教會中,論及神學或述說加爾文主義思想時,不能不提到朴允善牧師。非僅如此而已。他那真誠的以神為中心的生命以及對真理的熱情,加上他的謙卑與深刻的感化力,是任何人都無法模仿的。朴博士的一生,可以說正是韓國基督教會的縮影,是韓國的改革主義神學史。菲利浦‧夏福所說加爾文是聖經注解之王的這句話若是正確,那麼,朴允善博士當然可以說是加爾文之後誕生於韓國的聖經注解之王,是世界上唯一完成注解新舊約六十六卷書的人。

他不僅是一位學者,同時也是一位流淚與流汗的火熱禱告的牧會者。加爾文曾經興建日內瓦大學,並且祈求神使這所學校成為敬虔與學識的學校。同樣的,朴允善牧師也是一位調和敬

一〇九

대만역, 1994년 江金龍 역

Пасторы Протестантской Церкви в Корее

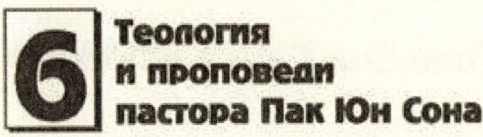

6. Теология и проповеди пастора Пак Юн Сона

1. Введение

30 июня 1988 года Бог призвал к Себе 84-летнего Пак Юн Сона, пастора Корейской Протестантской Церкви, слугу Слова Благодати и молитвы.

Когда речь заходит о теологах Корейской Протестантской Церкви и специалистах по кальвинизму, то, за исключением доктора Пак Юн Сона, некого и назвать. Однако его отличало не только это. Никто не мог сравниться с ним в горячем желании жить с сердцем в Боге, в стремлении к Истине, в смирении и силе влияния на людей.

Можно смело утверждать, что жизнь доктора Пака являлась миниатюрной копией Корейской Протестантской Церкви. Если прав Филипп Шафф назвавший Кальвина царем в комментировании Священного Писания, то доктор Пак Юн Сон — современный Кальвин, родившийся в Корее. Доктор Пак — единственный в мире человек, полностью прокомментировавший все 66 книг Ветхого и Нового Заветов Библии.

Доктор Пак Юн Сон был не только теологом, но и горячо молившимся пастором, без устали

러시아역, 1996년 모스크바 프로테스탄트 출판부

Kapitola 7.

Dr. Yune-Sun Park a jeho kázání

1. Předmluva

30. června 1988 Yune-Sun Park, učitel a vynikající vedoucí korejské církve, stejně jako služebník, který kázal Boží slovo s mnoha modlitbami, uzavřel svůj život ve věku 84 let. Když někdo mluví o teologii korejské církve nebo o myšlence Kalvinismu, nemůže opominout jméno a dílo Yune-Sun Parka. Především nemůže nikdo dosáhnout jeho opravdového a na Boha zaměřeného životního stylu, jeho horlivé lásky k pravdě a jeho dětské pokory. Dá se říct, že jeho život byl miniaturou korejské církve a historií teologie reformační tradice v Koreji. Philip Schaff, církevní historik, řekl, že John Kalvín byl králem výkladu Bible. Jestli je to pravda, můžeme říct, že Yune-Sun Park je po Kalvínovi králem Biblického výkladu a jediným, kdo úplně dokončil komentáře ke všem 66 knihám Bible.

Byl učencem, který se vždy modlil v slzách a potu. Když Jan Kalvín založil Akademii v Ženevě a modlil se za její učenost, v té době byl Yune-Sun Park vedoucím korejské církve a měl nadšení pro evangelium Ježíše Krista.

Proto jsou jeho komentáře charakteristické svou milostí. Pokud vím, jeho komentáře byly napsány po jeho zkušenostech s hlubokou vírou skrze modlitbu a pochopením pravdy Božího slova tak moc, že můžeme říct, že jeho výklady nebyly psány jeho rukou, ale jeho koleny.

Od té doby, co zemřel, uplynuly tři roky. O jeho životě a teologii byly napsány nějaké články a eseje. Několik esejí se přednášelo na hodinách teologie. Ale žádný esej o jeho teologii a kázání se nevyrovná jeho vlastnímu článku, „Moje teologie a kázání." Takže se pokusím jeho teologii a kázání popsat.

Nyní bych rád, aby tomu čtenář porozuměl. Při studii něčího života a myšlenek je běžné, že musí být ohodnocen objektivními materiály. Nicméně nezbývá mi, než říct, že je těžké úplně odstranit pisatelovy subjektivní názory z jeho popisu.

체코역(2002)

6. TEOLOGIA ŞI PREDICILE PASTORULUI PAK IEON SĂN

1. Introducere

La 30 iunie 1988 Domnul a chemat la Sine pe pastorul Pak Ieon Săn care avea atunci 84 de ani, un slujitor credincios al Cuvântului Harului şi un om al rugăciunii.

Când vorbim despre teologii Bisericii Protestante Coreene, şi în special dspre specialiştii în calvinism, atunci afară de Pak Ieon Săn nu avem pe cine numi. Dar Pak Ieon Săn era deosebit nu numai prin aceasta. Toţi cei care l-au cunoscut menţionau dorinţa lui fierbinte de a trăi cu Dumnezeu în inima sa, căutarea Adevărului şi puterea Cuvântului său.

S-ar putea spune că viaţa lui Pak Ieon Săn este o copie în miniatură a istoriei Bisericii Protestante Coreene. Şi dacă are dreptate Filip Shaff, care l-a numit pe Kalvin *"rege"* în comentariul Scripturii, atunci Pak Ieon Săn este un Kalvin contemporan născut în Coreea. Doctorul Pak este singurul om în lume care a comentat toate 66 de cărţi ale Vechiului şi Noului Testament.

Dar el a fost nu numai teolog, ci şi un pastor care se ruga fierbinte, care nu cădea de oboseală, lucrând în via Domnului. După cum Kalvin, care a fondat cândva Universitatea din Geneva, se ruga ca această universitate să devină o şcoală a evlaviei şi a ştiinţei, la fel şi Pak

루마니아역(1998)

9. fejezet

Dr. Yune-Sun Park

A) Előszó

1988. június 30-án, 84 éves korában fejezte be életét Yune-Sun Park tanár, Isten igéjének a szolgája és a Koreai Egyház jeles vezetője. Talán senki sem tud olyan istenközpontú, alázatos és igazságszerető életformát kialakítani, mint ő tudott. Élete kicsiben a Koreai Egyház története, a református teológia és tradíció története. Philip Schaff azt mondta Kálvinról, hogy ő volt a bibliai kommentárírás királya. Ha ez igaz, akkor elmondhatjuk Yune-Sun Parkról, hogy ő a Kálvin utáni kor bibliai kommentárírásának a királya, hiszen ő az egyedüli olyan tudós, aki a Bibliának mind a 66 könyvéhez írt kommentárt. Olyan tudós volt, aki könnyek között sokat imádkozott. Mint ahogy Kálvin megalapította a genfi akadémiát és imádkozott az ott tanulók kegyességéért és tanulmányáért, úgy Yune-Sun Park is mint a Koreai Egyház vezetője, nagy lelkesedéssel igyekezett összeegyeztetni a tudományt a kegyességgel.

Ezért a kommentárjait kegyesség és báj jellemzi. Amennyire én tudom, a kommentárokat azután írta, hogy mély hitben megtapasztalta és meglátta Isten igéjének igazságát. Azt is mondhatjuk, hogy Park a kommentárokat nem a kezével, hanem a térdével írta.

Három év telt el a halála óta. Néhány cikk és esszé született azóta az életéről és teológiájáról. Ezek közül néhányat a Jung-an teológiai előadásokat tartalmazó első száma tette közzé.[1] De teoló-

---

[1] Journal of Reformed Theology (Hapdong Presbyterian Theological Seminary, 1989) 7, Különkiadás Yune-Sun Park emlékére. Ebben a következők találhatók: Chi-Mo Hong: „Yune-Sun Park teológiájának helye a Koreai

176

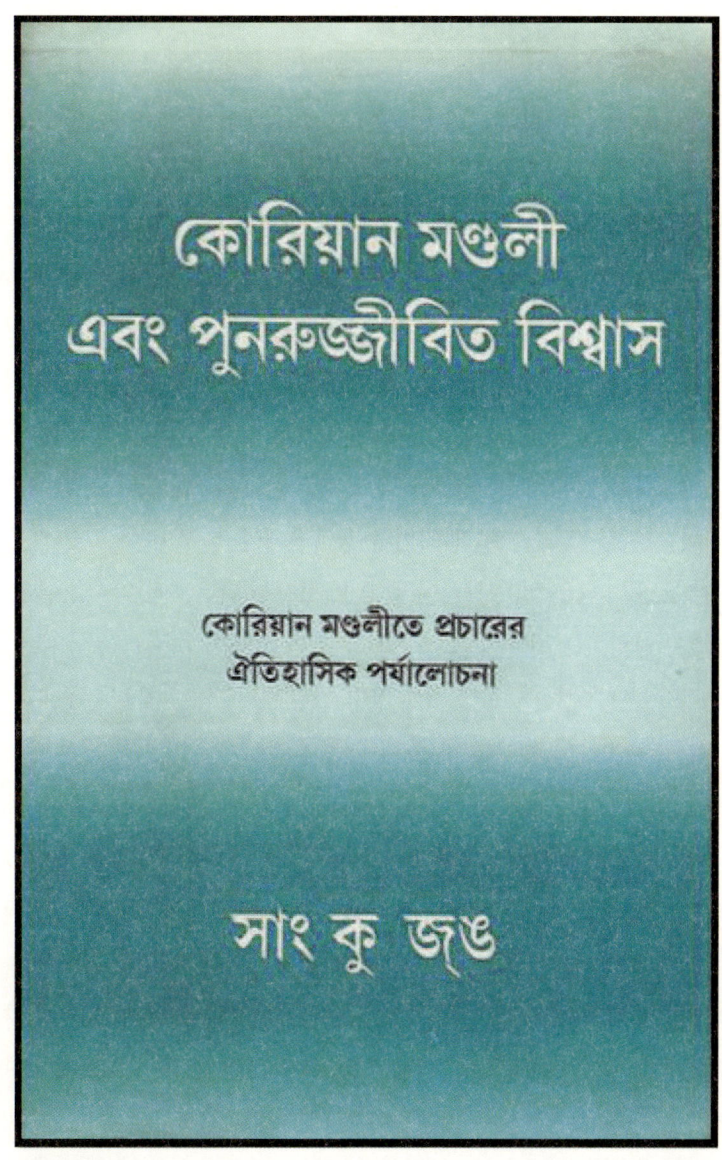

인도 벵골리안어(2005)

▌ 나가면서…

위에서 필자의 논의를 종합하면 박윤선 목사는 칼빈주의 신학자이자 성경 주석가이지만 또한 진실 된 목회자였다고 말하고 싶다. 그 이유는 그는 하나님의 말씀을 너무너무 사랑한 나머지 평생토록 말씀을 해석하는 일에 40년을 보냈기 때문이다. 그리고 깨달은 진리를 설교로 증거 하려고 가슴에 불이 탔다. 무엇보다 말씀을 깨닫기 위해서 기도하고 또 기도하고, 말씀을 증거 하기 위해 울며 기도하고 말씀을 받는 영혼들을 위해서 사력을 다해 기도했다. 말하자면, 그는 현대 목회학 이론을 뛰어넘는 참된 목자상을 우리에게 심어주었다.[38] 그는 성경 주석 외에는 다른 일에 관심이 없는 듯 했으나 다른 사람의 영혼을 진심으로 사랑하는 사랑의 목회자였다.

비록 박윤선 목사님이 한 교회에 전적으로 매달려 목회한 목사는 아니었지만, 성경에서 가르친 대로의 목회를 잘 감당한 목사였다. 왜냐하면 사도행전 6장에 보면 예루살렘의 초대 교회가 성장하면서 교회 안에 헬라파 유대인들과 히브리파 유대인들 사이에 긴장이 고조되고 교회 분열의 직전까지 갔을 때 사도들이 모여 진지하게 회의를 한 역사를 고찰해 보면 잘 알 수 있다. 그때 얻은 결론은 "우리는 기도하는 것과 말씀 전하는 것을 전무하리라"(행 6:4)고 했다. 현대 목회가

---

38 牧會란 말은 종교개혁자들은 Seelsorge(독일어), Zielzorge(화란어)로 이해했다. 즉 영혼을 돌본다는 뜻이다. 간호사가 또는 어머니가 갓난아이를 돌보는 듯 하는 것이 목회란 뜻이다. 정성구, 『實踐神學槪論』(총신대학출판부, 1980), 89.

너무 비본질적인 것에 매달리고 인본주의적 발상이 판을 치는 때에, 오직 기도하는 것과 말씀 전하는 것을 전무하겠다는 사도들의 고백과 결심은 다시금 교회를 교회 되게, 말씀을 말씀 되게, 은혜를 은혜 되게 했다. 그렇게 볼 때 박윤선 목사님의 목회는 오직 기도하는 것과 말씀 전하는 것을 전무하였기에 가장 성경적 교회의 모델이라고 생각한다.

[부록] 02

정암 박윤선 박사 약력

1905. 12. 11.	평안북도 철산군 백량면 장평동 박근수와 김진신 사이에 출생
1914. - 1922.	고향 서당에서 한학 수학
1922. 4. - 1923. 3.	평북 선천 대동소학교(6학년 편입) 졸업
1923. 4. - 1924. 2.	평북 정주 오산중학교(2학년 편입) 졸업
1923. 봄.	부모가 정해준대로 18세 때 15세의 애련 양과 결혼(보성여학교 입학 시 영선으로 개명)
1924. 3. - 1927. 4.	평북 선천 신성중학교(5년제) 졸업
1927. 4. - 1930. 3.	평양 숭실전문학교 영문과 졸업
1931. 4. - 1934. 3.	평양신학교 졸업(당시 명칭은, 평양 장로회신학교)
1931. - 1932.	방지일, 김진홍과 더불어 「게자씨」 발행 「神學指南」 편집 조교
1933. - 1934.	「신앙생활」지에 성경원어 해설 연재(正岩이란 아호로)
1934. 9. - 1936. 5.	미국 웨스트민스터(Westminster)신학교 졸업(Th.M.) (N. B. Stonhaus에게 신약학 사사)
1936. 8. - 1938. 7.	평양신학교 원어 강사 및 총회 종교교육부 총회 표준성경 주석 편집부 근무, 평양여자신학교 강사
1937.	L. Boettner 박사 Reformed Doctrine of Predestination을 『칼빈 예정론』으로 번역(박형룡 박사 이름으로 출판됨)
1938. 6.	표준성경 주석에 『고린도 후서 주석』 기고
1938. 9. - 1939. 11.	미국 웨스트민스터(Westminster)신학교에서 고대 어학, 변증학 연구 (특히 C. Van Til 박사에게 A. Kuyper, H. Bavinck, K. Schilder의 칼빈주의 사상을 배움, 동시에 신사 참배를 반대하고 피신함
1940. 3.	만주 한인 예수교장로회 신경노회에서 목사 장립
1940. 4. - 1941. 3.	만주 봉천 오가황교회 시무
1941. 4. - 1943. 7.	만주 봉천 만주신학원(후일 동북신학교) 교수
1944. 4. - 1945. 8.	만주 안산에서 성경 주석 집필(요한계시록 탈고)
1945. 8. - 1946. 2.	가족과 함께 귀국, 고향에 머뭄
1946. 3. 1.	가족과 함께 38선 월남, 서울 도착
1946. 6. - 9.	경남 진해 경화동교회 시무 및 3개월간 일본 해군 하사관 수련관에서 신학 강좌를 개설하여 한상동, 주남선 목사와 강의(고려신학교 설립 기초가 됨)

1946. 9. - 1947.	부산 고려신학교 교장 서리 겸 교수
1948. 4. - 1960. 10.	부산 고려신학교 교장
1949. 4.	성경 주석 『요한계시록』 초판 발행(고려신학교)
1949. 12.	고려신학교 「파숫군」지 발행
1953. 10. - 1954. 3.	화란 자유대학교교(Vrije Universiteit)에서 스키퍼스(Prof. Dr. R. Schippers) 교수 아래서 신약학 박사 학위 논문 집필 중 이영선 사모의 별세로 귀국함
1954. 9.	미국 훼이스(Faith)신학교에서 명예신학박사(D.D.) 학위 받음
1954. 10.	이화주(李和主)와 재혼
1961. 1. - 1964. 4.	서울 서대문 동산교회 개척 담임 목사 시무
1963. 3. - 1963. 12.	총회신학교 강사(현 총신대학교 신학대학원)
1964. 1. - 1964. 12.	총회신학교 교장
1965. 3. - 1967. 2.	총회신학교 부산 분교장, 교수 및 부산 성산교회 설교 목사 시무
1967. 3. - 1974. 11.	총회신학교 교수(현 총신대학교 신학대학원)
1968. - 1973.	서울 상도동, 한성교회 개척, 설교 목사
1974. 11.	총회신학교 교수 사임(70세 은퇴)
1974. 11. - 1977. 5.	미국(L.A)에서 성경 주석 집필 계속
1977. 6. - 11.	일시 귀국, 총회신학교 강의 및 정성구 목사와 함께 서울 성도교회 설교 봉사(김성환 목사의 지병으로)
1977. 11. - 1979. 2.	미국에서 성경 주석 집필 계속
1979. 3. - 1980. 11.	총신대 신학대학원 원장
1979. 9. 3.	총신대 대원장 사역 중 미국 웨스트민스터(Westminster)신학교에서 한부선 선교사와 함께 명예신학박사(D.D.) 학위 받음
1979. 10. 9.	박윤선 박사 성경 주석 완간 감사 예배(총신대학교 강당에서) 드림
1980. 11. - 1985. 4.	수원 합동신학원 원장
1985. 4. 30.	수원 합동신학교 명예교장
1985. 7. 10. - 1987. 06.	한국칼빈주의연구원 고문
1988. 6. 30.	84세를 일기로 서거
1988. 7. 2.	합동신학교에서 장례식을 거행함

[부록] 03

정암 박윤선 목사 저서 및 발행 연월일

1. 성경 주석

1. 요한계시록 주석	1949. 4. 1.
2. 공관복음 주석	1953. 12. 25.
3. 로마서 주석	1954. 6. 17.
4. 바울서신 주석	1955. 9. 20.
5. 히브리서 · 공동서신 주석	1956. 9. 20.
6. 시편 주석	1957. 3. 20.
7. 요한복음 주석	1958. 9. 12.
8. 사도행전 주석	1961. 7. 15.
9. 로마서 주석(증보)	1962. 3. 6.
10. 고린도 전 · 후서 주석	1962. 3. 31.
11. 소선지서 주석	1962. 12. 15.
12. 공관복음 주석(증보)	1964. 3. 2.
13. 이사야 주석	1964. 6. 30.
14. 바울서신 주석(증보)	1964. 9. 25.
15. 요한계시록 주석(증보)	1965. 1. 30.
16. 히브리서 · 공동서신 주석(증보)	1965. 6. 25.
17. 예레미야 주석	1965. 9. 25.
18. 시편 주석(증보)	1966. 11. 5.
19. 에스겔 · 다니엘 주석	1967. 7. 20.
20. 창세기 · 출애굽기 주석	1968. 10. 20.
21. 로마서 주석(2차 증보)	1969. 6. 25.
22. 요한복음 주석(증보)	1970. 5. 10.

23. 레위기 · 민수기 · 신명기 주석	1971. 5. 10.
24. 잠언 주석	1972. 10. 10.
25. 욥기 · 전도서 · 아가 주석	1974. 12. 21.
26. 여호수아 · 사사기 · 룻기 주석	1976. 4. 30.
27. 사도행전 주석(증보)	1977. 3. 31.
28. 사무엘서 · 열왕기 · 역대기 주석	1978. 7. 15.
29. 에스라 · 느헤미야 · 에스더 주석	1979. 9. 20.
30. 바울서신 주석(2차 증보)	1985. 8. 15.
31. 히브리서 · 공동서신 주석(2차 증보)	1987. 4. 20
32. 요한계시록 주석(2차 증보)	
33. 공관복음 주석(2차 증보)	

(성경 주석 전질에 포함된 "논문"40여 편, "설교"1000여 편)

II. 기 타

1. 설교집 : 영생의 원천	1970. 12. 5.
2. 신학서 : 성경 신학	1971. 10. 21.
3. 설교집 : 응답되는 기도	1974. 7. 31.
4. 설교집 : 주님을 따르자	1975. 9. 25.
5. 교회헌법 : 헌법 주석	1983. 4. 30.
6. 신학서 : 개혁주의 교리학	2003. 6. 10.

III. 논문 및 설교 기고

1. 고려신학교 발행, 「파숫군」에.................................... 218편
2. 총회신학교(현 총신대학교 신학대학원) 발행,
   「신학지남」에.. 약 40편
3. 합동신학교 발행, 「신학정론」에................................ 11편

[부록] 04

고 정암 박윤선 목사 추모 예배

◎ 1988년 7월 24일 7시 30분
◎ 상항 (샌프란시스코) 중앙 교회당
   1859, Geary Blvd, S.F.
◎ 주관: 총신 동문회, 고신 동문회
◎ 후원: 북가주 장로교 협의회

추모사: 김상권 목사

이날 고 박윤선 목사 추모 예배는 이근신 목사 사회와 신현국 목사의 기도, 상항 중앙교회 찬양대의 찬양이 있은 후 북가주 장로교 협의회 회장 이현달 목사의 '주를 위하여 살고 죽음'이란 설교가 있었다. 가족 인사로는 박윤선 목사의 장녀 박춘자 집사가 했고 고신 출신의 장희선 목사의 고인 약력 소개와 추모사가 있었다. 그 중에 박윤선 목사와 평양신학교 동기 동창이며, 합동 측 총회의 초대 총무와 총신의 교회 정치와 행정학 교수를 하다가 1970년 미국으로 이민 온 김상권 목사의 추모사가 있었다.

그 날에 행한 김상권 목사의 추모사 메모지가 발견되어 여기 옮겨 싣는다. 완전한 문장은 아니지만 있는 그대로 쓴다. 이 메모지는 고 (故) 김상권 목사님의 미망인이 나에게 이 메모지와 함께 그의 강의

노트와 설교 등 여러 자료를 건네주었기에 현재 소장하고 있다. 김상권 목사의 추모사 메모지에 있는 데로 아래와 같이 기록한다.

① **박윤선 목사는 "배우고 읽기에 全力하는 진실한 학도였다.**

날카롭던 시기 ① 국민의 일제 압박이 가중되고 ② 학교 교칙이 강화되던 시기에 끄덕끄덕 뚜벅뚜벅 걸어와서 말없이 누락됨 없이 듣기만 하고 보고 쓰기만 하던 학생, 그 학교 제도로선 모범생이라 하지 않을 수 없다. 그 학교(평양신학교)는 전국 노회에서 세울 목사(신학생이나 목사 후보생) 양성하는 학교, 학교와 노회는 학생 한 사람 한 사람에 대해서 상호 보고하고 모(母)노회, 전 교회는 그를 위해 기도하고, 만일 한 과정이라도 '한 점이라도' 미달하면 재시험비를 내고 재시험을 쳐야 하고, 그 사실을 학교에서는 노회에 보고하고, 노회 서기는 노회 교육부로 보내서 심사한다.

② **박윤선 목사는 평생토록 덕이 있고 글 쓰는 학자였다.**

그는 글쓰기를 좋아했다. 1930년대에 등사로 출판된 잡지가 있었다. 「게자씨」였다. 이것은 숭실전문학교 고학생들이 밥을 굶으며 출간하였다. 그들이 졸업한 후 지방으로 흩어졌다. 그것을(게자씨) 맡길 데 없다 하여 내가 가지고 왔다. 그래서 평양 목사회에서 「信仰世界」로 제목을 바꾸어 총독의 칼에 베어질 때까지 계속했다. 주필은 金化堤, 朱基澈 등이 했고 나는 편집책임을 졌다. 그 후로 그는(박윤선) 계속해서 글을 쓰며 주석, 설교, 논문들을 발간하면서 후대에 남겨 주었다. (평양신학교)을 졸업한 후에도 모교에서 신학 잡지인 「神學指南」과 성경 주해의 일을 교수회가 맡겼을 때도 그 일을 충실히 도운 실력 있는 집필가였다. 박윤선 목사처럼 끝까지 생명을 다하도록 사명을 다한 이도 없다. 그는 복음의 오묘한 뜻만을 힘써 나타냈다.

③ 박윤선 목사는 복음의 보수 신앙의 수호자인 주의 종이었다.

한국 교회가 W.C.C 문제로 큰 환란을 겪다가 결국 한국 교회의 모체였던 네 개의 선교부가 자국 모교회의 지령에 따라 우리 장로교회를 분열시킴으로 이에 대항하는 큰 싸움이 일어났다. 이때에 우리는 신앙의 동지 고려파가 합력해 주기를 기대하는 때에, 제일 먼저 보고가 들어오기를 朴允善 목사가 앞장서서 합동하자고 했다. 그는 과연 그 일에 솔선하여 보수 신앙을 지켰다. 朴목사는 신앙의 기치가 선명했다. 그러므로 그가 남긴 저서에서 이점을 크게 기대할 수 있다."

김상권 목사(전 총회총무, 총신교수)가 박윤선 박사 추모식에 추모사 요약 메모

| [부록] 05

정암 박윤선 목사님의 육필 편지들
(이 편지는 1970년에서 1980년까지이다)

정 목사을

그동안도 하나님의 은혜 가운데 모든 일이 잘 되우기만 바랍니다 우리는 이곳서 할일을 잘하면서 지내갑니다 여호수아기와 사사기를 모출까지 해서 한국에 보냈습니다 다만 룻기는 아직 type 한 원고가 도착하지 않으므로 추록에 착수 못하엿습니다— 그런데 룻기에 대한 참고서들이 그리 신통치 않습니다— 만일 어느 도서실에 적당한 책이 잇을것이 도 짐작 되면은 곳 보내주십시오 다른 책을 대부나 매든 보히겟습니다

얼마전에 소개한 "Leven en regering van de man naar Gods hart" 란 책은 보내지 않어도 됩니다— 우리는 다른곳으로 이사 핫는데 그 신번는 다읏과 같읍니다—

Rev. June Sun Park
6520 Van Noord Ave,
North Hollywood, Calif.
91607
U.S.A.

정 목사님 을
어제 photocopy는 받았고 오늘 편지
도 받았읍니다~ 우리는 평안합니다
주석은 예호수아기 주석 원고 수정교정해서
보냈고 지금 사사기 주석 원고 수정교정하는
중입니다~ 함 마지 룻기 주석 원고 수정교정
하게 됩니다~ 사무엘上,下, 주석 원고
수정교정은 룻기 뒤에 할려인데 그 참고
서로서 다음의 册들을 곧 빌려 보내시기 바
랍니다~ 곧 (1) Joh. De Groot, I
Samuël (2) Pieter Arie Hendrik
De Boer, Research Into the Text
of I Samuel I-XVI (Prof. Schr.
ft). (3) 위의 두 책만 곧 빌려보
내도록 하십시오
 De Jong 목사님께는 함 마지에
편지 하겠읍니다~ Meeter 목사님이
나의 전화번호를 보니 전화하기 어려운
것입니다~ De Jong 목사님의 소식은 없
었으므로 걱정중입니다~
 不肖人의 家庭은 평안합니다~

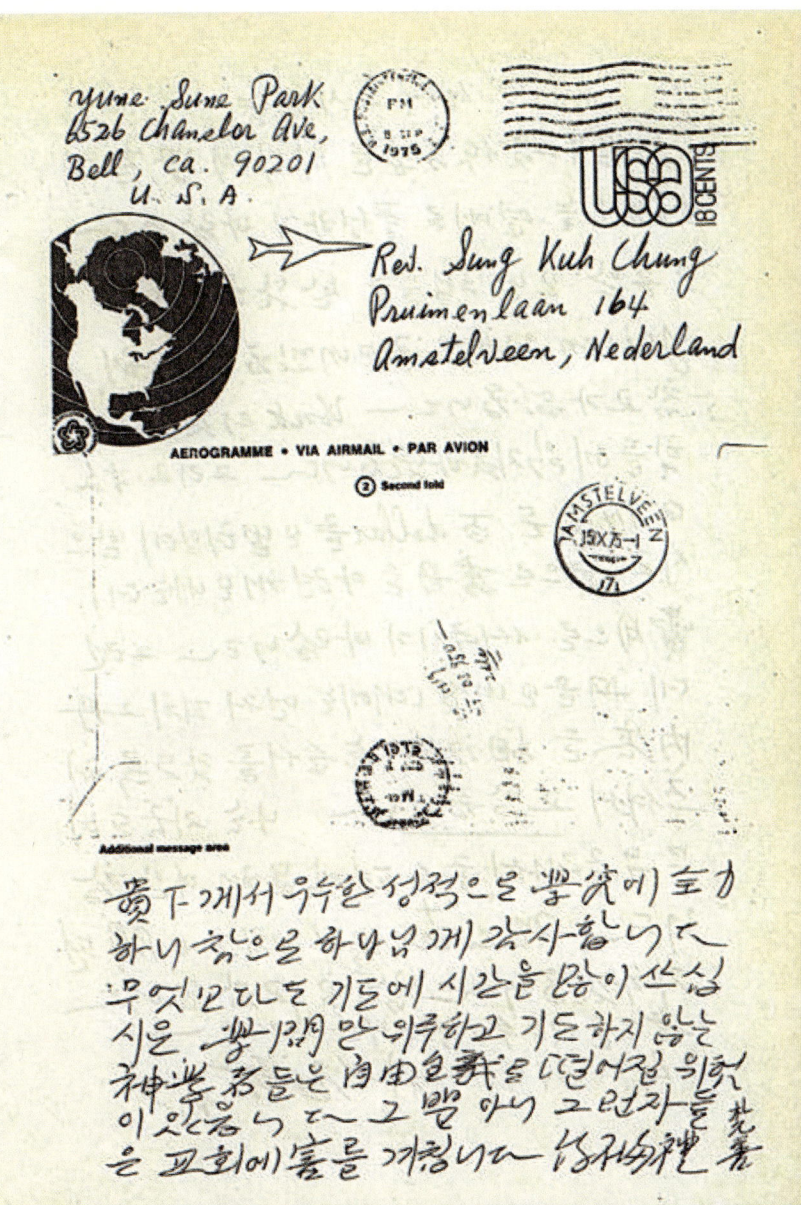

貴下께서 우수한 성적으로 卒業에 努力
하나님은을 하나님께 감사합니다
무엇보다도 기도에 시간을 많이 쓰심
시오 學問만 의주하고 기도하지 않는
神學者들은 自由主義로 떨어질 위험
이 있읍니다 그뿐 아니 그 연자를 찾
은 교회에 害를 끼칩니다 朴潤善 拜

정 성 구 목사님앞

主恩中 貴 信 徒 들을 미라메쌓로 돋의
물댓이늘 열매를 풍성하기 바랍니다
그동안 2번 책들을 받았읍니다
Yeivin 의 冊은 곧 보내겠읍니다 別
로 참고가 없읍니다 Vonk 의 것은 아직
힘들어 읽지못하였읍니다 그리고 数
日 內로 돈 百 dollar를 보낼터인데 받으
시고 앞으로 書冊을 마련해보내는데
費用으로 써주시기 바랍니다 그런
데 冊을 보내실 때에는 먼저 퍼지 그 冊
內容을 相談해보는 순서를 갖도록 해
주셔서 고맙습니다 나는 지금도 너
무 분주해서 종종 편지못해 미안함
니다 Meester 목사에게도 日間 편
지하겠읍니다 참으로 고맙습니다
貴下를 너무 수고 시켜 미안함니다
4. 11.   朴 允 善

나의 스승 박윤선 박사

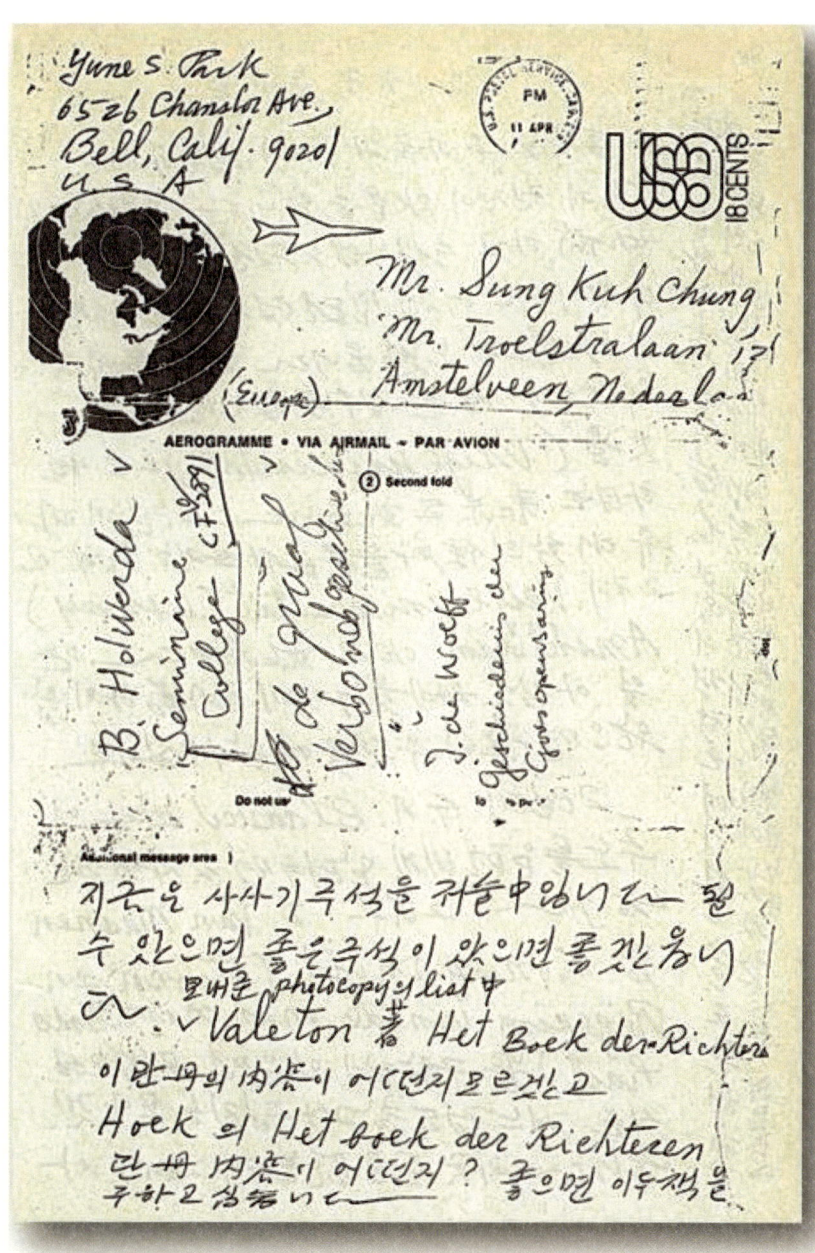

정 성구 목사 앞

그동안도 온 가족과함께 평안하시고
학문에 전진이 있을줄 믿습니다— 주안에
비前 하고 구성사업도 전진이 있습니다
다름이 아니고 어제 일인 (던 책 둘은 권우
이 행편으로 보냈습니다 혹시 목사님
의 주소가 변한경우 못찾으면 自由
大學 (Vrije universiteit)으로 전
하라는 표소도 했습니다— 그런데 자
유 대학의 住所를 몰라서 쓰지는 못하고
그저 Vrije universität (Library)
Amsteldam 이라고 했습니다— 온
일 아직도 毋이풍가에게 회答하지 않
았으면 속히 우편국에 은아받쉽시오

그런데 G.A. Blraucl 박사의
주소를 얻면 내게 알려주면 감사하겠
습니다— 그리고 D Van Maanen
著. Koning David, (Leven en
Regering van de man naar Gods
hart)을 구할길이 있으면 모내보쉽
시오 어느정도 값고가 됩지는 모릅것
습니다— 지금 돈은 없는데) 그래서 사

아바지
출발하기노에 우선몇글자 씁 ..다 이번 뱃사해의
배편으로 부산에선 관힘제 될것 여기에선 ..다
그걸 솔로모 행적

후 베드로의 행적

아직 주석간에 관련재 된것 여기엔 ..다
Van maanen

Van Gelderen의 Korte Verklaring은 貴重함으로 하나도 곧 출을 주시었으면 좋겠아이다 ㅡ

From Yune Sun Park
6520 Van Noord Ave.
North Hollywood, Ca. 91606
U.S.A.

Rev. Sung Kuh Chung
Pruimenlaan 164
Amstelveen, Nederland
(Europe)

AEROGRAMME - VIA AIRMAIL - PAR AVION

열왕기上下 주석 바쁘가왕다 지금 쓰는 중랑함니다. 和蘭 주석은 Van Gel- deren의 Korte Verklaring 읽은 다른것도 읽을수있는 내 주도가 표기와 같이 변했으니 그리 얻으시고 旧住所를 使用하지 마의심 시오. 열왕기上下 에 대한 재요를 이룰것이 있었면 모써도록 힘쓰심시요

o seal—No enclosures permit.
first at notches →

Additional message area

오는것도 문제이오 왔래오는것도 送料가 來住 많이 든다고 이면에 책은 보내드네 16 dollar 가량 들었슴니다 회복당장 위의 Van Maanen 의 冊이 오구되는것은 아넘니다 ㅡ 좀 생각해 두심시오. 이제 는 和蘭서 有志에게서 費用을 줌 있으면 좋겠는데 어열 것이요! 우선 이것으로 간숙김니다
朴允善

6. 16 정목사 앞

그 동안도 온 가정이 평안하시고 聖業에도 劤을 하시기 바랍니다. 主恩人은 배前합니다. 한국에서 동지하기를 여호수아기, 사사기, 룻기를 위선 내보자고 함으로 사무엘 주석은 一時 中止하고 前記 원고를 수정 보충할 생각입니다. 그래서 貴下께서 나의 重要한 冊들은 곧 부려보내시기 바랍니다. Vonk 氏의 사사기 주석을 특별히 원합니다. 얼마전에 photocopy 고번 대로 내가 원한 것만을 우선 보내주시면 고맙겠습니다. Roorda 氏의 Jozua, de held Gods 는 보내지 않으셔도 좋음. 그 책이 Westminster에 있으니까 거기서 빌리겠습니다. 앞으로 설혹 사무엘 上下 와 속해서 나는 경우에도 지금 和蘭에 있는 冊들이 와야겠습니다.

박윤선

일기는 경우 책임을 다합시오 꼭 살 수 밖에 없는 사람을 시오

정 성구 목사앞

日前에 기도들도 다루어보았는데 받으셨는지요
너무 수고시켜서 참으로 미안합니다. 또 몇책들에
서 주요한토막을 photocopy 하셔서 꼭 내려십시오 그 것
은 아래와 같습니다.

(1) Dijkstra, R. Beelden en gestalten uit het O.T. I. P. 101. Ruth.

(2) Disselhoff, J. Ruth, the Moabietin arenleester of onbegrijpelijke begin — heerlijk einde

(3) Fernhout, K. Geplukte aren van het veld der Schrift. P. 107 Ruth 1:16

(4) Holk, L. J. v. Bijbelsche figuren 1926

(5) Jansen A. Het Boek Ruth in Biblia Sacra

(6) Jonker, A. J. Th. Hand to Hand. P. 78
(V 5563) Ruth 2:4

(7) Kohlbrügge, H. F. Verklaring van het Boek Ruth

(8) Kuyper, A. Vrouwen uit de H.S P. 65 Naomi; p. 68 Orpha; p. 70 Ruth

(9) Littooy A. (in:) Uitlekundige overdenkingen. P. 267 Ruth 4:11-22

(10) Loosjes, A. Uit de Prediking. P. 190

(11) Mooi, J. C. de Ruth. Vier Predikaties. Ruth 1:5

Wristers Antiquariaat
Minrebroeders h. Bolland 13 UTRECHT   Kok Kampen

정복사님 앞 [웨스트민스터에 온 누것은 모내지마서요]

어제 편지와 photocopy가 왔습니다. 감사합니다. 그동안도 家內가 다 평안하시다니 주님의 은혜 감사합니다. 기도 많이 하시고 주 僕人 위하여 기도 많이 하시기 바랍니다. 책들은 차차 모내도 됩니다. 지금 사무엘 上 15장 주석중입니다. 아무래도 여호수아기, 사사기, 룻기, 사무엘上下 속하여 한 卷으로 매것 같습니다. 여호수아기에서 사무엘上 13장까지 한국에 모내여 타이프하는 中입니다. 타이프 한것이 오면 다시 거기 보충할 터이니 그때에 화란서 모낸 참고서들은 쓸것 입니다. 아마 8월中에나 쓰게되것지요. 지금은 사무엘주석에 총집중합니다. 7월末에야 사무엘下까지 마추겠는데 그 마춘것을 한국에 모내여 타이프해야 됩니다. 지금 여호수아기에서 사무엘上 13장까지는 한국 갔음니다. 그러므로 그리 알으시고 책들을 좀 알아보기만 하고 책을 사지는 마십시오. 됩두 있는 대로 빌려 모리러 합니다. 사무엘上下는 Goslinga 의 주석 (和蘭주석)을 여기서 사용하고 있음니다. (본래 내게 있던 冊). 못 바신 photo- copy 中 Donald Leggett의 ~~논총~~ CF. P3420 The Levirate and Goel Institutions In the Old Testament, with special Attention to the Book of Ruth 을 7月末에 모내시오

[左側 세로:
(册은 먼저 그 잘된 못 좀 알려주시기 바랍니다. 那)
@ A. Roorda의 Grain, De Held Vode 여기 웨스트민스터에 있어야 가...
七月 20日에게 불리 무시기 바랍니다.
내 세래 일아보기로 합시오. 그리 하시기 바랍니다 가...]

나의 스승 박윤선 박사

Y.S. Park
6526 Chanslor Ave.,
Bell, Calif. 90201
U.S.A

Ds. Sung Kuh Chung,
Mr. Troelstralaan 13
Amstelveen,
Nederland

AEROGRAMME • VIA AIRMAIL • PAR AVION

등기우편으로 ② Second fold

지난 해 9월 23일 송금해 주신 것 감사합니다. 목적대로 사서 보냈고 또 편지 받고 Photocopy 도 주문하여 사무실 비용으로 비에 배워드리기로 하였습니다.
Vonk 씨 사시는 곳을 몰라서 편지를 못하였습니다.

Additional message area

CT. 5612
Schrift verklaring van Dr. H. F. Kohlbrügge.
(Verklaring van het boek Ruth)
도 7월초에 보내시오. CF 02922
그리고 A. H. Van Zyl 의 冊 the Relationship of the Israelite Tribes to the Indigenous Population of Canaan according to the Book of Judges 도 7월초에 보내십시오.
그 밖의 것들은 나는 잘 치않습니다. — 계속하여 冊들을 안아보십시오 (사무엘에 대해서도). Photocopy 를 보내시는

오책도
록잘
함받
시아
오보
신후
발
러

10.12. 정 목사 보올

어제 혜函을 반가이 받았음
니다 荊棘의 괴로운 생활에
하나님의 위로 물기만 바람니
다 不肖人은 여전함니다 너무 무거운
짐 많이 지고 사역함니다 그레서 시
간이 너무 없음니다— 나의 일을 위
하여 위하여 애쓰시는 목사님의 마음
을 환하게 앎으로 감사함니다 그런
데 책들은 사지 마십시오 Berkouwer
의 책도 사지 않으면 좋겠음니다
이제는 고 안이 다 되었음니다
밖貴 님의 성의을 사지도 마시은
별로 참고 할 일이 이제는 없음
니다— 책들이 없는것 보다는 나
의 면저면 편지에 좀 암시적
으로 책의 편요을— 말 하였음니
다— 위하여 기도 많이 하여주시
기 바람니다   내가 충주을
지금은 건강 하지만
      얼마지 난후에 어더케 될 지 모름니다 들처자 가
아라것는음니다 나는 명년에는 70
세의 늙은 사람인데 참으로 인생은
헛됨니다— 主안에 계구옵의

정성구 목사 귀하

日前에 편지하였지만 그 시험으로 그동안은 貴家庭이 主님의 은혜로 평안하시기 바라며 異域 중에 살림을 차리느라고 お嬢쪽으로 고생이 많은줄 압니다 지금은 이곳, 서울기, 전도, 아기를 一邊으로 분퇴중입니다 아무레도 아가서 주석은 서론이 會員을 할것 같아서 補修이 필요한줄 압니다.

英文으로된

~Ginsburg 의 아가서 주석에 서론이 길게 된줄 아나 내게 그 冊이 없읍니다 한국에 없읍니다 貴 ze University 에게만 하여 그 冊을 도록하여 속

[부록] 05 정암 박윤선 목사님의 육필 편지들

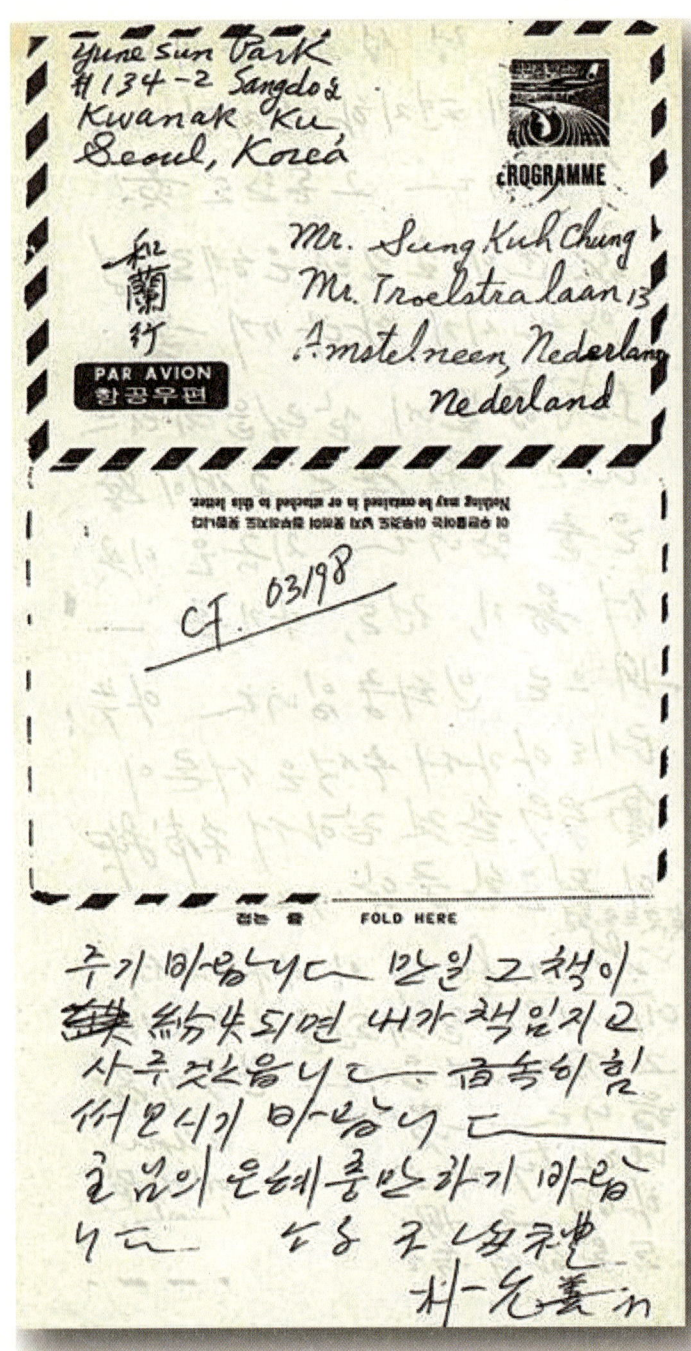

나의 스승 박윤선 박사

1972.12.13 정 목사 귀하

어제도 편지를 보았습니다 低廉價格를 말하지 못한 것도 있었습니다 冊들을 사실 때에, 내게 있는 冊들은 사지 않도록 하시기 바랍니다 내게 있는 책들의 list를 一部 보내었습니다 많은 아직도 남은 ~~冊들~~ 들이 한 두개 있습니다
(내게 있는 冊들은)
Gispen 著 Prediking (전도서)가 내게 있고 Aalders 著 책 아가서 (Hoog Lied)도 내게 있습니다 그러니 이 책들을 사지 마시기 바랍니다

그리고 직접적으로 주석은 아니지만 욥기, 전도서, 아가서 등에 참고될만한 제재 (題材)들을 取扱한 책들도 있을터이니 이런 책들도 가장 좋은 것들은 사서 보내시기 바랍니다

시골 이곳은 極寒입니다 내 家族은 如前합니다

朴 允 善

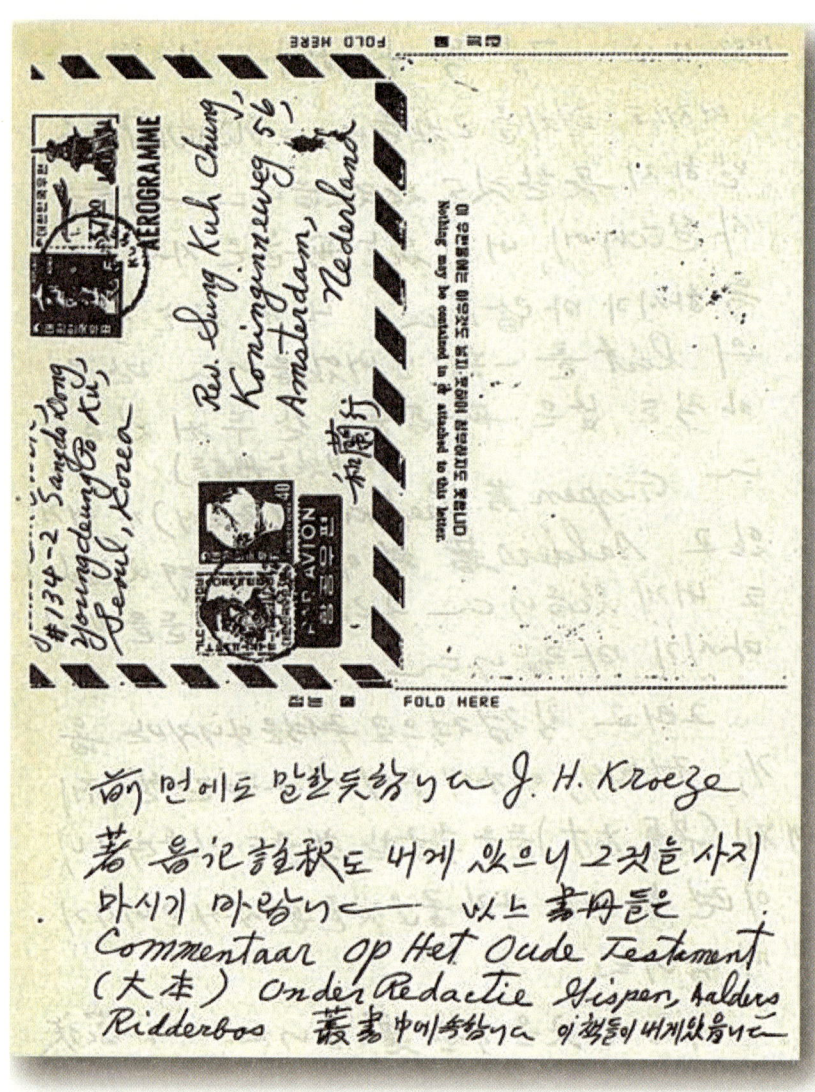

정 성 구 목사 귀하

惠函은 반가이 받았읍니다. 주釋 참고서를 많이 구입할 길이 있는것 같아서 기뻐하는 바입니다. 그런데 웅기, 전도서, 아가서 를 合하여 一卷의 주석으로 버려고 합니다. 그래서 세계적으로 유명하고 특히 scholarly 한 주석과 — 또 실용적(homiletical) 주석을 구입하겠읍니다. 希臘語 주석과 和蘭語 주석을 主로 구입하겠읍니다. 군자는 될수있으면 웅기중(?) 것으로 인쇄된 책을 읽니다. 그런데 책을 샀다가 별로 효과를 거두지 못하고 돈만 허비하는 일이 많으니 참으로 well-written book을 사야됩니다 — 우리 한국 교회 교역자들에게 유익줄수 있는 책을 참고 인용해야겠읍니다. 그런고로 잘 아오 또 貴下께서 친히 購入이라도 읽어 보고 사도록 하시오. 삽대에는 꼭 代金支拂한 實領受証을 받아서 영수증을 씨게로 오 내 주십시오. 책값은 친구들이 도와 줄듯하므로 영수증을 그들에게 모여야 안사옵니다. 우선 二百弗或은 三百弗이 들더라도 安心하고 購入 하십시오. 책을 오발때에 air mail 로 보내면서 그 送料 實領受証 도 내게로 오

내 주시기 바랍니다. 그 냥으로 有志가 담당 하게 됩니다. 그런 비용에 대해서도 자세한 증 거문서가 必要합니다. 貴下께서 내게 그 영 수증을 보내는 서신 마음도 내가 금명하겠습니다. 그런 비용도 내가 자세히 알아야겠습니다. 貴下가 우선 선머하면 그 돈을 貴宅 父親에게 빨리 물어드리든지 혹은 이곳의 친구들이 貴下에게 직접 보낼까도 즉 편지하려고합니다.   朴允善 上

내게 있는 책들은 살펴보았습니다. 내게 있는 것은 J. H. Kroeze의 Commentaar op het Oude Testament, Het Boek Job, 하고 H. H. Rowley의 The Century Bible, Job 이란 책이 있고 The Anchor Bible, Job (H. Pope 의 저 술) 이 있고, Hengstenberg, Budde 두의 웅기도 있고 Fohrer, Dhorme, Duhm 두의 웅기도 갖고 있음.

정성구 목사 귀하

主 恩中 宗⊥ 내 주의이 늘 평안하시
기 바랍니다 그동안 여러차례
편지 받았으나 친히 보등하는 도
시로 회답하지는 못해서 미안
합니다 와 1回 갔다가 이곳
되어서 너무 분주해서 그렇게
되었습니다 이번 학기에도
十時間 교수(매주)합니다
모도록 貴下의 교무가 줄어들러
몸이 매우 연구하시어 우리
교계에 신학적으로 지도하시기에
바랍니다 나는 작년우터 三學年
조직신학도 가라칩니다 末世論
(終末論)을 다루어야 겠습니다
즉 卞編에 새로 서론문 재료가 있
으면 좋겠습니다 Berkouwer 1씨
가 아직 末世論을 저술하지는 않
았지요 貴下가 아는대로 方向이 穩
健의 조직학(Karl Barth 외것말고)으로
건전하고 읽기 쉬운 책을 만나볼수 있
는것인가요? 눈이 더 이전보내주세요 이만
큼 음기쑤셨은 아직 적당한 책을 주문할
길이 없습니다 모등으로 가라치려면
문제가 있는데 좀 특수하게 가라취)이
곳 학생들도 신학문제에 대하여 환하게
해 보려니 오진한 책들이 있어야 겠습니다

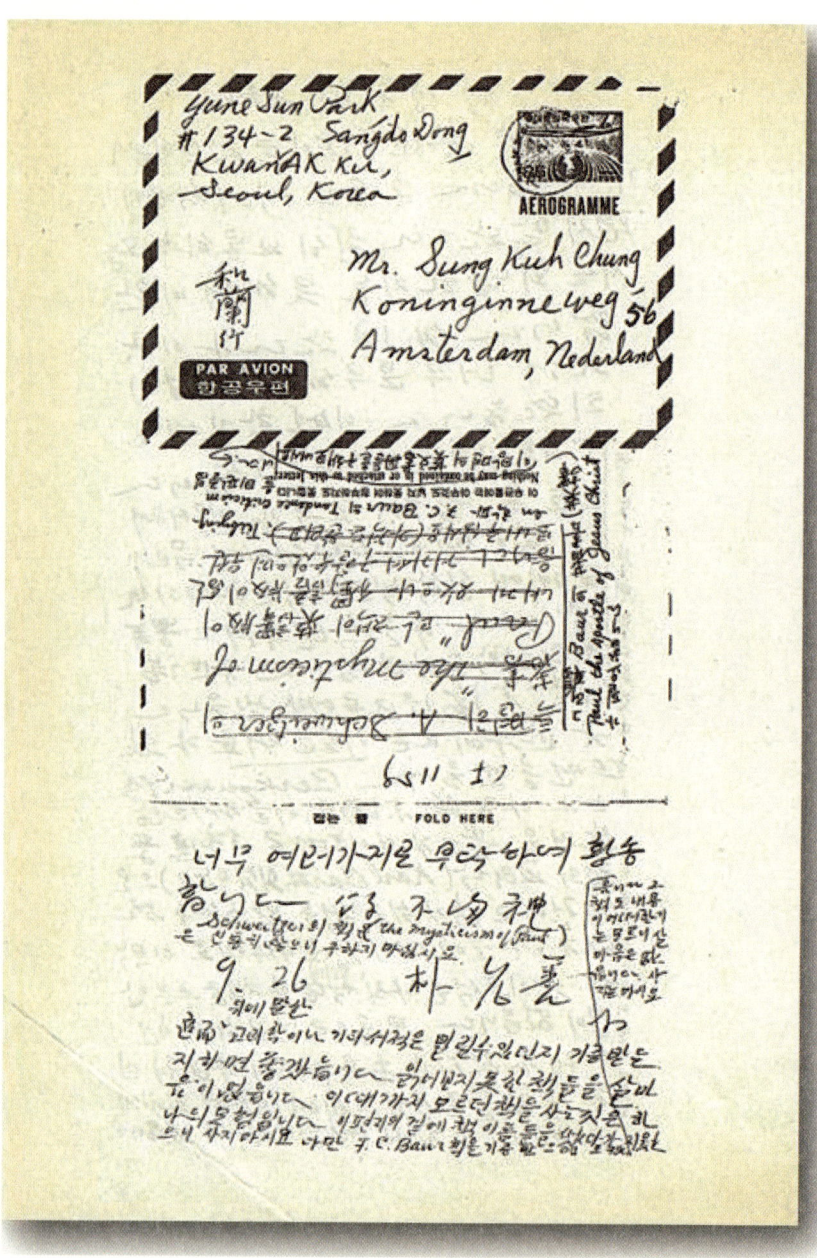

4. 29. 정 목사님앞

그 동안도 貴事 多忙하신 니게 가정이 주님의 은혜로 평안하시기 바랍니다

罪悚한것은 오래동안 편지 못해서 말 할 수 없이 미안함니다 ~쓰지 못한 사정상 편지 마음은 그렇지 못하였음니다 지난 크리쓰마쓰 근 一개월동안 목감으로 앓았고 그후도 기침이 계속하여 師母님이 먼 길을 떠나시는데도 비행장에 나가오지 못했음니다 용서하시기 바랍니다

앞으로 아무레도 新約공부는 Ridderbos 에게 가서 (Kampen) 해 가지고 시간 있으면 미국도 가서 공부를 더하여 가지고 歸國하여 나의 가라치는 신약을 가라치게 되었으면 좋겠읍니다 한가지부탁은 Ehrenberg 의 著書인 Hiob, der Existentialist, 1952. 란 책을 꼭 구하여 속히 air mail 로 보내주시요 J. H. Kroeze 목사 (화란에로

음에 주석 저술한 (博士)에게 물
어 보시면 그 책을 구할 길이 있
을 것입니다 그의 주소를 모르면
Free University의 도서관장에
게 문의라도 속히 未送하
시기 바랍니다 — 依託은 책이
도착한 후에 보내겠습니다

  성 주성찬 박윤선

정 목사 앞

호思中 貴 ○ ○ 님을 바라며 ○다름이
늘 주님의 은혜로 평안하게 기원합니다—
不肖人이 이곳 와서 지금 여호수아기 주석을
저술 中입니다. 오, 보내주신 작은 冊도 여기서
받았읍니다. 감사합니다. 지금 여호수아
기를 주석하는 中 12장부터 19장까지가
땅 이름들을 꽉 찼읍니다. 그래서 아무래도
이 부분은 그냥 지내갈 수는 없고 흥미있는 주
석을 내야겠읍니다. 그런데 많은 주석가들
이 이 부분은 그냥 지내 쳤읍니다. 칼빈도
매우 이점에 빈약합니다. 아무래도 ○
○○○, 의 희무리○○○ 뜻을 밝히어 건전한
영해를 하고 싶은데 좋은 참고서가 요
됩니다—. 화란어 구약주석 한질(근간으로
된것들) 이 내게 오는데 그것은 이담 便이 오옵니
다—. 무슨 다른 책이 본 것이 있으면 내게 ○보내
주시기 바랍니다— 쓰시는 여호수아기 주석을
펴보시고 (녻히 13–19장) 이 부분 주석이 흥미
있게 된 것을 찾으시기 바랍니다. 그 ○○에

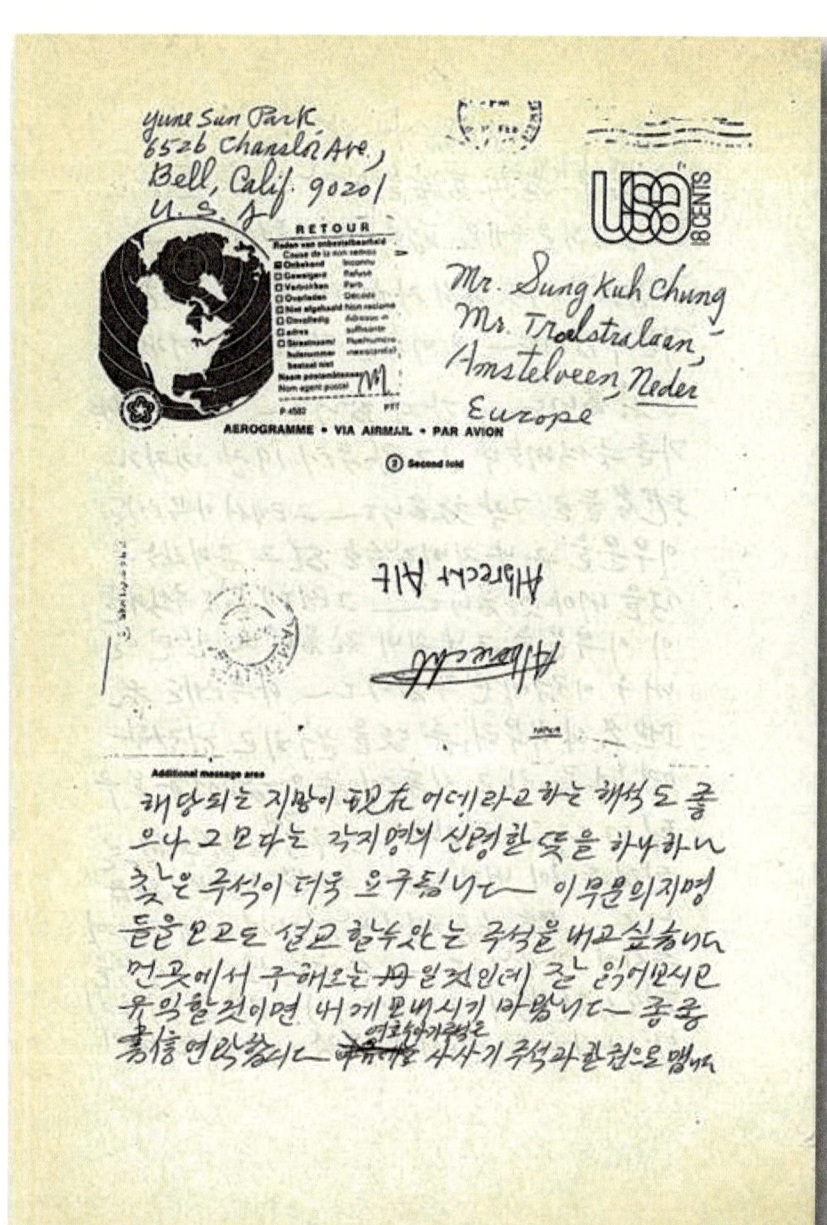

정 성구 목사 귀하

日間도 貴體 平安을 바랍니다. 旅行은 떠나셨지요. Blaauw 博士에게 편지한 것이 實行되는지 아직 모르기 때문에 그리로 돈을 보내는 것은 기다려봅니다. 만일 그것이 어떤 理由로 實行이 어려운 때에는 직접 貴下에게 보내겠는듯이 (?) 그 불은 Hard 목사를 통하여 合法的으로 하겠읍니다.

그런데 그동안 보내신 적은 책자들도 實用되지 못한 것이 적지 않습니다. 예를들면 Drijvers/Hawinkels의 Job 이나 Paraphrase Job, 이나 Paraphrase Prediker 등입니다. 아무레도 冊의 성경如何, 冊의 實用別 册行을 잘 알아보시도록 하십시다. 그러초 馬加郵便 경의 말입니다.

지금 三學年에 牧會書信을 가르치는中입니다. H. N. Ridderbos의 著 Pastorale Brieven, J. H Kok, 1967이 必要합니다. 그 책을 速히 사서 보내주시면 고맙겠습니다.

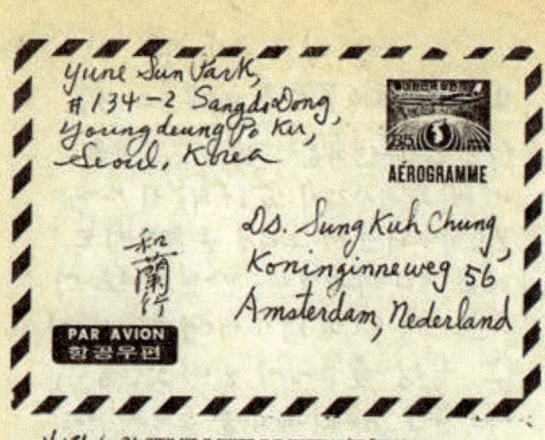

4. 14   정 성 구 목사앞

近日도 貴體康健을 바래며 또 學業에도 크게 成就가 있기를 기원합니다 그동안 책이 두권 왔는데 Vonk 氏의 것은 당분간 읽겠읍니다 참고서이 있을 듯합니다 그러나 Heivin 의 것은 今月 內로 보내겠읍니다 그런데 모처럼 애써 보낸 책이 참고가 별로 못된다고 할때에 섭섭은 마음으로 용서하시기 바랍니다 貴下의 깊은 사랑과 協力을 늘 감격하게 생각함은 변함 없읍니다 다만 事務的으로 하는 말입니다 主님의 일에 우리가 함께 힘쓰는 中이니 事務的인 말을 피할수는 없읍니다 용서하시기 바람니다. 앞으로는 나의 見解로 꼭 必要한 것이 確實視되는 때에 보내시도록 하십시다. 너무 冊의 郵送料가 많이 드니 우리가 서로 조심합시다 그리고 꼭 必要한 冊은 될수 있는대로 사지 말고 Free 大學에서 빌려서 보내십시오 기간은 2 개월은 받아주게 될것 같습니다 오늘 一金 百弗을 보내는데 앞으로도 당분간 書務 보내는데 便

왔는지 좀 알아오시기 바랍니다 Vonk 氏더러
혹시 기억해도 잘 참고하시더라도

Yune Sun Park
6526 Chenolar Ave.,
Bell, Calif. 90201
U S A

Ds. Sung Kuh Chung
Mr. Troelstralaan, 13
Amstelveen, Nederland

Yeivin 께에 개入해 보면 유대지도 들
도 보냄까요 편지로 알려주기 바랍니다
지금은 사사기 주석을 쓰는 중입니다. 여기서도
알려진 Burney 의 주석도 使用中인데 별로 찬고
되는것은 없읍니다. 사사기에 대하여는 世界
的으로 잘나온것이 아직 없는듯합니다.
Vonk 氏가 사사기 간해가 훌륭이라는데 처음 나

用 하시기 바랍니다. 그동안 Photocopy 받은
비용과 두책, 보책도 거기서 내도록 하시기
바랍니다. 앞으로 可能하면 책오내는
費用을 그곳 어느 敎會에서 도움 받을 길
이 없을런지요 물어보는것 뿐입니다
貴下께서 아무런 어려움없이 이편지를 읽
어주시기 바랍니다.   尹선생

鄭 牧師님께

　보낸 書信 잘 받았습니다.
主님의 恩惠中 敎授生活에 盡力있는 듯하여 기쁘고
主님께 感謝하는 바입니다.
牧師님은 Covenant 神學校에 계신 Harris
博士께 가장 有力한 연락처로 극력 후원하는
書信을 띄웠습니다. 鄭牧師님께서도 Harris
博士께 書信 보내고 아울러 Scholarship-
도 받으시기 바랍니다.
본인이 무엇이나 하는 것이 크고 모든 일이기
때문입니다.

나는 은사리 잠언 註釋은 執筆中에 있습니다
11月23日에는 Westminster 神學校에서
東洋선물에 처한 請講가 있습니다
위하여 祈禱하시기 바랍니다

앞으로 도웃하수 있는 좋은 길이 속히
열리기 바랍니다
　　　　　　　　　　　　錦주 倚禮
　　　　　　　　　　　　朴允善

Harris 박사 주소는 다음과 같습니다

Dr. Laird Harris
Covenant Theological Seminary
12330 Conway Road
St. Louis, Missouri 63141
U. S. A.
※성적도 그 학교에 보내시기 바랍니다.※

3. 21   정성구목사앞

主恩中온 家庭이 平安하시기를 바서 마나이스~ 어제 photocopy가 와서 다시 문법이 册들에 대하여 말합니다. 所요하는 대기 要求한것은 다음과 같습니다—

(1) The Israelite Conquest of Canaan
　　　　　　　　　　Yeivin 著

(2) Jozua. Tekst en uitleg (Praktische Bijbelverklaring)
　　　Joh De Groot 著

(3) De voorzeide Leer
　　　　Inleiding op De Profeten
　　　Door
　　　DS. C. Vonk

* 사사기주석이 좋은것 있으면 위 photocopy를 보내주시오. 위의 册들은 所요 말려서 보내시고 郵送料를은 알려주시기 바랍니다—
　　　　　　　　　　　　主恩中 禮
　　　　　　　　　　朴允善

3.18 정 성구 목사앞

惠書는 반가이 받았읍니다 貴家庭이 다 평안하시다는 소식 받고 하나님께 감사합니다. Meester 목사님께서 그토록 사랑을 베푸신다니 참으로 감사합니다. 그분에게 감사의 뜻을 전해주시기 바랍니다.

그런데 C. Vonk 목사의 주석을 속히 보내주시기 바랍니다. 그리고 獨逸語 주석들과 Martin Noth 의것은 이곳에도 있읍니다. 좀 오랜 獨逸語주석들(K. Budde)도 있읍니다 (이외에). 貴子가 써보낸 것들 중 위의 두 가지(M. Noth 의것과 Budde 의것)가 있다면 7류와 하십시오. 그밖엣 것들은 아직 포토카피 한 것들이 到着하지 않읍니다. 그러므로 어떻든지 Vonk 목사의 저서는 보내시고 英譯本의 인것도 보내주시오. 英文 판은 누구의 저술인지 모르니 아직 보내지 말으십시오. 또 부탁하는 것은 사사기 주석을 화란어로 된 것이든

저 狒誌로 된것을 곧 구해보내심시오 여기 있는것들은 모두 오랜 英文주석밖에 없습니다 헤語로 된 것이나 狒誌로 된것이요 구할시다 — 여호수아기에 대한 헤語주석은 내게 한권 있읍니다 그것은 Kroege의 것입니다— 사사기주석 (英文으로 된것) 도 큰책이 하나 있는데 Burney의 저술인데 내가 지금 사용하고 있읍니다

정 목사 님

오늘 해숲으로 편지 했습니다 그러나 적은 돈 보냅니다. $100.00 (hundred dollars)을 보내오니 母으로 쓸 일이 있는 대로 使用하시기 바랍니다. 서축 국석을 사사기를 하는 중입니다. Vonk 氏의 사사기가 해가 나왔는지 알아보시기 바랍니다. 나왔으면 얻어놓고 보내주시기 바랍니다. 다른 책들도 아직 도 한면 photocopy 을 먼저 봅시다. 가정글으로 점을 해석중 르뽁은 photo 해서 보내십시오. 닫 리재
차 눈 흠

정 목사님 전 상서

　그 동안도 주님의 은총 가운데 기체 만안하시며, 연구하시는 방면에도 많은 소득과 즐거움이 있으신 줄 압니다. 그 동안 송금을 기다리신 줄 압니다. 지난 15일에 하 도여 목사님을 통하여 보내드리려고 박 목사님께서 연락하셨는데, 사무적으로 난관을 보이는 말씀을 어께 장거리 전화로 말씀을 주셨읍니다. 그러니 정 목사님께서 3월 초에 여행을 떠나신다고 하셨는데 도저히 그 안에 전달이 불가능할 것 같았읍니다. 즉 그 분이 송금하시면 수십이 필요하므로 1개월 이상 후에야 찾으시게 된다고 하십니다. 그러므로 오늘 아침 화란 대사관에 문의하여 편리를 보아줄 수 없겠는가 하였더니 어렵다고 하였으므로 급히 생각난 바가 있어서 불라우 박사에게 좀 수고해 주시도록 아버지께서 편지를 내셨읍니다. 이 편지와 함께 보냈읍니다. 곧, 불라우 박사께서 정 목사님의 여행에 지장이 없도록 150불을 대여해 주시면 하 도래 선교사께서 불라우 박사 앞으로 송금을 하실 것입니다. 다만 그 분이 1개월 동안 우리의 편의를 보아주시도록 부탁드린 것입니다. 그러므로 그 분의 연락을 받으시면 좋겠읍니다.

　객지에서 고생하시며 역쓰시는 정 목사님에게 도움을 드리지는 못하고 이렇게 괴롬을 끼쳐서 대단히 죄송합니다. 관용을 바라오며, 다만 정 목사님의 여행에 든 지장이 있기를 다시금 바라는 바입니다.

　불라우 박사의 주소를 아래에 적어 보냅니다. 전보다 번지가 조금 변한바 있읍니다. (아버지에게 편지가 온대로)

　그러면 모든 일이 잘 되어서 떠나시게 되면 곧 소식을 보내어 주시면 감사하겠읍니다. 부디 객체 조심하셔서 강건하시기를 바랍니다. 주님의 인도하심이 항상 같이하시기를 바랍니다.

1973. 2. 24

서울에서 이 향숙 드림

정성구 목사님 전상서

그 동안도 주님의 은혜 가운데 정 목사님의 신병이 강건하시며, 멀리 미국 땅에서 주님을 위해 또 우리 한국 교회를 위해 열심히 공부하심을 감사합니다. 여러가지로 어려움이 많으신 줄 아오나 우리 주님께서 때를 따라 돕는 은혜로 채워주시기를 바랍니다.

바쁘신 가운데도 박 목사님께 부탁하신 책들을 구해 보내시기에 수고가 많으셨습니다. 오늘 11권을 부사, 항공사로 발송하시기 바랍니다. 답씨 참고하시고 계십니다. 그리고 정 목사님께서 편지에 적어 보내신 제 3권은 다 보내시면 좋겠다는 말씀을 하십니다. 책 대금은 미국의 독자가 지불하기로 약속하였으며, 이미 돈도 이곳에 도착되어 있습니다.

그러므로 책값과 송료를 합하여 곧 연락하여 주시면 정 목사님께서 원하시는대로 할 수 있사오니 이곳 사모님에게 드려야 할지 혹은 화란으로 보내야 할지 원하시는대로 하겠습니다. 화란으로 보내는 경우 박도제 목사님을 통하여 보내려 합니다.

이곳에서는 박 목사님과 사모님께서도 다 평안하십니다. 그 동안 써주신 강연 주석은 지난 12월 말에 발행되었습니다. 정 목사님 차편으로 한권 보내드립니다.

박 목사님께 연구 도서비를 부담하신 분이 영수증을 보내달라고 하였으므로 가급적 빨리 또 판단하여 영수증을 받아서 이곳으로 보내주시면 감사하겠습니다. 독일에 다녀오신다니 여러가지로 소득이 많으셨겠습니다. 아무쪼록 많이 배워오셔서 한국 교회에 크게 은혜를 끼쳐 주시기를 고대하겠습니다.

피로를 겪으시는 정 목사님에게 우리 주님의 위로하심이 항상 함께하시기를 기원하오며 오늘은 이만 줍니다. 모사이는 용기 주석을 계속물고 있사오니 기도하여 주시기를 바랍니다.

1973. 1. 19

서울에서

이 장 숙 드림
李呂淑

추이
이미 보내신 책의 영수증도 보내주시면
됐습니다.

정 성구 목사님 전 상서

　그 동안도 주님의 은총 가운데 정 목사님의 기체 만안하시오며, 귀한 연구 생활을 통하여 진리에 깨달음이 더욱 깊어가는 줄도 아옵니다. 항상 우리에게 은혜를 베풀어주시는 주님께 감사를 드리옵니다. 여러 나라를 순회하시는 중 많은 새 지식을 간직하셨겠지요.

　박 목사님은 지난 6월에 도미하셨다가 8월 말일 귀국하셨습니다. 귀체 만강하시오며 울기 주석을 많이 증보하여 오셨습니다. 오사이는 계속 신학교에서 수고하십니다. 사모님께서는 지난 7월 말에 성혜, 신친이를 데리시고 로스앤젤레스로 가셨읍니다. 앞으로 아버지께서 노퇴하시면 미국에서 남어지 주석을 집필하실 계획으로 가족이 이민 수속을 진행시켜 오던 중 성신이의 병역 문제로 즉시 출국하지 않으면(8월 8일에 만 12세이므로) 앞으로 병역 마칠 때까지 출국하기 어렵다는 외무부의 통지를 받으시고 부득이 먼저 가셨읍니다. 그렇게 되고 보니 이곳에서는 아버지께서 또 객지 생활처럼 되었읍니다. 위하여 더욱 많은 기도를 부탁드립니다. 비주시기

　정 목사님께서 웨스트민스터 신학교로 보내신 편지를 그곳에서 서울로 보내주심으로 아버지께서 귀국하셔서 후신서를 보내셨읍니다. 너무 오래 동안 기다리시게 하여 안되었읍니다. 제그룹 누구보다 많이 동정하시는 아버지이신데 금번에 정 목사님의 가족이 한국에 모이게 되어지기를 원하시어 기뻐하십니다. 아무쪼록 주님께 모우심으로 신앙 길이 밝혀 정 목사님의 연구 생활에 크게 도움이 있으시기를 바라는 마입니다.

　그국 그게 속식을 전해드리지 못해 궁금하실 줄도 압니다. 저는 우둔한 저구러기으로 아무 것도 모릅니다. 지난 여름 동안 박 목사님이 계시지 않는 그 때에 길고 녹확하였던 것을 편고도 품겼읍니다. 설교짐을 너기 되여저었읍니다. 금년 한철 한평생 여김입니다. 금년에 울기 주석은 내지 못할 것 같읍니다. 그 이유는 아직 아가 주석을 탈수하시지 않으싫기 때문입니다. 전로서, 울기, 아가 세 책을 한 권으로 낼 계획이니까요.

　그러면 일이 미국에서 귀게 로심하셔서 주님께서 주신 좋은 기계를 마음껏 활용하시기에 모든 조건이 구비 되기를 바라오며 오늘은 이만 소식을 전합니다. 단말이 여군 '복무 중이며, 성은이는 2.3에서 열심이 공부하며 대학 입시를 앞두고 머리를 싸매고 있읍니다. 주님 안에 만녕히 계십시오. 며칠 전 정목사님 사모님으로부터 전화

를 받았읍니다. 부족한 저를 위하여서도 항상 기도하여 주시는 줄
알으고 감사를 드립니다. 아버지께서는 어제 김 목사님의 편지를
받으실듯읍니다. 이것으로 회신을 대신합니다. 평안하옵소서.
9월 7일

불효 이 창숙 드림

정신구 목사님 전 상서

그간도 정 목사님의 귀체 만안하시며, 전구 생활에도 많은 재미를
보시는 줄 압니다. 재만 주님의 노움들로부터 오수 신학을 저런 지도
까지 받으신다는 소식은 참으로 기쁜 일입니다. 구라파 여러 나라들을
순회하시면서 역사적으로 많은 연구를 하실 수 있도록 길이 열린 것
은 우리 주님께서 도와주신 줄 믿고 그에게 더욱 감사를 드립니다.
음아흔 신학자가 귀한 한국 교계를 위하여 주님께서 더 계획하시고 인
도하실 줄 믿습니다. 아무쪼록 목도하신 뜻을 다 성취하시기에 깊고
큰 은총을 주님께서 베풀어 주시기를 빕니다.

바쁘신 가운데도 수고하여 보내 주신 책들은 두 차례 다 감사히 받
았습니다. 영수증들도 잘 받았습니다. 그 대금과 송료는 신 너히 신
교사님을 통하여 속히 보내드리려고 합니다. 3월 초에 여행을 떠나신
다니 그 안에 도착되도록 하겠습니다. 그리고 정 목사님께서 말씀하신
아--들물도 앞으로 사기 주식에 집립하시는데에 도움이 될 만한 것을
이 있으면 사서 보내 주시기를 바랍니다. 전에 보내 주신 성전 엽서는
잘 받았습니다. 좋은 그림을 앞으로 사기 주식에 상화 세도가 될지도
모르겠습니다. 이곳에 연구비도 보내신 것이 150불 있음으로 그것
을 모두 보내오니 책을 구하시는 데 필요한 일체의 경비도 이 연구비
로 사용하시기 바랍니다.

박 목사님께서는 건강하시오며, 사모님과 온 집안이 다 평안하십
니다. 신학교에서는 내일 신입생과 편입생 시험이 있습니다. 지난 5
일부터 9일까지는 신학교에서 동기 목회 대학원이 진행되어 박 목사
님께서도 수고하셨습니다. 박 목사님께서는 학성 교회를 너어놓으시고
김 진태 목사님을 청하셨습니다. 18일에 부임하십니다. 19일부터 신학
교 졸업생 수양회가 기독교 수양관에서 열리는데 박 목사님께서 새벽
과 저녁 설교를 모두 하시게 되었습니다. 특별 기도 부탁드립니다.

그러면 오늘은 이만 소식 전하고 그립니다. 부디 객지에서 기체 조
심하셔서 건강하시기를 바랍니다. 항상 우리 주님께서 평안한 길로 인
도하여 주시기를 빌 뿐입니다. 계속 수고하시겠습니다.

1973. 2. 12

이 창 숙 드림

From Tragedy to Triumph.
The Century Bible Job. Rowley 저
The Anchor Bible Job. Pope 저

위의 책들은 목사님에게 있으므로 구하시지 않아도 된다고 말씀하십니다. 영국에 가시면 영어로된 욥기, 잠로, 아가 주석들을 알만한 것으로 구해보내주시기를 기다리십니다. 특별히 역사 문학(어표수아기—에스더서)에 대한 주석들(Burney 저)을 보내시면 좋다고 말씀하십니다.

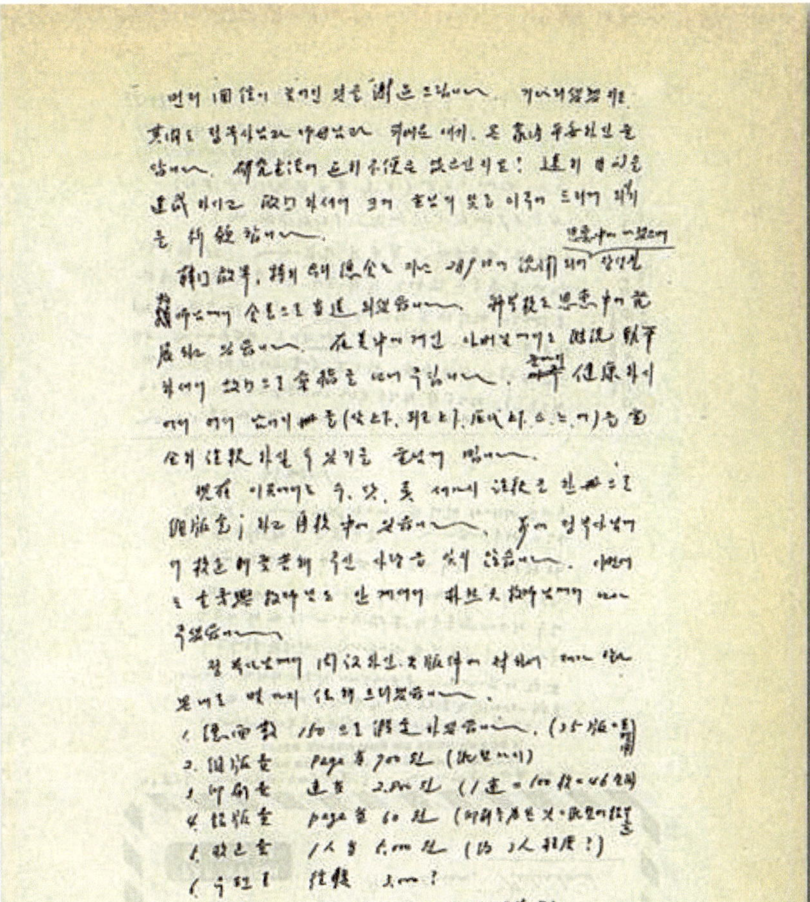

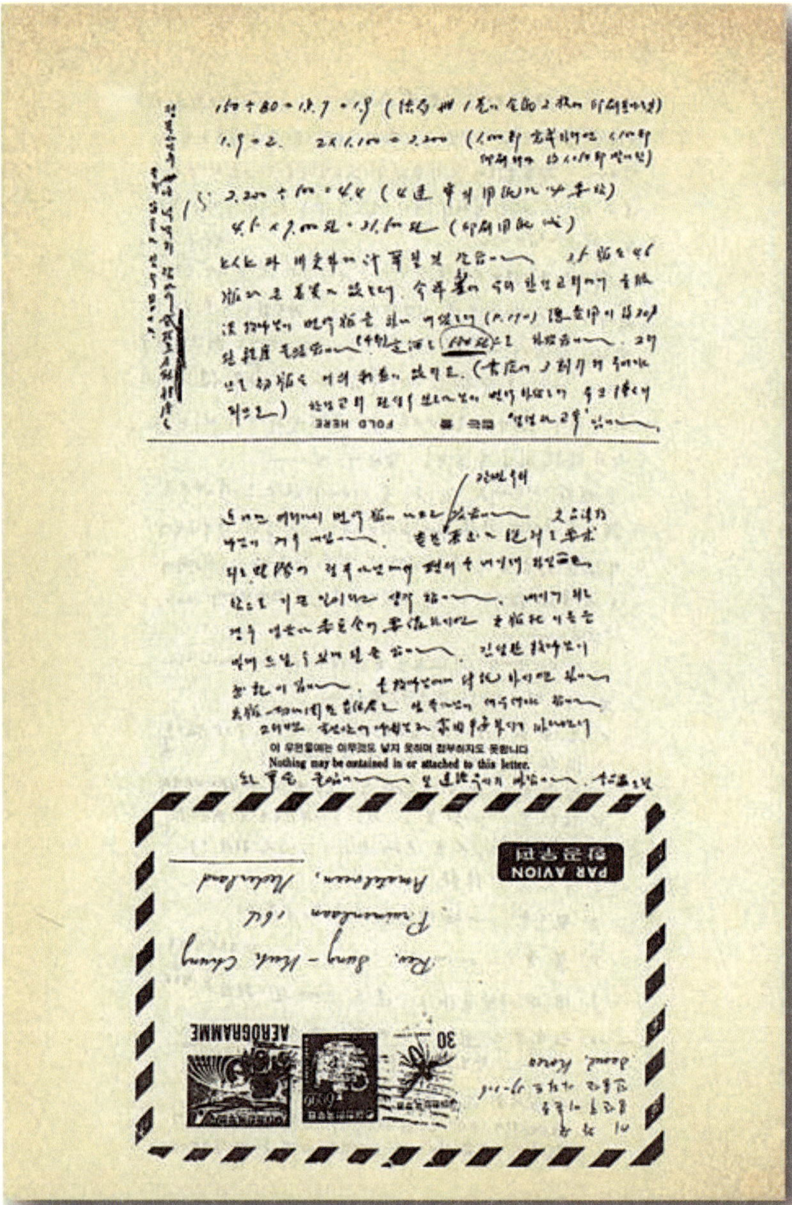
이 우편물에는 아무것도 넣지 못하며 첨부하지도 못합니다
Nothing may be contained in or attached to this letter.

[부록] 05 정암 박윤선 목사님의 육필 편지들

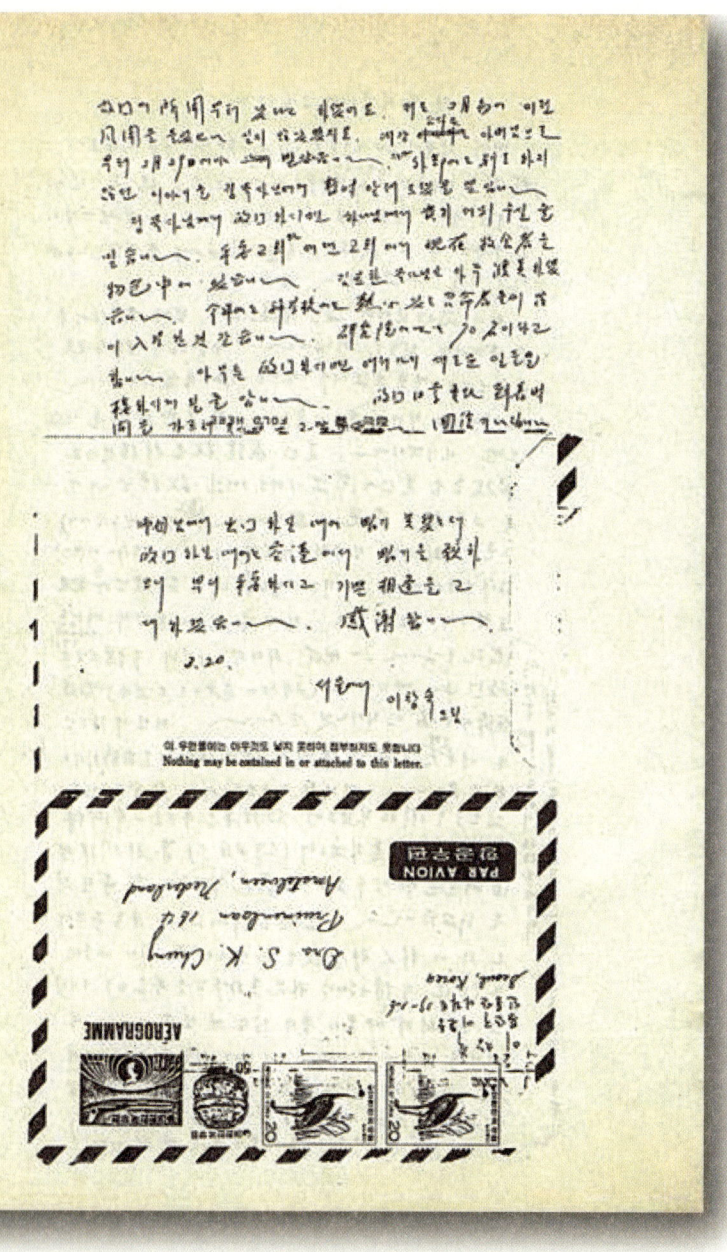

정 성 구 목사 앞

일간도 귀체 만안을 바랍니다
一週 前에 전화로 간단한 말은
너무 소홀하게 되었읍니다. 미시
시에 인사해야 된 일이었는데 더 요는
내 심 가지오시란 말이 나오지 못하
였음니다. 오는 水曜日에-貴
下께서 和氣로 시간이 있으므로 오실
줄 알았는데 오시지 않는다는 전
화는 받았읍니다. 앞으로 彼
此 자세한 이야기를 하기로 합시
다. 한번 내 집에 들러주시기 바
랍니다 — 하나님 은혜
9. 9일   朴允善

Dr. G. A. Blaauw,
Mozartlaan 4
Enschede, Netherlands

Oct. 10, 1972

Dear Dr. Blaauw:

    First of all, I feel ashamed of myself realizing that I could not write you for a few years. My mistake has been due to my negligence. I beg your forgiveness.

    I have been teaching theology until today. The Lord is good to me. I do not deserve His unchanging love.

    My commentary work has been going on in a fine shape. 16 volumes of commentaries have been published. These books are used by the leaders of almost every denomination of this land.

I am glad to introduce one of my friends, a young minister named Sung Kuh Chung. Mr. Chung is to study in the Free University of Amsterdam. In fact he was trained spiritually in Tong San church of which I was the Pastor. He graduated from the Seminary which I am teaching. I hope that you will help him as myself.

Enclosed you will find two photographs: one for myself; another for my family.

May the Lord bless you and your family very richly.

Yours very truly,
Yune Sun Park

호思中 貴체 평음을 기원함니다
不肖人는 배前함니다— 지금 여호수아—룡기 주석
Proof reading 마추고 넘겼기 소I 주여 감사함
니다— 전도기 7장에 솔로몬이 자기비극
전을 지은사실이 기록되었는데 그것이 무슨
신령한 뜻이 있는지 알고자하나 책이 없
함니다— 거저 "정돌지었다"고 만하고 지
버가는것은 주석으로서 小然함니다— 그런데
書를 하려면 1달을 히브어以으로 해야지
오! 貴下께서 救国하신나 감사함니
다~ 모조록 救国하여서 잘 해보시기 바람
니다~ 벌서 알았더라니면 허서분일이 않었
흔데 이제는 지났음니다 그러나 호남고
함께 가서서 小에서부터 쌓아울리는것
이 有利함니다— 힘에서 일해야 됩니다
힘하면서 매우는것이 더 금니다— 더욱이
우리 한국教會은 참된 일군이 절심히 요구됨
니다— 아제부터는 공부을해도 겸하여 한
국教會와 유익이 同時에 되도록 하시기바
람니다~ 힘에서 일해야됩니다— 무엇
보다 実力이 귀함니다~~~~~~~~

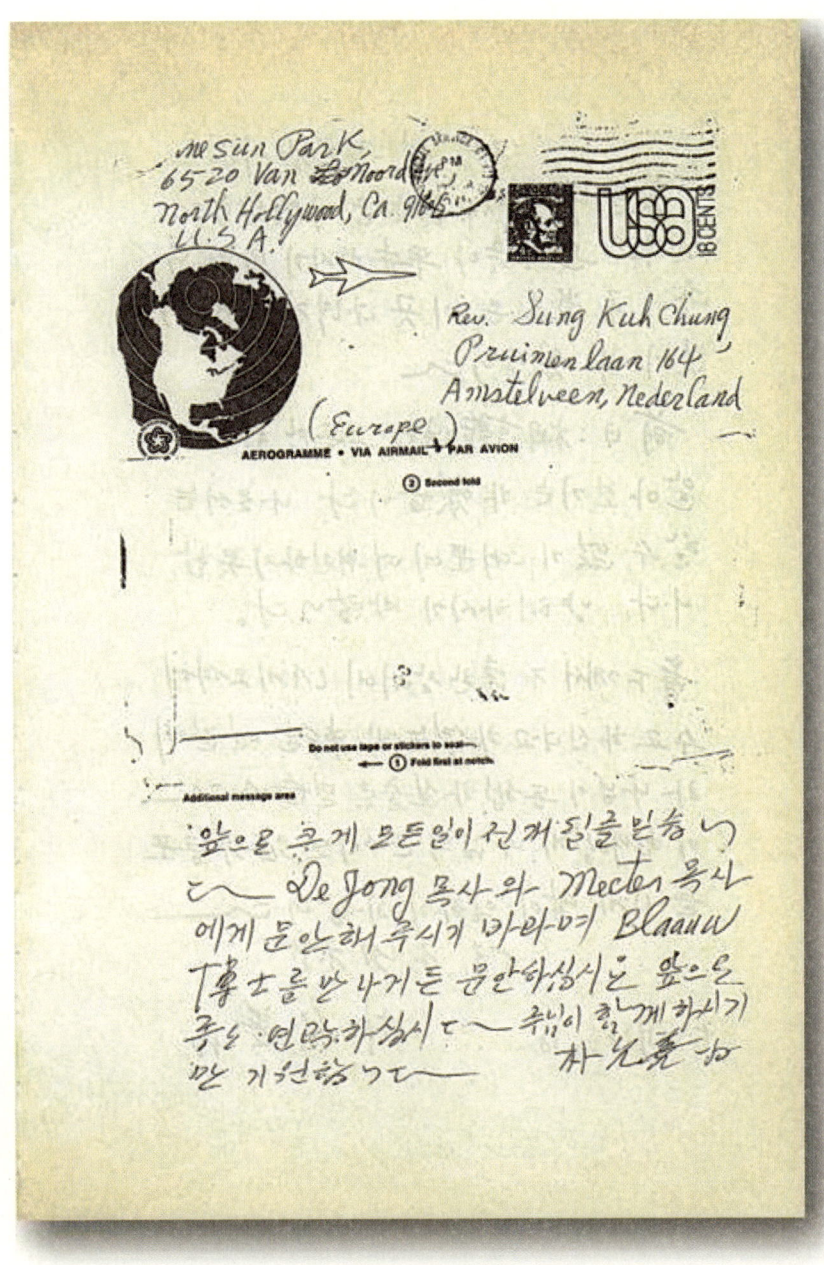

[부록] 05 정암 박윤선 목사님의 육필 편지들

정 성 구 학장 귀하

  主恩中 貴體康安을 기원합니다
그리고 온 가족이 平安하시기 바랍니
다. 不肖人은 이곳 다녀갈 사정이
있기에 왔습니다.

  前日 相議件은 그동안 한번
알아보기는 하였습니다. 나로서는
할 수 없기 때문에 더 취진하지 못합
니다. 양해하시기 바랍니다.

  貴下께서 不遠한 장래에 LA에 오셔서
수고하신다고 하셨는데 來往 먼 걸에
하나님이 동행하실줄로 믿습니다
이번여행에 주님의 은제도 海外동포
들에게 많이 임하기 바랍니다
       13 不肖拜

十二月十二日   朴允善

정성구 목사 앞 집도 (?) 주의는 얼마후에
뵈내리셨습니까?

호편 다섯식구 건강을 가지합니다. 어제편지 받았
습니다. 출발전(네고에) 정가록과 시간을 많이 쓰시
게 되어서 미안하게도 합니다.— De Prediking
van Het Oude Testament 의 구약부에 이용이 커니다.
사사기에서 한 예지 photocopy 해보네요. Geschiedenis
der Godsopenbaring, Het Oude Testament 도 사사
기 4 여호수아 부분 photocopy 해보내시오. 어떤것을
할 것 희드린 친철 해보세요. — 배

그리고 얼마전에 photocopy (P.H. Muller 가 작성
한것) 해보낸것 중에 다음 몇책에서 중요한 것 미치
한것을 Photocopy 해주세요. Kuyper, A., Honig
uit de rotssteen I. P.191, Richer 8:6;
De twaalf Patriarchen P.5, Rich. 5:16
Valeton Jr., J.J.P. Het boek der Richteren
Briët, H. C. en Troelstra, A. Het Boek der
Richter   Richters

Creutzberg, H.W., Personen en Gedich-
ten uit den Bijbel

Hoek, D., Het Boek der Richteren

Groot, Joh. de., Jozua
Reorda, A., Jozua de held Gods, een
Practische verklaring van het Boek

책들을 빌릴수 있으면 얼링시다. 교수된 경우에 사시오

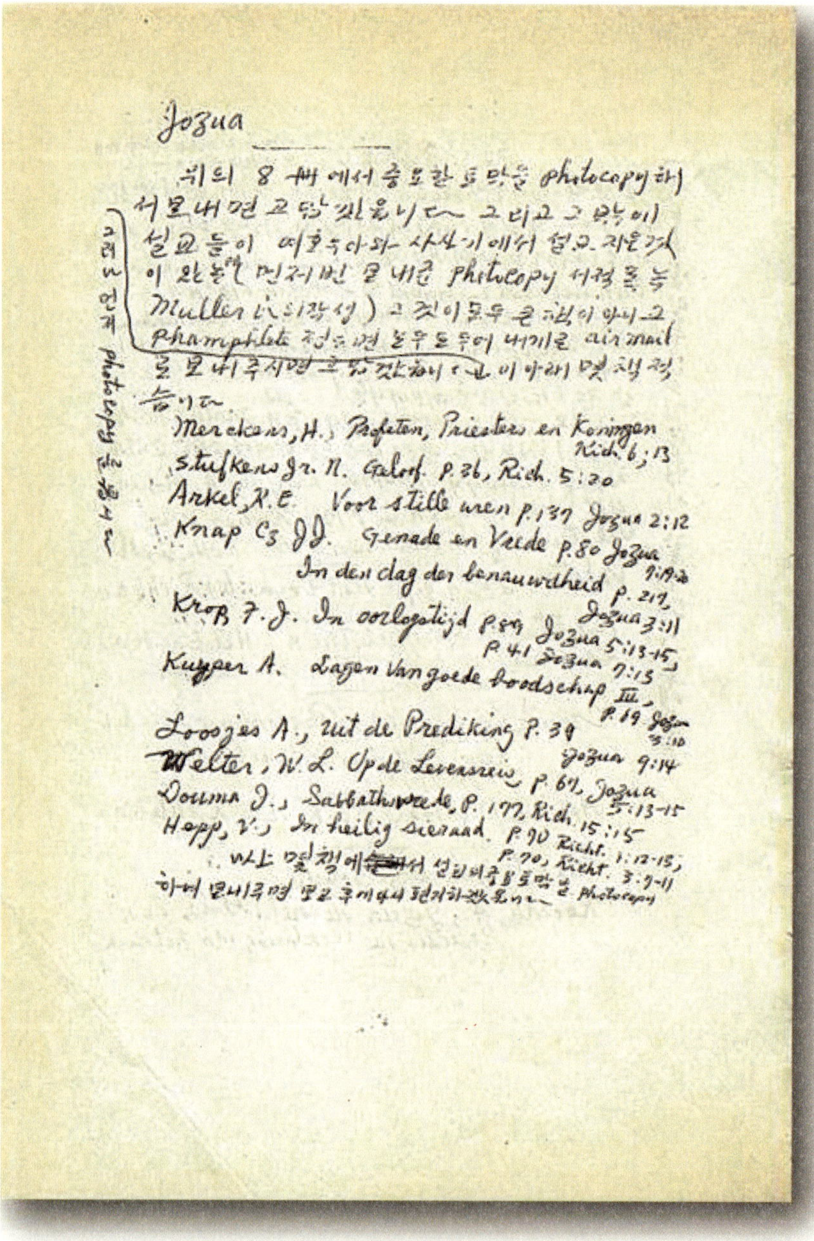

Jozua

위의 8 冊에서 중요한 도막을 photocopy하여 보내면 고맙겠읍니다. 그리고 그 밖에 설교들이 여호수아와 사사기에서 설교한 것이 있는데 (먼저번 보내준 photocopy 서적 속에 Muller 씨의 작성) 그것이 모두 큰 책이 아니고 phamphlete 정도면 모두 두어 내게로 air mail로 보내주시면 고맙겠읍니다. 이 아래 몇 책 적습니다.

그러나 먼저 photocopy를 합시오

Merckens, H., Profeten, Priesters en Koningen Rich. 6; 13

Stufkens Jr. N. Gelof. P. 36, Rich. 5:20

Arkel, R.E. Voor stille uren P. 137 Jozua 2:12

Knap Cz J.J. Genade en Vrede P. 80 Jozua 9:19-20

In den dag der benauwdheid P. 217, Jozua 3:11

Krop, F. J. In oorlogstijd P. 89 Jozua 5:13-15, P. 41 Jozua 7:13

Kuyper A. Lagen van goede boodschap III, P. 19 Jozua 3:10

Loosjes A., uit de Prediking P. 39 Jozua 9:14

Welter, W.L. Op de Levensreis P. 67, Jozua 5:13-15

Douma J., Sabbathwerke, P. 177, Rich. 15:15

Hopp, V., In heilig sieraad. P. 90 Richt. 1:12-15, P. 70, Richt. 3:9-11

以上 몇 책에서 설교 중 중요 도막을 photocopy 하여 보내주면 받은 후에 다시 편지하겠읍니다.

辭任書

本人은 現下 總神大學(特히 神學部)
의 變革期에 봉착한 事態들 속에
서 所信대로 일하기 어려움을 느끼
고 大學院長職을 辭任하나이다

一九八○, 一○, 三一

박윤선 ㊞

총신대학장 정성구 목사 귀하

정 성 구 학장 귀하

主恩中 貴体康安을 기원합니다 그리고 온 가족이 平安하시기 바랍니다. 不肖人은 이곳 다녀갈 사정이 있기에 왔읍니다.

前日 相議件은 그동안 한번 알아보기는 하였읍니다. 나로서는 할수 없기 때문에 머뭇진하지 못합니다. 양해하시기 바랍니다.

貴下께서 不遠한 장래에 LA에 오셔서 수고하신다고 하셨는데 来往 먼 길에 하나님이 동행하실줄로 믿습니다. 이번여행에 주님의 은혜도 海外동포들에게 많이 임하기 바랍니다.

主 주 안에서

十二月 十二日

박윤선